ブラジルの同性婚法
―― 判例による法生成と家族概念の転換 ――

マシャド・ダニエル

ブラジルの同性婚法
——判例による法生成と家族概念の転換——

Same-Sex Marriage in Brazil:
Judicial Law-Making and the Shifting Concept of Family

学術選書
175
家族法

信山社

序　文

1　手元にフランス家族法に関する数冊の概説書がある。Gerard Cornu, *Droit civil. La famille* の初版以下（1ère éd., 1984, 2e éd., 1991, 3e éd., 1993, 4e éd., 1994, 5e éd., 1996, 6e éd., 1998, 8e éd., 2003）である。1980年代に刊行された初版はもちろん1996年の第5版まで，その中には couple homosexuel（同性カップル）に関する記述は見当たらない。婚姻における性別に関しては，「性別の違いは求められるものの（仏民75条参照），夫婦の間では，他のいかなる違いも認められないというわけではない。年齢，人種，国籍，宗教などの違いはいずれも排除されてはいない。すなわち，これらの混合婚はいずれも排除されていないのである」という短い叙述が加筆修正を受けることなく維持されてきた。ポリガミー（一夫多妻）やインセスト（近親婚）とは異なり，同性カップルが婚姻をなしえないことは自明なことであり，独立の婚姻障害として論ずるまでもないことだったのである。

　もっとも，1990年代を通じて状況は少しずつ変化した。フランスに即していえば，社会保障制度の適用につき同性カップルを排除した1989年の破毀院判決の登場をきっかけに，同性カップルの法的保護に向けて立法論が活性化した（大村敦志「性転換・同性愛と民法」〔1995〕）。その結果として現れたのが1999年のパクス法である。これによって異性であれ同性であれパクス（PACS＝pacte civil de solidarité, 民事連帯契約などと訳される）を締結したカップルには一定の法的保護が与えられることとなった。そして，主とした異性カップルがこれを利用することにより，パクスは瞬く間にフランス社会に広がった（大村敦志「パクスの教訓」〔2006〕）。しかしながら，2000年代にはさらなる動きが現れた。同性カップルの婚姻を求める声が高まったのである。2000年代の後半には，フランス社会党が同性婚の承認を選挙公約に掲げるようになり，2012年の大統領選挙において同党のオランド候補が当選したことにより，2013年には同性婚が認められるに至った（大村敦志「パクスその後」〔2014〕）。パクスのように婚姻よりは弱い法的保護を与える枠組みは「パートナーシップ」と呼ばれることが多いが，パートナーシップ立法から同性婚立法へ，という動きは，今日，フランス以外にもヨーロッパを中心に，少なからぬ国々において観察される現象となっている。

序　文

アジアにおいても台湾ではパートナーシップ法が成立し，同性婚法の制定も見込まれている。日本においても，こうした立法の世界的な趨勢に拍車がかかっていることや同性パートナーシップに一定の配慮を示す条例が登場したことを契機に，この問題に対する関心はここ数年のうちに急速に高まっている。同性カップルの婚姻届に対する不受理処分の当否が最高裁において争われるという事態が出来すれば，何らかの法的対応が迫られることになるだろう。立法すべきか否か，それが問題だ，という事態は，もうそこまで近づいてきているのかもしれない。

2　では，どうすべきか。問われているのは，「婚姻」という一国の習俗の根幹にかかわる問題に，大きな変更を加えるべきか否かである。どのような結論を採るにせよ，国民的な議論が十分になされることが必須である。問題は非常に難しい。この 30 年の間に多くの国々で，（パートナーシップのみを認めるにとどまる国や一挙に同性婚を認めた国もあるものの）「パートナーシップ立法から同性婚立法へ」という大きな動きが生じていることは，厳然たる事実である。しかし当然のことながら，各国にはそれぞれの事情がある。同性婚を認めるに至った理由には共通点だけでなく相違点もあるだろう。各国において「カップル」や「婚姻」に対する考え方がどのように変容したのかは，慎重に検討されなければならない。それだけではない。一見すると立法によって同性婚を認めるに至った国が多いが，中には判例が少なからぬ役割を果たした国もないわけではない。本書が対象とするブラジルはまさにそのような国なのである。そうだとすると，同性婚に至る経路について考えを巡らすことも必要になる。

本書の前半部分（第 2 章）が示すように，ブラジルにおいては 2011 年の二つの判決を契機に同性婚の承認へと大きく舵が切られた。しかもその後，少なくとも現在までに，同性婚を承認する立法がなされたというわけではない。その経緯を正確に理解するのは，とりわけブラジル法に関する知識に乏しい日本の読者にとっては，容易なことではないが，本書の著者はブラジル法に関する一般的な説明を与えた上で（第 1 章），この「判例法」の内容とその生成の経緯を詳しく語っている。これによって，同性婚立法を行った諸国とは異なる，ブラジル同性婚法の生成過程が提示される。本書の意義はまずこの点に求められる。

しかし，それだけではない。後半部分（第 3 章）においては，より視野を

広げ，時間的にはより以前に遡って，2011年判決に至るまでの判例法の展開およびその動因が検討される。いかにして，「コンクビナト」（フランス法では「コンキュビナージュ」と呼ばれるものに対応。さしあたり「内縁関係」と訳しうる）の法理から同性カップルの「家族」としての承認が導かれたのか。この問いに対して著者は，「情愛」による「コンクビナト」法理の転換を重視した説明を与えている。これは，ブラジル同性婚法の背景事情を内在的に理解しようという一つの試みであるが，十分に説得的なものであるといえよう。最後に著者は，内縁法理が独自の発展を見せている日本においても，このような転換は可能なのではないかとする（Cornu の前掲書でも，1998年の第6版において初めて couple homosexuel が登場するが，パクス法制定後の第8版とは異なり，そこではコンキュビナージュとの関連で検討がなされていた）。立法とは別に，あるいは立法に先立って，判例法による同性カップル保護がありうるのではないかというのである（結語）。

　「あとがき」にも記されているように，著者は，中川善之助の家族論に「情愛」論と呼応するものを見出し，「家族」の観念の更新を図るという研究プログラムを温めているようである。それ自体は興味あるプログラムであり，大きな可能性を秘めているといえる。ただし，ブラジルと日本との相違点にも注意しなければならない。それは「憲法における家族」論の状況である。ブラジル法を参考にしつつ日本の家族について考えるにあたっては，この点を避けて通ることはできないだろう。また，ブラジル同性婚法の展開には，もう一つの難問が残されている。それは，いかにして，同性カップル保護法理から同性婚の承認を導くかという問題である。率直に言って私には，ブラジル法には飛躍があるように見える。少なくとも，多元的な家族観と同性カップルの婚姻への希求との間には緊張関係があるのではないか。著者もこの点を十分に意識していて，本書の末尾では，「婚姻」を換骨奪胎（脱構築？）するかのような独自の解釈を一つの仮説として提示している。しかし，この試論にはなお検討を要する点が少なくない。

　以上のように，ブラジル法の参照可能性につき，また，ブラジル法そのものにつき，若干の疑問点は残るものの，ブラジル同性婚法が日本において同性婚の将来（日本における立法・判例による対応に限らない）を考えていく上で，貴重な材料であることに疑いはない。

3　同性婚法というテーマとは別に，本書にはブラジル法研究の新たな一例と

しての意義も認められる。従来，日本の法学界において関心の対象とされてきたのは，主としてフランス法・ドイツ法などのヨーロッパ大陸法，そして英米法であった。これに加えて最近では，中国法をはじめとするアジア諸法への関心も徐々に高まりつつある。これに対してラテンアメリカ法は，近年では，若い世代の研究者による若干の研究が現れ始めているものの，少なくとも一般にはいささか縁遠い存在であった。しかしながら，実践的に見ても理論的に見ても，ブラジル法の重要性は決して小さなものではない。一方に，在日外国人のうち，ブラジル人の数はピーク時に比べるとやや減ったものの，中国・韓国・フィリピン・ベトナムに続き第5位を占めるという事実がある。国境を超えた人の移動という観点から見ると，ブラジルと日本との関係の緊密さにはフランスやドイツとの関係以上のものがある。他方，民法に限って言えば，日本民法もブラジル民法もフランス（民法典・民法学）の影響を受けている。1804年に制定されたフランス民法典は19世紀から20世紀中ばまで世界を駆け巡った。そのルートを東周りと西周りに分けるならば，東周りではアジアの両端，すなわち中近東（ある意味でトルコ）と極東（日本）に及んだのに対して，西周りでは大西洋を挟んでイベリア半島（ポルトガル）と南米（ブラジル）に及んだ。一見すると，伝播ルートの終点に位置するかに見える日本とブラジルであるが，両国ではそれぞれに機械的な受容にとどまらない工夫がなされてきた。すなわちフランスに端を発する民法典の馴致が試みられたのである。そして，その経験は近隣諸国に直接・間接に影響を与えてもいた。両国の経験を比較する作業には，母法国を基準としてそこからの偏差を検出するのとは異なり，法継受国相互間の水平比較を通じて母法変容の積極面の解明や継受経験を活かした法整備支援への貢献も期待される。さらには将来に向けては，世界規模・地域規模の両面での法影響論，母法に対する逆方向的な法影響論を構築する可能性も胚胎している（この点につき，大村敦志＝ダニエル・マシャド「日本法がブラジル法と出会うとき──グローバリゼーションと民法」二宮古稀〔近刊〕を参照）。そこには比較法文化論の観点からも興味深いものがある。本書は，これからブラジル法を研究しようという人々だけでなく，欧米や東アジア以外の法域を研究しようという人々にとっても有益なはずである。

4　本書はもともと，著者ダエニル・マシャド氏が2015年12月に東京大学大学院法学政治学研究科に提出した修士論文に由来する。もともと同論文には

同性婚に関する著者の状況認識や今後の展望などがかなり詳しく書き込まれていた。本書ではこれらの部分は省略され，一部は著者の「あとがき」に移されている。これによって本書は，ブラジルの同性婚法の制定過程そのものに照準をあわせ，その特色を外的（短期的）視点，内的（中長期的）視点の双方からより客観的に描き出すものとして純化されたといえよう。あるいは，このような縮減は著者にとっては不本意だったかもしれないが，この修正を加えることによって本書の内容はより明確になり，著者の立場に賛同するか否かにかかわらず，そこから有益な示唆を引き出すことが可能な書物になったように思う。

著者は現在は博士課程において，本書の執筆によって到達した家族観・家族法観に立脚しつつ，その関心をカップルから親子に広げて新たな（しかし，本書と密接にかかわる）テーマに取り組んでいる。筆者は博士論文の完成後も日本にとどまり，民法・比較法の研究教育に従事することを望んでいるが，著者には日本に根を下ろしつつも，ブラジルはもちろん，様々な異なる法文化を視野に入れたスケールの大きな研究者になってほしい。その資質からすれば引き継ぎ研鑽を積み，対象を相対化する冷徹さを備えるならば筆者はこの期待に十分に応えてくれるものと思う。

修士論文，しかも外国人留学生（もっとも筆者は学部段階からの留学生であり，日本法全般に関するその基礎知識は最優秀の日本人学生と同等である）によって執筆されたものが単行本として公刊されるのは異例のことであるが，もともと本書の原論文には高い評点が与えられており，『法学協会雑誌』への掲載も不可能ではなかった。しかしながら，出版のための修正に要する時間と労力を考えて，指導教授としてはひとまずは博士論文への集中を優先させることとした。その代わりに原論文の要約を別途公表することを予定していたのだが，甚だ遺憾ながら著者の与り知らぬ事情によってこれが実現しなかった。すでに述べた本書の意義に鑑みると，これをそのまま放置するのは適当ではないと考えて，本書のような形で単行書として刊行することとした次第である。

これまで若手研究者の第一論文の刊行にあたって，本稿のように著者以外の者が序文を草するというのも，あまり例のないことであった。もっともたとえばフランスでは，博士論文の公表にあたり指導教授などが「序文」を寄せる慣行が確立されており，「序文執筆者（préfacier）」という用語も存在す

序　文

る。そして，この「序文」は論文そのものの価値を知るための重要なてがかりとして大きな役割を果たしている。私は，著者の見解に全面的に賛成なわけではない。それにもかかわらず「序文」を草するのは，もちろん本書の価値を信ずればこそのことではあるが，あわせて，日本の法学界に「序文」の慣行が形成されることを願ってのことでもある。

5　本書の刊行に至るまでお世話になった方々は多い。まず，道垣内弘人さん（東京大学教授）には，修士論文審査の労を取っていただいた。その際の貴重なご指導・ご助言により，本書は内容・形式両面で大きく改善された。次に，荒川英央さん（前日本橋学館大学講師）には，著者との打ち合わせを重ねつつ緻密な推敲を行っていただいた。そのご助力なしには，本書の早期完成は不可能であった。そして，袖山貴・稲葉文子両氏（信山社）には，厳しい出版事情にもかかわらず，本書の刊行につきご快諾をいただいた。書肆のご助力なしに本書はあり得なかった。著者の謝辞との重複を恐れずに，この場を借りてお礼を申し上げたい。

2018 年 1 月

東京大学法学部教授

大　村　敦　志

目　　次

序　　文（大村敦志）（v）

はじめに ……………………………………………………………………… 3

第1章　ブラジル法の概略 ………………………………………………… 19
第1節　ブラジル法体系の特徴 ………………………………………… 20
第1項　大陸法としてのブラジル法：日本との比較を射程に入れて …………………………………………………………… 20
第2項　ブラジルの連邦制 ………………………………………… 21
第3項　ブラジルの法源(1)　制定法 ……………………………… 22
第4項　ブラジル法の法源(2)　判例と司法権 …………………… 24
第5項　ブラジル法曹界——学説と実務の接近 ………………… 34
第2節　ブラジル家族法概略 …………………………………………… 35
第1項　ブラジル家族法の全体像 ………………………………… 35
第2項　非婚カップル制度の概略 ………………………………… 39

第2章　顕在化した現象レベルでの同性カップルの法的承認の過程 …………………………………………………………………… 49
第1節　2011年連邦最高裁判決 ………………………………………… 49
第1項　手続面——ADPF第132号とADI第4277号 ……………… 50
第2項　判旨の内容——「家族団体」としての承認 …………… 64
第2節　2011年連邦最高裁判決の反響 ………………………………… 83
第1項　立法府の機能不全 ………………………………………… 83
第2項　2011年連邦最高裁判決の対世的効力とその限界 ……… 85
第3項　同性間の婚姻の是非をめぐる議論 ……………………… 87
第3節　2011年連邦高裁判決の意義と限界 …………………………… 90
第1項　2011年連邦高裁判決の内容 ……………………………… 90
第2項　2011年連邦高裁判決の評価と限界 ……………………… 96

目　次

　　第4節　国家司法審議会決議第175号……………………………… 99
　　　　第1項　国家司法審議会設置の背景………………………… 100
　　　　第2項　2013年司法審決議第175号の内容………………… 101
　　小　　括　ブラジルにおける同性カップル承認過程の再検討…… 108

第3章　背景にある観念レベルでの同性カップルの法的承認
　　　　の過程──「婚姻の法」から「家族の法」への道程……… 121
　　第1節　同性カップル「不存在」説の時代
　　　　　　──あるいは，「婚姻の法」の時代……………………… 121
　　　　第1項　同性カップルの「不存在」
　　　　　　　　──「ソドミー」から「不存在」へ………………… 121
　　　　第2項　「婚姻の法」としての家族法………………………… 128
　　第2節　同性カップルの「組合」の法的承認…………………… 143
　　　　第1項　同性カップルの「組合」の承認…………………… 144
　　　　第2項　1988年憲法制定による当初の変化………………… 154
　　第3節　「家族」としての同性カップル…………………………… 163
　　　　第1項　学説における同性カップルの「家族」化………… 163
　　　　第2項　判例法における同性カップルの「家族」化……… 176
　　　　第3項　「家族の法」の起源と定着…………………………… 199
　　小　　括　ブラジル家族法の変容と2011年連邦最高裁判決の再検討
　　　　　　…………………………………………………………………… 218

結　　語──日本への示唆…………………………………………… 235

　　添付資料………………………………………………………………… 249
　　参考文献表……………………………………………………………… 265
あとがき………………………………………………………………………… 275
　　事項索引………………………………………………………………… 289

ブラジルの同性婚法
―― 判例による法生成と家族概念の転換 ――

はじめに

1　本書の背景
イ　ブラジル同性婚法の登場

　ブラジルは筆者の国籍国でありかつ故郷である。もっとも，これまでブラジル法を勉強したことはなかった。ブラジルの連邦議会においては宗教的な保守勢力が強いため，筆者はブラジルにおいて，近い将来，同性カップルの関係が法的に承認されることはないであろうと考えていた。ルセフ前大統領（Dilma Rousseff）[1]は同性カップルの法的保護を2010年の大統領選の争点にしようとしたものの，結局は，再選されるために同性カップルの法的承認を求める運動への支持を撤回せざるを得なかった。このことからも，同性カップルの法的承認の問題についてブラジルにおける何らかの変化を予想していた人は必ずしも多くなかったことは明らかであろう。ところが，政治的な背景が特に変わらなかったにもかかわらず，2013年にブラジルで同性間の婚姻が認められたことが，突然，報道された。筆者はその時に驚きを覚えて，ニュースの真相を再三確認したことを記憶している。なぜこのタイミングで同性間の婚姻が認められたのか？いったいどのようにして？こうした点を疑問に思って調べていくと，ブラジルにおける同性カップルの法的承認は2011年の連邦最高裁判所（Supremo Tribunal Federal）の判決（以下「2011年連邦最高裁判決」という）[2]を出発点として，司法権のみによって実現されていることがわかってきた。現時

---

(1)　ブラジルでは苗字で人を呼ぶこともあるが，一般的ではない。日本では現在のブラジルの大統領は「ルセフ大統領」として知られているが，ブラジルでは「ジウマ大統領」として知られており，フルネームは Dilma Vana Rousseff である。ブラジルにおいてどのような呼び方をするかに関するルールがなく，また，氏に相当するラストネームを用いれば長文になることが少なくない。そのため，本書においてはブラジル人の氏名について原文のフルネームを表記した上で，日本語で表記する際に筆者の判断に基づいて適切と思われる氏を用いることとする。原則として，ブラジルの文献等から当該人物について最も用いられていると思われる氏のひとつを選択するように努めた。例えば，著名な民法学者である Paulo Luiz Netto Lôbo という人物は Paulo Lôbo として知られているため，ラストネームである「ルイス・ネット・ローボ」ではなく，「ローボ」のみを用いる。

(2)　ADPF nº 132-RJ/ADI nº 4277-DF, Min. Rel. Ayres Britto, d.j.: 05/05/2011, Tribunal Pleno.

3

はじめに

点[3]に至っても，同性カップルの法的承認に関する法律が制定されておらず，ブラジルは世界で唯一「立法」なくして同性カップルに対して異性カップルと同等の法的保護を与えている国となったのである[4]。

　本書は，以上のようなブラジル同性婚法の生成過程を，後述する二つの観点から分析しようとするものである。

ロ　日本における「同性カップル」に関する法学研究の現状

　日本は筆者の現住国であり，日本法は筆者の学習（法学部）および研究（大学院）の対象である。

　日本において同性愛者[5][6]のカップルが社会問題として認識されたのはごく最近のことである。そのため，日本の法令の内部において同性愛者の家族に関する研究を行うことは難易度の高い作業になっている。法律学の研究を行うとき，研究者は①法令，②判例，および，③学説（解釈学説）に依拠することが通常である。しかし，現在の日本の法令において研究の材料となるこれらの資料が必ずしも十分ではない。①〜③の各点について述べよう。

　第一に，2015 年に渋谷区の同性パートナーシップ条例[7]が導入されるまで，日本では同性カップルの関係に対する立法上の取り組みが存在せず[8]，法令を

---

(3) 本書脱稿時（2015 年 12 月 22 日当時）。なお，2018 年 1 月 30 日に至っても法律が制定されていない。

(4) DIAS（2014）74 頁。

(5) 「同性愛者」とは個人の選択にかかわらない性的指向が同性に向かう者をいう。性的指向ではなく，ジェンダー（社会的な性別の属性）に関する自己認識が身体的な性別と異なる「性同一性障害者」ないし「トランスジェンダー」とは区別されていることに注意が必要である。なお，筆者は「性自認」と「性的指向」の概念に基づく区別には必ずしも賛同していないことを断っておく。詳細については，風間（2010）166-174 頁を参照されたい。

(6) 「嗜好（preference）」ということもあるが，選択の自由が効かないために「嗜好」ではなく，「指向（orientation）」という用語法が適切であるという理解が定着しつつある。この用語法は性的指向並びに性自認に関連した国際人権法の適用上のジョグジャカルタ原則（2007）においても確認されている。

(7) 渋谷区条例の正式名称は「渋谷区男女平等及び多様性を尊重する社会を推進する条例」である。

(8) 性的少数者に対する差別については 2015 年以前から，ごく限られたものではあるが，男女共同参画の問題に付随した形で地方自治体の取り組みが見られる。古いものは 2001 年 4 月に施行された「堺市男女平等社会の形成の推進に関する条例」において「男女の性別にとどまらず，性同一性障害を有する人，先天的に身体上の性別が不明瞭であ

研究の出発点とすることは困難であった。第二に，当事者がそのカップル関係について裁判所で争った形跡がない[9]。同性愛[10]そのものに関する最高裁判所の先例も存在しなければ，同性愛者のカップルの関係については下級審の裁判例さえ存在しないのである。そのため，間接的なアプローチを採用しない限り，判例法を出発点とすることも容易ではないわけである[11]。最後に，解釈学説は

る人その他のあらゆる人の人権についても配慮されるべきこと」（同3条6号）と規定されている。最近のものでは2013年11月1日に施行された「文京区男女平等参画推進条例」（文京区条例第39号）において「性別に起因する差別的な取り扱い」の中に性的指向又は性自認に起因する差別的な取り扱いを含む」（同7条）との規定がなされている。なお，渋谷区条例も「同性パートナーシップ条例」とよばれているが，男女共同参画の問題を扱う条例に付随したものである。現時点（2015年12月）では独立した形での正式な取り組みの事例が見当たらない。

[9] 法社会学の観点から日本ではなぜ当事者が裁判に救済を求めてこなかったのか，なぜこの問題に関する裁判例がないのかを説明することが重要である。この点について大島梨沙は社会的な要因として①日本版の同性愛解放運動が欠如し，日本では同性カップルが「隠れた存在」であること，法的な要因として②日本の婚姻法の効果が弱いこと，③戸籍編成原理が同性カップルに適さないこと，④同様の効果を得るために成年養子縁組制度が利用されていることが関連している可能性を指摘している（大島[梨][2013:6]）。さらに，⑤同性間の性交渉を処罰するソドミー法の不在，⑥エイズ・パニックの早期の沈静化，および，⑦少数者の問題に対する多数者の無関心も指摘されている（二宮[2012:101]）。

[10] 現在，「同性愛」は疾患ではなく，かつ，自由に選択することができない性的指向の一種として理解されている。渋谷区同性パートナーシップ条例では性的指向とは「人の恋愛や性愛がどういう対象に向かうかを示す傾向（異性に向かう異性愛，同性に向かう同性愛及び男女両方にに向かうに向かう両性愛並びにいかなる他者も恋愛や性愛の対象としない無性愛）をいう」と定義した上で，「性的少数者」の一つとして同性愛者を列挙している（同条例第2条6号，7号）。

[11] 性同一性障害の問題として理解されているものを除き，「同性愛」に関する裁判例は①夫の同性愛を性的異常として離婚が認められた事件（名古屋地裁昭和47(1972)年2月29日判決判例時報670号77頁），②当事者団体に対して東京都が公共施設の宿泊利用を拒否した，いわゆる「府中青年の家事件」（東京高裁平成9(1997)年9月16日判決判例タイムズ986号206頁），③同性間の婚姻は婚姻意思を欠き，無効としたフィリピン人事件（佐賀家裁平成11(1999)年1月7日審判家裁月報51巻6号71頁），⑤同性愛者の難民該当性が否定されたシェイダ事件（東京地裁平成16(2004)年2月25日判決訴務月報51巻1号102頁），⑥朝日新聞社に対して同性愛を推測させる表現が用いられたことについて不法行為に基づく損害賠償および民法723条に基づく名誉回復措置が請求された朝日新聞社事件（東京高裁平成18(2006)年10月18日判決判例時報1946号48頁）の六つである。2011年に出版されたマイノリティに関する判例解説では44件中11件のみが日本の事件であり，11件中6件のみ性同一性障害ではなく同性愛に関するものであることが日本の判例法を出発点とすることの困難を物語っているといえる（谷口

はじめに

というと、解釈学説の有無が①法令と②判例によって規定されるところが大きいがゆえに、その①と②が不存在であるためか、大きな論争が見られないまま、「日本の法令では同性間の婚姻が認められない」ことが通説的な見解として定着しているにすぎない(12)。

このような状況からすれば、日本は同性カップルの法的扱いについて研究する環境に恵まれておらず、同性愛ないし同性カップルに関する法律文献がきわめて少ないと思われがちである。しかしながら、日本の法律学界においては、世界的に見てもまれであるといえるほど、(解釈学説の基礎となる)比較法研究が盛んに行われてきたことに注意が必要である。そのため、①から③の材料が欠如していても、少なくとも現在では必ずしも同性愛ないし同性カップルに関する法律文献が「皆無に等しい」とは言えない。

とはいえ、比較法研究に欠落がないかと言えば、必ずしもそうではない。本書は欠落の一部を埋めようとするものである。

2 本書の目的
イ　比較法研究の系譜

上記のような研究環境を背景に、比較法研究の系譜に目を向けることにしよう。日本において同性カップルに関する法学研究の数および内容は、伝統的に比較法研究の対象とされてきた外国法（英米法・フランス法・ドイツ法）におけ

　洋幸・齋藤笑美子・大島梨沙編著『性的マイノリティ判例解説』信山社［2011］を参照）。なお、日本法では同性間の婚姻が認められるかどうかに関する判断を示した唯一の事件であるフィリピン人事件の当事者は法律上の性別変更を行っていなかったにすぎず、実質的には同性愛者のカップルに関する事件ではないことに注意が必要である。

(12)　大島梨沙は2013年に「これらの条文〔民法731条・750条〕の存在から、民法は同性婚を禁じているとの解釈となるのが多数ではないかと思われる」（大島梨沙［2013:7］）と述べている。「ではないかと思われる」という曖昧な書き方は現行法で同性間の婚姻が認められるかどうかについて積極的な議論が行われていないことを示唆している。近年になって日本では同性間の婚姻が認められないことに言及する民法教科書が増加している（星野［1994:59］、大村［2010:285］、内田［2012:75］、二宮［2014:30］、高橋・床谷・棚村［2012:41］など）が、比較的に詳細に論じている大村敦志の教科書を除き、同性カップルが認められないことについて十分な理由が示されていない（例えば、高橋・床谷・棚村［2012:41］では「日本民法は、夫婦を一組の男女からなるものとし（一夫一婦制。732条770条1項1号）、一夫多妻や一妻多夫、あるいは同性間の婚姻などを認めない」と述べられているにすぎない）。

るそれらの変動とほぼ対応している[13]。1980年代から2000年代前後までは，ゲイ解放運動の発祥地であるとされているアメリカの法が主要な対象とされていた[14]。次いで1999年にフランスにおいて同性カップルが利用できる民事連帯契約（Pacte civil de solidarité, PACS）が導入され，さらには2001年にドイツで生活パートナーシップ法により同性カップルのための登録パートナーシップ制度が導入されると，研究の対象がヨーロッパ諸国に広がった[15]。比較法研究の主要な対象はアメリカ法，フランス法，およびドイツ法であるが，特に際立っているのは，カナダ法に関する研究がきわめて多いことである[16]。

カナダは確かに早期から同性間の婚姻を認めている国のひとつ（2005年）であるが，それを初めて認めたオランダ（2001年）についての研究はおおよそ見当たらない。これはなぜなのか。表1をご覧頂けば，ひとつにはそれは，2015年にアメリカ合衆国最高裁判所の判決[17]が下されるまで，ほとんどすべての国において，同性カップルの法的承認はもっぱら立法府が実現していたのに対し，カナダでは司法府がその承認に積極的な役割を果たした[18]点が重要で

---

(13) フランスとドイツよりも前にデンマーク（1989年），スウェーデン（1988年・1994年），アイスランド・ハンガリー・グリーンランド（1996年），オランダ（1998年）において同性カップルを対象とする立法が行われていたこと，また，世界ではじめて同性間の婚姻を承認したのはオランダ（2001）であること（DIAS [2014:74-76]）から伝統的な比較法研究の対象となっている外国法の変動がとくに注目されていることが明らかである。スウェーデンに関する1994年の文献が一件ある（菱木［1994］）が，オランダについてはヨーロッパ諸国を対象とする文献において言及される程度であり，研究の対象とされていない。

(14) 石川稔（1984），棚村政行（1994）などがある。この時期にフランス法を対象にしてこの問題を扱った大村敦志が「家族・セクシュアリティをめぐる他の問題と同様，この問題についても，日本の学会の関心はアメリカへと向けられている。彼地での議論の活発を思えばこれは当然のことと言えよう」と述べていることが当時の傾向を示している（大村［1995（上）:69］）。

(15) PACSについては大島［梨］（2007），大村（2013）などを，生活パートナーシップについては，齋藤（2001），渡邊（2006, 2007）などを参照。なお，これはアメリカを対象とする研究がなくなったことを意味するのではなく，重点がヨーロッパに移ったにすぎない。

(16) 佐藤（2006），山下（2006），河北（2011）などを参照。

(17) Obergefell et al. v. Hodges, Director, Ohio Department of Health, et al, 2015を参照。なお，その後，2017年5月24日に台湾の司法院大法官会議において，民法が同性婚を認めないことが違憲だとされ，2年以内に立法措置を命じる判決が下されている（鈴木［2017］4-6頁，蔡［2017］1-5頁などを参照）。

(18) カナダでは後に立法措置がとられた。

はじめに

表1　同性カップルの法的承認と立法・司法

		法的承認あり	法的承認なし
立法	司法＋立法*	司法	
デンマーク	カナダ	ブラジル	日本
スウェーデン	アメリカ合衆国		
アイスランド	南アフリカ共和国		
ハンガリー			
グリーンランド			
オランダ			
フランス			
ドイツ			
イギリス			
︙			

＊：注40を参照

あったと考えられる。これが異色な承認過程であったため，カナダにおける同性カップルの法的承認の過程が注目されたのであろう[19]。そしてこの異色性は，本書が主題としていくブラジル法研究の意義にも深く関わってくることになる。ブラジルでも，司法府が主導的な役割を（しかも専ら）果たしたのである。

　ロ　ブラジル法研究の意義

　このように，日本では国内法の内部から同性カップルの関係を捉えようとする研究はきわめて少ない一方で[20]，2000年以降は外国法を素材とする研究が著しく増加している。その中で，日本の家族法学界の関心はもっぱら伝統的に比較法研究の対象であった国へと向けられてきたと言ってよい。ただ，例外的に承認過程の特殊性のためにカナダ法も注目されたのである。カナダ法という例外を除けば，これらの外国法は日本のみならず世界各国に対して大きな影響を及ぼしてきたものであること，伝統的に日本の法学界に馴染みのある国々であること，また，当初から同性カップルに関する議論が活発であったことを思えば，家族法学界の関心がまず，英米法・フランス法・ドイツ法に向けられたことは当然のことであろう。くわえて，同性カップルを法的に承認する国が増加しつつあるとはいえ，承認国すべての法制を研究の対象とすることはきわめて

---

(19) 佐藤（2006）364-365頁，二宮（2012）134-136頁などを参照。
(20) 外国法に依拠していない数少ない文献として星野[茂]（1997），大島[梨]（2013）などを参照。

困難である[21]。そのため，従来の外国法研究の成果に基づいた分類論を用いて説明することには一定の意義があろう[22]。しかし，ラテンアメリカにおいてはメキシコ・シティー（2010），アルゼンチン（2010），ウルグアイ（2013）などですでに承認の事例がある。そこへ目を向けるならば，北米や西ヨーロッパの事情とは議論の様相が異なることは容易に予想される。それにもかかわらず，これらの事例を扱った先行研究は存在しないのである[23]。本書は従来の研究のこのような死角に着目して，ラテンアメリカの承認事例の中でも世界的に見て異例の承認過程を経ているブラジル法に素材を求める。

　ブラジルにおける同性カップルの承認過程は，ただ単にラテンアメリカにおける議論を再検討するための事例であるばかりか，立法なくして実現された「世界でたったひとつ」のものなのであり，司法権が積極的な役割を果たしたカナダの事例と同様に検討の素材とすることについて十分な意義がある。だが，ブラジル法の事例に着目する意義はこれにとどまらない。比較家族法の視点から見れば，次の二点においてさらなる意義がある。

　その一点めは，司法権が積極的な役割を果たした数少ない国[24]の中で，ブラジルにおける法的承認はマイノリティの権利保障や基本的人権としての婚姻などの人権論のみならず，ブラジル独特の家族法論を軸としていることである。二点めは，一つ目の点とも関わるが，図式化するのが便宜である（図1）。ブラジルでは先に「婚姻」を承認することによって同性愛者の関係が家族法の問題

---

[21] 同性カップルをはじめて法的に承認した国はデンマーク（1989）であり，同性間の婚姻をはじめて承認した国はオランダ（2001）であるが，2001年以降はベルギー（2003），スペイン（2005），カナダ（2005），南アフリカ（2005-2006），ノルウェー（2009），スェーデン（2009），メキシコ（2010），ポルトガル（2010），アルゼンチン（2010），ウルグアイ（2013），フランス（2013），ニュージーランド（2013），イギリス（2013・2014），アメリカ（2015）など，世界各地で同性間の婚姻が承認されてきている。ただし，アフリカでは58ヶ国で同性愛が犯罪とされており，アフガニスタン，サウジアラビア，スーダンなどでは死刑とされることもある。アジアでは同性カップルが法的に承認された事例がないので，現時点ではアメリカ大陸・西ヨーロッパを中心として広がっていることに注意が必要である。DIAS（2014）74-80頁を参照。なお，台湾については注17を参照。

[22] 渡邉（2006）148-153頁，同（2011）34-48頁，二宮［周］（2012）89-91頁，同（2015）126-128頁などを参照。

[23] 前注を参照。特に，二宮［周］（2012）89-91頁を参照。

[24] カナダ，アメリカ合衆国のほか，南アフリカ共和国において司法権の判断が同性間の婚姻の法的承認（全国レベル）のきっかけとなっている。

はじめに

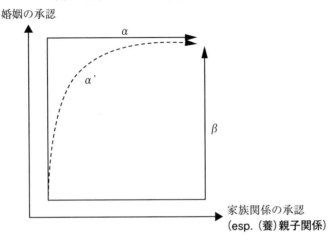

図1 同性カップルの法的承認のパターン

パターンα：婚姻→家族（ex. フランス）
パターンβ：家族→婚姻（ex. ブラジル）
※パートナーシップ（だけ）の承認の後，家族関係を承認するケースはパターンはαに近い（α'）。

として理解されたのではなく，まず「家族」を承認して家族法の対象とすることによって同性間の「婚姻」が認められたことである（パターンβ）。ブラジル以外のほとんどの国においては，同性の「カップル」が承認されてから，「婚姻」が承認されることによって同性愛者の「家族」がはじめて家族法の問題として理解されるようになった（パターンα）[25]のとは異なるのである。この順序の違いもまた，ブラジル法の事例の特色を際立たせるところである。以上この二点から，ブラジル法の事例を取り上げることによって，これまでの事例を相対化させることができ，家族法による同性愛者の「家族」の包摂の意義を異

---

(25) 典型例はフランスである。パックス（1999）によって「カップル」の財産的関係が承認されてから，「婚姻」の承認（2013）によって養子縁組を含む「家族」が承認されている。大島［梨］（2006［2］）287-293頁，力丸（2014）43-48頁などを参照。そのほかに，ポルトガルでは「カップル」の事実上の関係が承認されてから，「婚姻」が承認（2010）され家族法の対象となったが，養子縁組等の子どもに関する規定が2015年まで適用除外とされていた。ASCENSÃO（2011）131-144頁，DIAS；CHAVES（2011）117-130頁を参照。養子縁組を承認する法律改正については http://www.ibdfam.org.br/noticias/ を参照（最終閲覧日：2015年12月22日）。

なる視点から考えることが可能になると思われる。本書はこの視点からブラジル法の事例を取り上げ，ブラジル家族法によってこの問題がどのように考えられてきたのかを考察することによって，今後の日本の家族法にとって「同性カップルの法的承認」の問題が有しているポテンシャルについて示唆を得ることを最終的には目指している。

ハ　ブラジル法研究としての目的

　ブラジル法研究としての本書の目的は大きく分けて次の2点である。第一に，ブラジル法における同性カップルの法的承認の過程を明らかにすること（①），そして第二に，ブラジル家族法のどのような変化が同性カップルの法的承認を可能にしたかを検討すること（②）である。

　① ブラジルにおける同性カップルの法的承認の過程

　そもそも日本においては，本書をひもとく以前にブラジルについて同性カップルが法的に承認されていることを知っていた読者は多くないであろう。多くの国については，たとえばある日になんらかの法律が施行されたことにより当該国で同性カップルのための特別な制度，または，同性間の婚姻が認められた，と述べれば済む。だが，ブラジルの場合は，ブラジルの法律家に聞いてみても人によって答えが異なる可能性があるのである[26]。事実，日本の法律文献でもブラジルにおける同性カップルの法的承認に関する記述が3件あるが，それぞれで述べられていることにはばらつきがある[27]。

　一つ目は，二宮周平の「性的少数者の権利保障と法の役割」（2012）である。この論文において，二宮は同性カップルの法的保護モデルに関してブラジル法を「共同生活のパートナーとしての登録を認める制度」[28]として位置付け，か

---

[26] 同性間の婚姻がいつ認められたかについて，「ブラジルではじめて身分登記所の単なる許可証発行により，裁判官の許可を要しないで実施された婚姻は2011年12月9日にリオグランデドスー州ポルト・アレグレ市の自然人第四区身分登記所により行われたものである」といった指摘はあるが，「これによりこの時にブラジルで同性婚が認められた」という簡単な記述が見当たらない。DIAS (2014) 196-201, 316-329頁を参照。

[27] なお，本書の元となった修士論文脱稿後に，マルセロ・デ・アウカンタラ「ブラジル――男女の安定した結合から同性間の婚姻へ」法律時報1098号69-72頁（2016）が公表されているが，本書の構造の便宜上考察対象に含めないことをことわっておきたい。

[28] 二宮［周］(2012) 89-90頁を参照。これによれば，「オランダを除いて，同性カップルのみが利用でき，婚姻に近似した法的権利義務が認められる」制度であるが，ブラジルに関する限りにおいて，本文に述べるように正確とは言えない。

はじめに

かる制度が2011年に導入されたと思わせる記述をしている。この記述を見る限り，読者はブラジルにおいて同性カップルのみが利用できる制度が，他の国と同様に，立法により2011年に新たに導入されたと思うだろう。

　二つ目は，渡邊泰彦の「ヨーロッパ人権条約における同性婚と登録パートナーシップ」(2013) である。渡邊によれば，「裁判所が許可したブラジルの一部」で2012年から同性間の婚姻が認められているとされている[29]。これらの論文からすれば，2011年には同性カップルのみ利用可能な特別の制度が認められたが，2012年からは婚姻を認める州裁判所が現れ始めた，ということになろう。だが，三つ目の記述をみると，どうなっているのかがよくわからなくなる。

　マルセロ・デ・アウカンタラによるブラジルの親権法に関する論文では，脚注で次のように述べられている。

> 「ブラジル連邦最高裁 (STF) は2011年に同性間の安定した結合を家族の形態として認め，男女の安定した結合と同等の法的権利・義務を与えた (引用省略)。また，2013年には，「安定した結合」だけではなく，同性間の「婚姻」も認められるようになった (Resolução do Conselho Nacional de Justiça n.175/2013)。」[30]

　これによれば，ブラジルには「安定した結合」という制度があり，2011年に同制度がブラジル連邦最高裁の判決によって同性カップルに拡張されたが，同性間の婚姻については2013年に「Resolução do Conselho Nacional de Justiça n.175/2013」によって認められたことになる。この「Resolução do Conselho Nacional de Justiça n.175/2013」は，おそらく日本の読者には法律であるのか判例であるのかすら理解が困難であろう。しかも，この三つ目の記述によれば，2011年に認められたのは男女間のための制度である「安定した結合」の利用であるため，同性カップルのみが利用できる登録パートナーシップ制度があったとする一つ目の記述とは明らかに矛盾する。二つ目の記述とあわせて読むと，2012年から「安定した結合」の他に同性間の婚姻を認める裁判例が現れたが，2013年には法律か何かによって全国で認められるようになったということになる。

　これらの三つの論文はブラジルにおける同性カップルの法的承認について直

---

(29)　渡邊 (2013) 52頁を参照。
(30)　デ・アウカンタラ (2013) 73頁の脚注3を参照。

接的に扱った研究ではない。したがって，これらはブラジルでは同性カップルは「安定した結合」という制度と「婚姻」制度を利用できるようになっているというおおよその理解を提示しているものと解する限りでは問題はないかもしれない。しかし，本書にとって問題なのは，世界で唯一司法権のみによって同性愛者の家族および婚姻が認められたというブラジルの特徴を十分に捉え切れていない点である。ことばを換えて言えば，ブラジルでは同性カップルの法的承認は専ら司法権によって実現され，現在もこれを追認する法律が存在しないため，ブラジルにおいて同性カップルがどのように扱われているかに関する記述にばらつきが生じているともいえる。そこで，<u>ブラジル法研究としての本書の一つ目の目的は上記のような記述における不十分なところを修正し，不足している情報を提供することによって，ブラジルにおける同性カップルの法的承認の過程を明らかにすること</u>である。

② ブラジル家族法のどのような変化が司法による同性カップルの法的承認を可能にしたか

次に，ブラジルにおける同性カップルの法的承認には「司法権によって実現された」という特徴だけではなく，現代ブラジル家族法の著しい変化の結果であるという特徴がある。同性カップルの「安定した結合」を認めた2011年連邦最高裁判決は他の国のように同性カップルの「カップル関係」の承認から同性カップルの「家族」の承認へと進んだのではなく，「家族団体（entidade familiar）」[31]という概念を用いて同性カップルの「家族」を承認した結果，同性間による「安定した結合」の制度の利用を認め，「婚姻」制度の利用可能性を示唆したのである。この点だけに着目してみても，ブラジル家族法ではなぜ裁判所が同性カップルの「安定した結合」や「婚姻」を認めたのではなく「家族団体」を承認したのか，これを認めることと同性カップルの「安定した結

---

(31) 前掲記述の三つ目において「家族の形態」と訳されているものであるが，本書では固定した概念としての意味が伝わりやすい矢谷（1991）の訳である「家族団体」を用いる。「団体」および「形態」は「entidade（英：entity）」の訳語であるが，ブラジルポルトガル語辞典では①物理的に，または，精神的に独立かつ区別可能な形で存在するもの，②一定の目的を達成するために法的に形成された団体，または，組合，という二つの定義がある（FERREIRA, Aurélio Buarque de Holanda. Novo dicionário Aurélio da língua portuguesa, 5ª edição. Editora Positivo, 2014を参照）が，これらの定義からみても「形態」よりも「団体」の方が適切であると思われる。ただ，家族の種類を分類する議論では「家族団体」ごとに分けられているため，文脈によって「形態」という意味もあり，前者の訳語は不正確なものではなく「形態」という意味に着目したにすぎない。

はじめに

合」と「婚姻」とがどのようにつながっているのか，さらにはそもそもブラジル家族法にどのような変化があって，こうした議論になったのかという学問的な関心を抱かずにはいられない。だが，そればかりではない。どうしてもブラジル家族法を研究しなければならないと思わざるを得ないほど，ブラジルの同性カップルの法的承認にはこれらでは表現し尽くせない特筆すべき特徴があるのである。

どういうことか。ブラジルでは「同性カップル」や「同性婚」などとは言わず，「同愛（homoafetivo）」という新語が定着し，「同愛的結合（união homoafetiva）」，「同愛婚（casamento homoafetivo）」，「同愛家族（família homoafetiva）」などと言われている。この同愛という語は，歴史的に「同性愛」に含まれていたさまざまな偏見を払拭するために 2001 年に提唱されたものであるが，すでに著名なブラジルポルトガル語辞典(32)に掲載されているだけでなく，先に触れた 2011 年の判決において連邦最高裁判所も採用するに至っている。これだけをみると，なるほど，ブラジルでは差別的な意味合いを取り除くために，「同性カップル」のことが「同愛カップル」と呼ばれるようになったのか，といった程度の話になりかねず，この同愛という語が家族法とどのように関係しているのかはよく伝わるまい。しかし，ブラジルの家族法をみていくと，第三章で詳述するように，1980 年代後半から，情愛性の原則（princípio da afetividade），社会情愛的父子関係（paternidade socioafetiva），情愛的放棄（abandono afetivo）(33)，情愛の法的な価値（valor jurídico do afeto）などの表現のなかに「情愛（afeto）」という用語が用いられ，この用語はあらゆるところで見出されるのである。その端的なあらわれとして，試みに 2011 年連邦最高裁判決のなかで「情愛（afeto）」およびその派生的な用語を数え上げてみると，合計 264 回にもわたって用いられているのだ(34)。こうして，ブラジルにおける同性カップルの法的承

---

(32) 例えば，アウレリオ辞書（Dicionário Aurélio）を参照。FERREIRA, Aurélio Buarque de Holanda. Novo dicionário Aurélio da língua portuguesa, 5ª edição. Editora Positivo, 2014.

(33) デ・アウカンタラ（2013）85 頁以下では「愛情放棄（abandono afetivo）」と訳されているが，ブラジル法では「amor（愛・愛情）」と同義である日常用語としての「afeto」がプラスとマイナスの感情を含む継続的かつ情緒的な社会的絆のことを指す法律用語としての「afeto」とが区別されており，本書ではこの区別を反映させるために「情愛」という訳語を用いる。なお，同性愛の関係については，もっとも近い訳語が「同情愛」になるが，日本語として区切りが悪いため，「同愛」という訳語を用いる。

(34) 具体的には，「情愛（afeto）」は 37 回，「情愛性（afetividade）」は 25 回，「同愛的

認とこの情愛の概念とが明らかに深く関わっていることが浮き彫りになってくる。

　ブラジルの社会と法における情愛という用語の浸透を併せて見ると，「家族」概念の問題だけではなく，近年のブラジル家族法は諸外国の家族法とは大きく異なる特色を持つに至っているのであり，このような家族法の独自性がブラジルにおける同性カップルの法的承認を諸外国に比べて特殊なものとしているのではないか，という仮定が浮かび上がる。したがって，ブラジル法研究としての本書の第二の目的は<u>ブラジル家族法のいかなる変化が 2011 年連邦最高裁判決による同性カップルの法的承認を可能にしたか</u>を明らかにすることになるのである。

3　本書の構成

　本書の基本的な構成は，ブラジルにおける同性カップルの法的承認の現在の到達点を示した上で（ステップⅠ），次に過去に遡ってそこに至るまでの経緯を明らかにする（ステップⅡ）ことによって，現状の謎を解いていくという道筋をたどるものになっている。このステップⅠ（到達点）⇒ステップⅡ（過去の経緯）という時間を遡行する流れを示した図 2 は，本書の前半部と後半部のそれぞれを読み進めるにも，前半と後半を通しで読み進めるにもよい道標になるはずである。

　ブラジルにおける同性カップルについては，その法的承認について二つの到達点があるため，本書は前半と後半に分かれる。具体的には，前半ではブラジルにおいて<u>同性間の婚姻</u>が法的に承認されていることを到達点とし，後半では前半の出発点となった 2011 年連邦最高裁判決，すなわち，<u>同性カップルの家族</u>が法的に承認されていることを到達点とする。したがって，全体が，現在に直結する前半部のステップⅠと，それよりも時間を遡った後半部のステップⅡに二分されており，さらに前半部も後半部もそれぞれステップⅠ⇒ステップⅡをもつ入れ子構造になっている。

　先回りして実際の時間の流れにそって見通しを示しておけば，後半部は観念レベルで家族法に関する理解が潜在的に展開していた時期であり，前半部はこの展開の帰結として同性婚を承認する司法プロセスが現象レベルで顕在化する

　　（homoafetiva/o）」は 202 回，「愛情（amor）」は 34 回用いられている。これに対して，同様に重要な意味をもった「家族（família）」という言葉が 269 回用いられている。

はじめに

図2　本書の構成：叙述の流れと時間の流れ

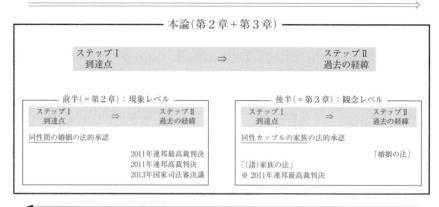

時期である。本書の章立てと各章の概要は以下のとおりである。

　本論に入る前に，ブラジル法が日本ではマイナーな比較法分野であることに配慮して，第1章では，ブラジル法およびブラジル家族法の基礎的事項を概観していく。次に，本書の核となる本論のうち，前半部を成す第2章では，同性カップルの法的承認の具体的なプロセスを考察していく。2011年連邦最高裁判決，2011年連邦高裁判決，2013年国家司法審議会決議第175号を順次詳細に分析することになる（前半部のステップⅡ）。このことにより，ブラジル法研究の目的①の結論としてブラジルでは同性カップルについて「何が・どのようにして・いつ」認められたのかをひとまず明らかにするのである。

　第3章が後半部になる。第3章では，第2章の出発点となった2011年連邦最高裁判決が下されるまでの同性カップルの扱いを三つの段階に分けて論じ，それに伴う家族法に関する理解の変化を考察する（これをたどるのが後半部のステップⅡ）。これによって，ブラジル法研究の目的②の結論としてブラジル家族法のどのような変化が同性カップルの婚姻ではなく，家族の法的承認を出発点とする議論を基礎付けたかを明らかにするわけである。後半部である第3章が，2011年連邦最高裁判決より以前に遡って考察することにより，前半部の理解が一層深まる結果にもなっている。そのため，もう一度この地点から，2011年連邦最高裁判決を出発点として婚姻が認められたことの意義を再検討

することが重要な意味を持つことになる。これによって，本書の主要な関心である，なぜブラジルにおいては同性間の「婚姻」ではなく「家族」が最初に承認されたかを明らかにすることとともに，ブラジルにおける同性間の婚姻の承認がブラジル家族法に対してどのような意義を持ったのかを検討することが可能になるのである。

　最後に，「結語――日本への示唆」は，ブラジル法を考察することにより，同性カップルの法律問題に関して日本にとってどのような示唆が得られるかを述べることにする。

第 1 章　ブラジル法の概略

　英米法，フランス法およびドイツ法に比して，ブラジル法はマイナーな比較法分野である。日本におけるブラジル法の代表的な研究者のひとり，佐藤美由紀はその著書『ブラジルにおける違憲審査の展開』のはしがきにおいて，日本の法律家から「ブラジルにも憲法があるのですか」という質問を投げかけられたと述べている[35]。これはブラジル法研究の状況を象徴的に表す出来事である。実際，ブラジル法は 1990 年代から少しずつ注目されるようになったものの，現在もブラジル法に関する文献は僅かである[36]。ブラジル家族法，または，同性カップルの法的承認という問題についてブラジル法研究が有する意義に関しては先に述べた通りであるが，日本の法律家がブラジル法そのものに関心をもつべき理由に関しては，佐藤やその他のブラジル法研究者に委ねることにして，ここで繰り返し述べることはしない[37]。

　ブラジル法がマイナーな比較法の分野であるということは，ブラジル法に関する基本的な理解が日本の法律界で共有されていないことを意味する。このこ

---

[35]　佐藤美由紀『ブラジルにおける違憲審査制の展開』東京大学出版会（2006）。佐藤はこの質問を反語と捉え，これに応えることを一つの研究目的としている。

[36]　二宮［正］（2011(1)）47 頁を参照。

[37]　二宮正人は，ブラジルの移民政策や日系ブラジル人に着目して，ブラジル法への関心について，「過去の感情的なしがらみが皆無の国であり，ブラジル社会に完全に同化し，高い評価を受けている日系人コミュニティの存在により，世界的に見ても親日感情がもっとも顕著な国の一つ」であり，「日本企業の投資・進出が再び活発になりつつある」として，その必要性をうったえている（二宮［正］［2011］）。確かに，経済的な理由は重要であるが，ブラジル法研究を対象とすることの意義はこれに尽きるものではなかろう。例えば，佐藤（2006）はブラジルの付随審査と抽象審査を並立させる独特の制度の興味深さに着眼している。本書は後者の観点から，制度の興味深さによって得られる学問的な刺激を目指している。しかし，ブラジルの家族法について，その独自性のみならず，実務的な観点からも研究が進められるべきことにも注意しなければならない。在日日系ブラジル人の数が多く，ブラジル法が準拠法となった場合にその法制の理解がもとめられることのみならず，国際的な子の奪取の民事上の側面に関する条約（ハーグ条約）の批准によって，ブラジルの親権法を扱う機会が増えると予想される。なお，ブラジルの親権法については，マルセロ・デ・アルカンタラ（2013）を参照されたい。

とは英米法やフランス法，ドイツ法などの伝統的な比較法分野のように，ブラジル法全体に関する概説書が存在しないことに端的にあらわれている。そのなかにあっては，ブラジル法全体の雰囲気をよく伝えるものとして，『法学教室』連載の二宮正人「外国法紹介　ブラジル法」を挙げておきたい[38]。とはいえ，（ブラジルではなく日本で法律を学んだ）筆者自身は学問の上で日本法を「母国法」としており，日本とブラジルの制度上の相違で理解に苦労した点が少なくないため，筆者としては読者に同様の労苦を要求することはできない。そこで，まずはブラジル法全体の特徴を総論としてまとめた上で（第1節），ブラジル家族法および本書と深く関わっている婚姻・安定的結合およびコンクビナトの全体像を各論的に概述する（第2節）。

なお，1988年ブラジル共和国憲法および2002年民法典の和訳に関しては矢谷通郎訳（1991）のものと今井真治訳（2002-03）のものとの労作に負うところが大きい。ただし，できる限り矢谷と今井の訳文を尊重しつつも，特に家族法の観点から必要な場合には，本書の行論の都合上とりわけ重要な条文に関しては，筆者自身による訳をあてた部分もあることをご了承願いたい[39]。

第1節　ブラジル法体系の特徴

第1項　大陸法としてのブラジル法：日本との比較を射程に入れて

ブラジルは1500年に「発見」されてから，19世紀初頭までポルトガルの植民地であった。1882年に独立した後も，ポルトガル王族を皇帝と仰ぎ，半世紀ほどにわたって，旧宗主国ポルトガルの影響が色濃く残る集権的な君主制国家であり続けた。その結果，ブラジル法は約400年間に渡ってポルトガル法の強い影響を受けることになったのは言うまでもない[40]。しかし，1889年に共和

---

(38)　二宮正人「ブラジル法(1)(2)(3)」法学教室373号45-48頁，374号41-44頁，375号41-45頁（2011）。また，二宮正人・矢谷通朗（1993）も参考になる。

(39)　矢谷通郎訳『ブラジル連邦共和国憲法：1988年』アジア経済出版会（1991），および今井真治「ブラジル新民法典（訳）(1)～(7)」戸籍時報550号，554号，560号，561号，563号（2002～2003）。また，一般的な法律用語については森征一・二宮正人『ポ日法律用語集』有斐閣（2000）を参照した。筆者による修正版は添付資料3の1および3の2を参照。

(40)　植民地時代からポルトガル王の法典である①アフォンソ法典（Ordenações Afonsinas, 1446-1512年），②マヌエル法典（Ordenações Manuelinas, 1512-1580年）およびポルトガルがスペインにより併合された時期の③フィリッペ法典（Ordenações Filipinas）

制に移行した時には，アメリカに倣って国名が「ブラジル合衆国（Estados Unidos do Brasil）」（1891 年憲法）に改められるとともに，連邦制が採用され，違憲審査制が導入された。こうした歴史的経緯は，日本が第二次世界大戦前はドイツ・フランスの大陸法の影響を強く受け，戦後はアメリカ法からの影響を受けた経緯と類似しているところがある。すなわち，アメリカ法の影響が強まった後も，ヨーロッパ法の影響がなくなったわけではないのである。ブラジル法は，原則として制定法主義（成文法主義）であるが，事実上の法源として判例法が重視されている[41]。こうした点も日本と共通するところが少なくない。たとえば，日本の六法全書や判例六法のようなものなどがブラジルにも存在しており，制定法文化に関して日本との類似点が多い。従って，日本とブラジルの比較法研究に際してはそうした点に関して特に配慮する必要はなく，日本とのアナロジーが通用する部分が少なくないと思われる。

なお，日本の民法学はフランス法とドイツ法から強い影響を受けており，フランス法を母法とすると言ってよいだろうが，ブラジルの民法学もドイツやフランスから強い影響を受けている[42]。ただ，ブラジルの場合は，フランス法だけではなく，ポルトガル法を含めてさまざまな外国法から影響を受けており，ブラジル民法には「母法」として扱われている外国法は存在しない[43]。

第 2 項　ブラジルの連邦制[44]

ブラジル連邦共和国（República Federativa do Brasil）という国名から明らか

がそのままブラジルに適用された。ブラジル法の歴史的な発展についてはダラーリ (1994) 5-17 頁，二宮［正］(2011 [1]) 47-48 頁，同 (2011 [2]) 41 頁を参照。
[41]　判例法の扱いには異なるところもあるが，詳細については法源との関連で後述する。
[42]　二宮［正］(2001 [2]) 41 頁を参照。二宮は自らの経験に基づいて「一般的な文化については，フランスの影響を強く受けていた。（……) 1959 年には，第一外国語はフランス語であり，同世代以上の年配者にはフランス留学組やフランス語を流暢に話す者が多いことは象徴的である」と述べている。なお，本研究を通じて，近年はアメリカ法のほか，フランス法よりもイタリア法の影響を強く感じた。
[43]　詳細について後述するが，1988 年憲法により導入された「安定した結合」(união estável) が 1990 年代前半から制度化されたが，ポルトガルも 1999 年に「união de facto」という類似の制度を導入している。現在は同制度のことを「união estável」と呼ぶこともあるようだが，この場合はブラジル法に対するポルトガル法の影響があったというよりも，むしろその逆ではないかと思われる。ポルトガル法の制度については LANÇA (2014) 116-162 頁を参照。
[44]　MENDES (2012) 855-889 頁，NOVELINO (2013) 695-752 頁などを参照。

なように，ブラジルは連邦制を採用している。また，ブラジルの法律家はこれを「画期的」な連邦制と自賛することが多い。たとえば，アメリカの連邦制では州の自律性が強調されるのと比較して，ブラジルの連邦制の場合には州よりも下の自治体の自律性が強くアメリカ以上に分権的だと言われる場合などである。しかし，この連邦制の具体的な仕組みをみると，実のところは集権的であり，単一国家にきわめて近いものである。ブラジルは連邦制であるといっても，その集権的なあり方は日本と同じ程度，あるいはそれ以上なのである。比較を用いて言い換えるなら，アメリカの連邦制よりも，むしろドイツの連邦制に近いとみるほうがふさわしい。いずれにしても，本書との関係でこれが問題となりうるのは法源に関してであり（第3項を参照），それ以外の問題は原則として必要なところで解説することにする。

第3項　ブラジルの法源 (1) 制定法
1　憲　法

歴史的に見ると，ブラジルではこれまで七つの憲法を数えてきた（考え方・捉え方によっては八つ）[45]。具体的には，①1824年憲法（君主制時代の欽定憲法），②1891年憲法（君主制直後の連邦共和国憲法），③1934年憲法（初の福祉国家憲法），④1937憲法（ヴァルガス独裁期の憲法），⑤1946年憲法（独裁制後の憲法），⑥1967・1969年憲法（軍事独裁制期の憲法），⑦1988年憲法（軍事独裁後の現行憲法）の七つである。日本では大日本帝国憲法と日本国憲法の二つしかないのとは様相が異なるのである。憲法上の家族については後で詳細に述べることにし，ここでは1988年憲法の基本的な特徴だけを指摘しておく。現行の1988年憲法は軍事独裁制後の反省憲法であるため，基本的人権に関する詳細な規定が多く，制度設計の主要な関心は人権保障を実効的なものにし，独裁制の再発を防止することであった。ただし，歴代憲法に比べて国民がその制定過程に積極的に参加しており，家族の問題だけについて5517通りの提案が憲法制定議会によって収集・検討されている[46]ことは特筆に値しよう。

---

[45] 歴代憲法の社会的背景については矢谷（1994）5-21頁を参照。憲法を七つと数えるか八つと数えるかは軍事独裁制の二つ目の憲法（1969年憲法）を新たな憲法と捉えるか，あるいはそれを1967年憲法の単なる改正と捉えるかによってであり，近年は一つの憲法として数えることが一般的である。佐藤[美]（2006）12頁を参照。

[46] BRASIL, Assembléia Nacional Constituinte, Subcomissão da Família, do Menor e do Idoso, Relatório e Anteprojeto de Norma Constitucional. Brasília: Centro Gráfico do

第 1 節　ブラジル法体系の特徴

　日本との対比で浮かび上がるブラジル憲法のもうひとつの特徴は，その改憲手続が必ずしも容易ではない硬性憲法であるにもかかわらず[47]，日本と違って憲法の規定が改正されることが少なくなかったことである。そのなかでも本書との関わりでは，離婚を認めた 1977 年 11 月 9 日憲法修正第 9 号や別居制度を廃止した 2010 年 7 月 13 日憲法修正第 66 号などが重要である。

2　法　　律[48]

　ブラジルは連邦制であり，連邦法と州法が存在している。しかし，基本的な実定法分野は連邦の排他的権限とされており，州には専ら州の行政に関わる権限があるにすぎない[49]。これは「連邦制」という建前にもかかわらず，「州法」が日本の「条例」にきわめて近いことを意味する。そのため，本書で日本の家族法との対比を視野に入れて論じるにあたっては，この点も原則として問題にならない。アメリカやカナダのように，ブラジルでは州ごとの「家族法」が問題にはならないのである[50]。なお，法律以外に 1988 年憲法以前は大統領令（Decreto-lei）があり，現行法上もなお有効なものが多いが，この制度はすでに廃止されていることもあって，本書の議論の範囲ではやはり特に問題とはならない[51]。

　　Senado Federal, 1987, 3-13 頁を参照。家族に関する提案に目立つ問題として男女平等，非婚カップルの問題，出自を問わない子の平等などが指摘されているが，その多くがそのまま 1988 年憲法の規定となっている（LÔBO［2011:19 以下］）。なお，具体的な国民参加のあり方およびその限界については矢谷通987（1991）3-14 頁を参照。
(47)　憲法の変化について，ブラジルでは①改正（reforma），②変遷（mutação），③見直し（revisão），④修正（Emenda）があるが，根本的な変化ではない④であっても修正手続が法律よりも重く課され，連邦議会各院において二回にわたって 5 分の 3 の多数決で承認される必要がある（1988 年憲法第 60 条）。二宮・矢谷（1993）28-29 頁を参照。
(48)　二宮・矢谷（1993）30-31 頁，MENDES（2012）857-858 頁，NOVELINO（2013）732-752 頁などを参照。
(49)　連邦の排他的立法権限については 1988 年憲法第 22 条を参照。また，連邦・州・市の立法権をわかりやすく列挙しているものとして，二宮・矢谷（1993）25-28 頁を参照。
(50)　ただし，州ごとの「判例法」が問題となる。詳細については後述する。
(51)　二宮・矢谷（1993）31 頁，矢谷（1994）44 頁を参照。以前は，特に独裁政権のもとで，一種の立法権となっていた。例えば，日本法の「法の適用に関する通則法」に相当する大統領令第 4657 号（1942）は 2010 年で部分改正（法律第 12.376 号）されているが，原型は大統領令のままである。

第1章 ブラジル法の概略

第4項 ブラジル法の法源(2) 判例と司法権[52]
1 司法権と司法組織

以上の通り，制定法のレベルでは，ブラジルはほぼ連邦内で統一的である。

次に，制定法が日本と同程度統一されているとしても，裁判組織の面で州裁判所と連邦裁判所の関係がどうなっているのかという問題はやはり存在する。ブラジルの連邦制はきわめて集権的であることはすでに述べた通りであるが，司法制度もそうであり，司法権のすべては連邦最高裁判所（Supremo Tribunal Federal - STF）を頂点としている[53]。だが，その下は，複雑な司法組織になっている。日本のように高等裁判所と地方裁判所があるのではないのである。できるだけ簡略化させても以下のようになる。

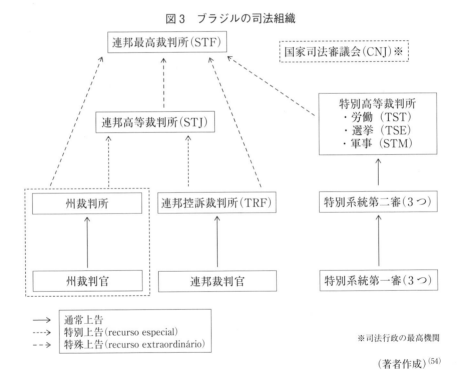

図3 ブラジルの司法組織

（著者作成）[54]

---

(52) MENDES（2012）998-1076, 1091-1490頁，NOVELINO（2013）217-350, 871-946頁を参照。
(53) フランスのように，破毀院を頂点とするものとコンセユ・デタを頂点とするものと

第 1 節　ブラジル法体系の特徴

イ　通常裁判と特別裁判

　ブラジルの裁判管轄は通常裁判管轄（justiça comum）と特別裁判管轄（justiça especializada）に分類されている。まず特別裁判管轄を先に見ておくと，①労働事件を扱う労働裁判所[55]，②選挙争訟を扱う選挙裁判所[56]，および③軍事関連の問題を扱う軍事裁判所[57]の三つの裁判所があり，すべて連邦の組織となっている。その他の裁判管轄はすべて通常裁判管轄に属し，連邦裁判所（justiça federal）[58]と州裁判所（justiça estadual）[59]に分かれるわけである。

ロ　通常裁判管轄における連邦裁判所と州裁判所

　連邦裁判所と州裁判所の管轄を基本的に左右するのは，どのような法律が争われているかではなく，どのような当事者が争っているかである。具体的には，連邦（União）が当事者となっている場合には連邦裁判所の管轄となり，その他の場合は州裁判所の問題となる。仮に，管轄を左右するのが，連邦法の問題であるか州法の問題であるかであるとすれば，制定法の大部分が連邦法である以上，州裁判所の出番がおおよそなくなってしまう。ところが，ブラジルで決め手となるのは，争いの当事者であるため，実際には州裁判所の出番が少なくないのである。

　州裁判所は「州」裁判所（Tribunal Estadual）と呼ばれているが，その実態は「州」の組織ではなく，原則として「国家」の組織として位置づけられている。名称に「州」が付くのは州には司法組織について一定の自立性があるためにすぎない。もちろん詳細に見れば州ごとに司法組織に若干の相違があるものの，基本的な枠組みは憲法によって定められているので，州によって大きく異

があるのと異なり，複数の裁判系統がないのである。フランスの司法制度との対比でブラジルの司法制度を紹介しているものとして，PASSOS MARTINS, Thomas. La Cour Suprême du Brésil et <<l'État démocratique de droit>> Contribution à une théorie de la démocracie réflexive. Institut Universitaire Varenne, Collection des Thèses, n° 88, 2013. 20-25 頁を参照。

(54)　二宮・矢谷（1993）62-63 頁，ダラーリ（1994）57 頁の図を簡略化・更新させて筆者が作成したものである。
(55)　1988 年憲法 111-117 条を参照。
(56)　1988 年憲法 118-121 条を参照。
(57)　1988 年憲法 122-124 条を参照。
(58)　1988 年憲法 106-110 条を参照。
(59)　1988 年憲法 125-126 条を参照。

第1章　ブラジル法の概略

なることはない。本書で州ごとの組織の差異を原則として問題にしないのはこのためである。

　ハ　審級制——ブラジルでは審級がいくつあるのか
　ブラジルの司法組織に関する日本の文献[60]では2～3審あると記されることが多く，4審まであるとされることもある。ブラジルの文献を調べてみても，「審級」に着目して「ブラジルの審級制はこうである」と解説されることはない。これは「審級」という問題にこだわるよりも，上訴を「控訴」・「特別上告」・「特殊上告」に分けて考えることに重点が置かれているためではないか，と思われる。
　まず，特殊な事件を除き，また，特別裁判であるか通常裁判であるかを問わず，原則として第1審は第一審裁判官（juízes singulares）によって行われる。やや些末な点であるが，第1審はひとりの裁判官により行われるので，「裁判所」とはいわず，「裁判官（juiz）」という。
　次に，第1審に対して控訴（apelação）があった場合，第2審は州裁判所（Tribunal de Justiça do ～）・連邦地方裁判所（Tribunal Regional Federal – TRF）・選挙地方裁判所（Tribunal Regional Eleitoral – TRE）・労働地方裁判所（Tribunal Regional do Trabalho – TRT）・軍事地方裁判所（Tribunal de Justiça Militar）の各「地方裁判所（Tribunal Regional）」で行われる。第2審は原則として合議判決で行われる[61]。
　控訴に続いて，「上告（recurso）」があるが，上告には「特別上告（recurso especial – REsp）」と「特殊上告（recurso extraordinário – RE）」とがある。特別上告があった場合，第3審は連邦高等裁判所（Superior Tribunal de Justiça – STJ）で行われることになる[62]。この特別上告に対して，さらに「特殊上告」が行われることがあり，この場合には「第4審」が行われることもあるが，特殊上告は，特別裁判管轄のケースを除き，必ずしも特別上告審の判決を前提

---

(60)　例えば，クリスチーヌ・サンチニ・ムリエル，マルセロ・アントニオ・ムリエル（1994）54頁，また74頁の注6を参照。
(61)　なお，州裁判所の裁判官は，審級に関わらず，「juiz」ではなく「desembargador」と呼ばれ，区別されている。
(62)　その他の裁判所の上告名称が統一されていないことに注意が必要である。本書において言及する選挙裁判所の「特別上告」にあたる上告は「選挙特別上告（Recurso especial eleitoral – REspe）」と呼ばれていることを指摘するに留める。

とするわけではなく，基本的には控訴審の判決を前提とするものである。通常裁判管轄のケースでは控訴審判決に対して上告する場合は，連邦法を問題にするのであれば，連邦高等裁判所に「特別上告」を行うことが原則になる。これに対して連邦憲法を問題にする場合に限って，連邦最高裁判所に「特殊上告」を行うことになるのである(63)。

　以上述べてきた点を，観点を変えて表現すると，ブラジルでは「審級制」の考え方が弱く，原則として「控訴」・「特別上告」・「特殊上告」という上訴の分類に基づいて審級の問題が考えられているというわけなのだ。これにより制度設計の上では原則として四審にまで及ぶことが可能となっているのは確かである。だが，制度運用に着目すれば，二宮正人が述べるように，「一般的には訴訟費用や弁護士費用，敗訴判決者側が敗訴判決文の支払いについて供託を行う等の煩雑さから，第2審で終結することが多い」ことに留意しなければならない(64)。

二　連邦高等裁判所（STJ）と連邦最高裁判所（STF）の関係

　連邦高等裁判所（STJ）は1988年憲法により新たに設置された裁判所である。連邦高裁は，連邦法を統一させることを基本的な機能としており，その創設の主眼は連邦最高裁判所（STF）の負担を軽減するとともに，連邦最高裁を憲法問題に専念させることであった。そのため，原則として連邦高裁は違憲付随審査を行わない。だが，1988年憲法は多くの法分野に関する詳細な規定を設けており，現在のブラジル法では憲法問題に触れない法律問題はめずらしいといってよい。憲法問題に触れる事件をすべて連邦最高裁の管轄として連邦高裁が却下するのであれば，連邦最高裁の負担の軽減という連邦高裁の設立目的のひとつが画餅に帰してしまう。そのため，近年は，連邦高裁が憲法問題を前提とする事案を却下しない傾向が強まっているようである(65)。

---

(63)　なお，上告審裁判所の裁判官は第一審の「juiz」と州裁判所の「desembargador」と区別され，日常用語では「大臣」を意味する「ministro」という法律用語で呼ばれている。
(64)　二宮［正］（2011［2］）43-44頁を参照。
(65)　ブラジルでは訴訟案件の膨大な数という問題が慢性的に存在し，そのためにさまざまな制度設計上の試みが行われているが，依然として裁判所の負担が重大な問題となっている。詳細については二宮（2011［2］）44頁を参照。

第1章　ブラジル法の概略

2　判例法のあり方

以上の司法組織の説明から，ブラジルの裁判例の先例的な価値は「最高裁判所＞高等裁判所＞地方裁判所＞第一審裁判官」の順番になることについては問題はなかろう。しかし，ブラジルにおける判例法のあり方は日本と大きく異なっている。たとえば，「最高裁判所」の先例を「判例」として，その他の下級裁判所の先例を「裁判例」として位置付ける日本の考え方をそのままブラジルの判例法にあてはめることはできないのである。以下では，日本と比べて特殊というべき次の4点，すなわち，イ．判例要旨制度，ロ．判例引用，ハ．日本の高等裁判所とは異なる連邦高等裁判所の位置付け，および，ニ．日本の地方裁判所とは異なる州裁判所の位置付けについて簡単に説明する。

イ　先例拘束力の不存在と「判例要旨」の制度[66]

ブラジルは日本と同じように先例拘束力の原則を採用しておらず，下級審は原則として上級審の裁判例に拘束されないが，下級審が上級審によって破棄される判決をしないように努めるという事実上の拘束力がある。だが，ブラジルでは従来から「判例要旨（súmula）」という制度があり，日本から見ると異質なものである。

判例要旨とは，各裁判所が法解釈の統一により紛争発生を防止することを目的として当該裁判所において示された複数の類似の判断をまとめて，裁判所自らが職権で公表しているものである。当該裁判所の先例を見れば，法律家（弁護士・下級審裁判官）は結果の予想に従って類似の事件を起こさなくなることが期待されよう。しかしながら，ブラジルでは制定法主義の文化が根強かったため，これを期待することができなかった。そこで，繰り返し類似の事件が起こされると，裁判所はその立場をまとめて，あたかも条文のような形式をもって当該裁判所の立場を示そうとしてきたのである。例えば，本書で問題となる重要な判例要旨として1964年に公表された連邦最高裁判所の判例要旨第380号がある。これを例としてあげよう。

判例要旨第380号－連邦最高裁判所1964年4月3日
　要旨「コンクビナト配偶者の間に事実上の組合の存在が立証された場合，共通の努力により得られた財産の分割を伴う司法による解消が可能である」

---

(66)　判例要旨については，佐藤［美］（2006）49-56頁をを参照

この判例要旨380号は，婚姻外の男女関係に関する判例法を明確にするものである。判例要旨の制度は現在も存在しており，ブラジルの判例法を把握するためにはその調査が不可欠である。判例要旨は連邦最高裁判所のみならず，裁判官（juiz）である第1審を除き，すべての裁判所（tribunal）ごとに作成されている。

　原則としてこのような判例要旨には先例拘束力がなかったが，2004年憲法改正第45号により連邦最高裁判所が付随審査に関して拘束力付き判例要旨（súmula vinculante）を作成できる制度が導入された[67]。なお，佐藤美由紀が指摘しているように，この拘束力付き判例要旨の制度は裁判所の先例を軽視しがちである弁護士に対する制約というよりも，下級審裁判所（とくに，州裁判所）の独立的な態度に一定の制約をかけようとしたものである。いずれにせよ，本書では拘束力付き判例要旨が問題とならないため，詳細については立ち入らない。

　ロ　判例引用

　上記のような判例要旨の制度からすると，ブラジルの判例法は専ら判例要旨に依拠していると思われかねないが，現在のブラジル法は決してそうではないことを確認しておく必要がある。とくに，1988年憲法以降，判例法を重視する傾向が強まっているが，現在引用されるのは，ほとんどが「判例要旨」ではなく直接の「先例」（判決そのもの）である。この点は，おおよそ日本と同じである。

　ブラジルでは裁判所自らが作成する判決文を要約した判決要約文（ementa）があり，判例を引用するときには，この要約文が用いられることが少なくない[68]。例えば，同性カップルであることが市長立候補の欠格事由に該当するかに関して判断した選挙高等裁判所（TSE）の要約文は以下のとおりである。

REGISTRO DE CANDIDATO. CANDIDATA AO CARGO DE PREFEITO. RELAÇÃO ESTÁVEL HOMOSSEXUAL COM A PREFEITA REELEITA DO

---

(67)　1988年憲法第103条のAを参照。佐藤[美]（2006）49-50頁，MENDES（2012）1038-1045頁，NOVELINO（2013）910-918頁参照。なお，従来の判例要旨には「拘束力」はないが，「効果」として審理を打ち切り，事件を却下することが可能であることに注意が必要である。

(68)　詳細については二宮・矢谷（1993）83頁を参照。

第1章　ブラジル法の概略

MUNICÍPIO. INELEGIBILIDADE. ART. 14, § 7º, DA CONSTITUIÇÃO FEDERAL. Os sujeitos de uma relação estável homossexual, à semelhança do que ocorre com os de relação estável, de concubinato e de casamento, submetem-se à regra de inelegibilidade prevista no art. 14, § 7º, da Constituição Federal. Recurso a que se dá provimento. (TSE, REsp. Eleitoral 24.564, Rel. Min. Gilmar Mendes, j. 01/10/2004).

　大文字は審理事項であり，小文字は審理概要および請求の認否を要約したものである。これが正式な引用方法であり，裁判所が判決文の中で先例を引用するときも，学者が教科書において先例を引用するときも，いくら長文になろうとも重要なものについてはこの方式が用いられている。ただ，教科書や法律論文などではこの引用方法の他，末尾にある括弧書きのみ引用されることも少なくない。括弧内は判決文を特定するために必要な基本情報（①裁判所名，②審級や記録番号，③報告担当裁判官（Ministro Relator）[69]，④日付等）を掲載したものである。こちらの方が日本の引用方法と類似しているといえる。本書では重要な先例については末尾に添付資料として要約文全体を掲載するが，それ以外のものについては原則として括弧内だけの後者の方法を用いる。なお，判例は各裁判所のウェブサイト[70]で閲覧可能になっているほか，同性愛と法に関する先例はこのテーマの先駆者であるジアス（Maria Berenice Dias）とブラジル弁護士会（Ordem dos Advogados do Brasil-OAB）とが共同で立ち上げたウェブ

---

(69)　報告担当裁判官（Ministro Relator）とは合議制の裁判の報告書作成を担当する裁判官のことを言う。報告担当裁判官は事案を整理した報告書（relatório）を作成し，自らの意見を述べた上で，これを元に各裁判官の意見が述べられるのが通常である。なお，これは各裁判所の組織規則（Regimento Interno）において規定がおかれており，一定の自由が効くようであるが，筆者が当たった資料では上記の形式と異なる裁判所はなかった。連邦最高裁判所の報告担当裁判官の制度については連邦最高裁判所組織規則第21-22条を参照。

(70)　例えば，連邦高裁の公式判例検索サイト（http://www.stj.jus.br/）を参照。なお，検索事項では裁判官名があることは日本法と異なっているが，ブラジルでは事件ごとに「報告担当（relator）」が決められるほか，裁判官ごとの意見が必ず掲載されている。また，かつては判決文が各裁判所の「司法記録（Diário de Justiça）」という紙媒体の出版物に掲載されることによって公開されており，これを「DJ（日付）」で表していたが，近年は司法記録がデジタル化しており，「司法記録電子版（Diário de Justiça Eletrônico）」に掲載された日付を示すことが多くなっている。この場合には「DJe（日付）」と表記して区別する。なお，本書では混乱を避けるために，公開日ではなく判決日（data de julgado）を指す「d.j.：」のみを示す表記方法を用いている。

サイトにもまとめてある(71)。

　　ハ　高等裁判所の判例法としての価値
　ブラジルの高等裁判所（各種高等裁判所）の先例は，憲法問題以外の法律問題の「判例」と捉える必要があり，その先例としての価値が大きいことに注意しなければならない。高等裁判所は確かに連邦最高裁判所の下にあり，日本の高等裁判所に似たものとして捉えられないこともない。しかし，日本の最高裁判所はすべての問題について「終審」となるのに対し，ブラジルの最高裁判所は，特殊な場合を除き，原則として憲法問題に関する限りでの「終審」となるにすぎず，直接憲法にかかわらないと思われる法律問題については高等裁判所が「終審」となっている。そのため，高等裁判所の先例を単なる「裁判例」と捉えることは不適切なのである。なお，本書において引用されている特別裁判所の先例は選挙高等裁判所に関するもののみであるが，裁判官七名からなる選挙高等裁判所の三名の裁判官は連邦最高裁判所の裁判官が兼任しているため，その先例的な価値は通常の高等裁判所よりも大きいといえる。

　　ニ　州裁判所の「判例法」
　ブラジルではおおよその法律事項が連邦法によって定められており，集権的な連邦制がとられている。そのため，「この州では家族法はこうだが，あの州の家族法は異なる」ということがあまり問題にならないことは前述したとおりである。しかし，①連邦制という建前が採用されていること，②州裁判所には一定の独立性が保障されていること，③多くの事件が第２審で終結すること，④訴訟は長時間を要しており，州裁判所の判決が上告審により覆されるまで数年がかかる場合があることなどの理由から，各州裁判所のレベルにおいて一定の判例法が形成される余地が存在している。そのため，制定法上は「この州の家族法はこうだが，あの州の家族法は異なる」という相違がなくても，判例法上の相違があることに注意しなければならない。詳細については後述するが，たとえば家族法についてリオグランデドスー州（Estado do Rio Grande do Sul）が「家族法の天国」と呼ばれることがあるが，その理由は同州裁判所が家族法

---

(71)　先例のほか，先行研究の文献やニュース等の資料もまとめられており，この問題を扱うときにきわめて重要なデータベースになっている（http://www.direitohomoafetivo.com.br/）。

第 1 章　ブラジル法の概略

の問題に関して数多くの前衛的な判断を示してきたからである。これらの前衛的な判断は上級審で破棄されることが少なくないが、破棄されるまでに数年かかってしまうことがある。その間、州裁判所では同じ問題に関する複数の事件が処理されることによってその州裁判所の「判例法」が一種の既成事実となる。そのため、州裁判所の先例を日本の地方裁判所の先例と同一視することは必ずしも妥当ではない。日本と異なって、ブラジルでは州ごとの「判例法（jurisprudência）」およびその他の州裁判所・連邦高等裁判所との間の対話から判例法を考える必要があるのである[72]。

3　ブラジルの違憲審査制──並立審査制

ブラジルにも違憲審査制があり、抽象審査と付随審査の両方が並存する並立審査制（sistema misto）が採用されている[73]。この点は、日本とは大きく異なる様相を呈している。ブラジルの違憲審査制については、それを詳細に考察した労作として、佐藤美由紀の研究があるため、ここでは詳細については立ち入らず、その全体構造を概観するに留める。

イ　付随審査制[74]

ブラジルにおける伝統的な違憲審査は付随審査制であるが、これは 20 世紀初頭から比較的早く導入されている。現行の付随審査制について特筆しておくべき点は、連邦高等裁判所には違憲審査の権限がないことである。それ以外は日本のものとほぼ変わらない[75]。前述したように、憲法を問題にして上告する場合は特殊上告により連邦最高裁判所に対して行わなければならないため、連邦高等裁判所は、原則として、憲法が問題となるときには本案審理に立ち入らず上告を却下するので、付随審査の余地がないのである。また、前述したように、連邦最高裁判所による付随審査であっても、拘束力付き判例要旨が打ち出

---

(72)　日本に比べてブラジルでは州裁判所の独立性が顕著であり、たとえば「東京高等裁判所は保守的な傾向がある」という程度の問題ではないことを示す具体的な根拠として、日本と違ってブラジルでは各州裁判所・各裁判所が自らのウェブサイトを持っており、そこで当該裁判所の「判例法（jurisprudência）」をまとめており、検索可能にしていること、各州裁判所の「判例法雑誌」が出版されていることなどがあげられる。
(73)　詳細については佐藤[美]（2006）を参照。
(74)　佐藤[美]（2006）25-150 頁を参照。
(75)　付随審査の詳細については、佐藤[美]（2006）25-150 頁を参照。

されない限り，先例拘束力は事実上のものに留まるにすぎない．

ロ　抽象審査制[76]

　抽象審査制はブラジルでは20世紀後半に採用されたが，1988年憲法によって基本権保障の観点から連邦最高裁判所が「憲法裁判所」に近づけられるとともに，抽象審査の機能が強化された結果，現在は抽象審査は従来からの付随審査と同じ程度，あるいは，それ以上に重要な地位を占めている．抽象審査には複数の訴訟類型[77]があり，日本と比較すれば分かりにくい点が多いが，詳細については佐藤美由紀の研究に委ねることにして，本書では連邦最高裁判所の2011年判決を説明するのに必要な点を解説するに留める．なお，付随審査と違って，<u>抽象審査の判決には原則として対世効（efeito erga omnes）があり，下級審のみならず行政権を拘束する</u>とされていることが重要である．

4　国家司法審議会の位置付け[78]

　2004年憲法修正第45号により国家司法審議会（Conselho Nacional de Justiça．以下では，司法審という）が新設された[79]．司法審は同性カップルの承認過程に積極的な役割を果たしたため，司法組織内部でのその位置づけについて，ここで若干説明しておく必要がある．司法審はもともと本来の狙いとしては司法行政に対する外部統制を強化するために設けられたものであり，設立当初は「司法権への不当な介入」にあたるものとして違憲の疑いをかけられていた．だが，司法審設置の建前はむしろ逆に司法権の独立を保障することであるとされ，司法審の議長は連邦最高裁判所の裁判長が当たることに加え，その構成員15名中9名が裁判官となっているため，近年は建前が本来の狙いを凌駕してむしろ司法権の暴走に加担しているものと評価され，逆にその意味で違憲性の疑いを

---

(76)　佐藤［美］（2006）151-268頁を参照．
(77)　違憲直接訴訟（Ação Direta de Inconstitucionalidade -ADI/ADIn），不作為違憲直接訴訟（Ação Direta de Inconstitucionalidade por Omissão - ADO），基本規定不履行争訟（Arquição de Descumprimento de Precito Fundamental - ADPF），合憲確認訴訟（Ação Declaratória de Constitucionalidade - ADC）の四つがある（1988年憲法103条）．
(78)　MENDES（2012）1070-1076頁，NOVELINO（2013）893-896頁などを参照．
(79)　1988年憲法第103条のBを参照．

かけられているのが現状である(80)。司法審の任務は決議により全国の司法行政を監督することであるので，これらの決議は一種の司法行政に関する「通達」に過ぎないはずである。しかし，特に，同性カップルの法的承認の過程において，それがあたかも「法律」であるかのように扱われた経緯があり，問題が少なくない。詳細については同性カップルの法的承認の過程との関連で説明する。

第5項　ブラジル法曹界——学説と実務の接近

ブラジルではほとんどの大学教員は弁護士や裁判官の仕事をしており，実務と密接に関わっている(81)。また，学説（doutrina）は必ずしも大学からではなく，実務界の方からも提唱されている。日本では学説と実務の乖離が批判されることが少なくなく，実務家による学説の創出が一般的なものではないのとは対照的なのである。ブラジルにおける学説と実務の接近を極端に表す事例として次のようなものがある。

同性カップルと法の問題の先駆者であるジアスはリオグランデドスー州裁判所の裁判官であったが，州裁判官を勤めながら，学会誌などで同性カップルに関する学説を提唱し，自らが裁判官として担当する事案において自らが提唱した学説を用いていたのである。日本の法を「母国法」とする筆者はこの状況を見て，職務倫理上の問題がないのか，と違和感を覚えずにはいられなかった。

だが，連邦最高裁判所の裁判官でさえ，自らの学説を引用することがあり，このようなことがブラジルの法律家から問題視されることはない(82)。確かに裁判官の独立という原則を考慮すれば，裁判官が正しいと思う理由を示してはっきりした見解を持つことは，あるいは，望ましいかもしれない。しかしながら，本書を通じて，裁判官が自身の公表した学説に従って裁判を行うことには問題がないわけではないことが痛感されるケースがあることを論じていきたい。

---

(80) 国家司法審議会の違憲性をめぐる議論について，MENDES（2012）1076頁を参照。
(81) この状況は決して意図的なものではなく，二宮正人が指摘しているように，大学教員の給与の低さが主要な原因となっている。二宮（2011［2］）43頁を参照。
(82) 例えば，2011年連邦最高裁判決のブリット報告担当裁判官はその意見において，「友愛的立憲主義（Constitucionalismo Fraternal）」に関する自身の作品（BRITTO, Carlos Ayres. Teoria da Constituição. Ed. Saraiva, 2003）があることを指摘して自らの議論を紹介している（2011年連邦最高裁判決判決のブリット裁判官の意見7-8頁を参照）。

第2節　ブラジル家族法概略

第1項　ブラジル家族法の全体像
1　民法典と「家族法」の意味

ブラジルでは一般的に「家族法（direito de família）」[83]が「相続法（direito das sucessões）」と区別されており，日本でいう「親族法」に該当する[84]。家族法に関する基本的な規定は民法典に収められており，2002年に施行された現行民法典[85]は第4部を「家族法」（第1578-1783条）としている。その大部分を占める第1編と第2編は，民法の再人格化（repersonalização do direito civil）の理念を表すために「人の法（Direito Pessoal）」と「財の法（Direito Patrimonial）」とに分けられて次のような構造になっている[86]。

2002年民法典
　第4部　家族法
　第1編　人の法
　　　　第1章　婚姻　1511条〜1590条
　　　　　　第1節　総則
　　　　　　第2節　婚姻能力
　　　　　　第3節　婚姻障害事由

---

(83) 近年は「諸家族法（Direito das Famílias）」ともいう。LÔBO（2011），FARIAS; ROSENVALD（2012），DIAS（2013）はそれぞれ『民法　諸家族（Direito Civil: Famílias）』，『民法講義　諸家族（Curso de Direito Civil: Famílias）』，『諸家族の法マニュアル（Manual de Direito das Famílias）』と書名・科目名にも用いており，民法と「家族法」を独立させようとする家族法草案も「諸家族法典（Estatuto das Famílias）」という名称を採用している（2007年法律案第2285号）。

(84) STOLZE（2011）63-69頁，DINIZ（2012）17-29頁，FARIAS・ROSENVALD（2012）50頁，DIAS（2013）31-33頁，GONÇALVES（2014）17-21頁などを参照。ブラジルの民法の教科書の大多数は日本と異なって「家族法」の教科書と「相続法」の教科書を別にしている。

(85) ブラジル民法典の歴史の概略については，デ・アルカンタラ（2007）1673-1675頁，新民法典の特徴については，中川（2003）194-196頁を参照されたい。

(86) なお，「再人格化」は家族法に限らず，民法典全体について妥当するものであり，パンデクテン方式が廃止され，2002年民法典の第一部は「人について」（民法第1〜78条）と呼ばれ，人に関する規定がおかれている。2002年民法典編纂の理念については，REALE（2002）5-19頁を参照。

第 1 章　ブラジル法の概略
　　　　　　　第 4 節　効力停止事由
　　　　　　　第 5 節　婚姻許可取得の手続
　　　　　　　第 6 節　婚姻の儀式
　　　　　　　第 7 節　婚姻の効力
　　　　　　　第 8 節　婚姻共同体および関係の解消
　　　　　　　第 9 節　子の保護
　　　　第 2 章　親族関係　1591 条～1637 条
　　　　　　　第 1 節　総則
　　　　　　　第 2 節　親子関係
　　　　　　　第 3 節　子の認知
　　　　　　　第 4 節　養子縁組
　　　　　　　第 5 節　家族的権力（親権）
　第 2 編　財の法
　　　　第 1 章　婚姻夫婦の財産制　1639 条～1687 条
　　　　　　　第 1 節　総則
　　　　　　　第 2 節　婚姻前の契約
　　　　　　　第 3 節　財産一部共有制
　　　　　　　第 4 節　財産全共有制
　　　　　　　第 5 節　事後的共有制
　　　　　　　第 6 節　別産制
　　　　第 2 章　利用権および子の財産の管理　1689 条～1693 条
　　　　第 3 章　扶養 1694 条～1710 条
　　　　第 4 章　家族財産　1711 条～1722 条
　第 3 編　安定的結合　1723 条～1727 条
　第 4 編　未成年後見および成年後見の制度　1728 条～1783 条

2　憲法上の家族に関する規定

　このように，家族法に関する基本的な規定は民法典の中にあるが，特筆すべきなのはブラジルでは憲法のなかに家族に関する詳細な規定が置かれている点である。具体的には，憲法第 7 章は「家族，児童，青年および老人について」と題され，第 226 条から第 230 条の 5ヶ条が置かれている。5ヶ条では「詳細」といえないと思われるかもしれない。しかし，各条には複数の段落があり[87]，具体的には「柱書き」「段落」「項」などの項目の総数は 30 個にのぼるのである。例えば，本書で中心的な意味を有する憲法第 226 条では「婚姻手続

---

[87]　憲法上の家族に関する規定については添付資料 3 の 1 を参照。

が無料」(同条§1)[88]であることからはじまり,「民事婚は,法律に明示する場合において,1年以上の裁判上の別居の後,または2年以上の事実上の別居が証明された後,離婚により取り消すことができる」(旧同条§6)[89]ということまで規定されている。

3 民法典の空洞化と複数の特別法の存在[90]

2002年民法典以前の民法典は1916年に制定されたものであったが,時代の流れと社会の変化とともに家族に関する複数の特別法が制定され,ブラジルの民法典は空洞化していたことにも注意しなければならない。大きな問題でいうと,1916年民法典では既婚女性は無能力者とされ,離婚制度が存在しなかったが,既婚女性の行為能力等については「既婚女性に関する法律(Estatuto[91] da Mulher Casada)」(1962年)が,離婚については「離婚法(Lei do Divórcio)」(1977)が規律するところとなった。また,1988年憲法は家族における男女平等(憲法226条§5),事実婚の家族団体としての承認(同条§3),非嫡出子・養子差別の禁止(憲法227条§6)など,1916年民法典と全く相容れない家族法に関するさまざまな規定を置いたため,新たな民法典ができない間に新憲法に対応するためのさまざまな特別法が制定されることになった。例えば,事実

---

(88) 婚姻の無料(gratuidade do casamento)は1891年憲法から存在する規定であり,現行憲法第226条§1は2002年民法1512条により具体化されている。なお,格差社会の現実に照らして,現行制度は「貧困宣告」をしている場合に限って,無料とされており,「何人の婚姻も無料とする」という意味ではないことに注意が必要である。GROENINGA, Giselle Câmara; ALVES, Leonardo Barreto Moreira; ALVES, Patrícia Diniz Gonçalves Moreira. Artigos 1.511 a 1.516, In: ALVES(2011) 16-19頁を参照。

(89) 2010年憲法修正第66号により別居制度が廃止され,現行憲法では「民事婚は離婚により解消されることができる」になっている。添付資料3の1を参照。

(90) LÔBO (2011) 37-38頁,DINIZ (2012) 40頁などを参照。

(91) 法律の通称について「Código(例．民法典)」,「Estatuto(例．児童青少年法典,高齢者法典)」,「Lei(例．離婚法)」という三つの用語が用いられているが,明確な区別基準が存在しないとされている。「Código」は従来の法典であり,「Estatuto」は一種の権利憲章,一定の人の種類または集団について特別なミクロシステムを形成して保護する法典であり,「Lei」は体系化していない一種の特別法であるというのが大まかな区別基準ではないかと思われる。だが,例外もあり(例．消費者保護法典(Código de Defesa do Consumidor)),完全な区別基準はやはり見出し難い。そのため,本書では法律の内容から日本であれば,どのような名称になるのかという筆者の判断,および,先行研究の訳語に基づいて適切と思われる訳語を選択することとする。なお,「通称」の問題にすぎず,立法形式はすべて「法律(Lei ordinária)」である。

婚については1994年および1996年にその制度を具体化する二つの特別法が制定された。また,「子および青年に関する法典（Estatuto da Criança e do Adolescente - ECA)」(1990年法律第8069号）は，新憲法により導入された子および青年の保護を具体化するために制定されたものである。今日では，2002年民法典の制定により，事実婚の制度や離婚などが民法典に吸収され，その空洞化に一定の歯止めがかけられた。

4 民憲法学派と古典学派の対立

ブラジル家族法学の変遷の詳細については第3章で後述するが，大きな流れをまとめると，以下のようになる。

1988年憲法の影響を受けて，1990年代からブラジル家族法学でいわゆる「民憲法学派（direito civil constitucional)」が有力になりはじめ，従来の古典学派と称されていたものから次第にかけ離れていった。2002年民法典は古典学派のレアレ（Miguel Reale - 1910-2006)[92]により1970年代に既に起草されて完成していたものである。1988年憲法に適合するように複数の調整が行われたのは確かだが，依然として婚姻制度を中心として「人」ではなく「婚姻制度」を保護しようとする性格が強いのである。これに対して，1990年代に有力化した民憲法学派は婚姻の特別な地位を否定することこそが家族法の再人格化であると捉えており，2002年民法典が制定されてからも同法典を厳しく批判し，憲法上の規定と判例法に拠りながら民法典とかけ離れた家族法論を展開している。

現在は，古典学派よりも民憲法学派の家族法論が多数を占めており，同学派により設立されたブラジル家族法学会（Instituto Brasileiro de Direito de Família - IBDFAM）が家族法の中心的な研究機構となっている。また，IBDFAMのイニシアティブで憲法を中心に展開されてきた家族法論を体系的に体現させようとした「諸家族法典（Estatuto das Famílias)」という法律案がすでに起草されるに至っている。その詳細については後述する（第3章, 第3節, 第3項, 3,

---

(92) 専門は法哲学（Filosofia do Direito）であり，その著作がフランス語，イタリア語等に訳されている。中でも，法は事実（fato)・規範（norma)・価値（valor）の三要素からなり，その相互関係から理解されるべきであるとする「法律三次元論（Teoria Tridimensional do Direito)」が有名である。REALE, Miguel. *Teoria Tridimensional do Direito*, 1968, 5ª ed. Saraiva, 1994 がその代表作である。そのほかに，文学作品（主に詩集）も執筆している。

38

ロを参照)⁽⁹³⁾。

5 公的登記法と身分登記所

最後に，公的登記法にふれておこう。日本の家族法において戸籍法がきわめて重要な役割を果たしているが，ブラジルではこれに相当する法律は「公的登記法（Lei de Registros Públicos）」（1973）⁽⁹⁴⁾である。ただ，ブラジルでは情報が個人単位および事件別で登記されているため，日本ほど重大な問題として認識されていない。

なお，日本では戸籍に係る事務は役所（行政府内の機関）で行なわれているが，ブラジルではいわゆる民事身分登記所（cartório de registro civil）で行なわれている。その事務は国家から民間に委託される公権力のものと理解されており，司法権により監督されることになっているため，行政機関の事務であるとは理解されていない⁽⁹⁵⁾。本書との関連で重要なのは，このように身分登記所が司法権のもとに位置づけられている以上，同性カップルをめぐる行政と司法の対立の場にはならないはずであることである。ただし，実際には判断の食い違いが生じる場になったことについては第2章でふれる。

第2項　非婚カップル制度の概略⁽⁹⁶⁾

本書が目的としているのはブラジルの同性カップルの法的承認の過程を明らかにし，その背景にあるブラジル家族法の変化を検討することであって，非婚カップルは直接の関心の対象にはならない。だが，同性カップルの法的承認の

---

(93) 民憲法学派の著名な民法学者が同法案を2002年民法典と対比させて注釈しているものとして，ALVES, Leonardo Barreto Moreir（Coord.）. *Código das Famílias Comentado*, 2ª edição. IBDFAM, 2011（ALVES［2011］）を参照。

(94) Lei nº 6.015, de 31 de dezembro de 1973（1973年12月31日法律第6015号）。

(95) かつては身分登記所は「親から子へ承継される」といわれ，1967年憲法208条は登記官に一種の永続的な身分保障を与えていたが，1988年憲法は公権力の委託を原則とし，司法権による登記事務の監督を予定するとともに，登記官になるために試験制度を導入した（1988年憲法第236条）。だが，民間人が行う事務であるため，日本の市区町村の役所に比べれば，なお独立性の強い機関であるといえる。詳細についてはLOUREIRO（2014）1-29頁を参照。

(96) LÔBO（2011）168-188頁，DINIZ（2012）403-476頁，ROSENVALD・FARIAS（2012）493-583頁，DIAS（2013）173-204頁，GONÇALVES（2014）609-655頁などを参照。

第1章　ブラジル法の概略

過程において，非婚カップルのための制度が重要な意義をもったことは見落とせない。そのため，現象レベルでの同性カップルの承認過程に関する第2章を理解するうえでは，少なくともその概略の理解が前提として必要となる。詳細については第3章で説明するので，ここでは主眼を第2章をわかりやすくすることに絞って，現行法上の制度の全体像を紹介するに留める。

1　1988年憲法以前：判例法による保護

婚姻外のカップルを生んだ背景とあわせてみていこう。1988年憲法以前には法律により保障されるカップル関係および家族は「婚姻」により正統化されるものだけであった。1916年民法典には婚姻制度しか存在せず，婚姻関係を解消する離婚制度も存在しなかった[97]。また，憲法の内部に家族に関する詳細な規定を初めて導入した1934年憲法は1916年民法典の家族像をそのまま採用し，「解消不可能の婚姻により形成される家族は国家の特別の保護を受ける」（1934年憲法144条）と規定した。その後の歴代憲法はこの規定を承継している。こうした状況のもとで生まれることになった婚姻外の男女関係は「コンクビナト（concubinato）」と呼ばれ，社会的な批判の対象となっていた。民法典にはこのような関係を規律する規定はもちろん存在しなかった。ただ，コンクビナトが婚姻家族への脅威となる場合に限って婚姻家族を保護するための規定が置かれていたにすぎなかったのである[98]。

他方，地方においては民衆のあいだには宗教婚だけをして民事婚をしない慣習が根強かった。その上，離婚が禁止されていたことも加わって民法典の対象

---

[97] 「離婚」は存在しなかったが，いわゆる「desquite」と呼ばれていた法定別居制度（separação judicial）があった（1916年民法典第315条以下）。しかし，これにより婚姻関係が解消されるのではなく，「婚姻共同体（sociedade conjugal）」を解消するにすぎず，共同体解消後に当事者が法律上再婚することができなかったのである。なお，1916年民法典以前にはdesquiteのことがdivórcioと呼ばれていたが，現在はdivórcioは離婚のことをいい，desquite・separação（別居）と区別されている。

[98] 例えば，1916年民法第248条は婚姻配偶者の女性にコンクビナトの相手女性（concubina）に対して贈与された共有財産および不動産の返還請求権を与えており，第1719条はコンクビナトの相手女性に対する遺言を禁止していた。なお「コンクビナ（concubina）」という単語しか存在せず，これは女性名詞であることからわかるように，女性が「コンクビノ（concubino）」を作ることが想定されていなかった。そもそも既婚女性の行為能力が制限されていたため（同法第242条），女性の婚姻外の関係について婚姻家族を保護するための規定をおく必要がなかった。

第2節 ブラジル家族法概略

外となる「コンクビナト」と呼ばれる非婚の男女関係が数多く生まれたのである[99]。

そうした状況のなかで，ブラジルの非婚カップルが裁判所に救済を求めるようになると，裁判所はフランスにおける非婚カップルに関する財産法上の法理を借用して一定の保護を与えるようになっていった。1977年には憲法改正により離婚制度が導入されたが，当初は離婚を1回に限定するなど，手続が厳格であったため，1988年憲法制定時には依然として非婚カップルの保護がブラジル家族法の（ひいては，ブラジル社会の）課題となっていたのである。

2　1988年憲法以降：1994年法律，1996年法律と2002年民法典

非婚カップルの数の多さや母子家庭の増加という社会的背景に配慮[100]し，1988年憲法は「国家の特別の保護」の対象を拡大した。すなわち，保護の対象となる「家族」を婚姻家族に限定することをあらため，「男女の安定した結合」（同憲法226条§3）および「単親家族（família monoparental）（同条§4）を「家族団体（entidade familiar）」の地位に引き上げて「国家の特別の保護」を与えることにしたのである。

1988年憲法以降の立法による保護の変容を見ていこう。1988年当時の学説はコンクビナト関係を，婚姻障害がなく判例法理の保護対象となる「純コンクビナト（concubinato puro）」と婚姻障害があって保護対象とならない「不純コンクビナト（concubinato impuro）」とに分類し，「男女の安定した結合」について定めた憲法第226条§3はもっぱら前者を保護する規定であると理解していた。その後まずは，1994年法律第1971号[101]により差別的な意味合いのある「コンクビナト配偶者（concubino(a)）」という用語が「パートナー（companheiro）」に改められ，純コンクビナト配偶者の扶養・相続の権利義務に関する規定が設けられるに至った。その後，1996年にようやく憲法第226条§3に対応する法律（1996年法律第9278号）[102]が制定され，「純コンクビナ

---

(99)　LÔBO（2011）102-104頁，169頁を参照。

(100)　歴代憲法に比べて1988年憲法の制定過程における国民参加が顕著であったが，家族の規定についても国民提案が5517通り収集され，その中でも非婚カップルの問題が目立つ問題のひとつであるとされている。LÔBO（2011）19頁を参照。

(101)　Lei n° 8.971, de 29 de dezembro de 1994. Regula o direito dos companheiros a alimentos e sucessão.

(102)　Lei n° 9.278, de 10 de maio de 1996. Regula o §3 do art. 226 da Constituição

第 1 章　ブラジル法の概略

ト」そのものが「安定的結合（união estável）」という名称で呼ばれるようになり，その配偶者は「共同生活者（convivente）」と呼ばれるようになった。そして「家族を形成する目的をもった男女間の永続的，公開的，継続的な共同生活」（同法 1 条）における人格に関する権利義務（同法 2 条）と財産に関する権利義務（同法 3 条）に関する規定が設けられ，当該関係の婚姻への転換手続（憲法 226 条§3 後段，同法 8 条），家事部（vara de família）の裁判管轄と手続きの非公開（同法 9 条）などに関する詳細な規定が置かれた。純コンクビナト，安定的結合に対する法的保護が明文上強化されたのである。これにより，従来の「コンクビナト関係」が法律上の「事実婚（casamento de fato）」として制度化され，財産関係ではなく婚姻関係に準じた家族関係として位置づけられるようになったため，ブラジル法における非婚カップルに関する考え方はフランス法と大きく乖離することになった[103]。

だが，ブラジル民法学はやはりフランス法の強い影響のもとに置かれていた。2002 年民法典は 1996 年法律により制定された安定的結合の制度を吸収すると，フランスのパックス法（民事連帯協約，Pacte Civil de Solidarité- PACS）[104]と類似した規定を採用し，事実婚の制度とパートナーシップ契約の制度を統合して民法上の「安定的結合（união estável）」として導入した。そして，1996 年法律でいったんは「共同生活者」を意味する「convivente」に"引き上げた"結合配偶者の名称を，再び「パートナー」を意味する「companheiro」に"引き戻した"のである[105]。

日本ではフランスのパックス制度が数多くの文献において紹介されており，

　　　Federal.
(103)　AZEVEDO, Álvaro Villaça. Do Concubinato ao casamento de fato. 2º ed. Belém/PA: Cejup, 1987. AZEVEDO, Álvaro Villaça. União estável antiga forma do casamento de fato. Revista dos Tribunais (São Paulo), v. 83, p.7-12, 1994 などを参照。アルバロ・ヴィラサ・デ・アゼヴェド（Álvaro Villaça de Azevedo）はコンクビナト研究で有名であり，1988 年憲法以前から「事実婚」制度の導入の必要性を訴えた民法学者である。
(104)　Loi nº 99-944 du 15 novembre 1999 relative au pacte civil de solidarité。パックス法の詳細については，大島梨沙「フランスにおける非婚カップルの法的保護(1)(2・完)：パックスとコンキュビナージュの研究」北大法学論集 57 巻 6 号 117-173 頁，58 巻 1 号 281-324 頁（2007）と大村敦志「パクスその後―私事と公事の間で」水野紀子編『社会法制・家族法制における国家の介入』有斐閣（2013）115-134 頁を参照されたい。
(105)　この名称の揺れ（パートナー→共同生活者→パートナー）からも制度の趣旨をめぐる理解の食い違い，およびフランス法の影響が伺われる。

ある程度理解が進んでいる。また実際パックスは，ブラジルの2002年民法上の安定的結合の制度に直接の影響を及ぼした。これらのことを考慮して，単純な比較の限界を承知の上で，ブラジルの安定的結合制度の特徴を浮き上がらせるために，フランスのパックス制度との異同を確認してみたい[106]。

3　フランス法との簡単な比較
イ　当事者——誰のために設けられた制度か

　パックス法のひとつの目的は同性カップルに関する問題に対応することであった[107]。これに対して，ブラジルの安定的結合は同性カップルとは無縁のものであって，<u>非婚の男女カップルを規律するための制度</u>（民法1723条）である。

　また，パックスは「異性または同性の，成年に達した2人の自然人による，共同生活を送る旨の契約」（仏民法典第515-1条）であり，「カップル」を対象としているのに対し，安定的結合は「家族を構成する目的をもって……した結合」であり，「家族団体（entidade familiar）」である（民法1723条）とされ，<u>「家族」が対象とされている</u>。すなわち，安定的結合によるカップル関係は，家族として婚姻と同等の社会保障法上の包括的な保護を受けるだけでなく，パックスと異なって親子関係も想定しており，さらには，安定的結合が成立することによって将来の婚姻障害となりうる「姻族関係（vínculo de afinidade）」も発生するのである（2002年民法典1595条）。また，結合配偶者の権利義務の

---

(106)　ポルトガルにも類似の制度がありむしろポルトガル法が意識されたのではないかと疑問に思われるかもしれないが，ブラジルでは同制度が1994年法律および1996年法律によりすでに具体化されていたのに対し，ポルトガルでは同制度が1999年に特別法によりはじめて導入され，2002年民法典に導入された制度と対比してみても「事実上の関係」を規律しているところ以外は大きく異なっており，規定の配置などについてむしろフランス法が意識されているといえる。さらに，日本であまり知られておらず，筆者も必ずしも十分に把握しているとはいえない同制度との対比よりも，日本で理解が進んでいるフランス法との対比の方が有用と思われる。なお，当初はブラジルと同じようにポルトガル法の制度は男女カップルの事実上の関係を規律するものであったが，2001年の法律改正（Lei nº 7/2001 de 11 de Maio）により同性カップルも対象とされた。同制度の詳細についてはLANÇA（2014）を，ポルトガルにおける同性カップルの法的承認についてはCHAVES;DIAS（2012）117-144頁を参照。

(107)　パックス法は異性カップルも利用できる点が同性カップル専用の制度を設けている他のヨーロッパ諸国と異なっている。大島梨沙（2007［1］）124-125頁，大村（2013）115-118頁を参照。

中には「子の監護,扶養および教育義務」が設けられており,共同養子縁組も認められている（2002年民法旧1622条,2009年改正ECA第42条§2）。なお,父性の推定について2002年民法典は安定的結合に関する規定をおいておらず,学説の見解が分かれているが,2012年に連邦高等裁判所において安定的結合についても父性が推定されると判示されている[108]。

ロ　成立要件──どのように成立するか

　パックスは当事者間での契約だけでなく,登録手続を経なければ,その成立が認められない[109]。これに対して,安定的結合は「契約」ではなく,「事実」により成立するものであり,登録が不要である。具体的には,①家族形成の意図（intuito familiae）,②異性間であること（diversidade de sexo）,③安定性（estabilidade）と継続性（continuidade）,④公開性（publicidade）の事実が成立要件とされており（民法1723条）,結合配偶者間で契約の締結が要件とされていない[110]。この点では,安定的結合はフランスのパックスよりもコンキュビナージュと類似しているともいえる（コンキュビナージュについてはニで述べる）。

　なお,民法第1725条はいわゆる「共同生活契約（contrato de convivência）」を想定しているが,これは安定的結合に予定されている法定財産制[111]を排除して当事者間で財産関係の詳細を定める自由を保障したにすぎない[112]。当該

---

(108) STJ, REsp n° 1194059 - SP, Rel. Min. Massami Uyeda, d.j. 06/11/2012, 3ª Turma, FARIAS;ROSENVALD（2012）645頁,DIAS（2013）366-369頁,GONÇALVES（2014）320-325頁などを参照。

(109) 大島梨沙（2007［1］）127-128頁を参照。

(110) 家族形成の意図という要件は意思表示ではなく,事実から推定されるとされているため,厳密な意味での「要件」とはいえないことに注意が必要である。具体的には,安定的結合は法律行為（ato jurídico）ではなく,法的事実行為（atos-fatos jurídicos）または事実行為（fatos reais）と理解されており,将来に向けた意思が成立要件ではなく,現にある事実のみが成立要件となる。従って,ブラジル法のモデルはパートナー間の契約を前提とするフランス法の民事連帯責任協約（PACS,フランス民法典第515-1条から515-7条まで）というモデルとは異なる。LÔBO（2011）172頁を参照。

(111) 当事者間の書面による共同生活契約がある場合を除き,安定的結合の財産制は財産一部共有制（comunhão parcial de bens）となる（民法第1725条）。

(112) LÔBO（2011）181-182頁,FARIAS・ROSENVALD（2012）550-556頁,DIAS（2013）161-193頁,GONÇALVES（2014）645-647頁などを参照。また,相続の問題について,安定的結合に固有の相続権が承認されており,当該契約において「相続権」を付与することは認められない。VARGAS（2014）181頁を参照。

契約の存在により安定的結合が直ちに成立するわけでもなく，また，安定的結合の人格的な権利義務（民法第1724条）について当事者が自由に決めることを保障したものでもないということである(113)。また，安定的結合の成立を防止する目的で結ばれる「付き合い契約（Contrato de Namoro）」の効力も認められていない(114)。

安定的結合の成立に登録制度がないことでその証明が困難となり，社会保障や租税法などにおいて付与された「国家の特別の保護」が画餅に帰してしまうのではないかという疑問が生じうる。確かに登録制度がないことで当事者の地位が不安定であるため(115)，これを解決するべく，公正証書発行所（Cartório de Notas）(116)において「安定的結合証明書（Certidão de União Estável）」などが発行されている。また，そうした証明書は成立要件とは無関係であるため，安定的結合の成立について公正証書を作成しなかった場合でも，その「解消証明書」を発行することは可能である。これらの手続および発行書類は公正証書発行所によって異なるうえに，民事実体法上の制度とは無関係であるため，私企業や行政府を拘束するものではないが，現在はそれらは事実上の通用力が大きいようである(117)。

ハ　婚姻との関係

次に，婚姻との関係が問題になる。憲法第226条§3後段が法律によって「安定した結合」の婚姻への転換を容易にしなければならないと規定していることを受けて，2002年民法典第1726条は安定的結合について，婚姻許可および儀式の手続を省いて，裁判官に対する申請による婚姻への転換を可能にしている。これに対して，パックスは婚姻に転換されるのではなく，両当事者，又

---

(113) 前注を参照。
(114) LÔBO（2011）175-176頁を参照。
(115) 例えば，大きな問題でいえば外国人の配偶者ビザを取得するために，小さな問題でいえば会員制スポーツクラブの会員の家族として扱われるためにいちいち関係の安定性，継続性，公開制などを証明しなければならないことはきわめて不便である。
(116) ブラジルでは民事身分登記を行う民事身分登記所（Cartório de Registro Civil）と公正証書を作成する公正証書発行所（Cartório de Notas，又は，Tabelionato de Notas）の二つがあり，婚姻は前者に登記されるのに対し，安定的結合は後者で登記ではなく公正証書（escritura pública）等の発行で扱われている。詳細については，LOUREIRO（2014）801-803頁を参照。
(117) VARGAS（2014）181頁を参照。

は，一方当事者の婚姻により終了するとされているにすぎない（仏民法典第515-7条第1項）。ブラジル民法典において安定的結合は婚姻との類似で考えられ，積極的な連続性が認められるのに対し，フランス法では婚姻との差異化が図られ，連続性が消極的に予定されているにすぎないことがわかるのである。安定的結合の婚姻への転換の趣旨をめぐって議論が多いが，詳細については後述する（第3章，第3節，第3項を参照）。

ニ　フランス法の影響——規定の配置とコンクビナトの定義

上記のように，安定的結合はフランス法のパックスと大きく異なる制度であるにもかかわらず，フランス法が意識されたと思わせる点がある。それは第一に安定的結合についての規定が置かれた場所に関わる点であり，第二にコンクビナトに関する規定があえて設けられた点である。

まず指摘しなければならないのは，本節第1項の1に示した2002年民法典の規定の配置を再び見るとわかるように，第1編「人の法」第1章「婚姻」からは200ヶ条以上離れたところに，いわば家族法に関する規定をすべて置いた後に，1723条から1727条までの5ヶ条が第3編「安定的結合」の規定として追加されていることである。そのうえ，1994年法律および1996年法律よりも安定的結合に関する権利義務が縮小され，また，従来の法律および学説が否定しようとしていた，安定的結合と婚姻との間のヒエラルヒー関係を改めて設け，安定的結合と婚姻との差異化が図られている（「ハ．婚姻との関係」を参照）[118]。ただ，安定的結合に関する規定の配置と婚姻の差別化についてパックス法が想起されるとしても，安定的結合は共同縁組・共同親権および姻族への転換などを予定しており[119]，パックス法との類似性は形式的なものにすぎない。

次に指摘すべきなのは，2002年民法典以前の法律では「コンクビナト」に

---

[118]　2002年民法典の起草者であるレアレ（Miguel Reale）はその意図を明示的に述べているが，詳細については後述する。REALE, Miguel. As Entidades Familiares. 24/05/2003, In: www.miguelreale.com.br（最終閲覧日：2015年12月22日）を参照。規定の配置に関する批判として，LÔBO（2011）171頁を参照。

[119]　安定的結合により民事身分（estado civil）が変化するかどうかについては議論があるが，有力説は「既婚者」とは異なる特殊の民事身分が形成されると理解している。否定説は民事身分であれば，身分登記所で登記できることを重視しているのに対し，肯定説は身分から生じる特殊の効果の存否を重視している。LÔBO（2011）212-213頁を参照。

関する定義規定がなかったのに対し、あえて安定的結合に関する最後の規定がコンクビナトを定義する規定となっていることである（民法1727条）。これもフランスにおいてパックスに関する規定の最後にコンキュビナージュの定義規定（仏民法典第515-8条）が置かれているのを想起させる。もっとも、フランス民法典第515-8条はコンキュビナージュを「カップルとして生活する異性または同性の2名の者の間における安定性および継続性を示す共同生活によって特徴付けられる事実上の結合」と定義しており、「事実」に着目した安定的結合と類似のものとなっている[120]のに対して、2002年民法典第1727条は「婚姻障害事由がある男女間の偶発的でない関係はコンクビナトとする」と定義しているにすぎない。パックスに倣ってコンクビナトを定義する規定が追加されたものの、フランスのコンキュビナージュはむしろブラジルの安定的結合に相当するため、ブラジルのコンクビナトに関する定義規定は積極的に安定的結合とは異なるカップルの形態を定義するのではなく、婚姻障害事由があって安定的結合とならないカップルの形態を消極的に定義するものである。

　なお、「婚姻障害」がある場合には原則として安定的結合が成立しないとされている（民法第1723条§1前段）。ところが、既婚者であっても事実上離婚している場合においては安定的結合が成立しうるとされており（同条§1後段）、婚姻障害事由があれば直ちに「コンクビナト」として扱われることを意味しないわけである。そのため、この規定は立法技術の観点から批判されている。

　またコンキュビナージュとの違いでコンクビナトについてもう一点注意が必要であることは、ブラジルの場合、安定的結合と同様に、コンクビナトも「男女間」に限定されていたことである。だが、2002年民法典は、コンクビナトについてなんらかの権利義務を保障しているのではない（コンキュビナージュについて従来の判例法理による保護を想定するフランスの民法典とは異なる）。むしろ1916年民法と同様にコンクビナト配偶者への贈与、遺贈、生命保険の受益者指定などを禁止している（民法550条、1801条Ⅲ、793条）のである。すなわち、コンクビナトが男女間の異性カップルに限定されていることによって直接に同性カップルになんらかの不利益を及ぼしていたかというと、必ずしもそうではないわけである。ただ、民法典に同性カップルに不利益を及ぼす趣旨がなくても、コンクビナト関係の規律は現在もなお判例法で発達した財産法上の法

---

(120)　大島梨沙（2007［1］）148頁以下を参照。

第1章　ブラジル法の概略

理の対象となっていることに注意が必要である。その詳細については後述する（第3章，第1節，第2項）。

以上の対比を次のようにまとめることができる。

表2　安定的結合制度とパックスの位置付け

成立	ブラジル	保護	フランス	保護
契約登録	婚姻	強	婚姻	強
			パックス	中
事実	安定的結合	強	コンキュビナージュ	弱
	コンクビナト	無		

　以上ブラジル家族法について概略を述べてきたところから，ブラジルの制定法は同性カップルの関係を規律するための制度をなんら設けていなかったことがわかる。冒頭で述べたように，すでに同性カップルの法的承認は司法権において実現されているが，判例法を追認する法律も制定されていないのである。次章では，2011年連邦最高裁判決から同性カップルの婚姻が認められるまでの経緯を考察していく。それに際して念頭におく必要があるのは，その経緯はこのような制度を前提としていたことであり，また，そのなかで同性カップルについて「承認」されていくことになるものは本章で確認した異性カップルに関するこのような制度（婚姻，安定的結合及びコンクビナトからなる制度）なのだということである。

第2章　顕在化した現象レベルでの同性カップルの法的承認の過程

「はじめに」で述べたように，ブラジルの同性カップルについて「何が・いつ・どのようにして」認められたかは日本語の文献からは必ずしも明らかではない。それは以下の3点の理由のために，ブラジルにおける同性カップルの具体的な承認過程がきわめて込み入っており，ブラジル法を十分に理解していたとしても簡単に説明することは容易ではないことに求められよう。すなわち，第一に，ブラジルにおける同性カップルの法的承認がもっぱら司法権によって実現されていること，第二に，それがひとつの判決によって決着がついたわけではないこと，そして第三に，そこに「裁判所」ではない国家司法審議会が関与していること，の3点である。本章ではこの具体的なプロセスを考察していく。そのために詳細に検討するのは，2011年連邦最高裁判決を出発点とする承認過程である。

具体的には2011年連邦最高裁判所判決を説明した上で（第1節），同判決が引き起こした法解釈の不統一を確認し（第2節），この不統一に一定の歯止めをかけた2011年連邦高等裁判所判決を検討する（第3節）。最後に，この問題に決着をつけた2013年国家司法審議会決議第175号の意義および内容を確認する（第4節）。

第1節　2011年連邦最高裁判決

2011年連邦最高裁判決に至る争いは，2008年2月27日に当時のリオデジャネイロ州知事がいわゆる基本規定不履行争訟（Arguição de Descumprimento de Preceito Fundamental – ADPF）を提訴して始まった。最終的にはこの基本規定不履行争訟は連邦検事総長によって提訴された違憲直接訴訟（Ação Direta de Inconstitucionalidade– ADI）と併合され，ブラジルでは「ADPF132/ADI4.277」として知られる事件となった。前述したように，ブラジルは並立審査制を採用しているが，この基本規定不履行争訟も違憲直接訴訟も日本ではあまり知られていない抽象審査の訴訟類型である。加えて，本件においては上記の併合によ

第2章　顕在化した現象レベルでの同性カップルの法的承認の過程

り手続がさらに複雑になっている。そのため，本節ではこのような手続の特殊性に配慮して，まず手続に関する詳細を説明した上で（第1項），次に実体面に関する詳細（判旨の内容）の検討にすすみたい（第2項）。

第1項　手続面——ADPF第132号とADI第4277号

　ブラジルでは2011年連邦最高裁判決は「ADPF132/ADI4277」として知られている。前述したように，ADPFとADIはそれぞれ基本規定不履行争訟と違憲直接訴訟のことを指し，どちらも同じく抽象審査手続の一類型である。2011年連邦最高裁判決はもともと二つの訴訟であったのを併合したものなのである。すなわち，2009年7月22日に共和国検事総長（Procuradora-Geral da República）が同性カップルの法的保障に関する違憲審査の手続を開始し，審査対象の類似性から，その前年の2008年2月にリオデジャネイロ州知事により提起されていた基本規定不履行争訟第132号との併合を請求したのである(121)。以下では，抽象審査手続について，いくつか総論的な注意点を確認し(1)，基本規定不履行争訟第132号および違憲直接訴訟第4277号の手続，請求内容および併合の問題を説明する（それぞれ，2，および，3）。最後に，本件において重要な役割を果たしたアミカス・キュリエ（「法廷助言人」とも呼ばれる）について補足的に説明する(4)。

1　抽象審査手続の注意点

　ブラジルの抽象審査制については佐藤美由紀の研究があるため，ここでは詳細に立ち入ることはせず，2011年連邦最高裁判決を理解するための最低限の解説に留める。具体的には，提訴権，当事者の構造，訴訟類型およびアミカス・キュリエについて簡単に解説する。

イ　1988年憲法による提訴権の拡大と訴訟要件による制限

　1988年憲法は多角的な利益の観点から，抽象審査手続について，従来は共和国検事総長に限定(122)されていた提訴権者の範囲を拡大した(123)。州知事に

---

(121)　但し，当初は違憲直接訴訟ではなく，リオデジャネイロ州知事と同じ基本規定不履行争訟として提起されていた。詳細については後述する。

(122)　ただし，第三者による検事総長への申し立てにより審査が開始されることもあり，これに関して検事総長に提訴の義務があるか否かの議論があったので，実質的なイニシ

も，州議会とともに，州の利益を代表する当事者として提訴権が認められたのである（憲法第103条Ⅴ）。ただし，これらの新たな提訴権者には代表される利益との関連性（relação de pertinência）が訴訟要件として要求されるようになった[124]。これは従来検事総長には要求されてこなかった要件である。提訴権者が代表している利益と訴訟物との間の関連性が認められなければ，不適法な訴訟として却下されるわけである。

  ロ　非対審構造の仕組み

　代表される利益と関連性を要求する，こうした訴訟要件についての考え方は，抽象審査の構造が通常の裁判と同様に対審性であるためといえそうだが，通説は，抽象審査の対審性を否定している[125]。抽象審査は原告対被告の構造によらず，原則として当事者は審査を請求する「請求者（requerente）」にとどまるのである。ただし，憲法制定時には対審構造を採用すべきとする立場も有力であった。そのため，両見解の妥協の結果として「擬制的な対審構造」が採用されることになった。具体的には，連邦総弁護庁（Advocacia Geral da União - AGU）を「被告」の代わりに登場させている（憲法第103条補項3）。しかし，連邦総弁護庁は「被告」ではないため，必ずしも攻撃されている法令等の防御に当たるとは限らない。また，連邦総弁護庁は連邦の利益を代表する機関であるにもかかわらず，連邦の法令への攻撃に限らず州法等に対する攻撃であっても，連邦最高裁はこれを「防御」するのは連邦総弁護庁であると解している[126]。

　　アチブが共和国検事総長に限定されていたわけではない。この議論の詳細に関して，佐藤［美］（2006）168-172頁を参照。
(123)　そのほかに，大統領と議会の各執行部（一般的な多数者の利益），政党と弁護士会（一般的な少数者の利益），組合総連合と全国規模階級団体（職業的な利益）などがあげられる。佐藤［美］（2006）187頁を参照。
(124)　ここにおける「関連性」とは通常裁判における「訴えの利益」と類似の考え方に基づくものであり，かかる観点から抽象審査に制限をかけることはその抽象的な性質に反するものであり，不適切であるという見解があるが，判例はこれを採用している。これは後述する州知事による基本規定不履行争訟第132号を理解するために必要な前提知識となる。詳細に関しては，MENDES（2012）1229頁，佐藤［美］（2006）190頁等を参照。
(125)　佐藤［美］（2006）199頁を参照。
(126)　しかし，学説は一般にこれを疑問視している。最高裁は連邦総弁護庁が特別補佐人として機能するとしており，通説はそもそも対審構造に対して批判的であるから，連

第 2 章　顕在化した現象レベルでの同性カップルの法的承認の過程

ハ　基本規定不履行争訟の意味

　次に，基本規定不履行争訟（憲法第 102 条 § 1º）と違憲直接訴訟（憲法第 102 条 I-a）の相違について簡単に説明する。違憲直接訴訟は従来からあった制度なのに対し，基本規定不履行争訟は 1988 年憲法により新たに設けられたものである。だが，新設の制度を具体化する法律が直ちには制定されず，1999 年 11 月 10 日付法律第 9868 号（以下，1999 年法律という）が制定されるまで，継続性の原則により，従来の抽象審査手続が用いられていた。こうした状況のもとでも，違憲直接訴訟については従来の手続があり，問題とはならなかった。他方，基本規定不履行争訟についてはそもそもこの類型の趣旨が不明確であったため，これはブラジル法の「スフィンクス」と呼ばれ，憲法第 102 条 § 1º の規定は休眠状態になってしまっていた(127)。

　基本規定不履行争訟をようやく具体化させた 1999 年法律の趣旨は，簡単に言えば，それまで抽象審査が及ばないとされていた「残余領域（espaço residual）」を埋めることである(128)。1999 年法律の目的は，公権力の行為による基本規定の侵害を回避し，または，除去することであるが（1999 年法律第 1 条），その補充的な性格から，他の手段がない場合に限って用いることができると理解されている。

ニ　アミカス・キュリエの参加

　違憲審査手続の概略は以上の通りであるが，最後にアミカス・キュリエについて補足的に一言付け加えておきたい。違憲直接訴訟にも基本規定不履行争訟にも第三者の参加は原則として認められていない（1999 年法律第 7 条）(129)。確かに，前述したように「被告」がいないとはいうものの，法規制定や公権力の行為を行った機関には書面による意見表明権が保障されており（連邦最高裁規則第 170 条），連邦総弁護庁による意見書（parecer）および口頭弁論（sustentação oral）も予定されている。だが，抽象審査の民主的な正統性を担保・増進すること，および，情報の非対称性（情報についての偏向性）の発生

　　　邦最高裁の立場には一理があると思われるが，あえてこれを義務として捉える必要があるかは疑問であろう。詳細に関しては，佐藤［美］（2006）200 頁を参照。
(127)　MENDES（2012）1160 頁，佐藤［美］（2006）239 頁を参照。
(128)　MENDES（2012）1160 頁を参照。
(129)　ただし，「そのかわりに，事柄の重大性と提訴者の代表性に鑑みて，30 日以内に他の提訴権者の意見を聴くことができる」とされている。佐藤［美］（2006）207 頁を参照。

第 1 節　2011 年連邦最高裁判決

を防止することを目的として，報告担当裁判官は事柄の重大性および提訴者の代表性に鑑みて，アミカス・キュリエの参加を許可できるようになった（1999 年法律第 2 条 §2）[130]。アミカス・キュリエは，当初は書面による意見表明しか認められていなかったが，判例により口頭による意見表明（ブラジルではこれも「口頭弁論（sustentação oral）」と呼ばれている）も認められるようになり，2004 年規則改正により口頭による意見表明は最長時間 15 分の限度で保障されるようになった[131]。2011 年連邦最高裁判決には 14 名という異例の数のアミカス・キュリエの参加が認められた結果，本件審理があたかも「対審構造」の様相を呈することになったことは特筆に値しよう[132]。

さて，ここまで抽象審査手続について総論的に述べてきた。これを足がかりとして，基本規定不履行争訟第 132 号，続いて，違憲直接訴訟第 4227 号について踏み込んだ議論に入っていこう。

2　基本規定不履行争訟第 132 号[133]

基本規定不履行争訟第 132 号はリオデジャネイロ州知事により，2008 年 2 月 27 日に提訴されたものである。州知事の主張は①リオデジャネイロ州文民公務員に関する法律（Decreto-lei nº220, de 18 de julho de 1975，以下ここでは単に「州法」という）の規定（第 19 条 II, V, 及び第 33 条 I-X, 単項）が同性愛者を差別して解釈されていること，および②同様の解釈に基づいている各州裁判所の諸判決が基本規定を侵害していることの 2 点であり，この主張に基づいて，①同州法の憲法適合解釈（interpretação conforme）[134]，および②各州裁判所の

---

(130)　MENDES（2012）1263 頁を参照。
(131)　ADI-QO 2.675, Rel.Min. Carlos Velloso 等，MENDES（2012）1264 頁を参照。
(132)　アミカス・キュリエ 14 名中，12 名が賛成派であり，2 名が反対派であるが，口頭の意見表明が賛成派・反対は 30 分ずつとされ，賛成派 7 名が各 5 分ずつ，反対派は各 15 分ずつ与えられている（連邦最高裁規則第 131 条，132 条 §2）。
(133)　同性愛と法に関する文献では抽象審査ということもあって，事実関係に関する考察をするものが見当たらないので，ここでは裁判資料（訴状（petição inicial），意見書（pareceres），アミカス・キュリエ申立書等）および各当事者の公式ウェブサイトで開示されているその他の資料を基本的な文献とする。これらの訴状等は脚注付きであり，法律学の小論文に近い書き方がされている（例えば，州知事の訴状は全 36 頁，脚注も 36 件ある）。なお，リオデジャネイロ州知事と共和国検事総長がこれらの訴訟を提訴した動機や政治的過程などについては筆者の力不足で明らかにすることができず，推測の範囲に留まらざるをえない。
(134)　憲法適合解釈は「合憲」を宣言することではないか，これは「合憲確認訴訟」

第2章　顕在化した現象レベルでの同性カップルの法的承認の過程

判決は基本規定を侵害しているとして無効であることの宣言（declaração de nulidade）を請求した。そして，基本規定不履行争訟が不適切であると判断された場合，予備的請求として③同性カップルに安定的結合に関する規定を類推適用すべきであるとする州法又は民法第1723条の憲法適合解釈を請求した。なお，州知事が掲げている基本規定は平等権（憲法第5条），自由権（憲法第5条II），個人の尊厳（憲法第1条IV），および法的安定性の原則（憲法第5条）の四つである(135)。

州知事の訴えに対し，連邦総弁護庁はその意見表明書(136)において訴訟要件の問題を指摘した上で，請求①については州法第19条II, Vについてのみ憲法適合解釈が認められるべきであり，請求②についてはリオデジャネイロ州裁判所についてのみ違憲無効を宣言すべきであるという見解を表明した(137)。換言すれば，州法第33条は同性カップルを含めるように2007年にすでに改正されているため，訴えの利益の一部がないこと(138)と，州知事の提訴権にはその

(Ação Declaratória de Constitucionalidade）によるべきではないか，と疑問に思われる。しかし，これは単なる解釈方法ではなく，判決の方法であると理解されており，連邦最高裁により「文面の減縮なき一部違憲宣言（Declaração de Nulidade Parcial sem Redução do Texto)」と同義のものであるとされている（但し，付随審査に関する限り，これを同じものとして扱うべきではないという有力説もある）。従って，ここで「憲法適合解釈」とは意味を限定して解釈する，すなわち，限定解釈が違憲であることの宣言をもとめること，あるいは，意味を限定しない解釈が違憲である，すなわち「文面の減縮なき解釈」が違憲であることの宣言をもとめることとして理解されるべきであることになる。すると，ここでは「憲法適合解釈」をもとめることは「合憲」をもとめることではなく，「違憲」の宣言をもとめることである。なお，これは違憲直接訴訟と合憲確認訴訟のいずれの手続を利用するかにはかかわっていても，従来の抽象審査手続により対象とできない公権力の行為に対する抽象審査手続として理解されているADPFによるべきかどうかにかかわる問題ではない。詳細に関しては，佐藤[美]（2006）209-210頁，「文面の減縮なき一部違憲宣言」についてはMENDES（2012）1402-1405頁，憲法適合解釈については同著1405-1411頁，違憲直接訴訟の判決方法に関しては同著1255頁を参照。

(135)　ADPF-132, Petição Inicial, Gov. Sérgio Cabral, Procuradora-Geral do Estado Lúcia Léa Guimarães Tavares, 25 de fevereiro de 2008-RJ（リオデジャネイロ州知事による訴状，2008年2月25日）を参照。連邦最高裁の公式ウェブサイトで閲覧可能（http://www.stf.jus.br/）。

(136)　ADPF 132, Parecer do Advogado-Geral da União, junho de 2008（2008年6月，全21頁。以下では「ADPF132連邦総弁護庁意見表明書」という）。

(137)　ADPF132連邦総弁護庁意見表明書21頁を参照。

(138)　同6-8頁を参照。

第 1 節　2011 年連邦最高裁判決

代表される利益との関連性が必要であるので，その他の州の裁判所の判決にはかかる関連性が認められないこと(139)の二点のみを問題にしたのである。憲法適合解釈により同性カップルに対して安定的結合の規定を類推適用することについてはむしろ積極的な根拠を列挙して賛成していた。

　抽象審査には被告がないので，「被告」ではない連邦総弁護庁が必ずしも争うわけではないことは本件からも明らかである。ただ，通常の裁判ではないため，連邦最高裁判所は請求者と連邦総弁護庁の見解に拘束されることはない（事件に関与しているすべての参加者が同一の見解を示しているとしても，裁判所はこの見解と異なる見解を示すことができる）。なお，攻撃対象になった州法および州裁判所判決の作出行為を行ったリオデジャネイロ州議会，およびリオデジャネイロ州裁判所は 2007 年州改正法（Lei Estadual nº5.034/2007）により，州知事によって主張されている社会保障法上の利益が保障されたと反論しているのだが，連邦総弁護庁はかかる主張を部分的に受け入れているといえる(140)。

3　基本規定不履行争訟第 178 号と違憲直接訴訟第 4277 号

　違憲直接訴訟第 4277 号は，そもそもは基本規定不履行争訟第 178 号として 2009 年 7 月 22 日に共和国検事総長により提起されたことを発端とする。検事総長の請求は「①男女間の安定的結合が成立するための要件と同様の要件が満たされた場合に，同性カップルの結合が家族団体（entidade familiar）であることに係る承認が義務であることの宣言，および，②安定的結合における権利義務と同等の権利義務が同性カップルの結合についても妥当することの宣言」(141)の 2 点である。2 で検討した基本規定不履行争訟第 132 号では，リオデジャネイロ州知事は基本規定を侵害している公権力の行為を特定したのに対し，ここでは検事総長は「実に，この項目に関して全体的な違憲状態がある。同性愛者の基本的人権に対するきわめて重大な侵害を生じさせる，複数の公権力による作為・不作為の行為があるのである」(142)としているにすぎない(143)。ここ

---

(139)　同 4-6 頁を参照。
(140)　同 3-4 頁を参照。
(141)　ADPF-178, Petição Inicial, Procuradora Geral da República, Déborah Macedo Duprat de Britto Pereira, 2 de julho de 2009-DF を参照。以下では「ADPF178 訴状」という。同 45 頁を参照
(142)　ADPF178 訴状 7-8 頁を参照。
(143)　なお，これらの公権力の行為は不作為のみならず，作為によるものであること，

第2章　顕在化した現象レベルでの同性カップルの法的承認の過程

で検事総長の主張について問題点を指摘しておくと，基本規定不履行争訟は従来の抽象審査手続の対象とならない公権力の行為に対する抽象審査を可能にする制度であるので，他の方法により攻撃可能な複数の法令や公権力の行為があるのであれば，補充性の原則が満たされるはずがない。それに加えて，基本規定不履行争訟の訴訟要件は①他の手段がないこと（補充性の原則）の他に，②基本規定の侵害，③②と因果関係のある公権力の行為の3つであるが[144]，「公権力」の行為を特定しなければ②との因果関係を判断するすべもないはずなのである。

　検事総長は基本規定不履行争訟以外のその他の考えられる手段として違憲直接訴訟，立法不作為訴訟，および合憲確認訴訟を指摘しているが，これらの手続が本件に適しない理由を次のように説明している[145]。まず，違憲直接訴訟は法規範の「全部違憲，または，一部違憲（constitucionalidade total ou parcial）」を目的とするものであるが，本件はこれを目的としていない。次に，立法不作為訴訟については，もし本件の審査事項が立法不作為による違憲性であったとしても，かかる手続によっては連邦議会に対して通知が行われるにすぎず，人権侵害の状況を回復するための実効的な手段ではない。最後に，合憲確認訴訟は本件とは全く無関係である，としたのである。

　以上のように，検事総長が着目したのは，公権力の内容ではなく，当該手続により下される判決の内容（あるいは，救済の内容）であり，「このように解釈する憲法上の義務がある」ということを宣言する判決を得る手段が他にないことを以って補充性の原則が満たされるとしたわけである。しかしながら，これは前述した基本規定不履行争訟の制度趣旨から大きく乖離したものであった。そのため，連邦最高裁は公権力の行為の特定がなければ，訴訟要件の充足を判断できないため，検事総長に対して訴状の修正（emenda）[146]を要請した。

　　　　および，不作為であったとしても，列挙されている基本規定は立法を待たず直接適用されるものであるため，立法不作為による違憲の問題ではないことを強調している（ADPF178訴状7-8頁）。不作為違憲直接訴訟（憲法第102条補項2），および，これと違憲直接訴訟の接近に関しては佐藤［美］（2006）229頁を参照。
(144)　ADPF132訴状8頁を参照。
(145)　ADPF178訴状9頁を参照。
(146)　ADPF-178, Emenda da Petição Inicial, Procuradora Geral da República, Déborah Macedo Duprat de Britto pereira, 13 de julho de 2009を参照。以下では「ADPF178修正訴状」という。

第 1 節　2011 年連邦最高裁判決

しかし，検事総長は修正訴状において公権力の行為として，①ブラジル政府による同性カップルの安定的結合の不承認，および，②憲法解釈を誤った，連邦高裁を含む裁判所の判決群を掲げているにすぎない。①に関しては，元の訴状の言い直しにすぎず，公権力の行為が特定されたとは言えないうえに，②に関しては，州知事の訴状におけるものと同じであり，かつ，検事総長による提訴であるため，連邦総弁護庁が指摘したように代表性の欠如からリオデジャネイロ州裁判所に限定する必要性はないといわざるをえない。

ただし重要なことは，ここに至ってようやく，検事総長がこの問題に関して違憲直接訴訟の方が適切であることを認識し，もし連邦最高裁が列挙された公権力の行為が基本規定不履行争訟の審査対象となり得ないものと判断した場合には，州知事による予備的請求と同じように，民法第 1723 条の憲法適合解釈を請求内容とする違憲直接訴訟として受理せよ，という予備的請求（pedido subsidiário）を行ったことである[147]。これを受けて，連邦最高裁は，公権力の行為の特定が不十分なこと，および同じ目的が予備的請求における違憲直接訴訟により達成できるため，補充性の原則から基本規定不履行争訟を利用すべきではないことに鑑みて，職権で違憲直接訴訟第 4277 号として受理する決定を下した。

さらに，検事総長は当該事件が州知事による基本規定不履行争訟第 132 号と併合されるべきであると主張し[148]，連邦最高裁は連邦最高裁規則第 77 条の B[149] に基づいてこれを認めて訴訟の併合を認めた。ここまで述べてきたところでは，基本規定不履行争訟第 132 号と違憲直接訴訟第 4277 号に対する判決ということになるが，連邦最高裁は最終的には基本規定不履行争訟第 132 号を予備的請求通りに違憲直接訴訟に変更して判決を下している[150]。すなわち，本件は「<u>同性カップルに対して安定的結合の規定の類推適用を承認するよう民法第 1723 条の憲法適合解釈</u>」が求められた違憲直接訴訟であると判断されたの

---

(147)　ADPF178 修正訴状 2-3 頁を参照。
(148)　同 2 頁を参照。
(149)　原文は次のとおりである。RISTF Art. 77-B Na ação direta de inconstitucionalidade, na ação direta de inconstitucionalidade por omissão, na ação delcaratória de constitucionalidade e na arguição de descumprimento de preceito fundamental, aplica-se a regra de distribuição por prevenção quando haja coincidência total ou parcial de objetos.
(150)　2011 年連邦最高裁判決 2-4 頁を参照。

第2章　顕在化した現象レベルでの同性カップルの法的承認の過程

である（正式名には基本規定不履行争訟が付くが，同基本規定不履行争訟の目的は違憲直接訴訟の判断により達成されているので，実質的には違憲直接訴訟となる）。

それでは，上記のような違憲直接訴訟になんら問題がないのなら，なぜ州知事と検事総長はあえて基本規定不履行争訟を選択したのだろうか。その理由のひとつは2006年の違憲直接訴訟第3300号[151]の却下判決に求められる。違憲直接訴訟第3300号は非婚カップルに関する1996年法律第9278号[152]（以下では「1996年法律」という）第1条の違憲性を主張したものだったが，当該法律が2002年民法典の制定により廃止されていることを理由に，本案審理に入らずに却下されたのである[153]。家族法の概略のところで説明したように，安定的結合の制度は1988年憲法により憲法上保障されるようになったものの，民法典に導入されたのは2002年のことであり，それ以前は特別法である1996年法律により規律されていた。2002年民法典に導入された制度では安定的結合の法的保護が1996年法律のそれよりも薄く，新民法典を導入した2002年法律は明示的には1996年法律を廃止しなかった。そのため，その限りにおいて1996年法律は依然として有効であることに基づいて，違憲直接訴訟第3300号が提起されたのである。1996年法律は依然として有効という考え方を採用しなかった報告担当裁判官は実質的な理由に立ち入らず請求を却下した。ただし，判決文には「本件違憲直接訴訟の受理を不可能にする専ら形式的な理由にも関わらず，この項目（おそらく基本規定不履行争訟において審査可能であろう）の社会的司法的な重要性に鑑みて（……）[154]」という記述があるのである。しかし，報告担当裁判官はその理由の詳細についてはなんら述べておらず，また，判決

---

(151)　STF - ADI n° 3300-DF, Min. Rel. Celso de Mello, d.j.: 03/02/2006, Data de Publicação: DJ 09/02/2006 PP-00006 RTJ VOL-00200-01 PP-00271 RDDP n. 37, 2006, p. 174-176 RCJ v. 20, n. 128, 2006, p. 53-60 RSJADV jul., 2007, p. 44-46 を参照。

(152)　前注(102)を参照。

(153)　その他に，安定的結合について定める憲法第226条§3の違憲審査，すなわち，憲法の規定そのものが違憲審査の対象となりうるかということが議論されているが，「違憲な憲法規定（preceitos constitucionais inconstitucionais）」の議論が一時期有力になったにもかかわらず，現在は判例・通説ともに硬性憲法が採用されている以上，憲法規定を違憲とすることは不可能であると理解している（ADI n° 815-DF, Min. Rel. Moreira Alves, d.j.: 10/05/96）。

(154)　違憲直接訴訟第3300号が却下されているにもかかわらず，報告担当裁判官が却下決定において同性カップルの法的保護について積極的な意見を述べていたことが重要であるが，詳細については次章で後述する。

58

要約文の最後には「基本規定不履行争訟の手続において審査されるべき問題か？（MATÉRIA A SER VEICULADA EM SEDE DE ADPF?）」と疑問符までも付しているので，十分に検討されていなかったことがうかがわれる。

このように，基本規定不履行争訟によるべきか，違憲直接訴訟によるべきかが必ずしも明らかではない状況で，州知事も検事総長も違憲直接訴訟第3300号における報告担当裁判官の曖昧な一言を信頼したのだが[155]，この一言がミスリーディングなものだった[156]。同性カップルについて安定的結合の規定が適用されるかについて抽象審査を提起する場合，異性カップルの安定的結合の制度を具体化した民法1723条は1988年憲法制定後の規定であって従来の違憲直接訴訟の対象となることについて疑いがないため，最も適した対象であったのである。

---

[155] 実際に，それぞれの訴状において当該判決が引用されている。
[156] そもそもなぜ報告担当裁判官がこのテーマが違憲直接訴訟に適さないと思ったかについては文献が見当たらない。基本規定不履行争訟の手続が新しくブラジルの法律家もまだ十分に理解していなかったこともあろうが，そのほかに考えられる具体的な理由は次のようなものになろう。まず，救済との関連で州知事は無効にすることにより救済ができないため，無効を回避すべく憲法適合解釈が適切であると主張している。しかし，州知事による基本規定不履行争訟第132号の基本規定不履行争訟たる理由はこれではなく，憲法制定前の州法，および，判例法を攻撃対象としていることであり，違憲直接訴訟第3300号の報告担当裁判官が安定的結合に同性カップルを含める議論にかかわるからではない。これに対して，検事総長は違憲直接訴訟第3300号の「このテーマだから基本規定不履行争訟によるべき」という議論をこの問題にもとめられる救済内容，すなわち「安定的結合をこのように解釈すべき義務があることの確認」によって説明しようとした。その際に，違憲直接訴訟は当該法規範の違憲による全部または一部無効を確認するものであるとしているが，そうであれば，州知事の憲法適合解釈の請求が違憲を確認するものではないという理解になるはずである。しかし，憲法適合解釈はいわゆる「文言の減縮なき一部違憲宣言（declaração de nulidade parcial sem redução de texto）」とほぼ同義であるとされており，辻褄があわなくなる。これは日本法の付随審査における合憲限定解釈を裏返した議論であるが，本件において求められている救済は当該法規範に限定がなければ違憲であることの確認ではなく，むしろ「文言の減縮なき一部違憲宣言」と逆のことである。すなわち，憲法適合解釈はこれと同義ではなく，「このように解釈されない限り違憲」という上位概念であり，減縮がないから違憲であるとするか，減縮があるから違憲であるとするかは言わばその下位概念であるといえる。従って，本件においても憲法適合解釈による「一部違憲」が請求の内容となり，ADIが適切とされたのではないかと思われる。前注(134)を参照。

第 2 章　顕在化した現象レベルでの同性カップルの法的承認の過程

4　アミカス・キュリエの参加

まず情報の対称性の観点から検討する。アミカス・キュリエの参加に関しては，①情報の非対称性（あるいは，民主的正統性），②ブラジルにおける同性愛への反対が帯びる宗教的な色彩，および，③法律学会の参加について付言する必要がある。

前述したように，本件には 14 名のアミカス・キュリエ[157]の参加が許可されているが，これにより大法廷の様相はあたかも「対審構造」となっている。確かに，14 名中 12 名が賛成派であり，反対派は 2 名にすぎないため，対審構造とはいえアンバランスさが目につくが，口頭の意見表明の時間は公平に分配されており，賛成派 7 名には 5 分ずつ，反対派 2 名には 15 分ずつが与えられた（連邦最高裁判所規則第 131 条，132 条 § 2）[158]。連邦総弁護庁が擬制の被告の役割を果たしておらず，むしろ提訴者側の見解に強く賛同したため，本件において口頭弁論によって反対の見解を表明したのはこれらのアミカス・キュリエのみであった[159]。従って，抽象審査において提出されている情報は非対称的となる蓋然性があったことに留意する必要がある。ただ，各関連組織（各州裁

---

[157]　1. Conectas Direitos Humanos, 2. EDH － Escritório de Direitos Humanos do Estado de Minas Gerais, 3. Grupo Gay da Bahia (GGB), 4. Instituto de Bioética, Direitos Humanos e Gênero, 4. Grupo de Estudos em Direito Internacional da Universidade Federal de Minas Gerais (GEDI-UFMG), 5. Centro de Referência de Gays, Lésbicas, Bissexuais, Travestis, Transexuais e Transgêneros do Estado de Minas Gerais (Centro de Referência GLBTTT), 6. Centro de Luta pela Livre Orientação Sexual (CELLOS), 7. Associaçõ de Travestis e Transexuais de Minas Gerais (ASSTRAV), 8. Grupo Arco-Íris de Conscientização Homosexual, 9. Assiciação Brasileira de Gays, Lésbiacs, Bissexuais, Travestis e Transexuais (ABGLT), 10. Instituto Brasileiro de Direito de Famíli (IBDFAM), 11. Sociedade Brasileira de Direito Público (SBDP), 12. Associação de Incentivo à Educação e Saúde do Estado de São Paulo, 13. Conferência Nacional dos Bispos do Brasil (CNBB), 14. Associação Eduardo Banks の 14 名である（ADPF 第 132 号判決 1-2 頁を参照）。

[158]　アミカス・キュリエの口頭弁論は連邦最高裁規則修正第 15 号（Emenda Regimental nº15）により 2004 年から認められるようになった。また，連邦最高裁規則第 132 条 § 2 において，同一側に付いている複数のアミカス・キュリエの代理人が異なるときに，時間の分配についての合意がない限り，平等に分配されるとされている。しかし，本件ではそれぞれが各代理人 5 分ずつという合意に達しており，問題とならなかった。

[159]　公権力の行為を行った機関として各州裁判所，および，リオデジャネイロ州議会からの情報が求められており，特別区裁判所およびサンタカタリナ州裁判所からの反対の意見が付されているが，書面によるものである（ADI 第 4277 号判決 13-14 頁を参照）。

判所，リオデジャネイロ州議会，連邦議会）に書面による意見表明の機会が与えられており，実際本件においてもいくつかの州裁判所が反対意見を示した。なお，政治的にデリケートな問題であることを考慮して，報告担当裁判官が異例なアミカス・キュリエの数の参加を許可したことを自画自賛していたほか，後述するように，メロ裁判官はその意見においてアミカス・キュリエから得られる民主的正統性についてひとつの項目を立てて強調したほどであった。

次に，同性愛への反対が帯びる宗教的色彩について。反対している2名のアミカス・キュリエは宗教的な色彩が強い団体に属するが，これはブラジルにおける反同性愛的な感情が宗教と密接に関連していることを示唆している。2名の所属は，具体的には，①ブラジル全国司教協議会（Conferência Nacional de Bispos do Brasil - CNBB，以下「司教協」という），および②エデゥアルド・バンクス協会（Associação Eduardo Banks，以下「バンクス協会」という）である。司教協は，その名称通り，ブラジルのカトリック教会の組織であるが，バンクス協会は一種の新興宗教団体のような存在である[160]。ブラジル法には政教分離の原則（Estado Laico，憲法第19条I）が採用されているため，司教協の主張は宗教に依拠しておらず法解釈や比較法などを利用していた。それに対し，バンクス協会の代理人は政教分離の原則の相対性を指摘した上で，「国家は非宗教的であるが，主権は国民から生ずるものであって，国民はキリスト教徒である（O Estado é laico, mas o poder emana do povo, e o povo é cristão）」と述べ，専ら宗教論に依拠していた。これはバンクス協会という団体の特殊性ゆえの議論であり，法律界で一般的な議論ではない。とはいえ，ブラジルの次のような政治的背景を反映していると言えよう。

連邦最高裁判決直後に，ブラジル世論統計院（Instituto Brasileiro de Opinião Pública e Estatística - IBOPE）が同性カップルへの安定的結合の類推適用に対

---

(160) ブラジル全国司教協議会の公式ウェブサイトはhttp://www.cnbb.org.brであるが，バンクス組合は公式ウェブサイトももたず，この団体に関する情報はニュースからしか入手できていない。この団体はカルト的な色彩，また，保守的な性格が強いようである。メディアでは2010年にブラジルの奴隷制を廃止したアウレア法（1888年）の改正案を提出し，元奴隷主の損害賠償の権利を認めるべきであると主張した団体として知られている（"Grupo que tentou modificar Lei Áurea que manter censura a biografias" Folha de São Paulo, 20/11/2013）。[http://www1.folha.uol.com.br/ilustrada/2013/11/1373580-grupo-que-tentou-modificar-lei-aurea-quer-manter-censura-a-biografias.shtml] 最終閲覧日［2015年12月22日］）

第 2 章　顕在化した現象レベルでの同性カップルの法的承認の過程

する世論の賛否を調査したところ，反対派が 55% であったのに対して，賛成派が 45% であった[161]。これを，福音主義者[162]に限ってみると賛成はわずか 23% であり，宗教と同性カップルの安定的結合への賛否の関連性が明らかである[163]。ブラジル地理統計院（Instituto Brasileiro de Geografia e Estatística -IBGE）による国勢調査では，1970 年には回答者の 91.8% がカトリック教徒で，5.2% が福音主義者であったのに対し，2010 年にはカトリック教徒が減少し，福音主義者が大幅に増加した（それぞれ 64.5%，22.2%）[164]。のみならず，福音主義者による政治参加が 1990 年代から顕著になり[165]，国会にはいわゆる「福音主義派（bancada evangélica）」が形成され，この福音主義派が性的マイノリティの法的保障に関する立法を妨げてきたとされているのである。

　宗教をめぐる状況は，社会の階層性とも関わっている。ブラジル社会はアメリカと同様に格差社会であり，経済的階級が目に見えて存在する。福音主義は主に低所得者層を中心に広がり，ポピュリズムの政治により国政への関与を強めてきている。他方，以前から「法律家」にはエリートが就くことが多かった。現在は大学の改革により次第に変化は見られるものの，司法の場には福音主義の思想が浸透しておらず，むしろ福音主義は低所得者層の弱みにつけこんで金銭を搾取しているのではないかとまで批判的に捉えられることが多いと思われる。また，カトリックの数自体が減ってきているが，現在のブラジルではカトリック教徒が「実践者（praticante）」と「非実践者（não praticante）」とに分けられるようになっている。2010 年の国勢調査では 64.5% が「カトリック教徒」であるといっても，大部分は「非実践者」である可能性が大きい。エリートと宗教の距離が拡大していることに注意が必要である。こうした状況は，「立法府」と「司法府」との間に一種の階級的な闘争を生じさせているように

---

(161)　Pesquisa do IBOPE- Aprovação da união entre homossexuais, 2011. (http://www.ibope.com.br を参照［最終閲覧日：2015 年 12 月 22 日］)。

(162)　プロテスタント教徒（protestante），または，福音主義者（evangélico）というが，これは歴史的なプロテスタントではなく，福音を重視するキリスト教の宗派をいう。ブラジルにおける宗教と政治の歴史的な展開について，NOVAES（2001）60-81 頁を参照。

(163)　これに対して，カトリック教と賛否の関連性が必ずしも明らかではない。同調査によれば，カトリック教とでは 51% が賛成であり，49% が反対であったが，この数字は無宗教等の数字とほぼ同じである。

(164)　Pesquisa do IBGE de 2010（http://www.ibge.gov.br，最終閲覧日：2015 年 12 月 22 日）を参照。

(165)　NOVAES（2001）75 頁を参照。

思われて興味深いが，本書の本来の関心から大きく離れてしまう問題であるので，社会的背景として問題を指摘するに留める。

ただし，本書の内容とも関わる点について，先取りして述べておくが，この社会的背景を物語っているかのように違憲直接訴訟第4277号の連邦最高裁判決が下されると，直ちにこれを覆そうとする法律案（PDC224/2011）が福音主義派の長と目されていた連邦下院議員により提出された（採決では否決に終わっている）[166][167]。このように，ブラジルの国会において同性愛者に対する法的保障が実現されることがきわめて困難である背景があることに注意が必要である。もう一点指摘しておくべきなのは，ブラジルでは確かに同性カップルの婚姻等に対する反対は宗教的背景に深く根ざしているが，現在の「エリート」は反同性愛的な発言を「無教養」・「宗教的な偏見」として認識することが多いことである[168]。これは学説における反対説の少なさおよび賛成説における「宗教的な偏見」への批判および「政教分離の原則」の強調から明らかである。学説については，本書にとって重要な問題なので，ここでは要点だけを記し，詳細は後述することにする。

最後に，法律学会の参加についてであるが，ブラジル家族法学会（Instituto Brasileiro de Direito de Família - IBDFAM），およびブラジル公法協会（Sociedade Brasileira de Direito Público - SBDP）の二つが注目に価する。家族法学会は1997年に設立された家族法の研究機構であるが，「同性愛と法」に関する家族法研究の先駆者であるジアス元州裁判官がその設立者の一人である[169]。設立から十数年しか経過していないにもかかわらず，「今日では家族法と相続法の分野で活躍している者であれば必ずこれに参加する必要がある」と指摘される

---

(166) PDC224/2011を参照。全文はブラジル連邦下院のホームページで閲覧可能（http://www.camara.gov.br/，最終閲覧日：2015年12月22日）。

(167) "Deputado que cassar decisão sobre união homoafetiva" globo.com, 2011/06/20（http://g1.globo.com/brasil/noticia/2011/06/deputado-quer-cassar-decisao-sobre-uniao-homoafetiva.html?menu=5c719a78bd00b16，最終閲覧日：2015年12月22日）

(168) 司法積極主義に対する批判の観点からADI第178号を分析し，同性カップルの安定的結合を承認するためにやはり憲法改正が必要であるという見解を表明した数少ない文献においても同性カップルの権利保障については反対ではないことが強調されていることが印象的である。同性愛者の権利義務の保障を否定的に捉えれば，法律界から「異端者」扱いされるのでは，という圧力が感じられる。STRECK; BARRETO; OLIVEIRA（2009）75-83頁，特にに83頁を参照。

(169) ブラジル家族法学会の公式ウェブサイト（http://www.ibdfam.org.br/）を参照。

第 2 章　顕在化した現象レベルでの同性カップルの法的承認の過程

ほどブラジル家族法学界において中心的な役割を果たしている[170]。いわばブラジル家族法の最先端の研究機関となっており，各大学の教授や全国の実務家が参加しているほか，家族法研究の雑誌や著書を多数出版している。ただ，注意すべき点は，純粋な研究機構ではなく，連邦最高裁判所や国会の政治過程に積極的に参加していることである[171]。これらの活動は，前述したブラジル法における実務と学説の接近の基盤になるとともに，学説の進歩が司法の場で反映されることを容易にしているといえる。特に，本件でジアスが複数のアミカス・キュリエの意見によって名指しで引用されていることが注目に価する[172]。もう一つの公法協会は 1993 年設立の公法分野の研究・教育団体である[173]。現在のブラジル憲法学界において絶大な影響力を有しているバロソ（Luís Roberto Barroso）[174]が，公法協会を代表して意見書を書いており，憲法学の観点からも賛成の意見を述べたことが重要であろう。

第 2 項　判旨の内容[175]——「家族団体」としての承認

次に判旨を見ていきたいが，その前にブラジル法の判決文について若干説明しておく必要がある。前述したように，ブラジルでは判決の要約文を用いた判例引用の方法があるが，この要約文および主文は報告担当裁判官（ministro relator）が作成する。そして，判決文には同じく報告担当裁判官による報告書とその意見（voto）に続いて，この意見に対する各裁判官の意見が掲載される[176]。ブラジル連邦最高裁判所の定足数は 8 名であるが，違憲または合憲を

---

(170)　TARTUCE（2014）39-40 頁を参照。
(171)　本件のみならず，合憲確認訴訟第 19 号（2012）や違憲直接訴訟第 4275 号（日付未定）などにアミカス・キュリエとして参加しており，離婚制度を変更した憲法修正第 33 号を国会に提出した。
(172)　ADPF132/RJ 判決 22 頁，207 頁，231 頁等を参照。なお，ジアスを引用していない意見においても「união homoafetiva」というジアスの用語が用いられている。
(173)　ブラジル公法協会の公式ウェブサイト（http://www.sbdp.org.br/，最終閲覧日：2015 年 12 月 22 日）を参照。
(174)　2011 年連邦最高裁判決から 2 年後，2013 年に連邦最高裁判所の裁判官に就任していることからも，その影響力が感じられる。
(175)　本件判決の要約文の原文およびその和訳については添付資料 1.1 を参照。
(176)　実際の訴訟過程においてもそうである。報告担当裁判官が報告書をまとめてから，口頭弁論が行われ，口頭弁論が終わると，報告担当裁判官が意見を述べてから，これに対して各裁判官が意見を述べていく。既に意見を述べている裁判官がその後述べられた意見に説得され意見を変えることも可能であるが，詳細については後述する。ただ，抽

64

第 1 節　2011 年連邦最高裁判決

宣言するためには 6 名以上の賛成があれば足り，全員一致である必要がない（1999 年法律第 9687 号第 22 条，23 条）。本件当時は連邦最高裁には 11 名の裁判官がいたが，一名は裁判を回避をし，一名は不在であったため，判決は 9 名の裁判官によるものである[177]。本件は全員一致の合議判決（decisão unânime）[178] であるが，全員が詳細な意見を付しており[179]，中でも，3 名は結論において賛成しながら理由付けを異にして多数意見の射程について留保を付している。

本件における具体的な意見の配置および基本的な相違点は以下のようになっている。

表 3　2011 年連邦最高裁判決の意見表

多数意見 ［内容］	少数意見 ［内容］
同性カップルは憲法第 226 条上の家族団体であり，安定的結合と同等の権利義務を有し，安定的結合に関するすべての規定が類推適用の対象となる。	同性カップルは憲法第 226 条上の家族団体ではないが，基本的人権に関する規定の趣旨から導かれる「新たな家族団体」であり，異性カップルに限定されるもの（婚姻への転換等）を除き，安定的結合の規定の類推適用の対象となる。

象審査は「儀式」のようなものとなることが多く，本件もいわゆる口頭弁論が終わってから同じ期日に 200 頁以上にもわたる各裁判官の意見が述べられており，すくなくとも抽象審査については実際のやりとりはむしろ「書面」を中心に行われていることに注意が必要である。

(177)　回避および不在はそれぞれトフォリ裁判官（Min. Dias Toffoli）とグラシエ裁判官（Min. Ellen Gracie）である。なお，グラシエ裁判官は第 1 日めに参加しており，意見を述べていたようであるが，2 日めに参加することができなかったため，正式には意見が判決文から「キャンセル」されており，本書においてもその意見を割愛する。ただ，ブラジル家族法学会の代理人として参加したジアスによれば，「グラシエ裁判官も認容の意見を示している。『品位のある社会は構成員を侮辱しない社会である』と主張した。そして，『本日における本裁判所によるこれらの権利の承認は，自由を抑圧され，アイデンティティーを否定され，尊厳を侵害され，権利を無視され，長期的に侮辱されてきた集団に応えるものである』と結論づけてい」る（DIAS［2014：323］）。

(178)　ブラジルの連邦最高裁判所は 11 人の裁判官から構成される（憲法第 101 条）が，本件では 1 名が欠席しており，もう 1 名が就任前に本件の提訴に関わっていたため回避している。従って，本件判決は 9 名によるものである。ADPF132/RJ 判決 273 頁を参照。

(179)　本件の重要性が認識されていたため，それぞれの裁判官が報告担当裁判官の意見に留保なく賛成する場合においても，詳細の意見を述べており，全文が 274 頁になっている。

第 2 章　顕在化した現象レベルでの同性カップルの法的承認の過程

ブリット裁判官［報告担当］ Min. Ayres Britto 18-49 頁	レワンドウィスキ裁判官 Min. Ricardo Lewandowski 101-112 頁
フックス裁判官 Min. Luiz Fux 52-86 頁	メンデス裁判官 Min. Gilmar Mendes 121-143，144-199 頁
ルシア裁判官 Min. Cármen Lúcia 88-97 頁	ペルゾ裁判官［裁判長］ Min. Cezar Peluso 266-271 頁
バルボサ裁判官 Min. Joaquim Barbosa 116-120 頁	
アウレリオ裁判官 Min. Marco Aurélio 201-215 頁	
メロ裁判官 Min. Celso de Mello 216-265 頁	

＊基本規定不履行争訟第 132 号より作成[180]

　本件判決では平等原則，個人の尊厳，立法府の怠慢，司法権の限界，性的指向に基づく差別などの一般的な争点も論じられているが，本書は特に家族法の問題に関心を有しているため，これを中心に本件判決の内容を紹介する。

1　法廷意見の内容──憲法第 226 条上の「家族団体」としての保護
イ　問題の所在
　前述したように，本件の請求内容は「同性カップルについて安定的結合の規定の類推適用を承認する民法第 1723 条の憲法適合解釈」であるが，同規定は安定的結合について次のように定めている。

　民法第 1723 条　家族を構成する目的を以って公開的，継続的，永続的な共同生活の形を持つ<u>男女間</u>の安定した結合は家族団体として認められる。（下線は著者）

---

(180)　本件判決の解説はさまざまな観点から無数に存在しているが，内容に関する基本的な認識は変わらず，裁判官の意見の引用を繋いでいくものが多い。丁寧な解説としては，LEITE (2013) 25-39 頁，ALBUQUERQUE (2013) 40-53 頁，DIAS (2014) 316-327 頁，VECCHIATTI (2014) 205-246 頁など，その他の簡単な指摘としては，DINIZ (2012) 405 頁，RANGEL (2014) 296 頁，GONÇALVES (2014) 625 頁などを参照。

第1節　2011年連邦最高裁判決

この規定を見れば，ブラジル民法典が安定的結合の成立を「男女間の (entre o homem e a mulher)」安定した関係に限定していることが違憲かどうかが本件の基本的な争点となると思われる。だが，1998年憲法第226条§3は次のように定めている。

　第226条　家族は社会の基礎であり，国家から特別の保護を受ける。
　§3　国家の保護に関して，<u>男女間の安定した結合は家族団体として認められ</u>，法律はその婚姻への転換に便宜を与えなければならない。（下線は著者）

要するに，民法第1723条は憲法第226条§3を具体化させるにあたって「男女間の」という文言を追加したのではなく，憲法同条§3からそのまま写しているのである。このため，この文言そのものを違憲とすることは困難であり[181]，同性カップルが「安定的結合」に該当するかどうかを争点とすることには無理がある。そこで，本件の争点は，同性カップルが憲法第226条§3（安定的結合）および2002年民法1723条における「男女の安定した結合」であるかどうかではなく，「家族団体 (entidade familiar)」[182]であるかどうか，仮にそうであるとして，これを理由に安定的結合に関する規定が同性カップルに類推適用されてもよいかどうか，あるいは，されるべきかどうかになったわけである。多数意見も少数意見も同性カップルが「家族団体」であることについては異論がない。しかしながら，それが憲法上のどのような根拠から導かれるのか，また，同性カップルが「家族団体」であるとして男女間の安定的結合による家族団体と全く同等のものであるのか，という類推適用の射程について，見解が分かれたのである。

　ロ　判例要約文（ementa）における多数意見[183]
報告担当裁判官の意見を中心とする多数意見における実体法の検討は三つの部分に分けることができる。
第一に，性的指向に基づく差別が憲法の性別に基づく差別の「性別」に該当

---

(181)　ADPF第132号判決98頁を参照。
(182)　憲法第226条は安定的結合のみならず，単身家族「も，家族団体とみなされる」と規定しており，同条全体における「家族団体 (entidade familiar)」および柱書きにおける「家族 (família)」の意味が問題となったのである。
(183)　判例要約文全文については，添付資料1の1を参照。

第 2 章　顕在化した現象レベルでの同性カップルの法的承認の過程

するとされる部分がある（判例要約文の 2 [184]）。この部分により，「性的指向」のみを理由とする扱いの区別が正当化されないことが前提となったのであり，本判決のひとつの軸として重要であるが，これ以上は本書では深く立ち入る余裕がない。

　第二に，憲法第 226 条における「家族」の意味が検討されている（判例要約文の 3）。この部分では，1988 年憲法の家族に関する規定（第 226 条以下）の体系的な理解に基づいて，憲法第 226 条柱書きにおいて「国家の特別の保護を受ける」家族は定義されておらず，「家族」概念は社会文化的な分類であり，伝統的な意味に限定されるものではないことが確認されている。また，家族はプライバシー権の実現の基本的な場であり，異性愛者と同性愛者の実質的な平等はこのような場を設ける「権利」としての家族形成権が同性愛者にも承認されてはじめて達成されうるものであることが確認されている。

　最後に，憲法第 226 条§3 の趣旨が検討されている（判例要約文の 4）。この部分では，同規定における①「男女間（entre o homem e a mulher）」という文言の意味，および②「家族団体（entidade familiar）」の意味が確認されている。①については，「男女間」という文言は「同性間」を排除するためではなく，安定的結合は男女のヒエラルヒーのない関係であってここにおいても男女平等が妥当することを確認するためであるという解釈が展開されている。②については，「家族（família）」と「家族団体（entidade familiar）」との間になんら違いがなく，家族団体間のヒエラルヒー（「婚姻＞安定的結合・単親家族……」）がないことがまず確認されている。そのうえで，家族団体のあいだにあるのは「婚姻＞安定的結合＞同性的結合……」といったヒエラルヒー関係ではなく，ことばを換えていえば「婚姻＝安定的結合＝同性的結合＝……＝家族」なのであって，第三者の権利を侵害しない限り，何人に対しても何かを禁止することができないこと，および，異性愛者に同性愛者と同等に扱われない権利が存在しないことが確認されているのである。

　以上をまとめると次のようになる。同性愛者により形成される家族は憲法第 226 条§3 の「男女の安定した結合」には該当しないが，憲法第 226 条柱書きにおける「家族」に該当する。また，同性愛者の家族と異性愛者の家族との区別を正当化させる家族団体間のヒエラルヒーは存在せず，性的指向に基づく差

---

(184)　前注を参照。

別は性差別の一部として憲法上で禁止されている。そのため，同性カップルの安定的結合および家族の形成を排除する民法第1723条のいかなる解釈も認められず，立法的な措置がない限り，同性間の家族の承認は「異性間の安定的結合と同じ要件効果に基づいて行われるべきである」と結論づけられているのである（判例要約文の6）。

ハ　多数意見の各裁判官の意見[185]

i　報告担当ブリット裁判官の意見

判例要約文は報告担当裁判官の意見を元に作成されているため，ブリット裁判官の意見も，基本的には上記の3部分に分けられており，内容も同じである。ただ，判例要旨のみからは理解困難な「家族」概念と「情愛」の問題について，以下のような詳細な考察が行われている。

まず，ブリット報告担当裁判官は同性愛と法に関する研究の先駆者であるジアスが打ち出した「同愛（homoafetivo(a)）」という用語を用いていることが注目される[186]。ジアス自身が示した造語の説明を引用した上で，ブリット裁判官はこの用語は「あるときは，同性間にも存在する愛情，情愛，強い思いやりの気持ちなどを強調し，あるときは，このような二人組の間にある性的結合あるいは性的欲望をいうものである」と説明する。また，同性カップルの関係にかつての非婚カップルに関する判例法理（財産法上の関係として事実上の組合として扱うもの）を転用することを批判して，「私的な関係ではあるが，単なる事実上の組合，または，営利的なパートナーシップではないから，営利的，経済的，また，いかなる財産的な目的にも特徴付けられるものではなく，情愛，または，愛情を基礎とする関係である」と述べている。さらには，性的指向に基づく差別について「異性愛という性的嗜好〔ママ〕[187]をもつ人々は異性愛者としてのみ自己満足と幸福を達成することができるのであれば，同性愛という性的嗜好〔ママ〕をもつ人々も同じように，同性愛者としてしか自己満足と幸福を達成することができない」と述べた上で，「同愛」という用語はおそらく

---

(185)　各裁判官の意見に対応するADPF第132号については表3（65頁）を参照。
(186)　ADPF第132号判決22-23頁を参照。CALDERÓN（2013）278頁を参照。
(187)　同裁判官は「性的指向（orientação sexual）」と「性的嗜好（preferência sexual）」という用語の区別に配慮していないが，「性的嗜好」と表現しているものについて「嗜好」ではなく選択することのできない「指向」として捉えており，実質的には「性的指向」のことである。

第2章　顕在化した現象レベルでの同性カップルの法的承認の過程

「21世紀は生物学上の性別や関係に対する情愛上の性別や関係の優越によって特徴付けられていることを強調するものであろう」とも指摘している。

次に，憲法第226条の柱書きにおける「家族」の意味について，それは「公式または非公式により形成されたかどうかを問わず，異性愛者またはカミングアウトしている同性愛者により構成されているかどうかを問わず，家庭単位という俗語としてまたは口語としての家族の意味である。したがって，（必ずしも生物学的な事実ではなくとも）社会的および精神的な事実としての家族である」と述べて，これを説明するために「客観的な意味における法律上の制度というよりも，家族は主観的な意味における込み入った社会的な制度であ（り……，家族に）社会の基盤としての地位が与えられるのは，社会そのものが安定的，情愛的，連帯的また精神的に構成されることが望まれているからである（ルイ・バルボサが家族を『拡張国家』として定義していたのはそのためにほかならない）」と述べている。そして，社会が自ら「そうでありたいものの反映である」家族について，性的指向に基づく差別や不平等が助長されることは認めがたいことであり，同性愛者の家族が承認されることを阻害するいかなる解釈も差別的なものとして排除されるべきであると判断している。

以上に基づいて，同性カップルの関係について，異性カップルの家族関係を規律する安定的結合が成立するための要件である，①公開性，②継続性，③安定性が充たされているときに，異性間の安定的結合と同じ効果が発生するとの解釈が導かれている。

ⅱ　フックス裁判官の意見

フックス裁判官は，同性愛は人格の一部であり，一部の人の人格権を構成することを確認した上で，6万組の同性カップルの存在を明らかにした2010年国勢調査を引用して，同性的結合はブラジルにおいて既に社会的な事実であるという。そこで，安定的結合の制度は形成方法にこだわらず「自発的な家族」を承認するための制度であるので，同様に自発的な家族関係を形成している同性間の安定した家族的関係を承認しないことは，平等原則に照らして，正当化され得ない。また，立法者がこれを承認する制定法を設けなかったのなら，裁判所に法の欠缺を補充する義務があるという。もし，同性愛が犯罪ではないとすれば，現行法において同性愛者による家族の形成が認められていないのは，立法者の，憲法により忌み嫌われている，偏見と不寛容の結果である。そして，家族と愛情については以下のように述べる。

第 1 節　2011 年連邦最高裁判決

「家族を成しているのは，何よりも愛情である。ここにおける「愛情」とは，単なる個人間の好意ではなく，団体の構成員間の情愛・支援・相互扶助の関係を確立させる真の家族愛のことをいう。家族を成しているのは，親交と永続的・持続的・集団的な共同の人生計画である。家族を成しているのはアイデンティティーであり，当事者が相互に有する自己認識および社会に対する自己認識の基礎であって，構成員を結びつけている確固たる絆が存在することに対する構成員の確信である。この三つの要件があれば，家族があるといえ，憲法上の家族に対する保護の対象となる」(ADPF 第 132 号 64 頁)。

　iii　ルシア裁判官の意見

　ルシア裁判官は「家族」の概念にこだわらず，憲法上の差別の禁止を強調する意見を述べている。彼女によれば，「憲法はいかなる差別をも忌避しており，現行憲法体系において差別が撤廃されている。何人についてもいかなる差別からも守る必要がある。憲法が存在するのはそのためであり，この権利を保障する任務を負っているのは連邦最高裁判所である。また，同性カップルの家族を承認しないことはいかなる差別も禁止している憲法の精神に反するため，憲法の体系的な理解から同性愛者の家族を承認することは連邦最高裁判所の任務である」という。

　家族については，報告担当裁判官による憲法第 226 条 §3 における「男女間」の意味に関する解釈は憲法制定議会の記録を参照すれば無理があるという留保を付しながら，もっぱら性的指向に基づく差別の禁止の観点から，同性カップルが同条柱書きの「家族」概念に該当し，これに安定的結合の規定を類推適用すべきとの解釈が導かれている。「情愛」についてはジアスの「同愛」という新語を用いていること以外は深く立ち入っていないが，同性愛的な関係を扱っているブラジル文学の古典[188]の一部を引用して，愛情がどこから芽生えてくるのかは明快ではなく，「人生は必ずしも理解し得るものではな」く，「人生は法のために存在するものではなく，法が人生のために存在する」ことを強調している。

　iv　バルボサ裁判官の意見

　バルボサ裁判官はルシア裁判官と同様の意見を示し，同性カップルの結合の

---

[188]　ジョアウン・ギマラエインス・ロサ (João Guimarães Rosa) の名著である「Grande Sertão: Veredas」(1956 年) が引用されている。この作品においてブラジル北東部 (Sertão) における生活のほか，主人公・語り手であるヒオバウド (Riobaldo) とジアドリン (Diadorim) の同性愛的な関係と葛藤が描かれている。

保護は「個人の尊厳，平等と差別禁止の原則」により正当化されることを強調している。他の裁判官と異なるところは，最高裁判所や憲法裁判所には法律と事実が乖離した場合にその間に橋をかけるという任務があると述べていることである。バルボサ裁判官は，同性カップルの法的承認はまさに「ブラジルのみならず，世界規模で法律が社会の深刻な変化についていけていない」場合のひとつであるので，連邦最高裁判所の「出番」であることについては疑いがないとしている。

v　アウレリオ裁判官の意見

アウレリオ裁判官の意見は報告担当裁判官の意見と類似の構成を有している。前半部分では性的指向に基づく差別の問題を基本的人権の問題として位置付け，後半部分では憲法上の家族概念や家族法について検討している。

ブラジルにおける同性愛の具体的な事情として，①同性愛者嫌悪を理由とする同性愛者の殺人事件の数の大きさに着目して「ブラジルでは年に 100 件ほどの事件があり，ブラジルは世界ランキングで一位」であること，②ブラジルには 1800 万人の同性愛者が存在して「二級市民として扱われている」こと，③ブラジルは世俗国家であるにもかかわらず，宗教的な理由により同性カップルの関係や権利を保障するための「複数の法律案が可決に至っていないこと」を指摘し，裁判所は「基本的人権，とくに個人の尊厳，から解決を導く」必要がある，と述べている。

その上で，報告担当裁判官の見解を追認する形で，①家族は文化的な創造物であること，② 1988 年憲法は，伝統的に唯一正統なものであるとして理解されていた家父長制的な婚姻に基づく家族および家族法の価値を一変させたが，「家族法の憲法化」によって家族法に「家族の法（direito de família）」から「『複数の家族』の法（direito "das famílias"）」へというパラダイムの転換が発生し，婚姻により形成される婚姻家族のみならず，多元的な家族の法に改めた」と述べている。その上で，同性愛者の家族を以下のように根拠付けている。

「もし家族団体の承認は当事者の尊厳を促進するために行われる自由かつ慎重な共同生活の選択のみに依拠しており，これが当事者間の情愛により規律されるものであるとするならば，1988 年憲法は同愛的結合がそれ（家族団体）として承認されることを許容していることについて疑いの余地がないといえる」（ADPF 第 132 号 208 頁）

さらには，いわば家族の代替物として同性間の事実上の組合の存在を認めた

下級審裁判所の裁判例について,「確かに下された当時には進歩的なものであったが,現在は偏見を再生産する機能を有しているのみであって個人の尊厳へのさげすみを含んでいる」と述べている。最後に,近年の学説において重視されている原理原則の規範的な性格に基づいて,「個人の尊厳の原則から同性的結合を承認する（国家の）義務が導かれる」として同性的結合を異性間の安定的結合と同等のものとして扱うべきであると結論付けている。

vi　メロ裁判官の意見

メロ裁判官は50頁にもわたる長文の意見を書き,9つの項目を立てて論じている。そのうちの1項目が,アミカス・キュリエの関与であったのは先述の通りである。

- Ⅰ　「アミカス・キュリエ」の関与──憲法討論の多元化と連邦最高裁判所の民主的正統性
- Ⅱ　「凶悪な宗教上の罪」の抑制──「恐ろしきの書（liber terribilis）」である王政法典から現行軍事刑法典へ
- Ⅲ　憲法上義務付けられる正統な家族団体としての同性間の安定的結合の承認
- Ⅳ　典型的な包摂規範としての憲法の第226条§3による同性間の安定的結合の家族団体としての性格付けの正当化
- Ⅴ　立憲民主主義国家における連邦最高裁判所の反多数決主義的な役割──立憲民主主義の実質的な概念から分析されたマイノリティの保護
- Ⅵ　個人の尊厳の原則から派生する原動力（ideia-força）としての黙示の憲法原則たる幸福追求への権利
- Ⅶ　<u>憲法的性格を帯びた法的な価値としての情愛──家族概念の中核としてのこの新たなパラダイムの価値付け</u>
- Ⅷ　ジョグジャカルタ原則──性的指向または性自認を問わない家族形成の権利
- Ⅸ　違憲な不作為による欠缺の補充──憲法の権威への尊敬に基づく行為

Ⅰ,Ⅴ,Ⅷ,Ⅸはそれぞれ連邦最高裁判所の積極的な介入を根拠づけるための重要な項目（アミカス・キュリエによる民主主義過程の保障,裁判所のマイノリティ保護の役割,国際人権法の発展,違憲な立法不作為に対する裁判所の介入）であるが,本書の主要な関心である家族法の問題を超えるものであるため,詳細

第2章　顕在化した現象レベルでの同性カップルの法的承認の過程

な検討は省略する。Ⅱは同性愛者をマイノリティ（V）として位置づけるために，日本になかったブラジルにおける迫害の歴史が詳細に考察されており，Ⅵは基本的人権に関する議論を補強するために幸福追求権に関する考察が行われており，それぞれ興味深いが，やはり本書の直接の関心事項ではない。また，ⅢおよびⅣについては基本的に「報告担当裁判官により提示された理由に完全に説得された」と述べ，類似の見解を簡潔にまとめているにすぎない。それらのうち，本書の関心にとって特に重要なのは，メロ裁判官の意見の特徴が他の裁判官が前提としながら，正面から扱わなかった「法的な価値としての情愛」の問題を一項目を割いて論拠のひとつとしていることである。

　メロ裁判官は複数の学者の議論(189)を引用して，「1988年憲法の登場以降，家族関係の次元における新たなパラダイムは，家族関係によって発生する権利義務を確定させるために，情愛の存在と承認を中心として定着したことについては疑いの余地がない」と述べたり，「情愛は現代家族の最重要な基礎のひとつであり，その倫理的な次元を超えて，憲法的な性格を有する法的な価値として位置付けられる」と述べたりしている。メロ裁判官は「情愛」の意味については必ずしも明らかにしていないが，近年の家族法学における情愛論（「情愛あれば，家族あり」）を追認する見解を示していることが，本書の議論にとって重要な点である。

2　少数意見の内容——新たな「家族団体」としての保護
イ　法廷意見との基本的な相違
　本判決は全員一致の合議判決であるが，レワンドウィスキ裁判官・メンデス裁判官・ペルゾ裁判官（当時の連邦最高裁判所裁判長）の三名は結論において多数意見に賛成しているものの，多数意見とは異なる理由付けをしている（判例要約文の4）。報告担当裁判官によりまとめられた判例要約文では，見解が対立

---

(189)　引用されている順番に従って，① DIAS, Maria Berenice. A Homoafetividade Como Direito, in, Novos Direitos, coord. Nicolau Júnior, 2007；② PEREIRA, Rodrigo da Cunha. Princípios Fundamentais Norteadores do Direito de Família. 2005；③ GAMA, Guilherme Calmon Nogueira da. Princípios Constitucionais de Direito de Família: guarda compartilhada à luz da Lei nº 11.698/08: família, criança, adolescente e idoso. 2008；④ JUNIOR, Moacir César Pena. Direito das Pessoas e das Famílias: doutrina e jurisprudência. 2008；⑤ VECCHIATTI, Paulo Roberto Iotti. Manual da Homoafetividade. 2008 の五つである。

しているのは「憲法上で定められている伝統的な家族の類型に当てはめる可能性」についてであり，同性間の結合が「家族団体」であるかどうか，また，安定的結合の規定の適用の対象となるかどうかについてではない。

多数意見は憲法第226条§3における「男女間」の趣旨について，ルシア裁判官が留保をつけたように(190)，報告担当裁判官の意見が完全に支持されているとは言えないが，第一に，同性カップルは現代家族の基礎である情愛に基づく関係であるため，憲法第226条§3にある男女間の安定した結合に該当しなくても同条柱書きの「家族」に該当し，第二に，憲法の体系的な解釈から家族団体の間にヒエラルヒーがあるとは言えず，「男女間であること」以外の安定的結合の要件を満たした同性カップルの関係は安定的結合に関する規定により規律されるべきである，という結論を導き出している。換言すれば，多数意見は安定的結合制度とは異なる，同性カップルの特殊な「同愛的結合（união homofetiva）」の制度を創設したのではなく，憲法第226条柱書きに包含される「同愛的家族」による安定的結合制度の利用を承認したといえる。つまり，同性カップルを，憲法上の伝統的家族類型に当てはめることの肯定である。

これに対し，判例要約文から少数意見は次のようになろう。まず，同性間の「安定的結合」という家族団体は憲法第226条§3の趣旨から認めることができず，また，同条の「家族」にも含めることができない。だが，それは個人の尊厳等の基本的人権から導かれる「新たな家族団体」であるから，立法的な措置がない限り，安定的結合の規定が類推適用されてもよい。したがって，結局，同性カップルにも安定的結合制度の利用が認められる，という見解であると思われる。

多数意見と比べてみると，憲法第226条上の家族団体であるのか，その他の基本的人権から演繹的に導き出される家族団体であるのか，という解釈論の些末な相違があるにすぎないようにも見える。しかしながら，各裁判官の意見を詳細に見ていくと，そこには重大な実質的な違いがあることがわかる。すなわち，この点の相違により，特にレワンドウィスキ裁判官の意見から，同性カップルに何が認められたかについて大きな違いが出てくるのである。

---

(190) 「男女間」という文言は同性カップルの安定的結合の可能性を否定するためではなく，安定的結合においても男女平等を確認するためであるという解釈は報告担当裁判官以外に採用されておらず，ルシア裁判官によって批判されている。

第 2 章　顕在化した現象レベルでの同性カップルの法的承認の過程

ロ　各裁判官の少数意見

ⅰ　レワンドウィスキ裁判官

　レワンドウィスキ裁判官は本件の問題を解決するために「憲法上の家族の法的な意味を解明しなければならない」と述べた上で，歴代憲法と比して1988年憲法の意義を次のように述べている。すなわち，1988年憲法は「家族と婚姻の結びつきを解消して」おり，憲法第226条からは①婚姻家族，②安定的結合による家族，および③単親家族の三種類が導かれるが，この趣旨は付随審査（特別上告第397.762号/BA）において既にブリット報告担当裁判官により確認されている，というのである。だが，この事件においてブリット裁判官は②の家族が認められるために，「婚姻への転換」が可能であることが必須の要件（condição sine qua non）ではないという見解を示したのに対し，アウレリオ裁判官，ルシア裁判官，その他の裁判官もこれに反対の意見を示していたことを指摘する。すなわち，アウレリオ裁判官らは憲法第226条§3後段もこれを具体化した民法第1726条も「婚姻への転換」を予定しており，婚姻に関する障害事由が安定的結合に関する障害事由となっているのもそのためである，というのである。しかし，多数意見は同愛的家族が「婚姻への転換」の予定された憲法第226条§3上の「男女の安定した結合」という家族団体であると解釈しているのではないものの，同愛的家族を憲法第226条柱書きの「家族」であるとすることを同条§3が禁止していないと解釈してしまっているわけだ（ブリット裁判官の表現では「憲法第226条の首〔柱書き〕を第三段落〔§3〕という処刑台で切ってはいけない」）。禁止を否定する多数意見のこの解釈に異議を唱えるべく，レワンドウィスキ裁判官は「これは――憲法解釈学の基本に反することである――民法から憲法を解釈することではな」く，憲法上の禁止規範があることを強調するために1988年制憲議会の記録をそのまま引用している。

　「ガストネ・リギ議員：最後に，ロベルト・アウグスト議員による修正があります。憲法第225条〔ママ〕§3のことです。この段落は「国家の保護の効力に関して，男女間の安定した結合は家族団体として認められ，法律はその婚姻への転換に便宜を与えなければならない」と定めています。メディアにしろ，テレビにしろ，嘲笑的なコメントが多く，我が国のホモ〔ママ〕の団体によるデモもみられますが，これはこの規定なくしては当該結合が同性間のカップルによってもできると解釈できてしまうからです。テレビニュースやファンタスティックという番組，雑誌や新聞などで報道されています。この条項を作成したロベルト・アウグスト司教は明確に定義しておくように配慮して，「国家の保護の効力に関して，男女間

第1節　2011年連邦最高裁判決

の安定した結合は家族団体として認められ，法律はその婚姻への転換に便宜を与えなければならない」としたのです。この憲法制定議会の意図はもちろんこれであるが，この崇高な憲法文言に対する悪意のある解釈を防止するために，少なくともこの修正の可決をお勧めします。

ロベルト・フレイレ議員：これは抵抗し難いモラルの押し付けです。
ウリセス・ギマランイス議長：報告者，どうぞ。
ジェルソン・ペレス議員：イギリスはもうとっくに男と男の結婚を認めていますが。
ベルナルド・カブラル議員：議長殿，私は賛成です。
ウリセス・ギマランイス議長：賛成する方はそのままにしてください（休止）。可決。（拍手）」

国家制憲議会記録（付則B）209頁より⁽¹⁹¹⁾

このように制憲議会の記録にあらわれているように，「男女間の」という文言が追加されたのは明らかに同性カップルの法的承認を妨げるためであるが，レワンドウィスキ裁判官は，モンテスキューのことばを念頭に，裁判官は「単なる法律の口（bouche de la loi）」である，とは言わないまでも，「趣旨が明らかであれば解釈を止めよ（in claris cessat interpretatio）⁽¹⁹²⁾」という法諺を引用して，解釈の限界を主張している。そのため，基本的人権の問題から同性愛者の家族を承認する必要があるにしても，これを憲法第226条から演繹的に導き出すことができず，判例要約文にある「新たな家族団体」として承認する必要があるというのである。一見すると，「新たな家族団体」であるか「従来の家族団体」であるかの違いを導き出すためにだけそこまで議論をする必要があるかと疑問に思われるかもしれない。しかしながら，判例要約文に現れていないレワンドウィスキ裁判官の次の配慮があったことに注意しなければならない。同裁判官の結論は以下のとおりである。

---

(191)　筆者による和訳。1988年憲法制定議会記録その他の関連資料はブラジル連邦議会上院のホームページから閲覧可能であり，筆者が調べたところ，同性カップルの問題に関するその他の資料が見当たらない。

(192)　ブラジル法ではラテン語の法諺が援用されることが多く，一種の事実上の法源となっていることに注意が必要である。本件では，その他に permittitur quod non prohibetur（禁止されていないものは許される）も重要な意味を有しているが，批判が少なくない。なお，興味深いことに，2002年民法典の起草者であるレアレは憲法第226条§3を根拠として同性カップルの安定的結合等を承認するために憲法改正が必要であるとしながら，レワンドウィスキ裁判官が援用している「in claris cessat interpretatio」という法諺を「過ちの化石化」であると批判している。REALE（2001）315頁を参照。

77

第 2 章　顕在化した現象レベルでの同性カップルの法的承認の過程

「以上から，同愛関係を規律する特定の立法的な措置が取られるまでは，かかる関係について，これを家族団体として認めることができ，その実施のために男女間であることを要請するものを除き，異性の安定的結合に関する規定の適用をもとめる違憲直接訴訟を認容する」（ADPF 第 132 号 112 頁）[(193)]

レワンドウィスキ裁判官が「その実施のために男女間であることを要請するもの」と述べるときに念頭においているのは「婚姻すること」であるが，この結論から，彼は婚姻への転換に関する民法第 1726 条以外の規定についてのみ類推適用を認めていることがわかる。同性カップルの間には「安定的結合（união estável）」（憲法第 226 条§3）が成立する余地がなく，立法措置により規律すべきであるが，かかる措置が取られない間，安定的結合および婚姻の規定が類推適用されることによって「同愛的結合（união homoafetiva）」たるものが成立するにすぎないという考え方である[(194)]。換言すれば，レワンドウィスキ裁判官が主張しているのは，類推適用を通じた，司法権による同性カップルのための新たな制度の創設であって，従来の安定的結合制度の利用ではないわけである。

ⅱ　メンデス裁判官

メンデス裁判官はほかの裁判官が意見を述べているときにも，たびたびコメントや質問を投げかけており，本件の第一期日で意見がまとまらなかった（121-143 頁）ため，第二期日で再び意見をまとめている（144-199 頁）。結果的には過剰な司法積極主義（ativismo judicial）への警戒からレワンドウィスキ裁判官と類似の立場を採用しているが，『同愛法マニュアル』という論文集の序論においてその趣旨（ジアスによれば，「弁明」[(195)]）を繰り返し説明している[(196)]。

「多数意見と異なる意見を述べて，問題にされた法律の文言（民法第 1723 条），または，憲法の条文（憲法第 226 条§3）に基づいてではなく，マイノリティの権利，自由および平等の基本権に基づいて認容したのである（……）あの時は，同愛的結合の結成に対する憲法上の明示の禁止がないこと，また，同結合の特徴と目的がその他の家族団体に近いことを強調した。さらに，憲法原則である

---

(193)　ADPF132/RJ 判決 112 頁，レワンドウィスキ裁判官 12 頁を参照。
(194)　前注。同裁判官の言葉では「ここで承認されているのは憲法第 226 条§3 の拡張解釈による『同愛の安定的結合』ではなく，類推適用を通した統合による『安定した同愛的結合』であ」る。
(195)　DIAS (2014) 323 頁を参照。
(196)　FERRAZ (2013) のメンデスによる序論を参照。

第 1 節　2011 年連邦最高裁判決

個人の尊厳，自由，人格発達の自己決定，法的安定性，平等および性差別（広義には性的指向に基づく差別）の禁止の原則と適合的であり，これらが我が国の立憲主義の現段階における同性間の結合の法的承認が可能であるという方向を指していた。また，同愛的結合を保護するための制度に関する価値の欠缺の問題が最高裁判所による臨時の解決（これは立法行為を妨害するのではなく，促進するものであるが）を要請していたことを指摘し，この解決は，妥当なものについて，男女間の安定的結合に関する規定の適用」により導かれ得るとした(197)。

このように，メンデス裁判官は基本的にレワンドウィスキ裁判官と同じ見解を採用しているが，メンデス裁判官が特に懸念した問題のひとつは「憲法適合解釈」の妥当性についてである。メンデス裁判官はレワンドウィスキ裁判官が意見を述べる前に「(民法 1723 条の) 文言は，基本的に，憲法の文言の内容を複写してお（り，……）憲法適合解釈を正当化できる唯一の論拠は（……）この規定が同性間の安定的結合の存在に対する障害として，禁止規範として援用されることである」と指摘した上で，「立法者は憲法制定権力者が実定法化したことをそのまま言おうとしたのであり」，「文言自体は同性間の安定的結合の承認の可能性を排除するものではないと解釈しても，これは（憲法の）文言に基づくものではなく，その他の原則（princípios）に基づくものである。（……）さもなければ，我々は極めて特殊な適合解釈を行っていることになろう」という解説をしている。要言すれば，憲法第 226 条は同性カップルを同条上の家族とするのを禁止しているとの解釈を堅持せざるをえないとする立場である。

近年の連邦最高裁判所判決にはイタリア憲法裁判所に見倣った学説で「効果付加的操作判決（decisões manipulativas de efeitos aditivos）」と呼ばれるものが増えてきているが，本件の判決もこの類型に属するとしている(198)。「効果付加的操作判決」とは，司法権が従来の消極的立法者（legislador negativo）の役割を超えて，積極的立法者（legislador positivo）と同様の役割を果たしてしまうものである(199)。メンデス裁判官はこの手法自体が否定されるべきではないとしても，「共和国検事総長により請求された憲法適合解釈はブラジル法体系の数多くの規範体系に対して幅広い影響を及ぼしかねない」ことに対する強い懸

---

(197)　前注 15-16 頁を参照。
(198)　ADPF132/RJ 判決 151 頁，メンデス裁判官意見 8 頁を参照。
(199)　例えば，妊娠中絶に関する ADPF 第 54 号を参照。

第 2 章　顕在化した現象レベルでの同性カップルの法的承認の過程

念を示している。

　このように、メンデス裁判官の理解では、本件判決は裁判所があたかも立法者のように「無」から制度を創設しているが、「制度」は規範体系であり、裁判所はそこに含まれるありとあらゆる可能性を十分に検討することができないので、原則としては、制度の創設は裁判所になじまない問題である。だが、メンデス裁判官は立法府の著しい怠慢を綿密に考察して、「仕方なく」認容しているのである。具体的には、以下のように述べて、1995 年から提出されてきた同性間の関係を規律するための諸法律案の詳細な経緯を紹介している。

> 「もちろん、このような保護は第一次的には連邦議会によって実現可能（あるいは、実現されるべき）であるが、本案ではこの話題をめぐる社会的な論争が激しいため、その決定過程における困難が多いことが明示されている（……）
> 　我々はこの前の大統領選[200]では当時立候補していたルセフ前大統領[201]がこの話題に関して発言を迫られたときに直面した困難を見ることができた（が、……これは）社会の大部分に蔓延している差別認識を反映している。
> 　これは議会が、少なくとも先駆者として、この話題に関して議論して決定することが困難であることの原因であるかもしれない。そのため、ここでは憲法修正案から法律案まで、議会で提出されたが、未採決に終わった諸案を簡潔に見る必要がある」(ADPF 第 132 号 162-163 頁)[202]

　以上の経緯から、メンデス裁判官は司法積極主義に対する批判を懸念して、最終的には、レワンドウィスキ裁判官の見解を採用したが、その結果として、どうしても裁判所による「制度の創設」が問題となる。多数意見は同性カップルによる「安定的結合」という制度の利用を承認しているため、導き出される結論は制度の創設というよりも、憲法適合解釈による従来の制度の変更に留まる。これに対し、メンデス裁判官は「同愛的結合」についてどのような規定が類推適用されるかが不明確であるので、立法的解決が適するという判断を示しているのである。

---

(200)　2010 年ブラジル大統領選を指している。
(201)　ルセフ前大統領は同性婚に関する見解を問われ、これに賛成するという意見を述べたところ、支持率が激落したため、見解を改めている。アミカス・キュリエのバンクス組合の代理人は口頭弁論においてルセフ前大統領が検事総長を利用して従来の民主主義過程において実現不可能であったことを裏から実現しようとしていると批判しているのもそのためである。
(202)　あるいは、メンデス裁判官意見 19-20 頁を参照。

第1節　2011年連邦最高裁判決

iii　ペルゾ裁判官

ペルゾ裁判官は3～4頁程度の短い意見で少数意見を採用している。具体的には，「サンパウロ州裁判所で安定的結合の場合について家族法の規定の適用を初めて容認したのは私である。なぜか？これらの結合，又は団体，特に情愛性に特徴付けられるこれらの関係は経済・取引に関する規定により規律されるべきでないことは当然だからである。したがって，本裁判所のすべての裁判官の見解は，本件で提示されている問題について男女間の安定的結合に適用される，家族法の規定しか適用される余地がないというものである」と述べた上で，「だが，[同性カップルと異性カップルとは]まったく同じものではないため，すべて」の規定ではなく，それぞれの規定の「規範的な性質（natureza normativa）」を尊重しなければならないと主張している。婚姻への転換に関する規定を念頭に，類推適用される規定について，慎重な検討を求めているのである。また，ペルゾ裁判官もメンデス裁判官が指摘した規範体系への予測不可能なさまざまな影響への懸念を示し，本件をきっかけに立法府による措置が期待されることを強調している。

3　「家族」の限界に関する議論の不在

以上，判旨や各裁判官の意見で重視されてきた議論を紹介してきた。多数意見は憲法上の家族「概念」の操作により同性的結合も家族に該当するとしており，その際に憲法上の伝統的（ortodoxo）な家族の意味の不存在や多元主義（pluralismo）などを掲げているので，家族と安定的結合などの概念の限界が不明確になる。これらの概念が無限に拡張されてしまうのではないかということである。ブラジル国家司教協議会（CNBB）の代理人が口頭の意見表明において「多元性には限界がな（いのか……）ポリガミー主義者（poligamicos），インセスト主義者（incestuosos）よ，喜べ。あなたたちの言動を正当化する最高の議論ができました」[203]と皮肉を述べているのもそのことを懸念しているからである。詳細については後述するが，多数意見が採用した議論の大部分がジアスやローボなどの民憲法学派の家族法論に依拠しており，ジアス自身が二人以上の配偶者から構成される「多愛家族（família poliafetiva）」の可能性を肯定的に捉えているので，本件判決もこのような理解を採用したといえるかどうかが重要な論点となる。結論から言えば，本件の多数意見は，必ずしも十分な根拠

---

(203)　TV Justiça, ADPF132/RJ, 4/5/2011 を参照。

第 2 章　顕在化した現象レベルでの同性カップルの法的承認の過程

を示していないものの，従来の「限界」（モノガミー，重婚的内縁，近親者間の婚姻等の否定）を維持し，同性カップルを限界の内側に新たに含めているにすぎない。

具体的には，ブリット報告担当裁判官が性的自由の行使との関係について，①強姦，②近親婚，③小児性愛，および④重婚的内縁の四つの問題を掲げている。①については他人の性的自由からの制約があり，②については社会倫理的な制約があり，③については他人の自由と社会倫理的な制約があり，④については法的禁止の対象とされていると指摘しているだけである(204)。

レワンドウィスキ裁判官がその意見においてマルコ・アウレリオ裁判官が担当した付随審査の判例（特殊上告第397.762号［RE 397.762/BA］）を引用しているが，これは同性カップルではなく，コンクビナト（重婚的内縁）配偶者に夫の遺族年金の受給権が認められるかが争われた事案であった。レワンドウィスキ裁判官がこの判決を引用したのはこの判例によれば婚姻への転換が可能であることが安定的結合成立のための必須の条件（condição sine qua non）とされてきたので，「婚姻が成立し得ない」同性カップルについては安定的結合ではない「同性的結合」しか認められないという少数意見の結論を導くためだけのものでしかなかった(205)。ただその一方でアウレリオ裁判官はこの点に関する議論をはじめ，家族の「限界」についての議論が展開されるかにみえたが，コンクビナトについて明文の禁止規定が存在することが根拠であるということを述べるにとどまり，その後は裁判官の間でこの事件に関する短い単発的な意見交換に終わってしまっている(206)。

本件判決以降，2012年にサンパウロ州のトゥパン市の身分登記所において一夫二妻の三人組からなる「安定的結合」の公正証書が作成されたことがニュースで大きく取り上げられ，同性カップルの法的承認で用いられている法律構成の延長線上にポリガミーの可否が議論されるようになっている(207)。こうした例外もあるが，本件判決による「家族」・「安定的結合」の限界に対する挑戦のポテンシャルは小さくないにもかかわらず，必ずしも十分な議論はされ

(204)　ADPF 第 132 号判決 31 頁，報告担当裁判官意見 14 頁を参照。
(205)　ADPF132/RJ 判決 102-103 頁，レワンドウィスキ裁判官意見 2-3 頁を参照。
(206)　ADPF132/RJ 判決 113-115 頁を参照。
(207)　ブラジル家族法学会（IBDFAM）のニュース「身分登記所が三人の情愛的結合を認める」（2012 年 8 月 21 日 /http://www.ibdfam.org.br/noticias/4862/novosite，最終閲覧日 2015 年 12 月 22 日）等を参照。

第 2 節　2011 年連邦最高裁判決の反響

第 2 節　2011 年連邦最高裁判決の反響

　上記のような違憲判決が下されれば，通常は判決を追認する（あるいは，否定する）法律改正が期待される。日本でいえば 2013 年の非嫡出子相続分に関する違憲決定以降の動きのようなものがそれだ[208]。しかし，以下本節でみていくように，2011 年連邦最高裁判決が下された後，同性カップルを規律するための制度のみならず「同性愛」に関するすべての法律問題について連邦議会が機能不全に陥り，本件判決から現在に至るまで「同性愛」に関するいかなる制定法も存在していない（第 1 項）。そこで，2011 年連邦最高裁判決にどのような効力があったかを確認し（第 2 項），本判決のみによっては同性カップルの法的扱いを統一することができなかった理由といえる同判決の射程に関する議論を検討する（第 3 項）。

第 1 項　立法府の機能不全

　2011 年連邦最高裁判決の少数意見の中では同判決が立法府への働きかけとなり，同性カップルの結合を規律するための立法的な措置が取られることが期待されるということが強調されていたが，これは三権分立の観点から妥当な見解のように思われる。しかし，連邦最高裁判決後，直ちに，連邦下院における福音主義派の代表人物の一人であるカンポス下院議員（João Campos）[209]から 2011 年法律案第 224 号（PDC 224/2011）が同年 5 月 25 日に提出され，少数意見の期待が裏切られたこととともに，その意見がナイーブであったことが明らかになった。

　この法律案は通常の「法律」に関するものではなく，立法的デクレト（Decreto Legislativo-DL）というものであり，行政権の規則制定行為を覆すための特別な立法形式である（憲法第 49 条 V）。そのため，この立法的デクレトは 2 カ条のみから成っており，第 1 条は「違憲直接訴訟（ADI）第 4277 号お

---

[208]　周知のように，最高裁大法廷違憲決定平成 25 年 9 月 4 日のあと，直ちに，同年 12 月 5 日に民法第 900 条を改正する法律が成立し，同判決の趣旨が追認された。

[209]　本人の公式ウェブサイトを参照（http://www.joaocampos.com.br/biografia/，最終閲覧日 2015 年 12 月 22 日）。

第 2 章　顕在化した現象レベルでの同性カップルの法的承認の過程

よび基本規定不履行訴訟（ADPF）第 132 号において同性的結合の安定性を承認する連邦最高裁判所の判決はこれを取り消し，これに基づくすべての行為が取り消されたものとみなされる」と規定し，第 2 条は効力発生日を定めているだけである。立法理由は同性間の安定的結合の是非には立ち入らず，もっぱら連邦最高裁判所が司法権を逸脱したことを問題視した。同性カップルの関係を規律するのではなく，2011 年連邦最高裁判決を直接攻撃しようとしたのである。しかし，「行政権の規則制定行為」を覆すための立法形式をもって司法権に介入し，連邦最高裁判所の違憲審査の判決を覆そうとすることは権限の逸脱であると理解され，この法案が下院規則第 137 条(210)における「明らかに違憲」なものとして提出者に返還された(211)。

これにとどまらず，同議員からは，同性愛を精神病から除外し心理学者による病理的扱いを禁止した 1999 年連邦心理学委員会（Conselho Federal de Psicologia）決議第 1 号(212)第 3 条および第 4 条を取り消そうとする法律案第 234 号が提出された。この法案はメディアに大きく取り上げられ「ゲイ治療法案（projeto de lei "cura-gay"）」(213)として大きく注目されたが，これも採決に至らず 2013 年に提出者により取り下げられた。

その一方では，連邦議会において 2011 年連邦最高裁判決を追認しようとする動きがまったくなかったわけではない。上院でスピリシ議員（Marta Suplicy）(214)から 2011 年判決を追認しようとする 2011 年法律案第 612 号（PL 612/2011）が提出された。だが，同法案は安定的結合の成立に関する民法第 1723 条だけでなく，婚姻への転換に関する第 1726 条も改正して同性間の安定的結合および婚姻を認めるものでもあるためか，数多くの委員会に回付され，上院でも未だに採決に至っていない。また，同年に憲法の差別禁止規定に性的

---

(210)　Regimento Interno da Câmara dos Deputados（RICD）Art. 137§1II-b を参照。

(211)　立法理由には憲法第 49 条の V のほか，同条の XI をともに援用して，行政権の規則制定行為の取消立法の権限の類推適用が主張されているが，受け入れられなかったようである。

(212)　原文では Resolução do Conselho Federal de Psicologia nº1, de 23 de março de 1999 という。

(213)　"Câmara decide arquivar projeto que autoriza 'cura gay'". G1. 02/07/2013.（http://g1.globo.com/politica/noticia/2013/07/camara-decide-arquivar-projeto-que-autoriza-cura-gay.html，最終閲覧日：2015 年 12 月 22 日）を参照。

(214)　スピリシ元下院議員は 1995 年にブラジル同性間の関係に関する法律案をはじめて提出した政治家であるが，同法律案については後述する。

第 2 節　2011 年連邦最高裁判決の反響

指向を明文で含める憲法修正案第 110 号および第 111 号（PEC 110/2011 - PEC111/2011）が提出されているが，これもまた未だに実現に至っていない[215]。さらに，下院では同性カップルによる養子縁組を合法化する 2011 年法律案第 2153 号（PL2153/2011）や性的指向に対する差別を人種差別犯罪法（1989 年法律第 7716 号）に含めようとする法律改正案第 1959 号（PL 1959/2011）[216]なども提出されているが，これらは取り下げはされていないものの，まだ採決に至っていない。

最後に，立法府ではなく行政府による措置ではあるが，これらの法律案よりも大きな反響があったものについて，一言付け加える必要がある。2011 年判決以前から教育省（Ministério da Educação- MEC）は義務教育で反ホモフォビア防止教材（kit anti-homofobia）を導入しようとしていたが，当該判決後，同じく福音主義者のジョアウン・カンポス下院議員から情報公開請求（Requerimento de Informação - RI）が行われたことにより，教材ビデオが公開されてメディアで大きく取り上げられたため，この政策が痛烈な批判を受けることになった。最終的には，2011 年 5 月にルセフ前大統領はこのプロジェクトの断念を余儀なくされている[217]。

このように，連邦最高裁判所の判決を覆そうとする宗教的な勢力と，これを追認しようとする勢力の衝突が始まり，連邦議会両院においてはいずれの方向にも進まず，この問題について立法府は機能不全に陥った。現在も「同性愛」に関するいかなる立法的な措置も可決されるに至っていないだけでなく，同性愛に好意的な立場をとっている行政府も，この問題は政治的にデリケートで政治的負担が大きいため，具体的な政策を採用することができていないのである。

第 2 項　2011 年連邦最高裁判決の対世的効力とその限界

ブラジル法の概略のところで確認したように，抽象審査において下される判

---

(215)　原文は http://www25.senado.leg.br/web/atividade/materias/-/materia/103135 にて閲覧可能である（最終閲覧日 2015 年 12 月 22 日）。
(216)　いわゆる「ホモフォビアの犯罪化（criminalização da homofobia）」に関する法律案である。
(217)　"Dilma Rousseff manda suspender o kit anti-homofobia, diz ministro" G1. 25/5/2011（http://g1.globo.com/educacao/noticia/201/dilma-rousseff-manda-suspender-kit-anti-homofobia-diz-ministro.html，最終閲覧日：2015 年 12 月 22 日）を参照。

決にはいわゆる「対世的効力（eficácia erga omnes）」がある（憲法第102条§2）。その判決は司法権および行政権に対して，連邦であるか州であるかを問わず，拘束力があるとされている。また，連邦最高裁判所は各裁判所に対して同判決に関する通知を行ってその趣旨を確認している。だが，「拘束力」があるといっても特別の措置がなければ，その実効性を確保することが困難である。

そのため，司法権が対世的効力のある連邦最高裁判決に反した判決を下した場合，または，決定をした場合にそなえて，「苦情申立（reclamação）」の制度が用意されており（憲法第105条），特殊上告ができるようになるまで待つまでもなく，直接，連邦最高裁判所で争えるようになっている。この苦情申立があった場合，連邦最高裁判所は判決前に下級審から事案を取り上げ（avocação），または，判決を破棄して適切な措置を取ることができる（連邦最高裁判所規則第161条）。だが，苦情申立審では連邦最高裁判所が下級審に代わって判決を下すことができず，手続上の瑕疵を修正するために下級審に対して新たな，適切な行為を要請することができるにすぎない。そのため，下級審において問題となる権利が直ちに付与されるように，仮処分を求める上告が考えられる。これは司法権が関わる場合の話である。

これに対して，当該権利を否定している公権力が行政権である場合には，対世的効力を保障するための特別の制度は存在しないが，行政権の行為による権利侵害からの迅速な救済を可能にする権利保障令（mandado de segurança）という従来の制度がある（憲法第102条Ⅰ(d)）[218]。また，公権力から権限を委任されている身分登記所についても拘束力が及んでおり，公証人（notário）等も2011年連邦最高裁判決に反して同性間の安定的結合に関する書類の発給を拒否してはならないことになっている。拒否された場合は，公証人の行為は行政権の行為と同じ扱いになる。

このように，「対世的効力」のある判決が下されることにより，これに反した公権力の行為がなされた場合には，苦情申立と権利保障令，また，これとともに仮処分の請求によって当該行為を覆すことが容易になるため[219]，2011年

---

(218)　詳細については，佐藤［美］（2006）125頁以下を参照。

(219)　そのほかに，下級審裁判所は原則としてキャリア制であり，その職務遂行は国家司法審議会により評価される制度が用意されているが，裁判官が下した判決の「質（qualidade）」を判断するひとつの要素は連邦最高裁判所の判例要旨・判例法の尊重であるため，職務上の圧力もかけられていることも重要である（2010年司法審決議第106号第5条）。DIAS（2014）326頁を参照。

第2節　2011年連邦最高裁判決の反響

連邦最高裁判決以降は同性間の安定的結合についてはあまり問題となることはなかった。しかし，2011年連邦最高裁判決を下した裁判官のあいだでも（多数意見のなかでも潜在的には）考え方の相違があった「婚姻への転換」（民法第1726条）の可否をどのように考えるかに関しては，婚姻は同判決の審査の対象ではなかったため，同判決のみをもって問題が解決されたわけではなかった。そのため，2011年判決の後，著しい法的扱い・法解釈の不統一状態が発生したのである。

第3項　同性間の婚姻の是非をめぐる議論

2011年5月5日に2011年連邦最高裁判決の判決が下されると直ちに，「それならば，同性間の婚姻への転換も婚姻も当然認められる」という主張が現れた。同判決に著述が引用されたジアスは同年6月に「婚姻の民主化（A democratização do casamento)」という記事を公表し，そのなかで2011年連邦最高裁判決直後に浮上した同性間の婚姻が可能であるのかという問題について次のように述べている。

「勤勉な保守主義者たちは，同性愛者に保障されたのは安定的結合の権利であって，婚姻へのアクセスではないといっている（……）しかし，差別感情に負けない裁判官たちは簡単な三段論法〔ママ〕を行った。即ち，〔これらの裁判官は〕連邦憲法が安定的結合の婚姻への転換を容易に行わなければならないとしており，かつ，最高裁判所が同性間の結合と異性間の結合との間でいかなる区別もすべきではないと判示した以上，ためらわずに憲法上の勧告に従って，最高裁の判断を尊重して，ずっと以前から家族を形成して婚姻を望む人たちの幸福追求権を保障したのである。これらはジャカレイ市およびブラジリア特別区の裁判官が，正義とその判断の倫理的な結果に鑑みて，下した結論なのである。」[220]

実際のところ，学説の議論を待たず，同性間の安定的結合の婚姻への転換を認める第一審裁判官が現れ，サンパウロ市ではじめて同性間の婚姻が登記されたのは2011年5月20日，即ち，最高裁判決からわずか2週間後であった[221]。

---

(220)　DIAS, Maria Berenice. A Democratização do Casamento. 2011/06/30（http://www.direitohomoafetivo.com.br，最終閲覧日：2015年12月22日）を参照。そのほかに，GIORGIS, José Carlos Teixeira. A Dignidade Constitucional dos Homossexuais. 2011/05/16，CHAVES, Marianna. As Uniões Homoafetivas e a Corte Constitucional Brasileira. 2011/05/18 などさまざまな学者が類似の見解を示している。

(221)　BOTTINI, Luciano Filho. São Paulo Registra 1º pedido de casamento gay. Folha

第 2 章　顕在化した現象レベルでの同性カップルの法的承認の過程

直接に婚姻することは，形式的には，連邦最高裁判所判決から大きく離れてしまう。そこで当初は直接の婚姻ではなく多数意見から比較的単純に導き出すことができる「婚姻への転換」を行う例が多かった。

しかし，憲法の規定（憲法第 226 条§3 後段）にもかかわらず，安定的結合の婚姻への転換は必ずしも「容易」ではなく，転換を行うためには裁判官の関与が必要とされている（民法第 1726 条）[222]。そのため，直接の婚姻をする場合とは異なって，司法権が積極的に関与しており，同性間の婚姻への転換が完全に実現されるためには，身分登記所における扱いだけでなく裁判官の扱いも問題となる[223]。また，もし身分登記所および第一審裁判官の見解が一致して，同性カップルの婚姻への転換が認められたとしても，このような決定について州の行政当局により決定の取消を求めて抗告が行われることもある。同性間の婚姻への転換が問題なく実現されるためにはさまざまな当事者の判断を経る必要があるわけだ。ジアスが絶賛している下級審裁判官の決定は決して多数派ではなく，ジェルバセ弁護士（Ana Brusolo Gerbase）が次のような事例を指摘していることからも幅広い抵抗の存在がわかる。

「ゴイアス州では，ヴィラス・ボアス（Jeronymo Pedro Villas Boas）第一審裁判官は自らのホモフォビック〔同性愛嫌悪的〕な価値観に基づいてやむを得ないことをやめさせようとして同性間の安定的結合の登記を取り消した（……）さらに，とんでもない行為に走って，同裁判官は諸民事身分登記所に対して同性間の安定的結合に関わるいかなる登記もしないように命じてしまった。時代遅れの発想に基づいて，同裁判官は 1969 年憲法からの歴代憲法を引用して社会の変化をよしと

---

　　de S. Paulo. 21/05/2011.（http://app.folha.uol.com.br/，最終閲覧日：2015 年 12 月 22 日）を参照。この記事によれば，当時サンパウロ市では同性間の婚姻を登記することを認めていたカルトリオが三つあったとされている。

(222)　ブラジル法の概略で解説したように，2002 年民法第 1726 条は重く課されている婚姻の手続を省くことを意図していたが，裁判官の決定を必要とすることによって，実際に直接の婚姻をすることが容易であるとされている。

(223)　民法第 1726 条を参照。婚姻への転換は登記所における登記だけでなく「裁判官に対する申請」が必要であり，この手続は直接婚姻するよりも時間や費用がかかってしまい，安定的結合にある異性カップルでも「転換」ではなく直接婚姻をすることが多いといわれる。この不都合に対応するために，いくつかの州は「申請」が行政的に処理できるようにする規則を制定しているが，その数が限られており，安定的結合そのものが確認判決によって認められていても，婚姻に転換させるために上記「申請」に対する審判が必要である。DIAS（2014）194 頁を参照。

せずこれを認めない態度を示した。」[224]

この極端な事例から明らかなように、安定的結合についてさえ抵抗が見られており、婚姻への転換についても抵抗があったことは言うまでもない[225]。また、「婚姻への転換」に複数の者が関わっていることから、ある州では同性間の婚姻が認められ、別の州では認められないという連邦制における州法間の不統一の問題だけではなく、「この町のこの登記所に行けば同性間の婚姻への転換ができ、あの登記所に行けばできず裁判をしなければならず、この裁判官に当たれば婚姻への転換ができ、あの裁判官に当たれば婚姻への転換ができずさらに控訴しなければならず、この州の州裁判所ではこの裁判官たちに当たれば婚姻への転換ができ、あの裁判官たちに当たればできずさらに上告しなければならない……」といったように、どこで・どのように・何が認められるかが完全に不統一になってしまった[226]。いずれにしても、当初の抵抗を回避するため、直接の婚姻ではなく2011年連邦最高裁判決から比較的単純に導かれる「婚姻への転換」を認める身分登記所の例が現れたため、身分登記所を慎重に選択すれば、あえて争う必要がなくなり、この点に関する上告審の先例は現れ

---

(224) GERBASE, Ana Brusolo. A Constituição Brasileira e seus valores perdidos. 2011/07/22.（http://www.direitohomoafetivo.com.br、最終閲覧日：2015年12月22日）を参照。

(225) 「認めた」ことはニュースになって報告されるのに対し、「認めなかった」ことは、連邦最高裁判決に反して安定的結合の無効を宣言するというよほどのことでなければ、ニュースにならないので、判例データベースに掲載されていない第一審裁判官の決定を入手することが困難である。「婚姻への転換」を否定したものとしてサンパウロ身分登記第二部第一審裁判官の決定などがある（2ª VRP/SP: Habilitação para Casamento. Conversão de União Estável (Homoafetiva) em Casamento. A ADPF n. 132 e da ADI n.4277 julgadas pelo Supremo Tribunal Federal não prevê tal possibilidade. Necessidade de orientação legislativa ou normativa. Sob o ponto de vista registral, inviável a conversão. Óbice que não elide a lavratura de escritura pública regrando referida entidade familiar. Pedido não acolhido. Proc. 0023359-87.2011, Dje. 15/07/2011)。

(226) 2011年10月25日に連邦高等裁判所が婚姻を認める判決を下すまでに婚姻への転換を承認したものとして、①TJSP, Protocolo nº 1209/2011, Juiz de Direito Fernando Henrique Pinto, j. 27/06/2011、②DF, Proc. nº 101695-7/2011, Juíza de Direito Sub. Junia de Souza Antunes, j. 28/06/2011、③SC, Autos nº 033.11.010261-7, Juiz de Direito Roberto Ramos Alvim, j. 15/07/2011、④PE, 1ª Vara de Família e Registro Civil, Juiz de Direito Clicério Bezerra e Silva, j. 02/08/2011、⑤SP, Protocolo nº 363/11, Juiz de Direito Bruno Machado Miano, j.04/08/2011 などがある。

第 2 章　顕在化した現象レベルでの同性カップルの法的承認の過程

なかった。結局のところはそれに先だって,「婚姻への転換」ではなく,2011年連邦最高裁判決以前から提起されていた直接の婚姻をするための手続である「婚姻許可」の可否に関する事案が連邦高等裁判所に提訴されるに至った。

第 3 節　2011 年連邦高裁判決の意義と限界

　同性間の婚姻に関する事件が連邦高等裁判所(Superior Tribunal de Justiça-STJ)に登ってきたのは 2011 年 10 月 25 日特別上告第 1183378 号 RS(Recurso Especial N°1.183.378 - RS, 以下では「2011 年連邦高裁判決」という)[227]である。ブラジル法の概略のところで述べたように,連邦高裁は連邦法に関して統一をはかる機能を担っており,一部の事件に関して終審として判断する権限を有しているので,連邦高裁の判決には先例的拘束,対世的効力などはないものの,特別上告がなされれば判決は破棄されることになっており,州裁判所・下級審裁判官に対して一定の事実上の拘束力がある。この 2011 年連邦高裁判決はブラジル法における同性間の婚姻に関するリーディングケースであり,その後,この問題に関する連邦最高裁の判断がないため,きわめて重要である。本節では本件の事実および判旨を確認した上で(第 1 項),その限界を検討する(第 2 項)。

第 1 項　2011 年連邦高裁判決の内容
1　事　実　関　係[228]
　X1(女)と X2(女)は 3 年間にわたって安定した関係をもっていたが,リオグランデドスー州ポルトアレグレ市にある二つの身分登記所に対して婚姻許可手続(habilitação para o casamento)を要求したところ,当該手続の実施を拒否された。次に,2009 年 3 月 25 日に身分登記部(Vara de Registros Públicos, 第一審裁判管轄の一種)において法律上同性間の婚姻に関する障害が存在しないことを主張して婚姻許可を拒否した身分登記所に対して不服申立を行った。第一審裁判官は 2002 年民法典上の婚姻は男女の間においてのみ可能であることを理由に手続を行わないという決定をしたが,X らはこれに対して民事控訴

---

(227)　STJ, REsp n° 1183378-RS, Min. Rel. Luis Felipe Salomão, d.j. :25/10/2011。本件要約文の原文・和訳については添付資料 1 の 2 を参照。
(228)　2011 年連邦高裁判決文 4-5 頁,報告書(relatório)を参照。

第3節　2011年連邦高裁判決の意義と限界

した。これに対して，控訴審において州裁判所は以下のように判断して，第一審裁判官の決定を維持した。州裁判所の判決の要約文は以下のとおりである。

「民事訴訟。同性間の婚姻。婚姻許可手続。請求の法的可能性の欠如。家族団体。不該当。婚姻の実施を男女間に限定する憲法第226条§3並びに民法第1514条，第1517条，第1535条及び第1565条の趣旨。ベルギー，オランダ，スペイン，あるいは米国のマサチューセッツ州など，同性間の婚姻を予定している制定法を有するいくつかの国と異なって，ブラジル法は同性間の婚姻を予定していない。立法権の権限，または，共和国の（調和的な）三権分立の原則を侵害するおそれがあることから，法解釈または裁判官の裁量は，いかなる角度から見ても，実体法を創設できるようなものではない。同性の者同士の結合に関する民事的効力の承認が望ましくても，古代の昔から財産的関係の規律のみならず男女間の性交渉から生まれる子の正統性に根ざしている婚姻という制度によるべきではなかろう。同様に，禁じられていないことは許されるという主張をもって，法の欠缺や権利を主張するのは失当である。なぜなら，同性間の婚姻は存在の次元において認識され得ない，すなわち，規範を支える事実が存在しないからである。裁判官には主張されている拡張により規範を支える事実の基礎の中に実質的な要素を付け加える裁量権がなく，上記の主張は実体法を創設するようなものではない。民事法の憲法化の名の下においてみても，このような難問について，権限が不明確なまま，判断することは不可能である。法，または，法律の欠缺を中心とする議論において裁判官がどのような法源をどのように利用できるかは避けて通れない問題である。財産に関しては，ブラジル法は情愛と財産を共有する状態にある同性の者同士を規律するために，当事者の関心に従って，十分かつ実効的な法的道具を備えている。同関係の実体的な効果は契約，または，相続については遺言という方法によって決めることができるのである。法の現代性は，単にこれを社会学的な角度から見ることにあるのではなく，規範的，価値的，かつ歴史的な角度から見ることにもある。控訴棄却。」

同判決の内容からわかるように，この下級審判決が下されたのは，2011年連邦最高裁判決よりも前のことであり，同性カップルの関係が家族団体として承認され，それについて安定的結合の規定の類推適用が認められる以前のことである。特別上告もそうであり，2011年連邦最高裁判決が上告理由の中で援用されておらず，Xらは，控訴審判決が同性間であることを婚姻障害としていない2002年民法典第1521条の解釈を誤ったものであると主張して上告したのである。だが，5名の裁判官からなる連邦高等裁判所の第4組（quarta turma）は2011年連邦最高裁判決に依拠しながら4対1でXらの請求を認容する判決を下した。

91

第 2 章　顕在化した現象レベルでの同性カップルの法的承認の過程

2　判　決　内　容
イ　多数意見と反対意見の対立

まず，本件における各裁判官意見の配置は以下のとおりである。

表 4　2011 年連邦高裁判決の意見表

多数意見［認容］	反対意見［却下］
・民事法の憲法化から憲法を背景とする民法の解釈の問題であり，特別上告で連邦高裁が判断可能 ・2011 年連邦最高裁判決に照らして同性カップルについて婚姻許可の手続を認容すべき	・特別上告ではなく特殊上告により連邦最高裁において判断されるべき ・婚姻と安定的結合とは別個独立の制度であり，2011 年連邦最高裁判決を前提とすることは不可能（？）
サロマウン報告担当裁判官 Min. Luis Felipe Salomão, 8-27 頁	アラウジョ裁判官 Min. Raul Araújo, 32-39 頁
ガロッチ裁判官 Min. Maria Isabel Gallotti, 28-29 頁	
ブージ裁判官 Min. Marco Buzzi, 40-47 頁	
フェレイラ裁判官 Min. Antônio Carlos Ferreira, 40-47 頁	

　議論を進める便宜上，1 名のみの反対意見から先に検討しよう。本件判決に付されたアラウジョ裁判官の反対意見[229]の内容は，本案そのものの審理についてではなく，特別上告の適法性についてである。アラウジョ裁判官は連邦最高裁が安定的結合についてさえ憲法的な問題であるとし，同裁判所の権限を主張しているのであるから，同性間の婚姻の可否に関する上告は，当然，違憲審査の権限を有しない連邦高等裁判所に対する特別上告ではなく連邦最高裁判所に対する特殊上告によるべきである[230]，と主張している。ただ，本案審理に入らないと述べながら議論を先へすすめていく。まず，「古代からある伝統的

---

(229)　2011 年連邦高裁判決 32-39 頁を参照。
(230)　アラウジョ裁判官の言葉では，「本裁判所に対して連邦憲法は特別上告を通じて下位立法に関する争訟を判断する権限を付与している（憲法第 105 条 III）。憲法の指針に関するいかなる解釈問題の権限も連邦最高裁判所に与えられているのである（憲法第 102, 103, 103-A 条）」（2011 年連邦高裁判決 36 頁を参照）。

第 3 節　2011 年連邦高裁判決の意義と限界

な婚姻制度と画期的かつ真新しい安定的結合の制度は独立した制度であり，それぞれ独自の憲法規定および規範体系を有して」いることを理由として，「本裁判所は当該判決〔2011 年連邦最高裁判決〕の拘束的効力に従った適用をしているには留まっておらず，連邦最高裁判所の判決に公権解釈を付与しようとしており，これは連邦高裁の権限を逸脱するものである」と述べている(231)。すなわち，連邦高裁は安定的結合に関する 2011 年連邦最高裁判決の射程を婚姻に拡張しようとしているが，アラウジョ裁判官はこのような判決を下す同裁判所の権限を疑問視している。そして最後には，2011 年連邦最高裁判決の少数意見を引用して安定的結合の婚姻への転換について連邦最高裁判所が必ずしもこれを認めていないとして，特別上告が却下されるべきであるという意見を示しているのである(232)。

　この問題に関して多数意見は次のように連邦高等裁判所の権限を根拠付けている（判例要旨の 1）。サロマウン報告担当裁判官は民法の憲法化（constitucionalização do direito civil）の進展を指摘し，「（連邦高裁は）憲法により下位立法の番人として設置されてはいるものの，民事法の発展の現段階において，本裁判所が提起されている問題を憲法に『背を向けて』分析してしまえば，時代遅れかつ憲法のお墨付きのない法律を適用する裁判管轄と化しかねない」と述べている(233)。また，2011 年連邦最高裁判決のブリット裁判官の意見において「ところで，憲法は民事婚についてなんら「男性」と「女性」といった名詞に言及していない」ことが指摘されていたことを強調している(234)。

　連邦高裁の権限をさらに詳細に根拠づけるために，まずブージ裁判官は①判断の対象規定は憲法上の規定であるか，②婚姻許可を認めるために民法典の規定の違憲宣言が必要であるかという二つの問題点に分けて整理してみせた。そして，①については憲法の規定が問題の中心とされていれば，民事訴訟法第 543 条§2 により連邦高裁は事案を連邦最高裁に回付しなければならないが，「本特別上告審で問題とされているのは，民法典の規定の侵害であり（……）原審による憲法第 2 条(235)への言及は単なるレトリックにすぎない」としてい

---

(231)　同 36 頁を参照。
(232)　同 37-38 頁を参照。
(233)　同 8-9 頁を参照。
(234)　同 12 頁を参照。
(235)　同性間の婚姻について判断することは司法権の権限逸脱となることについて三権分立の原則を指摘するときに引用されているにすぎない。

る(236)。②については，違憲の宣言が必要である場合には連邦高裁の権限が否定される（憲法第97条，拘束力付き判例要旨第10号）が，「我が法体系にはこの結合を明示的に禁止する規範が存在せず（……，）従って，婚姻許可手続の継続を許すことは民法典の規定そのものが違憲であることの宣言を前提としていない」と主張している(237)。

最後にブージ裁判官は本件問題の重要性に鑑みて，小法廷で判断されれば十分な法的安定性を確保することができないという問題を懸念し，本件を大法廷に回付するよう提案した。しかし，フェレイラ裁判官はこれについて「もちろん重要な問題であって波及効果があり，我々は第3組の裁判官の意見を知らない。だが，この場合には次の上告を大法廷に回せばよい。第3組自身も類似の上告を大法廷に回付できる」と述べて賛成せず，他の裁判官もブージ裁判官の提案に賛同しなかった(238)。「第3組」とは，本件合議判決を下している第4組とともに連邦高等裁判所の第2部（Segunda Seção［民商事部］）を構成する裁判体であり，大法廷（seção）とはこの第二部を構成している十人の裁判官全員から構成されるもので，問題の重大性によって開かれる。だが，連邦高裁には問題の重大性だけでは大法廷を開かず，類似の上告がいくつかあった時にはじめて開く「慣習」があり，ブージ裁判官は本件を当該慣習の例外とする必要性を訴えたのだが，結局のところ聞き入れられなかったのである(239)。

このように，手続的な問題に関するアラウジョ裁判官の意見以外は同性間の婚姻を認容することについて意見の対立がなく，ブージ裁判官ももし大法廷に回付するという提案が却下された場合は報告担当裁判官の意見と同意見であることを確認している。

ロ　多数意見の内容

多数意見の内容を一言で言えば，「2011年連邦最高裁判決が安定的結合を承認した理由に照らして婚姻も認めるべきである」という判断であり，同性カップルに類推適用される安定的結合の規定について留保せず異性カップルと同等のものとしたと解しうる2011年連邦最高裁判決の多数意見の延長線上にあ

---

(236) 同40-41頁を参照。
(237) 同42-43頁を参照。
(238) 同44-45，48頁を参照。
(239) 前注を参照。

第 3 節　2011 年連邦高裁判決の意義と限界

る⁽²⁴⁰⁾。

　2011 年連邦高裁判決の多数意見の内容を具体的にみれば次の通りである。まず 2011 年連邦最高裁判決は「家族団体」が「家族」と同義であること（すなわち，ヒエラルヒーがないこと）を確認して同性間の結合を「家族団体」として承認した（判例要約文の 2）。次に，この家族団体論が「多形態的な家族主義（poliformismo familiar）」の承認である以上，1988 年憲法における「婚姻」の概念も必然的に多元的なものとならざるを得ない（判例要約文の 3）。その上で，いよいよ同性カップル間の婚姻の承認へと議論が進んでいく。このような家族多元主義（pluralismo familiar）からは，同性間の結合による家族がその他の伝統的な家族ほど国家の特別の保護に値しないと解してはならず（判例要約文の 4），現行憲法で重要なのはすべての家族が国家の保護を受けることであって，婚姻とは国家がこのような特別の保護を最も実効的に与える方法である（判例要約文の 5）以上，異性カップルの家族の中心的な価値である構成員の情愛と個人の尊厳を持ち合わせている同性カップルの家族について，その方法の利用を認めないことは妥当でない（判例要約文の 6），という。また，平等権は差異への権利を内包していること，および憲法は家族計画の自由を保障していること（憲法第 226 条 § 7）から，当事者の自由な選択を尊重すべきであって（判例要約文の 7），民法典のいかなる条文も同性間の婚姻を禁止しておらず，それについて黙示の禁止を見出す解釈は憲法原則に反して妥当ではない（判例要約文の 8）。立法府の怠慢が認められようとも，民主主義は「多数決主義」ではなく，偶発的な多数者の判断によりマイノリティの市民権を喪失させることは真の民主主義ではない（判例要約文の 9）。連邦議会が社会的な弱者を保護する役割を果たさない限り，裁判所が同役割を果たして市民権を保障して真の「民主主義」の達成に努めなければならない（判例要約文の 10），というのである。

　以上のように，本件連邦高裁判決が 2011 年連邦最高裁判決と異なっている点は，憲法第 226 条に関する理解は連邦最高裁判所の多数意見を前提としつつ，婚姻について踏み込んだ解釈をしていることである。同性間の安定的結合に留まらず，「婚姻」までもが認められる中心的な理由は，①家族が多元的であれば，婚姻も多元的でなければならないこと，②婚姻は国家が特別の保護を与えるための最も実効的な「方法」であることの二つの論点である。

---

(240)　判決要旨 2, 8 を参照。

第 2 章　顕在化した現象レベルでの同性カップルの法的承認の過程

　サロマウン報告担当裁判官の意見を詳細に見ると，ブラジル法における「婚姻」概念の変遷を確認した上で，1988 年憲法は「家族の唯一の形成方法としての歴史的な憲法上の婚姻概念を承継しておらず（……）現在の憲法上の婚姻概念は――歴代憲法と違って――多元的なものであると理解されなければならない（……が，）今日の婚姻の基礎は歴史的な特徴からではなく，個人の尊厳の実現方法という憲法的役割から抽出され（……，）国家と教会の結合がもたらした 2 世紀前の異性愛主義・解消不可能性・生殖を基礎とした聖礼的な民事婚と同様に分析することは妥当ではない」とされている。その上で，憲法が安定的結合の婚姻への転換を保障しているのは，婚姻は国家の特別の保護を受けるための最善の方法であると説明しているものの，その根拠については憲法第 226 条 § 3 後段の形式的な理由（婚姻への転換を容易にしなければならないのは，婚姻が安定的結合よりも国家の特別の保護を与える手段として優れているからであるという解釈）以外の実質的なものは示していない。
　「婚姻」が「安定的結合」よりも保護の厚い良い方法であることの根拠付けについてはガロッチ裁判官の意見の次の部分が参考になる。

　「現行憲法では，安定的結合が保護されているが，婚姻への転換が促進されている。婚姻制度は関係を正式なものにして家族関係を証明するためにその他のいかなる証拠も不要とすることによって婚姻の当事者である配偶者を実効的に保護しているのみならず，これによって社会をも保護している。婚姻によって当事者と日常的に接触し契約をするすべての者が当該当事者の民事身分を知ることができ，婚姻は関連する財産法，夫婦財産制，家計，相続権，法的な欠格事由制度（例えば，訴訟法や選挙法など），国家に対する権利，特に社会保障上の権利，また，現在および将来の債務者の利益についても重要な影響がある。」

　ブラジル家族法の概略で説明したように，安定的結合は理念として家族団体であり，国家からの特別の保護を受けることになっているが，その存在を証明することが容易ではない。公正証書等を作成してもこれは安定的結合が成立したことの決定的な証拠にはならず，不安定な証明方法であるため，当事者のみならず当該関係から影響を受けうる第三者も不安定な状況に置かれる。このように，様々な点で婚姻の方が法の手厚い保護を受けているのが実態なのである。

第 2 項　2011 年連邦高裁判決の評価と限界

　2011 年連邦最高裁判決は抽象審査で対世的効力を有するため，これに対す

第 3 節　2011 年連邦高裁判決の意義と限界

る「抵抗」を試みても従わないことは困難である。これに対して，連邦高裁の判決はいわゆる抽象審査でもなければ付随審査でもなく，事実上の拘束力しかない。また，ブージ裁判官の提案にもかかわらず，大法廷ではなく，小法廷で行われたため，連邦高等裁判所の第 3 組がどのように判断するかも必ずしも明らかではなかった。

サロマウン裁判官は，2011 年連邦高裁判決は 2011 年連邦最高裁判決と同じ法律構成を用いているにすぎないことを強調している[241]。とはいいながら，いかに同じ法律構成であっても，いかに連邦最高裁判所の多数意見が婚姻も可能であることを前提としていたとしても，同性間の直接の婚姻の可否は連邦最高裁判決の審査対象ではなかったことは動かしえない。このため，社会的な激しい論争の的である問題について，連邦高裁の，しかも小法廷の先例ひとつのみによって法的安定性を期待することは到底できないのである[242]。2011 年連邦高裁判決以降に出版された家族法の教科書における扱いからも同判決の限界をうかがうことができる。代表的な 2 つの例を掲げておこう。

ジニス（Maria Helena Diniz）[243]は，同性間の婚姻のみならず，同性間の安定的結合についても反対の意見を示している一人である。ジニスは，2012 年に出版された『ブラジル民法講義　5．家族法，第 27 版（Curso de Direito Civil Brasileiro 5.Direito de Família, 27ª edição)』において，安定的結合については 2011 年連邦最高裁判決があることを指摘し，同判決に対して批判的な議論を展開しながらもその詳細な説明をしている[244]。しかし，婚姻については 2011 年連邦高裁判決には全く触れず，「異性であること（diversidade de sexos）」を婚姻の「存在事由」であると説明し[245]，教科書の読者が復習するための表において括弧書きで「これに対して，同性間の婚姻を認める連邦高裁特別上告第 1.183.378 号がある」と指摘しているにすぎない[246]。

もう一人のヴェキアッチ（Paulo Roberto Iotti Vecchiatti）は，同性間の婚姻に関する議論の先駆者であり，2011 年連邦高裁判決にも代理人として弁論し

---

[241] 2011 年連邦高裁判決 21 頁を参照。
[242] DIAS（2014）199 頁を参照。
[243] 古典学派の著名な民法学者であり，現在は同性間の安定的結合・婚姻を否定する見解を示している唯一の学者である。
[244] DINIZ（2012）405-415 頁を参照。
[245] DINIZ（2012）67-70 頁を参照。
[246] DINIZ（2012）80 頁を参照。

第2章　顕在化した現象レベルでの同性カップルの法的承認の過程

ている(247)。ヴェキアッチは，2008年の時点では同性間の婚姻に関する文献が二件(248)しか存在せず，「安定的結合の可否」とは対照的に，ブラジルにおいて同性間の「婚姻」に関する議論が必ずしも十分に行われてこなかったことを指摘している(249)。このことから，連邦最高裁判決の多数意見および連邦高裁判決が婚姻への転換を含めて安定的結合を承認したことは従来の同性カップルをめぐる議論に鑑みれば「想定外」のことであったので，後述の2013年の国家司法審議会決議（第4節を参照）まで同性間の婚姻に関する法律問題の扱いが不統一になっていたのも仕方のないことではあったと言える。

ただ，2011年連邦高裁判決を受けて，いくつかの州において司法行政の措置により同性間の婚姻に関する規則が設けられるようになったことに注意が必要である。2013年司法審決議第175号により全国の扱いが統一されるより先に，ほとんどの州の司法権においてなんらかの措置が講じられていたのである(250)。これらの措置は直接の婚姻に関するものというよりも，婚姻への転換について限定的な州裁判所の独立を活用して「裁判官に対する申請」（2002年民法第1726条）を簡略化させるものであったが，州によってその内容が異なっ

---

(247)　ヴェキアッチはアミカス・キュリエの代理人として2011年連邦最高裁判決にも参加している（VECCHIATTI (2013) XVIII 頁を参照）。

(248)　VECCHIATTI (2013) の第1版および MEDEIROS, Jorge Luiz Ribeiro de. A Constitucionalidade do Casamento Homossexual. São Paulo: LTr, 2008 の二件である。

(249)　VECCHIATTI (2013) XIII-XIV 頁を参照。

(250)　州裁判所ごとに「司法総監督庁（Corregedoria Geral da Justiça）」がおかれており，州裁判所の裁判官を監督する権限が与えられている（例えば，パラナ州裁判所規則第17条以下を参照）が，連邦高裁判決以降，同性間の婚姻許可手続や安定的結合への転換などを実施するよう通達されているわけである。アラゴアス州（Provimento 40/2011 da Corregedoria-Geral da Justiça），パラナ州（Autos 2011.0251229-0/000 da Corregedoria-Geral da Justiça），セルジペ州（Provimento 06/2012 da Corregedoria Geral da Justiça），エスピリト・サント州（Ofício-circular 59/2012 da Corregedoria Geral da Justiça），バイア州（Provimento Conjunto 12/2012 da Corregedoria Geral da Justiça e da Corregedoria das Comarcas do Interior），ピアウイ州（Provimento 24/2012 da Corregedoria Geral da Justiça），サンパウロ州（Provimento 41/2012 da Corregedoria Geral da Justiça），マト・グロソ・ド・スー州（Provimento 80/2013 da Corregedoria Geral da Justiça），パラナ州（Instrução Normativa 02/2013 da Corregedoria Geral da Justiça），リオデジャネイロ州（Provimento 25/2013 da Corregedoria Geral da Justiça），ロンドニア州（Provimento 008/2013 da Corregedoria Geral da Justiça），パライバ州（Provimento 006/2013 da Corregedoria Geral da Justiça）などを参照。

ていたため，なんらかの手続で婚姻への転換が認められることは「統一された」ものの，各地の手続が異なっており状況は混沌としていた[251]。この不統一状態を最終的に解決したのが2013年国家司法審議会決議第175号だったわけである。

第4節　国家司法審議会決議第175号

ではその国家司法審議会決議第175号とはどのようなものなのか。前述したように，一部では2013年5月14日の司法審決議第175号[252]によってブラジルで同性間の婚姻が認められたと評価されるほど，当該決議はブラジル法における同性婚承認過程において重要な意味を有している。それはこの決議が2011年連邦高裁判決以降，各州裁判所において同性間の婚姻を認める司法行政の措置が広がったことを受けて，全国の裁判所に対する「通達」をもって同性間の婚姻の扱いを統一させたものだからである。この「通達」は3ヶ条から構成されているものである。そのため，法律知識を持たない者にとっては法令に見えてしまい，メディアにおいて「同性婚を認める法律」として言及されることが少なくなかった[253]。だが，司法審は司法権から一定の独立性を持っている司法行政を監督する機構であり，その決議第175号は司法行政の末端にある第一審裁判官と身分登記所に対して2011年連邦最高裁判決の趣旨に従って同性間の婚姻に関する諸手続を拒んではならない，という「通達」をしたにすぎず，法律ではない。

本節では同決議の意味を明らかにするために，この国家司法審議会の合憲性をめぐる議論の歴史的な変遷を確認し（第1項），2013年司法審決議第175号の内容および妥当性（第2項）について検討する。

---

(251)　DIAS（2014）328頁を参照。
(252)　決議原文・和文については添付資料2を参照。
(253)　同様のことは2011年連邦最高裁判決についていえることである。前に指摘したように，連邦最高裁判所の裁判官は日常用語の「juiz」ではなく日常用語の「大臣」に該当する「ministro」と呼ばれ，また，合議判決（decisão）も日常用語では単に「決定」を意味するから，「裁判官全員一致の合意判決により同性カップルの安定的結合が認められた」ことが日常用語では「大臣全員一致の決定により認められた」といった内容になってしまい，婚姻だけでなく安定的結合も「何かの法律によって認められた」と思っているブラジル人は少なくない。

第2章　顕在化した現象レベルでの同性カップルの法的承認の過程

第1項　国家司法審議会設置の背景

2004年憲法改正45号は司法制度の改革を実現したものであり，とりわけ外部評価機関の設置が眼目にあった[254]。司法審はまさにこのような外部評価機関であり，その基本的な任務は全国の司法行政および財政の管理監督であったのである。ところで，比較法的・歴史的な観点からみると，このような司法委員会（Conselho de Magistratura）は，大陸法系の国における司法権に対する不信感を背景に，行政権および立法権による司法権統制のために設置される機関であるとされている。しかし実態としては国によって在り方が大きく異なっている[255]。ブラジルの場合，司法審は司法権の独立を脅かすものとして強い抵抗感をもって受けとめられたため，外部評価機関として導入はされたものの，実際には「外部性」がきわめて弱くなっている[256]。

司法審は35歳以上66歳未満の15人の委員から構成され，任期は2年間とされる[257]。憲法103条のB§1において，第1号から第13号まで一人ひとりの委員の属性およびその指名権が定められている[258]。具体的な構成には連邦制における州と連邦の利益調整（州裁判官の参加）やもともとの狙いである外部統制の機能の担保（各院が任命する2人の市民の参加）など，多くの考慮がなされており，多彩な顔ぶれになっている。各委員はブラジル連邦の上院において多数決で承認され，大統領によって任命される[259]。ただし，議長は必ず連邦最高裁判所の裁判長と決まっており，指定・任命されるのではないことに留意する必要がある。合議体における司法外部者の参加を認めることによって，外部統制の実現が期待された一方で，議長や委員の半分以上が司法権の内部から選ばれており，司法権の独立が阻害されないよう配慮されているのである。

---

(254)　佐藤［美］（2006）49頁を参照。憲法改正案が可決されるに至るまでの経緯については46頁以下を参照。

(255)　MENDES（2012）1070頁。

(256)　それでも，当初は司法権の独立を侵害するものとして違憲性の疑いが強いとされていた。MENDES（2012）1076頁および憲法改正45号の合憲性を問題にしたADI第3367号を参照。

(257)　ブラジル国憲法第103条のB。MENDES（2012）1071-1072頁，NOVELINO（2013）894頁を参照。

(258)　弁護士が2名であり，法律知識に造詣の深い市民が2名であるため，15号までではなく，13号までである。

(259)　ブラジル国憲法第103条のB第3項（Art 103-B §2）。MENDES（2012）1072頁，NOVELINO（2013）894頁を参照。

第4節　国家司法審議会決議第175号

司法審設立の趣旨は「外部評価機関」による統制であったが，結局，司法権の枠内の機構として理解されるに至っており，その構成員のほとんどが司法権の内部者であるため，外部統制機能を果たすことがおおよそ期待できない設計になっている。また，司法審は司法行政の「トップ」とされたが，連邦最高裁判所は自らが司法審よりも上位にあること，そして司法審の行為が違憲審査の対象となることを確認しており[260]，司法審はさらに外部統制機能を掘り崩されてきている。

司法審の具体的な権限[261]については熾烈な議論が繰り広げられている[262]。しかし，連邦最高裁は司法審の違憲性を主張する見解に対する施策として，司法審の権限を制限する方向ではなく，自らの司法審に対する優位を留保しながら，司法審の権限を拡張する解釈を採用するに至っている[263]。あえていうなら，司法権の側が自身の立場を強化するために司法審を利用しているかの観があるわけだ。このように，司法審の設立当初は司法権の独立がおびやかされるという観点からその「違憲性」が懸念されていたのであったが，その後は次第に司法審の「違憲性」の問題が司法審による司法権の暴走という観点からの問題に変容していったことに注意が必要である。2013年司法審決議第175号が違憲であるとする見解は後者の問題意識に立脚しているのである。

第2項　2013年司法審決議第175号の内容

1　2013年司法審決議第175号の内容[264]

2013年5月14日，国家司法審議会は同性間の婚姻の扱いを統一させるためにいわゆる決議第175号（Resolução nº 175 do CNJ）を打ち出した。同決議は，同性間の婚姻の許可，儀式および安定的結合から婚姻への転換の手続を行う当局がこれを拒否することを禁止し（第1条），拒否があった場合には当該当局の監督裁判官（juiz corregedor）が適切な措置を取るために直ちにその旨を通

---

(260) NOVELINO (2013) 897頁，MENDES (2012) 1076頁を参照。なお，2006年ADI 第3.367号において，連邦最高裁が司法審の決議等に拘束されないことが確認されている。
(261) 憲法103条のB §4 第1～7号において列挙されている。特に，第1号における規則制定（atos normativos）に係る権限が問題となっている。
(262) NOVELINO (2013) 896頁，MENDES (2012) 1074頁を参照。
(263) MENDES (2012) 1075頁，NOVELINO (2013) 896頁を参照。
(264) 全文および原文については添付資料2を参照。

101

第 2 章　顕在化した現象レベルでの同性カップルの法的承認の過程

知される（第 2 条）ことを定めている(265)。「当局」とは司法権の監督下にあって婚姻許可手続を行う身分登記官だけでなく，婚姻儀式を行う簡易裁判官（juiz de paz）や転換の申請を受ける裁判官などの全員が含まれる。簡易裁判官が民事身分登録について行う活動は（司法の）行政行為であるため，「司法行政を監督する」司法審の決議の対象となる(266)。裁判官が儀式の実施を拒否した場合，身分登記官は当該裁判官の監督裁判官に対してその事実を通知することになっている(267)。

　これにより，同性間であることを理由とする手続の拒否が一種の職務命令違反行為となったわけだが，これだけでは抵抗する登記官・裁判官は抵抗し続けるのではないか，という疑問が湧いても不思議はないと思われる。実際，この疑問は的を射ており，確かに依然として抵抗する登記官・裁判官があるようである。しかし，やはり明確な規則ができることの意義は大きく，その数がきわめて少なくなっている(268)。要するに，同決議以前は，直接の婚姻を「拒否することが普通」であったのに対し，決議以降は「拒否しないことが普通」になったのである。なお，司法審決議が法律ではないことを理由としていくつかの拒否事例がみられたとは必ずしも言えず，法律によって同性間の婚姻を認めた国においてもこのような抵抗が見られることに注意が必要である(269)。

　ただ，本決議を同性間の婚姻を認める法律と同視することができないひとつの理由は，その簡潔な内容からわかるように，同決議は同性間の婚姻の手続をせよとしているにすぎず，同性間の婚姻が異性間の婚姻と全く同じ権利義務・効果を生じさせるのか，あるいは適用されない規定があるのかなどについては

---

(265)　DIAS（2014）329 頁，LOUZADA（2014）284 頁などを参照。

(266)　DIAS（2014）329 頁，LOUZADA（2014）284 頁，LOUREIRO（2014）135 頁を参照。

(267)　LOUREIRO（2014）135 頁を参照。司法審は，裁判官の独立の侵害となるため，裁判官の判決に関与することができないが，裁判官の行政的な役割についてはその監督者として規律することができる。

(268)　規則が明確になったことにより，抵抗しにくくなった例として，司法審決議第 175 号が打ち出されてから，パラナ州の簡易裁判官が同性間の婚姻の儀式を執り行わなくてもいいように辞職したというニュースが報道されている。Juiz de paz do Pará pede demissão para não celebrar casamento LGBT. 20/05/2013, G1（http://g1.globo.com，最終閲覧日：2015 年 12 月 22 日）を参照。

(269)　2013 年に法律により同性婚を導入したフランスにおいても同様に民事婚の儀式を挙げることを拒否する官吏の例があり，2013 年 10 月 18 日の憲法院判決（Décision n° 2013-353 QPC du 18 octobre 2013）によりこのような官吏の態度が違憲であると判示された。力丸（2014）53-54 頁を参照。

第 4 節　国家司法審議会決議第 175 号

なんら言及していないことである。そうすると，連邦最高裁および連邦高際の判決において同性カップルの「家族」が異性カップルの「家族」と同じであるとされていても，その内実が同じであるとする法律や拘束力のある判例はなく，個別具体的な場合についてどのように扱われるかは，その後の判例の展開に依存することになる。そのため，この決議によってブラジルで同性間の婚姻が可能になったものの，「同性カップル」に関する法律問題が最終的に解決されたのではなく，むしろ現在も判例の蓄積を通じて，同性カップルの「安定的結合」および「婚姻」の内実が明らかにされつつある過程にあるといっていいわけである[270]。

2　2013 年司法審決議第 175 号の根拠と司法審の権限

　司法審が 2013 年の決議第 175 号の根拠にしているのは次の三点である。すなわち，①2011 年連邦最高裁判決が同性間で形成される安定的結合と異性間で形成される安定的結合との差別を禁止したこと，②同判決は行政権および司法権に対して拘束力を有すること，③2011 年連邦高裁判決が同性間の婚姻について法律上の障害がないと判断したことの三点である。しかし，詳らかに検討してみるなら，実は①②のみでは違憲審査の対象が安定的結合に限定されるため，婚姻については③においてなんら拘束力がない 2011 年連邦高裁判決を根拠にしていると言える。

　また，司法審の権限そのものの性質についての論争といってよい問題も存在する。司法審の権限は憲法第 103 条の B§4 各号で列挙されているが，決議第 175 号では「1988 年憲法第 103 条の B」が根拠とされているだけで，司法審がどのような権限に基づいて同決議を打ち出しているかは必ずしも明らかではない。この点についてジアスは司法審が「国家レベルの（司法）手続を統一することを目的とする機構」であることを指摘している[271]が，司法審は決議第

---

[270]　ただ，第 3 章において詳細に考察するように安定的結合に関する裁判例がきわめて多く，下級審レベルでは基本的な問題についてすでに下級審で解決されていたことに注意が必要である。そのため，司法審決議第 175 号以降，実際に問題となったものは父性の推定を認めず出生証明書への同性の親の名前の登録を拒否するケースぐらいである。
[271]　DIAS（2014）328-329 頁を参照。前述したように，同決議の前，各州裁判所は婚姻への転換に関する規則を定めて州ごとの手続が不統一になってしまったが，この決議は手続を統一したものではない。この不都合を改善するために，ブラジル家族法学会（IBDFAM）は 2013 年 6 月 26 日に司法審宛に転換手続の統一に関する意見書を渡して

第 2 章　顕在化した現象レベルでの同性カップルの法的承認の過程

175 号によって同性間の婚姻についてまさにその目的を達成しようとしており，なんら問題がないようにも思われる。しかし，前述したように，「国家司法審議会」といえばすぐ「違憲性」の語句が浮かぶほど問題にされることが多く，2004 年に設置されたばかりなこともあり，その権限の範囲はまだ十分に明らかになっていない(272)。特に決議第 175 号が該当するであろう憲法第 103 条の B §4 の第 1 号にある規則制定行為は司法権による連邦議会の権限の侵害になるとする有力説があるため，議論が絶えないところなのである。

こうして司法審そのものに関する論争と同性間の婚姻に関する論争とがあいまって，決議第 175 号についても連邦議会の権限の侵害であって違憲ではないか，という疑いがかけられることになった(273)。

3　2013 年司法審決議第 175 号の合憲性

司法審が決議第 175 号を打ち出してから，キリスト教社会党（Partido Social Cristão‐PSC）は直ちに同決議の効力を停止させるための権利保障令を求めて連邦最高裁判所に対する申立を行った（Mandado de Segurança‐MS 32.077，権利保障令第 32077 号）(274)。キリスト教社会党は同決議により司法審議長が党員の正統な立法過程への権利を侵害したと主張したが，フックス裁判官はこの主張について触れることなく，権利保障令は一般的抽象的な法規を攻撃するための手続ではなく，当該法規に基づいて行われた個別具体的な権利侵害について提

　　　いるが，現在も新たな決議がなく，同性カップルについてのみならず，異性カップルについても転換手続が不統一になっている。ジアスは司法審という機構の目的に照らして，決議第 175 号において転換手続を統一させる機会を逃した，と批判しているのはそのためである。VARGAS（2014）161-163 頁を参照。
(272)　VECCHIATTI（2014）168 頁を参照。
(273)　VECCHIATTI（2014）167 頁を参照。
(274)　MS 32055/DF, Min. Rel. Luiz Fux, d.j. 28/05/2013 を参照。権利保障令の訴えの提訴権については憲法第 5 条 LXX を参照。判例要約文は長文であるが，審理事項は次のとおりである。
　　　「憲法問題。民法問題。権利保障令。連邦議会における代表性を有する政党。当事者適格の承認。司法審決議第 175 号。婚姻の許可，儀式，安定的結合からの転換を担当する当局に対する禁止命令。一般性，抽象性，非個人性を有する規則制定行為。訴訟類型が不適切（連邦最高裁判例要旨第 266 号）。問題とされている行為の合憲性。司法審の規則制定行為の権限が ADC［合憲確認訴訟］第 12 号ブリット報告担当裁判官により承認済み。司法審が事前的かつ抽象的に一定の事実に関する評価を示すことの可能性。本案審理なく権利保障令の却下」。VARGAS（2014）163-171 頁を参照。

104

第4節　国家司法審議会決議第175号

訴できるものであるから，本件の問題は付随審査ではなく抽象審査において判断されるべきであるとして，訴訟要件が満たされていないことを理由に申立を却下する決定を下した。

権利保障令の訴えの却下を受けたキリスト教社会党は，それを受けて，決定から3日後に決議第175号に対する違憲直接訴訟を提起した。請求内容は同決議が立法手続と権力分立の原則に関する憲法第59条および60条§4のⅢに反して違憲であることの確認である。確かに司法審の決議は司法権に属するものでありながら「立法的」であるから権力分立の原則に反するかどうかが問題となるようにも見える。

だが，権利保障令第32077号においてフックス裁判官が指摘しているように，連邦最高裁判所は既に合憲確認訴訟第12号（以下では，ADC第12号）という先例で司法審による一般的抽象的な規則制定の権限（「立法的」な行為を行う権限）を認めている。そのため，司法審による行為の性質自体には問題はなく，ただ司法審が扱った事項が連邦議会の権限であったかどうかが問題となる。また，提訴者は，司法審は連邦最高裁判決に従っていれば問題ないとしているが，「最高裁は同性間の安定的結合しか認めておらず，民事婚については意見を示していない」のであるから，同判決の趣旨をむやみに拡張して同性間の婚姻を認めることは単なる司法行政の範囲を逸脱すると主張しているのである[275]。これに対して，連邦総弁護庁は，キリスト教社会党には提訴権がないのではないか，と訴訟要件を問題にしたが，共和国検事総長は，訴訟要件は満たされているとした上で，2011年連邦最高裁判決の意義は判然としているため，司法審に権限逸脱があったとは言えないという意見を示している[276]。

本件違憲直接訴訟はまだ係争中である。ただし，前掲合憲確認訴訟第12号

---

[275] ADI4966訴状6頁を参照。本件は係争中であるため，連邦最高裁判所による資料公開はまだされていないが，2011年連邦最高裁判決においてアミカス・キュリエとして参加したコネクタス人権（Conectas Direitos Humanos）やIBDFAMやSBDPなどが本件においても参加申請をしており，コネクタス人権の公式ウェブサイトでこれらの資料が公開されている（http://www.conectas.org，最終閲覧日：2015年12月22日）。また，VECCHIATTI（2014）167-170頁を参照。

[276] "Resolução do CNJ sobre casamento entre pessoas do mesmo sexo é questionada". 7/6/2013. Notícias STF.（http://www.stf.jus.br，最終閲覧日：2015年12月22日）や" IBDFAM solicita participação em julgamento da consitucionalidade da resolução que autoriza o casamento gay" 12/11/2014. IBDFAM Notícias.（http://ibdfam.org.br，最終閲覧日：2015年12月22日）を参照。

第 2 章　顕在化した現象レベルでの同性カップルの法的承認の過程

において連邦最高裁は単に法律を根拠とする規則制定の権限を認めているのではなく，その規則の根拠を法律ではなく直接憲法に求めることが可能であるとしていることに注意が必要である。司法審による司法権の暴走の問題の中心は規則制定行為であると前述したのも，このような見解を採用した直接違憲訴訟第 12 号を契機としていると言える。合憲確認訴訟第 12 号の趣旨からは，司法審決議第 175 号は 2011 年連邦最高裁判決と同年連邦高裁判決を根拠に引き出すまでもなく憲法第 226 条を根拠にすれば足りることになる。従って，連邦最高裁による憲法第 226 条の解釈が前提になる以上，合憲確認訴訟第 12 号の判例変更がない限り，抽象審査判決を根拠としている連邦最高裁の裁判官を議長とする司法審による決議第 175 号が，連邦最高裁によって違憲とされる可能性はきわめて低いのではないかと思われる[277]。

ところで，司法審決議第 175 号の合憲性は裁判所だけではなく，立法府においても問題にされている。社会民主党（Partido Social Democrático‑PSD）所属で福音主義者の下院議員から 2013 年法律案第 871 号（PDC 871/2013）[278]が提出された。これは前述した 2011 年連邦最高裁判決に対するのと同様の「立法的デクレト」（憲法第 49 条 V）で司法審の決議を取り消そうとするもの[279]であるが，現在に至っても採決に至っていない[280]。さらに，同じ社民党から「家

---

[277]　この議論の詳細については，VECCHIATTI（2014）167‑170 頁を参照。2011 年連邦高裁判決のアミカス・キュリエの代理人として参加したヴェキアッチは①婚姻への転換と②直接の婚姻とにわけており，①については対世的効力のある 2011 年連邦最高裁判決から明らかに認められているため，「単なる行政的な問題（tema meramente administrativo）」となっており，司法審決議の権限について疑いの余地がないところであると主張し，②については 2011 年連邦最高裁判決の拘束力から正当化することが困難であるとしながら，合憲確認訴訟第 45 号から司法審が直接憲法の規定に依拠して規則を制定できることを根拠としており，司法審の権限に関する現在の通説的な理解に最も沿った見解であると思われる。

[278]　これは通常の法律と区別されて行政権による規則制定行為を取り消す立法形式であり，正確には「立法的デクレ案（projeto de decreto legislativo）」と呼ばれるが，ここでは便宜上法律案とする。

[279]　前述したように，立法的デクレは行政の規則制定行為を取り消すための立法的な措置（憲法第 49 条 V）であり，これを類推適用しようとして 2011 年連邦最高裁判決そのものを取り消そうとする「立法的デクレ」が提出されたが，三権分立の原則に反しているものとして違憲と理解され，議題から外されているが，司法審決議は「行政行為」であるといえるため，少なとも連邦議会においてこれを取り消す立法的デクレが違憲と理解されていないようである。

[280]　本書脱稿後，2017 年 5 月 16 日に連邦議会の憲法，司法及び市民権に関する委員会

第 4 節　国家司法審議会決議第 175 号

族に関する法律（Estatuto da Família）」(281)と呼ばれている 2013 年法律案第 6583 号（PL 6583/2013）も提出されている。この法律案は狙い撃ち的に 2011 年連邦最高裁判決・2013 年司法審決議第 175 号を否定しようとするものである。すなわち，立法理由においては，憲法上の国家による家族の保護を実効的なものにすることを目的としていると述べられ，未成年者の麻薬中毒の防止や妊娠への支援などの必要性を訴えるものであるものの，15 ヶ条から成る抽象的な家族政策を規定しているにすぎない。つまるところその主たる目的は，第 2 条において「この法律において，家族団体とは**男女間**〔原文は太文字〕の結合によって，婚姻，若しくは，安定的結合，又は，一方の親とその子から成る生活共同体により構成される社会的団体をいう」と規定して，同性カップルは「家族」ではないと定めることであるのは明らかだろう(282)。なお，本書執筆中（2015 年末）にこの法案を通そうとしている議員の画策によって，福音主義者に支配されている下院の委員会でいわゆる強行採決がなされ，この法律案が可決されてしまうのではないかという騒動を引き起こされていた。しかし，その後連邦議会における政治的問題が発生し，2015 年 11 月 6 日を最後に進展がみられない(283)。今後，仮に可決されても，2011 年連邦最高裁判決は憲法適合解釈を行ったものであることから，憲法改正によらないで同性愛者の「家族」を

　　（Comissão de Constituição e Justiça e de Cidadania）が権利保障令第 32077 号におけるフックス裁判官の見解が正しいであるとして同法律案を提出者に返還した。
(281)　"Estatuto da Família" の逐語訳は「家族法典」になるが，この法律案はブラジル家族法の概略で紹介した民法典から家族法を独立させることを目的としている「諸家族法典（Estatuto daS FamíliaS）」（2007 年法律案第 2285 号）のようなものではないことに注意が必要である。家族を定義して家族に関する政策のあり方を見直す法律であるため，誤解を招かないように「家族に関する法律」と訳しているが，原文ポルトガル語では「諸家族法典」と異なるのは複数形を表す「s」がついているかどうかだけである。
(282)　この法律案をきかっけに，「家族の定義」をめぐる社会的な論争が始まったが，連邦下院の調査により 51.62% が「男女間」に限定することに反対の意見が示されている。自ら提案したアンケートであるにもかかわらず，結果に不満な議員が詐欺行為があったと主張して世論調査を途中でとめている。また，ジョアウン・カンポス議員は当然この法律案を支持しているが，同議員も自らの公式ウェブサイトでアンケートをはじめたところ，反対が七割を超えてしまっているという皮肉な結果が出ている。下院の調査については下院の公式ホームページ（http://www2.camara.leg.br/，最終閲覧日：2015 年 12 月 22 日）を，同議員の調査については同議員の公式ホームページ（http://www.joaocampos.com.br，最終閲覧日：2015 年 12 月 22 日）を参照。
(283)　連邦下院のウェブサイトを参照（http://www.camara.gov.br。最終閲覧日：2018 年 1 月 17 日）。

第2章 顕在化した現象レベルでの同性カップルの法的承認の過程

否定することは困難であり，再び裁判所によって否定されるのではないかと思われる。

小　括　ブラジルにおける同性カップル承認過程の再検討

1　ブラジルにおける同性カップルの承認過程

　日本の法律文献ではブラジルにおける同性カップルの法的扱いに関する記述が3件ある[284]が，それぞれの記述の内容がお互いに矛盾したり，情報が不足したりしているため，ブラジルでは同性カップルについて何が・いつ・どのようにして認められたかを理解することが困難なのであった。

イ　従前の記述の内容の検討

(1)　同性カップルのみ利用できる登録パートナーシップ制度？

　まず，同性カップルのみ利用できる登録パートナーシップ制度が2011年に認められたとする記述[285]があったが，これが言及していたのは法律などによる制度化ではなく，2011年連邦最高裁判決であった。また，「同性カップルのみ利用できる」こと，および「登録パートナーシップ制度である」ことの二点については誤解があった。

　後者については，ブラジル家族法では非婚カップルを規律する安定的結合の制度はなんら「登録」を予定しているものではなく，この記述はブラジルではかかる制度があるとしている点で不正確である。正確には，半事実婚主義のパートナーシップ制度が採用されたのであった。前者については，安定的結合の制度が男女間でも利用できるようになっているため，「同性カップルのみ利用できる」としていることは不正確であるようにも見える。だが，この点はブラジル法にまったく根拠のない捉え方であるとも言えないことに注意が必要である。というのは，2011年連邦最高裁判決は憲法上の家族団体のレベルにおいて同性カップルの家族（「同愛的結合」憲法第226条柱書き）と異性カップルの家族（「男女の安定した結合」，憲法第226条§3）とを区別しているためである。すなわち，結果として同性カップルについて異性カップルと同じ安定的結合制度の規定の適用が認められたが，これは制度の類推適用であるため，安定

---

(284)　前注(28)を参照。
(285)　二宮［周］（2012）89-90頁を参照。

的結合制度と並立する，同性カップルのみ利用できる「同性的結合」の制度を観念することも可能なわけだ。とくに2011年連邦最高裁判決の少数意見は同性間の結合と異性間の結合とを区別しながら同性間の結合については，立法的な措置がない限り，異性間の結合に関する規定が類推適用されうることを認めているにすぎないので，異性間の結合と同性間の結合とを異なる制度として位置づける理解と適合的である。だが，2011年連邦最高裁判決の多数意見では安定的結合に関するすべての規定が同性間カップルにも適用され，男女間に限定される要件効果についてなんら留保されていない。そのため，観念的には同性カップルと異性カップルの家族が異なるものであってそれぞれの法制を有すると理解しうるとしても，実質的には同性カップルに対して異性の非婚カップルと同じ制度の利用が認められたのである。視点をかえていえば，ここで検討している記述はブラジルにおいて非婚の男女カップルが利用できる安定的結合の制度があることを見落としており，このような制度を有しないその他の外国法と同じ類型に含めていることがミスリーディングなのである。

(2) 2012年から，裁判所が認めたブラジルの一部で同性間の婚姻が認められた？

次に，2012年から「裁判所が認めているブラジルの一部」で同性間の婚姻が認められているとする記述[286]があった。しかし，この記述には「いつ」および「ブラジルの一部」について問題がある。

まず「いつ」について。事実を整理しよう。「裁判所」に「下級審」が含まれるのであれば，すでに2011年連邦最高裁判決の直後（2011年5月）にブラジルの「一部」で裁判所が同性間の婚姻を認めていた。そうではなく，「上級審」である「連邦高等裁判所」のことだとしても，2012年ではなく，2011年連邦高等裁判決が下された2011年10月25日を基準としなければならないはずである。ただ，この記述の「裁判所（が）」で意識されているのが，司法権に固有の作用の主体としての裁判所ではなく，2011年連邦高裁判決以降に各州裁判所が導入し始めた婚姻への転換を容易にする司法行政上の措置のことだというのであれば，話は別だ。これらの措置のほとんどが2012年に導入されているため，必ずしも不正確であるとまでは言えない。しかし，かかる措置が初めて導入されたのは2011年末のことであるため，やはり「2012年」を基準と

---

[286] 渡邊（2013）52頁を参照。

することにはあまり意味がなく，2011年を基準とすべきである。

　次に，「一部」について。ブラジルは連邦制を採用していることから州裁判所が認めている「ブラジルの一部」とは「いくつかの州」ということになるだろうが，これはミスリーディングな内容である。同一州の中でも認める第一審裁判官と認めない第一審裁判官があったのみならず，2011年連邦高裁判決をもって州レベルにおいて婚姻を否定されても連邦高等裁判所まで争えば，実質的には「全国」で認められていたことになるからである。

　要するに，いま問題にしている記述はブラジルでは「婚姻」が裁判所により認められたこととしている点については妥当であるが，「いつ」については不正確である。また，婚姻以前に非婚カップルのための制度が既に認められていたことを見落としており，さらに，「どのようにして」については情報が不足していると言わざるを得ない。

(3)　2011年に連邦最高裁が同性カップルを家族の形態と承認し，2013年に国家司法審が同性間の婚姻を認めた？

　最後の記述は，2011年に連邦最高裁判所により同性カップルが「家族の形態」であることが承認され，男女の安定した結合と同等の法的権利・義務が与えられ，2013年に「安定した結合」だけでなく「Resolução do Conselho Nacional de Justiça n.175/2013」により全国で同性間の婚姻が認められるようになったとしていた[287]。この記述の内容は正確ではあった。しかし問題がないわけではない。まず，単に①「家族の形態」の承認，②「安定した結合」と同等の権利義務の付与，③「Resolução do Conselho Nacional de Justiça n. 175/2013」，といってみたところで，日本の読者には前提となる知識がない。次に，④2011年連邦最高裁判決から2013年司法審決議第175号までの過程が省略されているため，情報が不足していると言わざるを得ない。すなわち「同等の権利義務」を認めたとしながら，「『安定した結合』だけでなく」とされており，あたかも同性カップルの安定的結合がすでに承認されていたことを前提にしているかのようであるし，「同等の権利義務」は「安定した結合」を認めたということなのか，そもそもそれがなんであるかの意味も不明確なのである。

　まず，①については，「家族の形態」として承認されることの意味は次のとおりである。形式面については同性愛者の家族は憲法第226条にある「家族団

---

(287)　デ・アウカンタラ（2013）73頁の脚注3を参照。なお，本書9頁，デ・アウカンタラ（2013）からの引用部分をも参照。

体（entidade familiar）」たるものに該当するかどうかの問題である。1988 年憲法は家族が国家の特別の保護を受ける（同条柱書き）とした上で，家族については①婚姻家族（同条§1），②安定した男女の結合による家族（同条§3）および③単親家族（同条§4）の3種類の「家族団体」に関する規定を置いている。2011 年連邦最高裁判決は同規定が「家族団体」を限定列挙しているのではなく，例示列挙しているのであって，同性愛者の家族も「家族団体」のひとつであることを承認したものであると解釈しているのである。実体面については「家族団体」として承認されることには二つの意義がある。

　第一の意義は「国家の特別の保護」を受ける資格を与えられ，家族を対象とする各法分野の規定の適用を受ける資格を持つことである。なお，その効果は社会保障法上の規定に限定されるのではない。家族に関する民法上の具体的な効果の例を用いると，当該家族の住居用不動産が「家族財産（bem de família）」（1990 年法律第 8009 号）に該当して差押禁止による保護の対象となり，また，「家族団体」（民法 1711 条）として民法上の家族財産の設置（民法第 1711 条～1722 条）も可能となる。ブラジル法では「家族団体」であると承認されること自体から導かれる法律効果があるのである。

　第二の意義は，当該家族関係を規律するために「財産法」を用いることが否定されることである。現段階ではひとまずこう述べるに留めざるをえない。というのは，いま述べたことを十分に説明するには，本章の出発点とした 2011 年連邦最高裁判決よりも過去に遡って判例法理の展開を追う必要があるからである。本書の構成上それは次の第 3 章の課題である。とはいえ，十分な理解をえられず誤解を招くことも承知の上で，ここでの問いに最低限答えておく必要があることもある。その骨子は以下の通りである。

　かつてのブラジル家族法では非婚カップルについて組合契約の規定を類推適用して「事実上の組合」として扱う法理が採用されていたが，男女の非婚カップルを家族団体に引き上げる安定的結合の制度が導入されてからは，同法理は非婚カップルについて適用されるのではなく，「家族ではない」とされている関係について適用されるようになった。そのため，同性カップルの「家族団体」としての承認は（それが同性カップルの安定的結合の承認に直結するわけではないが），制定法の欠缺がある同性カップルの関係について家族に関する制度の規定が類推適用されるべきか，家族でないものに関する判例法理が用いられるべきかという問題については，家族に関する制度によるべきであるという結

111

第2章　顕在化した現象レベルでの同性カップルの法的承認の過程

論を導き出す作用がある。換言すれば,「家族団体」として承認されることの第二の意義は当該関係が財産法ではなく家族法の対象となることである。

　次に,②,「安定的結合」と同等の権利義務の意義については,ここでいう「安定した結合」は憲法第226条§3にある「男女間の安定した結合」という家族団体のことであって,これを具体化させた民法上の「安定的結合（união estável)」の制度とは区別されていることに注意が必要である。以下,④の2011～2013年までの時間の経過とも関わって,やや煩瑣な議論になるが,重要な点であるのでご容赦願いたい。

　さて,2011年連邦最高裁判決は憲法第226条§3にいう家族団体の中に同性間の安定した結合が含まれるとしたのではなかった。そのため,デ・アウカンタラは引用部分の前段において,2011年連邦最高裁判決は同性間の「安定した結合」を認めたとは述べなかったのであって,そうではなくて,あくまで憲法上の男女間の「安定した結合」と同等の権利義務を,同性間の安定した結合にも認めたと述べただけだ,と解すべきであろう。そうだとすると今度は,後段では「『安定した結合』だけでなく」と書かれていて,あたかも同性間の安定した結合がすでに承認されていたかのように読める点で不正確ではないかと思われる。しかし,そこで承認されたと理解されている「安定した結合」は憲法上の「男女の安定した結合」ではなく,民法上の安定的結合の制度の利用のことであると解すべきなのだ。

　要するに,デ・アウカンタラが言う「安定した結合」は①憲法上の「安定した結合」を指す場合と②民法上の「安定的結合」を指す場合の両方の場合があるのではないかと思われる。2011年連邦最高裁判決は①と同等の権利を同性間の「安定した結合」に承認することにより,同性カップルについて類推適用による②の利用を認めたのである（「家族団体」として承認されることの第二の意義）。<u>2011年連邦最高裁判決は,多数意見の理解を前提とする限り,司法権による「同愛的結合」という新たな民法上の制度の創設を行ったのではなく,同性カップルの家族（「同愛的結合」）を憲法上の家族団体として承認することにより,かかる憲法上の家族団体に対して異性カップルの家族に関する民法上の安定的結合（民法第1723条以下）の制度の利用を承認したのである。</u>

　最後に,③,「Resolução do Conselho Nacional de Justiça n.175/2013」については,これは法律ではなく,国家司法審議会の決議であって,司法行政上の一種の通達にあたるものだった。この情報が不足しているため,ここまでみて

きた記述はブラジルには「同性カップルを認める法律がある」と思わせるミスリーディングな内容になっている。これと関係しているが，果たしてこの決議によって同性カップルが「認められた」と言えるかどうかについては，必ずしもそうは言えなかった。この決議によって同性カップルの婚姻が実体法上の問題として認められたのではなく，単に手続が可能になったにすぎないことに注意が必要である。実体法上の問題として同性間の婚姻を「認めた」と言えるのは，安定的結合への転換を認めたと理解された 2011 年連邦最高裁判決，およびこの理解に基づいて直接の婚姻を認めたその後の 2011 年連邦高裁判決なのである。

ロ　「いつ・どのようにして・何が」認められたか

日本で紹介された既存の記述には上記の問題があり，修正が必要であった。ブラジルにおいて同性カップルについて何が・いつ・どのようにして認められたかという問題について，本章の考察から導き出される回答は以下のとおりである。

(1)　「いつ」・「どのようにして」認められたか

2011 年にはブラジルの連邦最高裁判所は抽象審査の手続において，立法府の怠慢を批判して，同性カップルに対して類推適用による 2002 年民法典の安定的結合の制度の利用を認めた。通常なら，この判決に対して立法府がなんらかの措置を取ってその趣旨を追認し，または，否認することが期待される。しかし，ブラジル連邦議会には同性カップルに対するいかなる保障も否定しようとする福音主義派が存在したものの，この勢力による否認案も賛成勢力による追認案も可決されず，立法府が機能不全に陥ってしまった。

安定的結合は，ブラジルにおける非婚カップルについて一種の事実婚主義を認めた制度である。2011 年連邦最高裁判決が同性カップルに対する安定的結合に関する規定の類推適用を認めたことについては，事実上の抵抗があったものの，異論はなかった。だが，2011 年連邦最高裁判決は全員一致であったものの，安定的結合制度には「婚姻への転換」（民法 1726 条）が予定されており，多数意見と少数意見は審査対象となっていないこの事項について傍論において対立していた。多数意見は「男女間であること」という要件以外は安定的結合に関するすべての規定が適用されるという見解を示したため，同判決は同性間の安定的結合のみならず，安定的結合が成立している同性カップルについて婚

第 2 章　顕在化した現象レベルでの同性カップルの法的承認の過程

姻への転換を認めた，あるいは，安定的結合が成立しているという条件付きで同性間の婚姻を認めたとまでも次第に理解されるようになった。だが，同性カップルの婚姻への転換は，傍論における間接的な承認であった。そのため，そもそも「転換」が認められるのかから，「転換」が認められるのなら，直接の婚姻も認められるのではないかまでを巡って，大きな論争が繰り広げられた。

　少数意見を特に考慮しない限り，2011 年連邦最高裁判所判決において，同性間の安定的結合の婚姻への転換が認められたことについてはあまり問題はなかった。当初はやはり事実上の抵抗はあったものの，身分登記所や州裁判所は同判決を根拠として行政レベルで問題を解決しようとした。だが，婚姻そのものは同判決の審査の対象となっていなかったため，「転換」は認められるにしても，同判決の拘束力が及ばない直接の婚姻については法律または行政を拘束する連邦最高裁判所の判決に根拠がないと考えられたため，州の司法行政レベルでは解決することが困難であった。2011 年 10 月 25 日，連邦法である民法の解釈を統一させる権限を有する連邦高等裁判所が連邦最高裁判所判決に依拠してその当然の結果として直接の婚姻の承認を行った。しかし，同裁判所の判決には事実上の拘束力しかなく，また，小法廷で判断されているため，これも問題を解決させるには至らなかった。ただ，この判決に後押しされたかのように，各州裁判所において同性間の婚姻の手続に関する規則が設けられるようになった。しかし，やはり連邦高等裁判所の判決を完全な法源として捉えることができないため，これらの規則の多くは連邦最高裁判所判決によって同性間の安定的結合からの婚姻への転換が認められたことに着目して，転換手続を簡略化させるものであった。連邦高等裁判所は転換手続に問題が多いことから，直接の婚姻に関する事件がまた現れることを予測し，大法廷を開かずに次の事件を待つことにした。ところが，ほとんどの州において転換手続が簡略化され，いくつかの州では直接の婚姻も認められるようになったため，新たな事件が現れず，連邦高裁による連邦法統一の機能が期待できなくなった。

　2011 年末から 2013 年まで，ほとんどの州で，具体的な手続の相違はあったものの，なんらかの形で同性間の婚姻が問題なく実施されていた。しかし，裁判所が直接関与する転換しか認めない州もあれば，裁判所の関与が限定され手続を簡略化した転換を認める州もあり，直接の婚姻を認める州もある，という状況が生じた。最後の結果という点だけをみれば同性間の婚姻が認められることにかわりはないが，どのようにして認められるかが不統一になったのである。

そこで，2013年に司法行政のトップである国家司法審議会は手続を統一化させる目的で，安定的結合の婚姻への転換のみならず直接の婚姻についても手続を拒否することを禁止する決議を打ち出した。この決議は2011年連邦最高裁判決および2011年連邦高裁判決を根拠としており，連邦最高裁判決は別としても連邦高裁判決は，法律でもなければ，行政権を拘束する行政行為の根拠になるものでもないはずである。そのため，この司法審の決議に対しては違憲の疑いがかけられ，抽象審査手続も開始されているが，連邦最高裁判所は国家司法審議会の決議について法律のみならず憲法を直接の根拠とすることを認容しているため，連邦最高裁判所が判例変更をしない限り権限逸脱による違憲性を宣言することはなかろうと予想されている。

　以上から，ブラジルにおいて同性カップルの法的承認がどのようにして実現されたかという問題に対する最も単純な回答は「2011年に連邦最高裁判所の違憲抽象審査判決により同性カップルが憲法上の家族であると承認され，婚姻への転換も認められることを前提として，同性カップルにも，非婚の異性カップルの制度の利用が認められた。だが，婚姻に関する規定が上記審査の直接の対象となっていなかったため，その後，同性間の婚姻に関する法的扱いないし手続が不統一になった。事実上はブラジル各地ですでになんらかの手続によって同性間の婚姻が可能であったが，2013年に司法行政の最高機関である国家司法審議会の決議第175号により手続が統一されたことによって，ブラジル全国で異性愛者と同様の手続を踏んだ婚姻が可能になった」というものになる。

(2)　「何が」認められたか——親子関係に関する留保の必要性

　本章の考察から，同性カップルは家族団体として家族に関する各法分野の規定の適用の対象となること，同性カップルに対して民法上の非婚カップルに関する制度（安定的結合制度）の規定が類推適用されること，同性カップルの婚姻が認められたことが明らかになった。安定的結合制度の内容については，婚姻との間でいくつかの相違が設けられているものの（相続権の内容が異なっていることが特に重要である）[288]，ブラジル家族法の概略でまとめたとおりである。

---

(288)　脱稿（2015年12月22日）後，2017年5月10日に連邦最高裁判所が婚姻と安定的結合との間になんらヒエラルヒーがないとして，安定的結合配偶者の相続権を婚姻配偶者の相続権と区別する2002年ブラジル民法第1790条が違憲であると判断した（Repercursão Geral 498, RE 646.721/RS e RE 878.694/MG, Min.Rel. Luís Roberto Barroso. 10/5/2017を参照）。

第 2 章　顕在化した現象レベルでの同性カップルの法的承認の過程

婚姻の内容の詳細については別個の考察が必要であるので，別稿に譲らざるを得ない。いずれにしても，ブラジルにおける同性カップルの法的扱いが実質的に異性カップルと同じになったと言えるのである。しかし，日本の読者からすれば，同性カップルと異性カップルに「同等の効果」（2011 年連邦最高裁判所判決）を認めれば，父性の推定や認知，親子に関する規定がどうなるだろうかを疑問に思わずにはいられないだろう。ここではそうした疑問に答えていこう。

まず，2002 年民法典の父性の推定に関する規定（1596 条以下）が日本家族法の嫡出推定と大きく異なっていることに注意が必要である。

民法第 1596 条　婚姻関係から出産した子であるか否かに係わらず若しくは養子であっても子は同等の権利と資格を有し，子に対するいかなる差別も禁じられる。
民法第 1597 条　以下の場合婚姻中懐胎したものと推定する。
Ⅰ　婚姻による共同生活開始後，少なくとも，180 日後に出産した子
Ⅱ　死亡，法的別居又は婚姻無効及び取消による婚姻解消後 300 日以内に出産した子
Ⅲ　夫が死亡した場合でも，配偶者間人工授精により懐胎した子
Ⅳ　懐胎が何時であっても，体外受精胎児の場合，配偶者間人工的懐妊に起因して出生した子
Ⅴ　夫の事前の許可がある場合に限って，非配偶者間人工授精により懐胎した子

第 1596 条から明らかなように，ブラジル法では 1988 年憲法以降，嫡出性によって子の権利義務の内容が異なることがないとされている（憲法第 227 条§7）。そのため，そもそも嫡出推定は子の権利義務を厚くする「嫡出性」を付与するためのものとは考えられていない。「親」であることさえ認められればよいから，認知（民法 1807 条以下）や養子縁組でも足りるのである。また，国家司法審議会の 2009 年通達第 2，3 号（Instruções Normativas 2 e 3/2009, de 03/11/2009）により，出生証明書の登記に際してかつての「父，母，父方の祖父母，母方の祖父母」の記載が単に「親，祖父母（性別を問わない表現）」に変更されているので，登記の記載の問題がなくなっている。

以上から，同性カップルに対する適用について問題となり得る「父性の推定」の意義は一方当事者の意思にかかわらず，親子関係を設置することに限られていると言える。しかし，民法第 1597 条 5 号を見れば，非配偶者間人工授精であっても，一方当事者の許可がある場合には，父性の推定が及ぶとされているため，非配偶者間人工受精のみによって子を設けることが可能な女性同士

小　括　ブラジルにおける同性カップル承認過程の再検討

の同性カップルについても類推適用が可能であるといえる。なお，民法典は代理母に関する規定を設けていないため，男性同士のカップルについてはこの規定が問題となることはない。ただ，連邦医学委員会による 2013 年決議第 13 号では一定の場合において同性カップルによる代理母の利用が認められている。

このように，家族法の規定の「類推適用」の問題としては父性の推定に関する規定は特に問題とならず，実際に，この点に関して論じているブラジル法の文献は見当たらない。しかし，だからといって「同性の親」が認められているかと言えばそれは必ずしも明らかではない。父性の推定の規定よりも，「母」および「父」が複数になってもよいのかが問題とされており，上告審において未だに決着がついていないからである[289]。この点については，次章で考察する社会情愛的親子関係の議論が借用されている。女性同士のカップルを例にとれば，一方当事者との間では「母子関係（maternidade）」が認められ，もう一方当事者との間では「社会情愛的母子関係（maternidade socioafetiva）」が認められ，その登記を認める複数の下級審の裁判例がある[290]。また，「ダブル父子

[289]　本書脱稿（2015 年 12 月 22 日）後，連邦最高裁判所が Repercussão Geral 622. Recurso Extraordinário 898.060 において生物学上の親子関係と社会情愛上の親子関係の併存を承認している（Informativo nº 840 do STF. 2016 年 9 月 19 日を参照）。これにより，生物学上の父と社会情愛上の父の並存が認められたため，「父」の人数について一定の柔軟化があったとも思われる。しかし，生物学を基準とする父子関係と社会情愛を基準とする父子関係が並存するとしても，同じ基準の父子関係の並立が認められたか否かは依然として明らかではない。換言すれば，（特別）養子縁組を基準とする二人以上の「父」，又は社会情愛を基準とする二人以上の「父」が認められるかについてはなお不明確である。なお，上記事案（特殊上告第 898.060 号）において社会情愛に基づく長期の父子関係があったなかで，DNA 鑑定により生物学に基づく父子関係の存在が明らかになったが，社会情愛に基づく父子関係の存在が生物学に基づく父子関係の認定を妨げるかが争われている。換言すれば，問題にされているのは社会情愛に基づく父子関係の可能性であるというよりはむしろ生物学に基づく父子関係の可能性であるといえる。また，2 名の裁判官が反対意見を述べているが，反対の理由は複数の「父」が並存できないことではなく，生物学上の事実のみをもって父子関係が成立しないことである。

[290]　SC, AC 2014.079066-9, Rel. Des. Domingos Paludo, j. 12/03/2015；ES, Proc. Nº 0001718-39.2015.8.08.0024, Juíza de Direito Regina Lúcia de Souza Ferreira, j.20/01/2015；MG, Proc. Nº indisponível, Juíza de Direito Substituta Paula Murça Machado Rocha Moura, j. 04/12/2014；MPSP, Proc. Nº 2014/88189, Juiz Assessor da Corregedoria Gustavo Henrique Bretas Marzagão, j. 22/10/2014；SC, Autos nº 0800779-46.2013.8.24.0090, Juiz de Direito Luiz Cláudio Broering, j. 30/07/2014 などを参照。

関係（dupla paternidade）」と「ダブル母子関係（dupla maternidade）」⁽²⁹¹⁾の他，「プルリパランタリテ（multiparentalidade）」も可能であるとする見解が有力になりつつあり，1人の「母」，1人の「社会情愛的母」，および1人の「社会情愛的父」の3人の親の出生登記証への記載を認める州裁判所の裁判例も現れている⁽²⁹²⁾。

　最後に，日本の特別養子縁組に相当する未成年の子の共同養子縁組も認められているが，この問題については2011年連邦最高裁判所判決以前に連邦高等裁判所で決着がついており，詳細については次章で後述する。一言で言えば，安定的結合の規定の類推適用の承認により，養子縁組の「共同」性が肯定されている。ただし，養子縁組そのものの可能性はカップルの問題とは別個に考えられているため，「共同縁組」の可能性を認めたからといって，「縁組をする権利」を認めたことにはならないことに注意が必要である。

　以上から，上記のブラジルの同性カップルの承認過程において，<u>同性カップルが「家族」として認められ，異性のための非婚カップルの制度および婚姻制度の利用も，異性カップルと同等の権利義務を伴うかたちで，認められている。ただ，これは「カップル」としての「家族団体」に関する権利義務についての承認であり，「子の福祉」という個別具体的な検討を要する別の問題が加わった場合には，「同性の親」の承認，「親になる権利」，「養子縁組をする権利」の承認に直結しない</u>ことに注意が必要なのである。

2　2011年連邦最高裁判決が採用している家族法論の特殊性
　　――「婚姻」の法から「家族」の法へ

　2011年連邦最高裁判決の法廷意見は比較法的に見てきわめて特殊な家族法論を採用している。まず注目されるのは，同性カップルを論じるときに，最大の問題とされているのは同性カップルが「安定的結合」であるかどうかではなく，同性カップルが「家族団体」であるかどうかであることである。すなわち，「家族」とは何かが問題の中心となっているのである。それだけならまだしも，

---

(291)　フランスの用語を借りて，両方をあわせて「ホモパランタリテ（homoparentalidade）」ともいう。

(292)　RS, Proc. Nº 027/1.14.0013023-9（CNJ:.0031506-63.2014.8.21.0027）, Juiz de Direito Rafael Pagnon Cunha, j. 11/09/2014；TJRS, AC 70062692876, 8ª C.Civ., Rel. Des. José Pedro de Oliveira Eckert, d.j.: 12/02/2015 を参照。

小　括　ブラジルにおける同性カップル承認過程の再検討

　1988年憲法が家族を定義していないため,「家族」は社会的な事実であり, このような「家族」の中心的な特徴は「情愛（afeto）」であることが裁判官により確認されている。「情愛」や「多元的家族」が憲法上の原則と理解され, ブラジル家族法の概略で紹介したブラジル民法典とは懸け離れた議論が行われているのである。この特殊な議論に基づいて,「同（情）愛関係」と呼ばれている同性間の関係も情愛を基礎としていることを直接の根拠として,「男女間であること」以外の安定的結合の成立要件を満たしていれば, 男女間の安定的結合と同等に扱われるという結論が導き出されている。たしかに性的指向に基づく差別の禁止やマイノリティの人権保障など, 同性カップルの法的承認に関わる典型的な憲法問題も2011年連邦最高裁判決のひとつの軸となってはいる。だが同時に, 同判決には「情愛（afeto）」およびその派生的な用語が264回,「家族（família）」が269回用いられており, ブラジルにおける特殊な家族法論がもうひとつの軸を成していると言える[(293)]。

　これはなぜなのか。その背景にどのような過去の経緯があるのか。

　本書の元となった修士論文の副題は「『婚姻の法』から『家族の法』への道程」であった。これは, ブラジルにおける同性カップルの法的承認の道程はブラジル家族法そのものの変化の道程と重なっており, これを前提としているという意味を込めたものである。2011年連邦高裁判決においてメロ裁判官はブラジル家族法には「家族の法」から「『複数の家族』の法」へというパラダイムの転換があったと述べているが, ここでの単数形である「家族の法」における「家族」とは「婚姻家族」のことである。すなわち,「家族の法」から「複数の家族の法」への転換とは,「婚姻（家族）の法」から「（諸）家族の法」への家族法の変化を意味しているのである。この家族法の変化こそ, 本書の前半部（本章すなわち第2章）で検討してきた現象レベルの背景で, それを認めるべく, また, それに先行して観念レベルで展開していた過程である。この過程を考察していくことが本書の後半部（次章すなわち第3章）の主たる目的になる。

　ブラジルにおける同性カップルの法的承認は, 本章で紹介した「2011年連邦最高裁判決→2011年連邦高裁判決→2013年司法審決議第175号」という一

[(293)]　前注(34)を参照。同判決における「情愛」が果たした役割についてCALDERÓN（2013）275-286頁を,「家族」概念との関連についてはVECCHIATTI（2012）166-204頁を参照。

第 2 章　顕在化した現象レベルでの同性カップルの法的承認の過程

連の流れ以前から，ブラジル家族法のこのようなパラダイムの転換と密接に結びついて始まっている。そのため，顕在化した現象レベルの考察のみでは，ブラジルにおいて同性カップルがなぜ法的に承認されたのか，また，この承認はブラジル家族法の過去および将来についてどのような意味をもつのかを理解することは不可能である。しかし，ブラジル家族法における婚姻，家族，民法，憲法，判例法などを，植民地時代から，すべて論じることは筆者の能力の限界を超えている。そのため，次章ではブラジル家族法全体の変遷から同性カップルを考えるのではなく，ブラジル家族法における同性カップルの理解の変遷にそって，ブラジル家族法が「婚姻の法」から「（諸）家族の法」へと転換していく過程を捉えることを試みる。

第3章　背景にある観念レベルでの同性カップルの法的承認の過程──「婚姻の法」から「家族の法」への道程

　本章ではブラジル家族法における同性カップルに対する理解の変容を三つの段階に分けて，それぞれの変化が前提としているブラジル家族法のあり方を考察し，前章で紹介した2011年連邦最高裁判所判決からさらに時間を遡ってそれ以前の家族法理論の変遷を明らかにする。具体的には，ブラジル家族法における同性カップルの関係の理解は①不存在（第1節），②事実上の組合（第2節），③家族（第3節）の三つの段階を踏んでいるが，それぞれの段階において(1)同性カップルがどのように理解されていたか，(2)これがどのような家族法を前提としており，これにはどのような問題があったかを考察し，(3)この問題に対応した，次の段階の同性カップルの理解の前提となっているブラジル家族法の変化を検討する。

第1節　同性カップル「不存在」説の時代
　　──あるいは，「婚姻の法」の時代

　本節は同性カップルの法的承認の前史を扱う。まず，いかなる権利義務も認められていない時代における家族法による同性カップルの理解を確認し（第1項），この時代における家族法の理解のあり方およびこのあり方から発生した問題を考察する（第2項）。

第1項　同性カップルの「不存在」──「ソドミー」から「不存在」へ[294]
1　ブラジルにおける「同性愛」略史
　19世紀まで，ヨーロッパ諸国では同性間の性交渉を表現するための用語は，「ソドミー（sodomia）」であった。これは旧約聖書の『創世記』の物語に登場

---

[294]　ブラジルにおける同性愛の歴史については，TREVISAN, João Silvério. Devassos no paraíso: a homossexualidade no Brasil, da colônia à atualidade. 4ª ed., Rio de Janeiro: Record, 2000; PRETES; VIANNA (2008) 313-392頁, VECCHIATTI (2013) 34-42頁などを参照。

第3章　背景にある観念レベルでの同性カップルの法的承認の過程

する，神に滅ぼされたソドムとゴモラの都市に由来する。伝統的なキリスト教の理解ではソドミーとは自然に反する宗教上の罪（pecado contra-natura）である生殖を目的としない性行為を行うことをいうが，19世紀末までヨーロッパ諸国において厳重な処罰の対象とされていた。ポルトガルでは，13世紀からアフォンソ法典（Ordenações Afonsinas）に基づいてソドミーは世俗の裁判所で死刑に処されていた[295]。1536年にドン・ジョアン2世により異端者を処するための宗教裁判所が設置され，そこではソドミーは異端者の罪としても処罰されるようになった。

こうしたなかで，1500年に「発見」され，ポルトガルに植民地化されたブラジルの原住民の間では男性同士のみならず女性同士の性交渉の慣習も少なからずあったと報告されている[296]。当初はポルトガルがブラジルに対して強い関心を示していなかったこともあり，植民地開拓者らは直ちにソドミー罪として処罰することなく，むしろ「郷の慣習（costumes da terra）」に従っていたようである。

植民地化が本格化するにつれ，ポルトガルの文化だけでなく法制度も導入されていった[297]。1512年からアフォンソ法典がマヌエル法典に変更されると，ソドミーは不敬罪（crime de lesa-majestade）と見做され，自然・神だけでなく国王に対する罪としても位置づけられた[298]。ブラジルにおいても，ポルトガルと同じように，世俗裁判管轄（jurisdição secular）と宗教裁判管轄（jurisdição do Tribunal do Santo Ofício da Inquisição）の両方によりソドミーが厳重に処罰されるようになったのである。「ソドミー」の概念について論争が行われたが，マヌエル法典の後のフィリッペ法典（1603）において，①完全ソドミー（sodomia perfeita），②不完全ソドミー（sodomia imperfeita），および③女性間のソドミー（sodomia foeminarum）の三つの分類が設けられ，従来ソドミー罪

---

[295]　アフォンソ法典（1446年）第17章「ソドミーの宗教上の罪を行う者について」において定められていた。同法典は「自然の創造主である神を侮辱する」行為であると説明しており，ポルトガル法が宗教と密接に結び付いていたことがわかる。

[296]　PRETES; VIANNA（2008）331頁，VECCHIATTI（2013）34頁を参照。

[297]　TREVISAN（2000）65頁，PRETES;VIANNA（2008）332頁を参照。

[298]　VECCHIATTI（2013）34-36頁。ヴェキアッチは被告人が火刑に処され，その全財産が没収され，その子孫たちも不敬罪（crime de lesa-majestade）を犯した者と同様の不名誉を付される，とされた1594年のソドミーの罪の有罪判決を写しているが，当時の裁判所の残酷さおよび宗教との不可分性がよく伝わる。

第 1 節　同性カップル「不存在」説の時代

を犯す能力がないと理解されていた女性も処罰の対象とされた[299]。また，同法典においては，原則として肛門性交を対象とするソドミーとは異なる犯罪類型が設けられ，同性間のあらゆる性交渉が犯罪とされるようになった。さらには，通報制度（dispositivo da delação）も設けられた。ソドミー類の行為を知った者に対して通報義務が課されるとともに，被告人が有罪とされれば，その財産の一部が通報者に与えられることになったのである[300]。これにより，植民地時代のブラジルにおいてソドミーに関する事件数は数え切れないものになった[301]。

　ポルトガルからの独立（1822 年）後も，ブラジル帝国憲法（1824 年）はフィリッペ法典を廃止せず，ブラジル帝国の国教はカトリック教であるとされた。しかし，1821 年にポルトガルでも宗教裁判が既に廃止されたこともあり，ナポレオン刑法典（1810 年）から影響を受けて，1830 年ブラジル帝国刑法典においてソドミー罪が廃止されるに至った[302]。ソドミー罪の廃止の理由は第一次的には政治的抗争の手段として濫用されることが多かったことであり，必ずしも同性間の性交渉をめぐる考え方の変化によるものではなかった。その後の科学の発展により，同性間の性交渉は宗教上の罪（pecado）ではなく医学上の精神病として理解されるようになり，「同性愛者（homossexual）」という用語もその文脈の中で造られた[303]。しかし，ブラジル社会の大部分はカトリック教徒のままであったこと[304]を忘れてはならない。同性間の性交渉が「病気」として捉え直されたといっても，それが「罪」であるという捉え方が社会的規範のレベルで（あるいは，法律規範としても）直ちに克服されたわけではない。

---

(299)　PRETES;VIANNA（2008）340-342 頁を参照。
(300)　PRETES;VIANNA（2008）343-344 頁を参照。
(301)　PRETES;VIANNA（2008）345-346 頁を参照。植民地時代ないし帝国時代のブラジルにおける同性愛防止が一種の「ヒステリー」となり，ミケランジェロの詩が訂正されて検閲にかけられ，また，売春婦の輸入政策さえ検討されたという（VECCHIATTI［2013:35］）。
(302)　PRETES;VIANNA（2008）347-348 頁を参照。
(303)　「同性愛」という用語は 19 世紀末にハンガリー人の医師であったカルロイ・マリア・バカート（Karl-Mana Benkert）により提唱されたものである。バカートは北ドイツの法務省に宛てた手紙において同性愛者は刑事責任を追及されるべきではなく，治療されるべきであると主張した（VECCHIATTI［2013:28］）。また，ブラジルにおいて「同性愛」という用語はヴィヴェイロ・デ・カストロ著『猥褻罪：性欲の異常に関する研究』（1894 年）においてはじめて用いられたとされている。
(304)　前章で指摘したように，1970 年までカトリック教徒は人口の 91％を占めていた。

第 3 章　背景にある観念レベルでの同性カップルの法的承認の過程

　1830 年帝国刑法典によるソドミーの非犯罪化以降，ブラジルにおいて同性間の性交渉そのものが犯罪として扱われることはなくなった。しかし，同性愛者は単なる「治療されるべき病人」ではなく「変態（degenerado）」として理解されるようになり，同性愛的な行為が公然猥褻罪として処罰されることが少なくなかった(305)。1930 年代に，数人の刑法学者が一部の同性愛者は公然猥褻罪により処罰されているものの，同犯罪類型の対象とならず処罰されないで済む同性愛者もいることを問題視したことをきっかけに，同性間の性交渉の再犯罪化が検討されたほどである(306)。1940 年ブラジル刑法典において同性愛行為が犯罪類型とされることはなかったとはいうものの，その後も同性愛行為が「変態」としての偏見によりその他の犯罪類型で処罰されることは続いた。「精神病患者」として扱われる場合も電気ショック療法，脳葉切除，去勢等の残酷な治療法の対象とされていた。

　1969 年のストーン・ウォール騒動(307)をきっかけとして，1974 年に米国のアメリカ精神医学会が精神病の判断マニュアル（DSM-II）において同性愛を病気の対象から除外した。その背景にあったアメリカのゲイ解放運動はブラジルにも広がり，1985 年に連邦医学委員会（Conselho Federal de Medicina）が同調する見解を表明した。ブラジル文学においては，同性愛は既に 19 世紀末から「アーティスティック・ライセンス」により扱われていたが，1978 年にはじめて同性愛者向け雑誌(308)が出版されると，同性愛者当事者の運動が次第に活性化し，社会問題となって顕在化していく。その後，1993 年に WHO の国際疾病分類（ICD-10）において同性愛が病気の類型から除外された。そうしたなか，1996 年にリオデジャネイロ市のコパカバナで初めてのゲイ・パレードが開催されたことを受けて，1999 年にブラジル連邦心理学委員会（Conselho

---

(305)　PRETES: VIANNA（2008）349 頁，VECCHIATTI（2013）39 頁以下を参照。
(306)　PRETES:VIANNA（2008）359-360 頁，VECCHIATTI（2013）39 頁を参照。
(307)　ストーンウォールの騒動（反乱）とは「1969 年 6 月 27 日深夜，ニューヨーク市の南部グリッジ・ヴィレッジにある『ストーンウォール・イン』という小さな飲食店に，酒類販売法違反を名目とする警察の手入れがあったことが発端」となり，客たちが警察と衝突するに至った事件であり，この事件をきっかけにゲイ解放運動がアメリカをはじめに世界各地で活発化したとされている。風間（2010）88 頁以下，VECCHIATTI（2013）33 頁，DIAS（2014）55 頁などを参照。
(308)　「Lampião da Esquina」という雑誌であり，1981 年まで続いて 1～37 号が出版されている。

第 1 節　同性カップル「不存在」説の時代

Federal de Psicologia) も ICD-10 を踏襲してようやく公式な見解を改めた[309]。現在はサンパウロ市で開催されるゲイ・パレードは世界最大のものとされている。

　その一方では，2011 年連邦最高裁判所判決で指摘されていたように，ブラジルは同性愛者嫌悪が甚だしい国のひとつである。（治安がよくないこともあろうが）殺人事件のなかで同性愛者嫌悪を動機とするものが上位ランキングを占めている。おそらくこのことと関わるが，2011 年連邦最高裁判所判決において，アミカス・キュリエとして反対意見を述べた二つの団体は宗教団体であったし，連邦議会において同性愛者・同性カップルに関する法律案の成立を阻止しているのも宗教的な勢力である。これらのことから明らかなように，ブラジルにおいて同性愛の問題が宗教と密接に関わっていることを忘れてはならない。だが，本書は民法の問題を中心に議論するので，この問題を十分に論じることができないことをあらかじめ断っておきたい。

2　婚姻不存在事由説の顕在化

　日本においては 1990 年代後半まで，同性カップルに関する法律文献はほぼ皆無であったが，ブラジルにおいても 1990 年代後半まで同性カップルに関する文献は皆無であり，日本よりも少なかった[310]。ブラジルにおいて現在に至るまで同性カップルに関する制定法が存在しないことは前述したとおりである

---

[309]　VECCHIATTI (2013) 34 頁。
[310]　具体的には 2000 年以前に同性カップルに関する法律文献は① CZAJKOWSKI, Rainer. Reflexos jurídicos das uniões homossexuais. Jurisprudência brasileira. Curitiba: Juruá, 1995., ② CZAJKOWSKI, Rainer. União livre: à luz das Leis 8.971/1994 e 9.278/1996. Curitiba: Juruá, 1997., ③ CUNHA, Graciela Leães Alvares da; MOREIRA, José Alberto Marques. Os efeitos jurídicos da união homossexual. Porto Alegre: Data Certa, 1999., ④ FACHIN, Luiz Edson. Aspectos jurídicos da união de pessoas do mesmo sexo. Revista dos Tribunais. Vol. 732. p.47-54. São Paulo: Ed. RT, out. 1996., ⑤ RIOS, Roger Raupp. Direitos fundamentais e a orientação sexual: o direito brasileiro e a homossexualidade. Revista CEJ do Centro de Estudos Judiciários do Conselho da Justiça Federal. N. 6. P.27-56. Brasília, dez. 1998, ⑥ RIOS, Roger Raupp. Direitos humanos, homossexualidade e uniões homossexuais: direitos humanos, ética e direitos reprodutivos. Porto Alegre: Themis. 1998, ⑦ SUANNES, Adauto. As uniões homossexuais e a Lei 9.278/1996. Ed. Especial. p.28-33, Rio de Janeiro: Coad, out.-nov. 1999., ⑧ AZEVEDO, Álvaro Villaça. Uniões entre pessoas do mesmo sexo. Rev. da Fac. de Direito da USP, v. 94, p.13-31, 1999. の 8 件しか見当たらない。

が，この時期には制定法が「不存在」だっただけでなく，法学研究も「不存在」であったのだ。ただ，本節のタイトルに「不存在」とあるのは，こうした背景からではない。そうではなくて，学説および判例法において「同性であること」は婚姻および安定的結合の不存在事由として説明されていたからである。

1916年民法典に基づくかつての伝統的通説は不存在の法律行為論（teoria dos atos jurídicos inexistentes）に依拠して，①婚姻意思の不存在，②儀式担当者の無権限のほかに，③異性間である（diversidade de sexo）ことを欠くことを婚姻の不存在事由として理解していた[311]。不存在の法律行為論とは「文言なき無効なし（pas de nullité sans texte）」という原則[312]に抵触せずに，民法典に無効事由として列挙されていなかった①から③が当てはまる婚姻を，事実上，無効にするためのものであった。不存在の法律行為論は，1808年にドイツ人法学者ツァハリエ（Zachariae von Lingenthal）がナポレオン民法典に対する注釈において提唱した後，フランスの法学者によって受容された。すなわち，オブリ＝ロー（Charles Aubry et Charles Rau）による翻訳翻案を経て，サレイユ（Raymond Saleilles）やプラニヨル（Marcel Planiol）とリペール（Georges Ripert）などの貢献によって定着したものであるとされている[313]。不存在事由説をブラジル法に初めて導入したのはミランダ（Pontes de Miranda）とされている。日本では「無効（nulidade）」と「取消可能（anulabilidade）」しかないが，ブラジル法の「不存在事由」は日本でいう「絶対的無効」に相当するものである[314]。この議論には「文言なき無効なし」の原則を不当に回避しようとするものであることを問題視する少数の反対説があった。しかし，「文言なき無効なし」の原則を厳格に理解すれば，いわゆる推定婚（casamento putavivo）として取り消されるまでの効力が認められる[315]という不都合があることを理由

---

(311) VECCHIATTI（2013）Cap.11, 68頁，GONÇALVES（2014）141頁以下，FARIAS;ROSENVALD（2012）245-249頁，DINIZ（2012）67-76頁，DIAS（2013）281-285頁，DIAS（2014）198-199頁などを参照。

(312) 婚姻の例で言えば，裁判所が婚姻の無効を認定できるのは，明文の規定がある場合に限られるということである。

(313) GONÇALVES（2014）142頁，FARIAS;ROSENVALD（2012）245頁，DINIZ（2012）67-68頁などを参照。

(314) 実際に，日本法と同じように，この場合には無効であるというのと不存在であるというのと大差はなく，「絶対的無効」として理解すれば足りるとする見解も有力である（DIAS［2013:282］などを参照）。

(315) 2002年民法典第1561条によれば，無効ないし取消事由がある場合においても，両

第 1 節　同性カップル「不存在」説の時代

に，長らくこれがブラジル法の通説であった[316]。その根拠として指摘されることが多いのは，①すべての社会のすべての法制度において立法者は「婚姻」について異性間であることを前提とするモデルを想定していること，②それが当然であるため，規定を要せず，法体系は当該行為を取り消すためにもその存在を許容する余地がないこと，③論外であること，だけに留まる[317]。上記ミランダは不存在の婚姻について「実定法とは無関係である――婚姻ではないもの，または，法律により婚姻であると認められるに足らないものすべては非婚であり，（不存在は）根本的・本質的な二分法である」と説明している[318]。

　実務ではどうだったのか。ブラジルで同性カップルの問題が下級審において初めて扱われたのがいつかは，必ずしも明らかではないが，法律文献で引用されている最も古い裁判例は 1982 年のミナスジェライス州裁判所および 1986 年のサンパウロ州裁判所の二つの事件である[319]。どちらの事件でも同性の婚姻が不存在であると主張されていることから，婚姻の手続が済まされていたことが窺われる。なお，厳密には「同性愛者」の問題ではなく，トランスジェンダーの問題であったと思われるが，当時はこのような区別はされていなかった。前者の事件は女性同士の婚姻は「不存在（inexistente）」で，「無効」と判断した第一審の判決を修正したものであり，後者は同じ理論で虚偽の出生証明書を用いて行われた同性同士の婚姻は不存在であるという判断を示したものである。これらの裁判例は当時の通説であった不存在事由説を確認したものである[320]が，1980 年代後半まで，学説においてと同様，裁判所実務においても同性間

　　方または一方の当事者が善意であった場合において，裁判所によりこれが無効として確認され，または，取消されるまでは当該婚姻の効力が認められるとされている。換言すれば，推定婚は無効ないし取消の遡及効が当事者の善意の有無により制限されることをいう（GONÇALVES [2014:123]）。
(316) 但し，依然として異性間であることを不存在事由としている少数説もある（DINIZ [2012: 68], GONÇALVES [2014:143] を参照）。
(317) DINIZ (2012) 68 頁，GONÇALVES (2014) 144 頁。
(318) PONTES DE MIRANDA, Francisco Cavalcanti. Tratado de Direito de Família, Campinas-SP: Bookseller, vol.I, (2001), FARIAS&ROSENVALD (2012) 246 頁を参照。
(319) TJMG－1ª Câmara, Rel. Paulo Tinoco, d.j. 16/11/1982, RT 572/189 および TJSP－6ª Câmara, Rel. Roque Komatsu, d.j.:21/8/1986, RT 615/47 を参照。また，その解説についてはAZEVEDO (2000) 142 頁，MOREIRA (2010) 99 頁，RANGEL (2014) 288 頁などを参照。
(320) AZEVEDO (1999) 13-31 頁，AZEVEDO (2000) 142 頁，MOREIRA (2010) 99 頁，DINIZ (2012) 68 頁を参照。

第3章　背景にある観念レベルでの同性カップルの法的承認の過程

の婚姻や家族を認める余地がまったくなったことがわかる(321)。

第2項　「婚姻の法」としての家族法

　以上のような同性カップルについての理解は，ブラジル法のどのような理解を前提としているのだろうか。その基礎にあるのは，言うまでもなく，民法典の「婚姻」を中心とする「婚姻の法」である。そこで本項ではまず1988年憲法以前のブラジルの制定法から，その家族および婚姻についての理解を明らかにし(1)，次にこのような「婚姻の法」により発生した不都合に対応するために発展し，その後のブラジル法および同性カップルの理解に大きな影響を与えた非婚カップルに関する判例法理の変遷を紹介する(2)。判例法理で中心になるのは，事実上の組合の法理とコンクビナト保護法理である。

1　1988年憲法以前のブラジル制定法における「家族」と「婚姻」

　ブラジル家族法の概略で紹介したように，1988年憲法は家族に関する詳細な規定を有する。また，2011年連邦最高裁判決における家族法理論から明らかなように，憲法なくして現在のブラジル法における「家族」と「婚姻」，そして今日ではこれらに加えて「安定的結合」等を論じることは不可能である。しかし，前述したように日本の憲法は二つなのに比べて，ブラジルでは1824年帝国憲法から数えて七つの憲法体制を経験してきた(322)。この間，最初から憲法において家族法に関する規定が置かれていたわけではない。

　ブラジルが1822年にポルトガルから独立した時に，皇帝ドン・ペドロにより初めての憲法制定議会が開かれた。議会において見解がまとまらなかったため，当時のエリートの関心を反映しながらも，ブラジル初の憲法である1824年憲法は最終的には欽定憲法として制定された。同憲法は皇帝家族に関しては詳細の規定（第107～115条）を置いているが，臣民の家族についてはなんら規定を置かず，第179条18号において民法典を編纂すべきこと（第179条XVIII），およびブラジルの正式な宗教はカトリック教であること（第5条）を

---

(321)　なお，1980年に，軍法について，同性愛行為を理由に退官させられた軍人が当該処分を争った高等軍事裁判所（Superior Tribunal Militar）の事件が二つあるが，いずれの事件においても処分を正当なものであるとした下級審の判断が維持されており，当時のブラジル社会において同性愛は批判されるべきものであるという見解が一般的であったことがわかる。これらの事件の詳細についてはMOREIRA（2010）63頁を参照。

(322)　矢谷（1991）4頁を参照。

第1節　同性カップル「不存在」説の時代

規定したにすぎない。だが，民法典の編纂は一向に進展せず[323]，1823年に植民地時代のフィリッペ法典はその後も効力を有することが宣言され[324]，1827年11月3日にすべての婚姻は教会法により規律されることが宣言されるに至った。これにより，帝政期の家族はカトリック教会の婚姻法によって規律され，カトリックの宗教婚しか婚姻として認められていなかった。また，当時の社会においては「婚姻」は社会的身分の取得・維持・向上の手段であり，恋愛と無関係であったのみならず，社会的に「家族」は婚姻により初めて形成されるものであると理解されていた[325]。

　移民政策が進むにつれ，ブラジルにおける宗教は多様化した。するとカトリック教徒以外の婚姻が正式なものとして扱われないことが問題視されるようになり，1861年にカトリック教以外の婚姻の登録制度を導入する法律が制定された（1861年法律第1144号）。この法律によって，①カトリック教徒間のカトリック婚（católico），②カトリック教徒とカトリック以外のキリスト教の宗派の教徒との間のカトリック婚（misto），③カトリック以外のキリスト教の宗派の教徒間の宗教婚（acatólico）の三種類が正式なものとして認められた。かつてカトリック教の婚姻しか想定されていなかった社会的な「家族」の形成方法が，社会の多様化に応じて部分的に多様化したのである。1889年には「選択的民事婚（casamento civil facultativo）」[326]の法律案が帝国議会に提出され，皇帝ドン・ペドロ2世（D. Pedoro II）の認可を受けたが，同年11月15日に共和国革命が勃発したため，制定されるに至らなかった[327]。

　共和国革命によって1889年に形成された臨時政府は，1890年1月24日にデクレト第181号[328]により「選択的民事婚」ではなく，「強制的」民事婚（第

---

[323]　1916年民法典の制定過程についてはデ・アルカンタラ（2007）1673-1674頁を参照。
[324]　フィリッペ法典はブラジルで1603年から1916年まで効力を有しており，家族に関する規定をいくつか持っていた。同法典では女性が「理解力の脆弱さ」のため無能力とされ（第四編第61章§9，第107章），夫に妻に対する懲戒権が与えられ（第五編第36，95章），不貞行為の疑いがある妻を殺害することが認められていた（第5編第38章）という。LÔBO（2011）140頁を参照。
[325]　MALUF（2010）24頁，DEL PRIORE（2005）159頁を参照。
[326]　宗教法に基づく宗教婚を原則としながら，宗教婚を望まない者に対して世俗法（民事法）に基づく婚姻を許容する法律案である。
[327]　DINIZ（2012）64-67頁を参照。
[328]　Decreto nº 181, de 24 de janeiro de 1890。「デクレ（decreto）」はかつての行政府による一種の立法権であり，法律と同じ形式をもつものである。デクレ第181号は婚姻

129

第 3 章　背景にある観念レベルでの同性カップルの法的承認の過程

108 条[329]) を導入した。この時点ではまだ民法典が存在しなかったので，このデクレ第 181 号は民事婚に関する規定だけから成る，まさに「婚姻の法典」であった。また，共和国への転換に伴って 1891 年に新たな憲法が制定され，「ブラジル連邦共和国」が誕生した。同憲法第 72 条 4 号は「共和国は，婚姻が無料である民事婚のみを承認する」と規定し，政教分離の思想に裏付けられた「強制的民事婚主義」を確認した[330]。臨時政府は自由主義思想のもとで婚姻法に関する権限をカトリック教会から取り上げることに腐心しており[331]，婚姻法の具体的な内容は共和国政府の自由な裁量に委ねていた。だが，共和国への移行後も民法典の起草は進まず，ブラジル初の民法典は 1916 年まで待たなければならなかった。

　デクレ第 181 号はもっぱら宗教に理由を持つ規定のみを削除したり微調整したりするだけで，従来の教会法の基本的な婚姻モデルを維持していた[332]。婚姻の効果について第 56 条 1 項は「正統な家族を形成し，それ以前に当事者間で生まれた子を正統化すること」と規定しており，初めて法律上の「家族」概念が現れた。だが，「家族」そのものは定義されておらず，民事婚により形成される「家族」が唯一の正統なものであるとされていたことから，家族とは民事婚の手続が想定している「婚姻家族」のみであった（正統なものであれ，正統でないものであれ）。「婚姻」についても定義規定が存在しないが，そこで想定されている家族は家父長制的な核家族（男女の夫婦とその子）の共同体であり，教会から婚姻法を取り上げながらも以前からの婚姻の目的・内容・方式が維持され，婚姻の解消についても，大きな論争を経ながらも，死亡のみにより認められるとされた。「神により結ばれたものは人間がわけるべからず（O

　　のみに関する 125 ヶ条からなっており，相続に関する規定がなく，狭義の「家族法」に関する法典であった。
(329)　1890 年デクレ第 181 号「この法律は 1890 年 5 月 24 日から効力を有し，その後，ブラジルにおいて儀式が行われた婚姻の効力が認められるためには，この法律の規定に従っているものでなければならない」
(330)　また，信教の自由（同条 3 号），墓地の世俗化（同条 4 号）などの規定も導入され，国家の世俗化が隈なく確認されている。
(331)　1890 年 6 月 26 日デクレ第 521 号では民事婚より先に宗教の儀式を行うことが犯罪とされたほどである。だが，同デクレは 1891 年 1 月 18 日デクレ第 11 号により廃止された。MALUF（2010）31 頁，LÔBO（2011）102 頁，DINIZ（2012）65-66 頁などを参照。
(332)　BEVILÁQUA（1903）96-97 頁を参照。宗教上の親族関係，宗教上の独身者，宗教の相違などに関する婚姻障害の削除がその典型例である。

第1節　同性カップル「不存在」説の時代

que Deus uniu o homem não separa）」[333]という宗教上の原則がそのまま法律となったわけである。

　1899年にブラジル民法学の父とも言えるベヴィラクア（Clóvis Beviláquia）によりいよいよ民法典の起草が始まり、1902年には既に完成していた。しかし、連邦議会において「10数年も続いた言語学上の〔美文にするための〕論争を乗り越え」なければならなかったので、ブラジルで初めての民法典は1916年に可決され、1917年1月1日に施行された。1916年民法典である[334]（ベヴィラクア民法典とも呼ばれる）。この民法典はポルトガル法のほかドイツ法およびフランス法からも影響を受けているとされているが、家族法・婚姻・家族に関する理解はデクレト第181号とほとんど変わっていない。すなわち、1916年民法典第229条は婚姻の主要な効果として「正統な家族を形成し、それ以前に当事者間で生まれた子を正統化すること」としており、デクレト第181号と同じように、家族についても婚姻についてもその定義規定が存在しないのである。

　ベヴィラクアはその著作のなかで家族について一種の進化論を採用し、当時の「家父長制（patriarcado）」が種の存続を確保し、個人に身体的・経済的・精神的な自由を与えており、「最善の家族」であるとした。そのうえで、「家族」は宗教、慣習および法律により確立している「生殖と育児の必要から男女間で形成され、相互の情愛的な感情および権威の原理により固められるもの」であると定義し、婚姻とはこのような家族を正統化（legitimar）する方法であると理解している[335]。この理解からわかるのは次の二点である。第一に、「家族法」で「家族」として想定される家族とはベヴィラクアが念頭に置いていた「最善の家族」であること。第二に、「家族法」は単にその家族を想定しているのではなく、その家族は民事婚によってのみ正統なものとして形成され得るのだから、家族法は単に最善の家族に関する法律ではなく、当該家族は民事婚という方法により作られるべきものであること、である。その観点から、ベヴィラクアにとって「家族法」の主要な目的は「婚姻の儀式、成立要件、および婚

---

(333)　ブラジルポルトガル語の諺であり、新約聖書の『マルコによる福音書』に由来しているとされている。
(334)　デ・アルカンタラ（2007）1674頁を参照。
(335)　BEVILÁQUA（1903）6-7頁を参照。

131

第3章　背景にある観念レベルでの同性カップルの法的承認の過程

姻から発生する効果を規律する」ことである(336)。ベヴィラクア民法典の構成を見ると，その特徴が明らかである。

1916年民法典──「民事婚の法」としての家族法
第1部　家族法
　第1編　婚姻
　　　　第1章　事前の準備　180条〜182条
　　　　第2章　障害事由　183条〜188条
　　　　第3章　障害事由の申立　189条〜191条
　　　　第4章　婚姻の儀式　192条〜201条
　　　　第5章　婚姻の証拠　202条〜206条
　　　　第6章　無効または取り消し可能な婚姻　207条〜224条
　　　　第7章　刑罰規定　225条〜228条
　第2編　婚姻の効力
　　　　第1章　総則　229条〜232条
　　　　第2章　夫の権利義務　233条〜239条
　　　　第3章　妻の権利義務　240条〜255条
　第3編　夫婦財産
　　　　第1章　総則　256条〜261条
　　　　第2章　財産全共有制　262条〜268条
　　　　第3章　財産一部共有制　269条〜275条
　　　　第4章　別産制　276条〜277条
　　　　第5章　結納　278条〜314条
　第4編　婚姻共同体の解消と子の保護
　　　　第1章　婚姻共同体の解消　315条〜324条
　　　　第2章　子の保護　325条〜329条
　第5編　親族関係
　　　　第1章　総則　330条〜336条
　　　　第2章　正統な親子関係　337条〜351条
　　　　第3章　正統化　351条〜354条
　　　　第4章　非正統な子の認知　355条〜367条
　　　　第5章　養子縁組　368条〜378条
　　　　第6章　父権　379条〜394条
　　　　第7章　扶養　396条〜405条
　第6編　未成年後見，成年後見および不在者　406条〜484条

---

(336)　BEVILÁQUA (1903) 8頁，BEVILÁQUA (1954) 6頁，FARIAS&ROSENVALD (2012) 49頁を参照。

第1節　同性カップル「不存在」説の時代

　このように，ベヴィラクア民法典の家族法はおおよそ300ヶ条から成っているが，後見制度に関する第6編を除き，「婚姻」による「最善の家族」の正統化に関する規範体系であることについては疑いのないところである。なお，ベヴィラクアによれば，婚姻については，宗教に独占された「制度」として長らく理解されてきたことにより，「契約」と捉えることについて躊躇する法律家もいるが，それは誤りであって，婚姻は契約である，として次のように述べた。すなわち，<u>「婚姻」とは「男女が永久に結ばれ，その性交渉を正統化し，最も緊密な共同生活を確立させ，その間から生まれる子の育児を約するために結ぶ，要式の双務契約である」</u>(337)，と。

　1916年民法制定以降，その「家族」についての理解が当然の前提であると見做され，論じられなくなった。家族法は「婚姻家族（família matrimonial）」を対象とし，「婚姻」は契約であるか制度であるかという議論があっても，その背後にある「家族」の定義が問題とされることはなかったのである(338)。それ以外の関係はいかなるものも家族法の関心事項とならず，民事婚により形成される家族を脅かす場合についてのみ規定が置かれた。具体的には，夫が婚姻外で関係を持っている女性（不倫相手の女性）になんらかの利益を与える贈与および遺言をすることを規制する規定（第248条Ⅳ，第1719条Ⅲ）が置かれた。男女とその子から成る家族以外の"家族"は保護の対象にはならないこともさることながら，男女とその子から成る「最善の家族」であっても民事婚をしていなければ，"家族"は法的に存在せず，法律からしばしば敵視されることとなったのである(339)。

　このような家族法は憲法とはおおよそ無関係であり，教会法をモデルとした民法上のひとつの契約に関する法律であった。だが，過剰な自由主義への反省として，1934年には福祉国家の理念のもとで新たな憲法が制定され，家族に

---

(337) BEVILÁQUA（1903）20-21頁，DINIZ（2012）52頁を参照。
(338) GONÇALVES（2014）37-43頁を参照。狭義の家族と広義の家族とがあり，広義の家族は血縁関係および姻族関係で結ばれる団体のことをいうとされているが（DINIZ［2012:23-24］），本書では原則として狭義の家族（生活共同体）を問題にしていることをことわっておきたい。なお，広義の家族についてもこれに姻族関係のみならず血縁関係も含まれていることから婚姻と無関係であるように思われるが，婚姻により正当化されていない血縁関係（婚外子等）は広義の家族からも排除されていたことに注意が必要である（認知が認められていなかった）。
(339) そのほかに既婚者による婚外子の認知が禁止されていたことも重要である。1916年民法典第358条を参照。

第3章　背景にある観念レベルでの同性カップルの法的承認の過程

対する国家の介入ないし援助を想定する「家族」に関する規定が憲法のなかに置かれた。具体的には，同憲法においては「家族，教育および文化」に関する第5編の中の第1章が「家族」に関する規定であり，第144条は「解消不可能の婚姻により形成される家族は国家の特別の保護を受ける」としていた。公法・私法二分論を背景に，この規定の趣旨は私法としての家族法を規律することよりも家族を保護する国家政策の対象を定めることであると解釈された。しかし，1916年民法典が想定していた「家族」，すなわち民事婚によって正統化される「最善の家族」をそのまま「国家の特別の保護の対象となる家族」として採用したことにより，それ以外の家族はすべて保護の対象外となった。このように，公法上の「家族」が民法化することによって，民事婚による家族以外のありとあらゆる家族形態が私法上のみならず公法上も「正統でない」ものとして位置付けられたのである。

　その一方では，民法上の「家族」が憲法化することより，民法に無視できない影響があったことに注意が必要である。というのは，たとえば憲法改正によらないで離婚制度を導入することができなくなり，1916年に採用された「最善の家族」モデルが硬直化したのである。その後の歴代憲法（1937年，1946年，1967年，1969年）ではこのような憲法上の家族に関する規定のモデルが引き継がれており，基本的な枠組みは変わっていない[340]。

　なお，この時に，家族に関する規定が憲法上に置かれたので，ブラジルにおいて家族法が1934年から「憲法化（constitucionalização）」していると考えられるかもしれない。しかし，「公法化（publicizacão）」と「憲法化（constitucionalização）」の概念が区別されていることに注意が必要である[341]。公法化は20世紀初頭における福祉国家思想の浸透とともに，社会的な正義の実現，または，弱者を保護するために国家による私的自治への介入が増加していく現象であるが，このような介入は具体的には憲法に基づいて行われるのではなく，下位立法によって行われていくものである。ブラジルにおいて憲法規定の法的規範性や直接適用などが論じられるようになるのは1980年代以降のことであるので，20世紀前半の段階において憲法はもっぱら政治的な文書であると理解され，家族に関する規定は福祉国家による家族政策の指針を定める

---

(340) 1937年憲法第124条，1946年憲法第163条，1967年憲法第167条，1977年憲法改正以前の1969年憲法第167条を参照。

(341) LÔBO (1999) 100-102頁を参照。

第1節　同性カップル「不存在」説の時代

ものにすぎなかったのである。

2　コンクビナト保護法理の発展——「婚姻の法」により発生した不都合
イ　「内縁」の発生原因

　以上のような家族法から，コンクビナトと呼ばれる男女関係がブラジルにおいて発生した。その詳細は順次述べていくが，ひとまずは日本で「内縁問題」として論じられている問題に似ているといっておこう。日本において内縁発生の原因は特に届出の慣習が浸透していなかったこと，および明治民法上の婚姻障害があったこととされている[342]。これに対し，ブラジルにおける「内縁」の主たる発生原因は西洋諸国と同じように離婚が不可能であったことに求められている[343]。ブラジルではいわゆる「法定別居（desquite）」は可能であったが，これでは「婚姻共同体（sociedade conjugal）」が解消されるのみで，「婚姻関係」が消滅するのではなかったため，民事身分は法定別居後も既婚者のままで再婚が許されなかったのである。婚姻関係が消滅するのは死亡によってのみだったため，「再婚するために現在の配偶者を殺害する」ことを防止する婚姻障害事由さえ設けられていたほどだった[344]。

　加えて，ヨーロッパ諸国と違い，ブラジルにおいて内縁のもうひとつの発生原因となったのは「宗教婚」を優先する根強い慣習である。実際，強制的民事婚が導入されてからも，特に地方においては宗教婚のみで済ませることが多かったと言われている。いずれにせよ，民事婚によらなければ，1890年のデクレト第181号・1916年民法典において想定されていた「婚姻」による「最善の家族」であっても，「家族法」の対象から除外されていたのである。1934年憲法ではこの問題が意識され，民事婚を原則としながら，政教分離の原則を緩和し，婚姻の儀式について宗教上の儀式を許容する但書が設けられた。だが，教会法をモデルとしたデクレト第181号は婚姻許可（habilitação，1916年民法典第180条以下），婚姻儀式の挙式（celebração，同第192条以下），婚姻登記（registro，同第195条）の厳重な手続を予定しており，宗教上の儀式による婚姻の民事的な効力が認められるためには，婚姻許可および登記が依然として要求されていた（1934年憲法第146条）。日本の簡易な届出婚主義とは異なってい

---

[342]　二宮［周］（1998）などを参照。
[343]　LÔBO（2011）169-170, DIAS（2013）174頁, TARTURCE（2014）647頁を参照。
[344]　BEVILÁQUA（1903）74-75頁を参照。

第3章　背景にある観念レベルでの同性カップルの法的承認の過程

たのである。そのため，宗教婚を優先する慣習によって発生する内縁の問題を解決するには至らなかった。

なお，今日では宗教婚の慣習のみならず，強制的民事婚主義を筆頭としてヨーロッパ法から導入された過剰な形式主義全体がそもそもブラジルの法文化に馴染まなかったのであり，粗暴な外国法文化の移入だったとして批判の対象になっている(345)。

ロ　裁判所によるコンクビナトの保護

これらの理由からブラジルにおいて家族法の対象とならない非婚カップルおよび家族の数がきわめて多くなった。そして，これらの関係から発生する問題・弱者への対処・保護が裁判所に求められた。こうした事情は，日本における内縁問題とよく似たところがある。だが，20世紀初頭には婚姻外の男女関係に対しては社会には根強い抵抗があり，ブラジルの裁判所も直ちに救済を与えたわけではない(346)。この非難されるべき男女関係に与えられた呼び名・蔑称が「コンクビナト（concubinato）」であった。数え切れない事件の蓄積を経て連邦最高裁判所によってコンクビナトに財産法上の規定の適用を認める判例法理が定着するまでに30年以上の年月がかかった。先回りしていえば，同法理が家族法に近づいていくのにはさらに30年以上かかった。最終的に，コンクビナトが民事婚の家族と同様に家族として承認され，保護されるには合計70年間ほどを要したのである。

結論からまとめて言おう。裁判所は婚姻外の関係に対するモラル上の非難に基づいてコンクビナト関係についていかなる法的規定の適用も否定する立場から，次第に当時のフランス法に倣って，労働法上の①労働提供に基づく賠償請求（indenizacão por serviços prestados）を適用する立場に移っていった(347)。そ

(345) AZEVEDO（1995）を参照。必ずしも婚姻に関するものではないが，ブラジルにおいて公式を迂回しようとすることが一種の文化となっていることについては，Keith Rosenn：佐藤明夫「ジェイト（Jeito）——公式法体系におけるブラジルの制度的迂回路と，それが発展に及ぼす影響——1・2完」法政理論／新潟大学法学界編第27巻2号（1994），28巻1号（1995）を参照されたい。

(346) STOLZE（2011）408頁を参照。

(347) ABRANTES（2004）74-88頁，FARIAS&ROSENVALD（2012）503頁などを参照。例えば，連邦最高裁判所が1947年に下した判決では「法体系はコンクビナト，自由結合の存在を意図的に無視し，家族法の領域については，まったく効果を認めていない。しかし，（コンクビナトそのものは）法的意味がないものであるからといって，

第1節　同性カップル「不存在」説の時代

の後，賠償請求権のみならず，②事実上の組合（sociedade de fato）として組合財産の分割に関する規定が「財産分与」の代わりに類推適用されるようになった(348)。より安定した人的結合としての性質が認められるようになってきたのである。ただ，この時は婚姻との区別を意識した財産法に特化した扱いであり，「婚姻」ではないが，「婚姻外」であることのみをもって財産法上の法律関係の存在を否定することはできないとされたにすぎない。婚姻外の男女関係に関わる判例法理は，その後の進展のなかで，「事実上の組合」の成立要件や共有財産の立証要件を緩和する方向へ向かい，財産法上の「組合」からは乖離して家族法上の「婚姻」に近づいていった。同法理は名称だけ「事実上の組合」のままであったものの，その内容は実質的には婚姻法に基づいた財産の処理になったのである(349)。

ハ　「事実上の組合」の法理の登場

家族法は「愛が終わった時から始まる」と言われる。事実上の組合の法理の場合もまた，判例法理形成のきっかけは，コンクビナト関係が解消されてからの財産処理の問題の解決が裁判所に求められるようになったことだった。まず，コンクビナト配偶者の女性による家事を「労働の提供」であると位置づけ，労働法上の賠償請求権が認められるかどうかが争われるようになった(350)。1930年代後半からコンクビナトは婚姻ではなく，それゆえ家事は労働提供であるの

　　コンクビナト配偶者の女性に対して提供された労働の報酬を支払わなくてもいいことにはならない」（STF, RE 7.182/47, Min. Rel. Hahnemann Guimarães, j.24/1/1947. In: Revista Forense 112:417）。
(348)　DIAS（2013）174-175 頁，GONÇALVES（2014）611 頁，FARIAS&ROSENVALD（2012）503 頁などを参照。
(349)　MOREIRA（2010）71-78 頁を参照。
(350)　労働契約に関する 1916 年民法典第 1216 条および第 1218 条の問題であるが，それぞれの規定は以下のとおりであった。
　　1916 年民法（Código Civil de 1916）
　　第 1216 条　物的なものであるかどうかを問わず，合法なサービス及び労働はすべて報酬により契約することができる（Toda espécie de serviço ou trabalho lícito, material ou imaterial, pode ser contratada mediante retribuição）。
　　第 1218 条　報酬についてはその定めがない場合，又は，当事者の協議が整わない場合には当該地域の慣習，労働提供の期間およびその質を考慮して調停により決められる。（Não se tendo estipulado, nem chegado a acordo as partes, fixar-se-á por arbitramento a retribuição, segundo o costume do lugar, o tempo de serviço e a sua qualidade）

137

第 3 章　背景にある観念レベルでの同性カップルの法的承認の過程

で，これを否定する理由がないとして請求を認容する下級審裁判所が現れ始めた(351)。だが，この請求権を否定する裁判例も多かった(352)。こうして，この問題に関する法的扱いが統一されないうちに，このような賠償権のみでは救済できない場合，あるいは，救済が不十分である場合(353)にさらなる保護を求める動きが現れた。コンクビナトは事実上の組合であるとの主張がなされるようになったのである。

　具体的には，組合契約に関する 1916 年民法第 1623 条がコンクビナト関係に適用されたのである(354)が，下級審裁判所では賛否両論が対立した。そこで，連邦最高裁判所は八つの判決(355)を下した。これら一連の判決は，のちに非婚カップル保護の基礎をなす判例要旨第 380 号（Súmula 380）の先例となり，や

---

(351) MOREIRA（2010）66 頁を参照。例えば，1938 年のミナスジェライス州裁判所は労働提供に基づく賠償請求は情夫（amásio）の財産形成に対する貢献の立証が必要であるとしながら，請求の可能性を認め（TAMG‐Câmara Cível‐AC 9.036‐Rel. Amilcar de Castro‐27.06.1938），1940 年には同裁判所が同様の請求を認める判断を下している（TAMG‐1ª Câmara Cível‐AC 10.203‐Rel. Newton Cruz‐RT/124, 30.05.1940）。
(352) 否定例における理由は婚姻保護やコンクビナトの違法性などきわめて多様であり，時代を感じさせるようなものでいえば，家事というのは女性の自然な活動であることを理由に賠償権を否定した 1940 年のサンパウロ州裁判所控訴審判決がある（TJSP‐4ª Câmara‐AC 5.764‐Rel. Meireles de Santos‐RT 127/514, 17.04.1940）。また，1922-23 年のサンパウロ裁判所は公序良俗に反して違法なものであることを理由に否定したときから，肯定例が 1930 年代後半に現れはじめるまで，20 年間もかかっていることに留意しなければならない。
(353) MOREIRA（2010）67 頁。当時の家父長制的な社会では女性は家事に専念していたため，不動産はすべて男の名義になっていた場合に共有財産の分割を含まない賠償権のみでは不十分であると考えられるようになったのである。
(354) 1916 年民法第 1363 条　共通の目的を達成するために努力，又は，資源を組み合わせる義務を互いに引き受けることを約する複数の者は組合契約を締結する。
(355) RE nº 52.217（1963），RE nº 49064（1962），RE nº 26.329（1961），AI nº 24.430（1961），RE nº 44.108（1960），RE nº 19.561（1953），RE nº 9.855（1948），AI nº 12.991（1947）の八件である。判例要旨の制度は同一裁判所が類似の事件について複数の判断を下しているとき，法解釈の統一の観点からその法理を形式化するものであるが，裁判所による立法ではないため，当該法理の直接の先例となる判決を引用する必要がある。換言すれば，判決理由の射程について議論により紛争が収束しない場合に，裁判所はいくつかの先例で用いられた同一の判決理由を形式化して法的安定性を取り戻そうとするのである。なお，これにも先例的拘束力が認められていなかった（二宮・矢谷［1993:37］）が，2004 年憲法改正第 45 号により認められるようになったことに注意が必要である。判例要旨の詳細については佐藤（2006）53 頁以下を参照。

第1節　同性カップル「不存在」説の時代

がて安定的結合制度に結実していく(356)。ここではいったん話を一連の八つの判決に戻そう。その中でも次の二つが重要であるとされている(357)。

一つ目は1946年の不服申立第12991号(358)である。この事案では，原告は提供された労働に基づく賠償に関して証言による証拠で足りるとする先例を引用してこれも事実上の組合の立証法として認められると主張したが，裁判所は労働提供と事実上の組合の成立要件とを区別してこの主張を斥けている。しかし重要なのは，判決では事実上の組合による構成員が有する権利およびこれらの組合が存在し得ることを否定したものではないと述べられており，適切な立証方法に従えば事実上の組合における組合財産の分割請求も認められることを示唆している点である(359)。

その趣旨を正面から確認する判決が1948年(360)に下された。これが二つ目の重要な判決である。この事案では相続財産をめぐってコンクビナト配偶者の女性が事実上の組合が成立することに基づいて，その持分を主張した。具体的には，いわゆる情夫（amásio）の息子が原告となって単独相続人として遺産を独占しようとしたところ，原告を育てたコンクビナト配偶者たる義母(361)が組合財産の分割を請求したのである。サンパウロ州の第一審裁判官および第二審裁判所が婚姻していないことを理由としてコンクビナト配偶者の権利を認めるべきではないと主張した原告の訴えを斥けて，被告の主張を認めたところ，原告が連邦最高裁判所に特殊上告した。上告に対して，最高裁判所は問題となっているのは婚姻法ではなく契約法であり，財産形成への直接，または，間接の寄与が認められた場合に民法第1363条の適用を妨げる事情がないと判断して

---

(356)　本書35頁以下を参照。
(357)　MOREIRA（2010）67-70頁を参照。
(358)　ここでいう不服申し立ては中間判決に対する不服申し立て（Agravo Instrumental, AI）のことをいう。この事件は，原告がダイヤモンド採鉱業者の男性と財産がなかったときから関係をもっており，同会社で数年間も管理者として働いたため，第一審裁判官は労働提供に基づく賠償ではなく事実上の組合を承認して共有財産の分割を認めたが，マトグロソ州裁判所の控訴審は当該事実上の組合が存在することが立証されていないとして第一審判決を取り消して棄却しようとしたところ，原告が不服申し立てを行ったものである。事実関係の詳細についてはMOREIRA（2010）69頁を参照。
(359)　AI n° 12.991（1946）p.6を参照。
(360)　STF - RE 9.855/SP, d.j.: 16/04/1948, MOREIRA（2010）68頁を参照。
(361)　原告は当該女性の子ではなかったこともコンクビナト関係であったことも父親が死亡するまで知らなかったようである（MOREIRA［2010］68頁，同判決報告の部分を参照）。

第3章　背景にある観念レベルでの同性カップルの法的承認の過程

上告を棄却したのである。

　これらの判例により確認されたのは，コンクビナト配偶者が関係解消後に組合財産の分割という司法による救済を求めることができること，そのためには財産形成への寄与があったことの直接または間接の立証が必要であること，および，当該関係の性質が事実上の組合の成立とは無関係であること，であった。しかし，当時は判例法の文化が根付いていなかったためか，その後また六つの類似の事件が連邦最高裁判所にのぼってきた。そこで，連邦最高裁判所は1964年にこの法理を明文化する判例要旨第380号を打ち出すことになったわけである。

> 連邦最高裁判例要旨第380号
> 「コンクビナト配偶者間の事実上の組合の存在が立証された場合，共通の努力により取得された財産の分与を伴う，司法的解消が可能である」[(362)]

　この判例要旨については，コンクビナト配偶者に対する司法による救済に関して次の点に留意する必要がある。第一に，労働提供に基づく賠償請求権が否定されたのではなく，賠償請求権はのちに扶養権に代わるものとして再構成され，事実上の組合の法理は財産分与に代わるものとして理解されるようになった点[(363)]。第二に，婚姻法の問題ではないため，当該関係の性質（婚姻関係との類似性）が問われておらず，「非難されるべき婚姻外の男女関係であるから財産法上の権利義務が発生しない」という命題が否定されているにすぎない点。この二点から，事実上の組合財産の分割請求をするためには労働および資金の拠出などの財産形成への具体的な貢献（寄与）を立証しなければならず，当該財産の持分は立証された貢献の程度に限定され，また，労働の提供に基づく賠償請求についても具体的な労働（家政婦としての家事でもよいが）の立証が必要であるとされていたのである。

　民法上の問題については上記のように「婚姻」との明確な距離が置かれた。ただその一方では，社会保障上の問題については，「婚姻」との類似性，また

---

(362)　原文については添付資料1の3を参照。
(363)　DIAS (2013) 174-175, 195頁。ローボ（Paulo Lôbo）はこれについて「共通の努力の立証が困難であった場合には，家族的な共同生活のみにより裁判所がこれを推定しなかった場合には，同じように債権法の分野における解決策として，コンクビナト配偶者の女性による労働提供に基づく賠償請求が認められたのである」と説明しているが，これはのちの法理に関する説明であることに注意が必要である（LÔBO [2011:170]）。

は，接点が強調されるようになったことに注意が必要である。どういうことか。1960年代前半にはコンクビナト関係に関する複数の判例要旨が打ち出されているが，その最初のものである1963年判例要旨第35号はコンクビナトを次のように理解している。

> 連邦最高裁判例要旨第35号
> 「労災，又は，交通事故の場合，コンクビナト配偶者の女性は情夫の死亡による損害について，その間に婚姻障害があった場合を除き，賠償権を有する」[(364)]（下線は著者）

この判例要旨は1963年特殊上告第47724号判決を直接の先例としているが，この事件は鉄道の災害で情夫を亡くしたコンクビナト配偶者の女性が鉄道会社に対して賠償を請求したものである。要旨にある「婚姻障害が無い」とする条件から明らかなように，連邦最高裁判所は「婚姻」であるのに婚姻登録を行わない「ブラジルの地方における特殊な社会的状況」に配慮していることがわかる[(365)]。婚姻とコンクビナトの類似性が意識されていることが，間接的なかたちで現れているのである。

ニ 「コンクビナト保護法理」への転換

以上のように，1930年代から1960年代までの間，裁判所はコンクビナト関係を「財産関係」として承認して一定の保護を与えたが，この動きは学説により支えられておらず，学説は当初このような法理に対してむしろ批判的であり，また，コンクビナトに対する社会的な偏見も根強かった[(366)]。にもかかわらず，1960年代の判例要旨第380号を出発点として裁判所はコンクビナトに関する規律を婚姻法に近づけることによりコンクビナトの保護を厚くする方向へ向

---

(364) 原文は次のとおりである。Súmula do STF nº 35, 13 de dezembro de1963: "Em caso de acidente de trabalho ou de transporte, a concubina tem direito de ser indenizada pela morte do amásio, se entre eles não havia impedimento para o matrimônio." (Súmula da Jurisprudência Predominante do Supremo Tribunal Federal – Anexo ao RI. Ed. Imprensa Nacional, 1964, p.44).

(365) STF, RE nº 47.724, Voto Min. Victor Nunes, p.263を参照。本件では宗教婚が行われていたが，これに民事的効力を与えるための登記が行われておらず，連邦最高裁判所裁判官は地方ではこのような状況にあるカップルが多いという認識を示している。

(366) STOLZE (2011) 412頁を参照。ストルジはブラジル法で歴史上偉大な法学者であるミランダ（Pontes de Miranda）およびモンテイロ（Washington de Barros Monteiro）はコンクビナト保護に対して批判的な見解を有していたことを指摘している。

第3章　背景にある観念レベルでの同性カップルの法的承認の過程

かっていった(367)。この流れはさらにすすんで，1970年代からはもはや「事実上の組合」という名称が指すものの存在は財産形成への具体的な寄与の有無ではなく婚姻の特徴である①安定性，②継続性，③同居・性関係などを基準として判断されるようになり，その「存在」さえ立証されれば2分の1の貢献を推定する裁判例が増えていった(368)。当初は家族法と財産法とが厳格に区別されていたが，次第にこの区別は形式的なものになり，実質的には事実上の「婚姻」があるかどうかを基準として，コンクビナト関係から生じる問題には婚姻法の規定が適用されるのと同じ結論が導かれるようになった。こうした一連の変化を，筆者はコンクビナト保護法理への転換と捉えている。

　これにより，確かに「民事婚の法」としての家族法の性格が緩められたと言える。しかしながら，民事婚に認められていた家族の「正統化機能」がなくなったわけでもなければ，民法典を中心とする家族法の「婚姻家族の法」としての性格が変わったわけでもない。正統な家族を形成している婚姻とコンクビナトとが対立した場合，あるいは，コンクビナトが重婚的なものである場合には，たとえ婚姻が既に破綻していても，コンクビナト関係の処理の方が財産法上のものであると主張され，厳格な要件で判断されていた。

　また，婚姻関係と対立しない場合に適用されるコンクビナト保護法理は新たな家族形態を想定するものではなく，正統化の手続を経ていない点を除けば，ベヴィラクアが考えていた「最善の家族」を想定するものであった点も指摘しておくべきだろう(369)。ただ，民事婚の権利義務の一部がコンクビナトに拡張

---

(367) コンクビナトの要件として単なる財産形成への貢献のほかに，同居していること，安定した共同生活（estabilidade）であること，経済的依存性（dependência econômica）があること，公の関係であること（publicidade），異性間であること（diversidade de sexos），婚姻における共同生活をする意図（desejo de convivência matrimonial），貞操義務（fidelidade）などが総合的に考慮されるようになったが，これらが2002年民法第1723条における安定的結合の要件である「男女間の」，「公開的」，「継続的かつ安定的」，「家族形成の意図をもった」共同生活の原型となっている。これに関する判例および裁判例は多数あるが，その詳細についてはMOREIRA（2010）71-77頁を参照。

(368) MOREIRA（2010）71-77頁を参照。

(369) 但し，さまざまな特別法によって「最善の家族」の内容が若干変更されていたことに注意が必要である。嫡出性という機能は依然として存在していたが，婚外子の認知が許されるようになったこと，既婚女性法典により既婚女性の行為能力への制限が緩和されたこと，1977年憲法改正および同年離婚法により生涯に一度の「家族」としての「婚姻家族」が大きく変更されたことが重要である。ただ，これらは従来の「最善の家

されるようになったことで，家族法上の権利義務が必ずしも民事婚固有のものではないことが示唆されたことも確かであった。そしてこれが「家族」と「婚姻」の法的概念の一つ目の亀裂となり，「家族の法」としての家族法の理解への第一歩となったことが重要である(370)。

第2節　同性カップルの「組合」の法的承認

　前節で述べたように，ブラジルにおいて同性カップルの法的承認の必要性が議論され始めたのは1990年代のことである。異性カップルについてのコンクビナト保護法理の変遷の考察から敷衍して考えるなら，同性カップルの法的保護のあり方としてはおそらく事実上の組合の法理を適用するという道筋をたどったものと推測するのが妥当であろう。実際のところ，ブラジルは異性カップルについてはフランスに倣った保護法理を採用したのだった。ところで，フランスでは同性間の関係は「コンキュビナージュ（コンクビナト）」ではないとされ，コンキュビナージュに関する諸法理の適用が否定された(371)。これに対し，ブラジルでは同性カップルが問題となるとすぐに，裁判所は難なく事実上の組合として同性カップルの関係を承認したのである。

　本節では，まず同性愛者間の事実上の組合が承認される経緯，およびゲイ・パートナーシップ法案をめぐる当時の学説の理解を考察する（第1項）。その上で，ブラジルではなぜフランスと違って同性カップルについて事実上の組合の法理の適用が認められたかを説明するために，その背後にある「コンクビナト」保護法理の遂げた大きな変容から当時の家族法のあり方を紹介する（第2項）。

　　族」の「微調整」であるため，特別法として制定されており，民法典における家族法の構造および考え方が変化しているわけではないことに注意が必要である。
(370)　MOREIRA（2010）78頁を参照。
(371)　破毀院社会部1989年7月11日判決，破毀院第3民事部1997年12月17日判決。大島［梨］（2007［1］）288-292頁を参照。

第3章　背景にある観念レベルでの同性カップルの法的承認の過程

第1項　同性カップルの「組合」の承認
1　下級審における財産関係の承認
――1989年リオデジャネイロ州裁判所の判決という出発点

　前節で述べたように，ブラジルの家族法学説においても裁判所においても同性カップルは「不存在」として理解されていた。ここに一石を投じる一連の事件が現れた。裁判で同性間の婚姻が認められないのは容易に想像がついた。そこで，事件の当事者たちは，否定されるであろうことが明らかな婚姻ではなく，事実上の組合の法理の適用を主張したのである[372]。このような主張を初めて認めたのはリオデジャネイロ州裁判所の1989年判決であった。具体的な事案はこうである。ブラジルの百万長者の息子で，画家であったギンレ（Jorge Eduardo Guinle）が1987年にニューヨークの病院で死亡した。その際，彼と17年間一緒に暮らしていた原告の男性が事実上の組合の法理を援用して遺産に含まれる組合財産の分割を求めた。この主張に対し，バハジアン第一審裁判官（Juiz José Bahadian）が事実上の組合の存在を認め，遺産の2分の1を原告に与えた[373]。第一審裁判官の判断に対して抗告があったが，リオデジャネイロ州裁判所は，共有財産に対する原告の持分を2分の1から4分の1に改めたものの，次のような判断を示して事実上の組合に関する規定の適用を認めたのである[374]。

　「事実上の組合の存在確認および財産の二分の一の分割を目的とする訴訟。分割を求める財産形成のために共同の努力があったことが立証された場合，事実上の組

---

(372)　MOREIRA（2010）80頁では「ブラジルにおける同性間の結合の承認の過程は自由結合を規律する諸制度による権利を求める一連の訴訟にはじまった。（……）この戦略は大きく成功した」と述べられているが，1983年に婚姻に関する事件があったことから，これを「意図的な訴訟戦略」といえるかどうかは曖昧である。ただ，1983年の事件は虚偽の書類により行われた婚姻が不存在であることを求めるものであり，それ以前に婚姻を拒否されたことを争った事件がないことを考慮すれば，裁判所に対して「婚姻を承認せよ」という当事者からのアプローチがなかったのは確かである。なお，前節で述べたように，トランスジェンダーによる虚偽の手続に基づく婚姻と同性カップルの問題は区別される。

(373)　28ª Vara Cível da Comarca do Rio de Janeiro, Juiz José Bahadian, d.j.: 5/17/1988。この事案では死亡したギンレが二つの遺言を残しており，ひとつめは原告に財産の半分を残す意思を示していたが，ニューヨークの病院に入院していたときにこれを撤回する遺言を書いていた。しかし，同遺言作成時に遺言者がすでに危篤状態であり，十分な行為能力がなかったとする証言があった（AZEVEDO［1999:19］）。

(374)　TJRJ, 5ª Câmara Cível, Rel. Narcizo A. Teixeira Pinto, d.j.: 8/8/1989.

合があると認められ，共有財産の分割が決せられる。だが，これは<u>必ずしも原告に被告の名義とされている財産の二分の一の持分を与えることにはならない</u>。分割は各当事者の<u>寄与に比例しなければならない</u>。従って，諸事実の総合考慮から元組合員の寄与度がより小さいと認められる場合，当該当事者にはその寄与度に見合った持分を与えるべきである。」[375]（下線は著者）

　持分を減らして判示されたのは，第一審裁判官が当時の婚姻法に基づく扱いに近い「コンクビナト保護法理」を適用する画期的な判断を示したのに対し，リオデジャネイロ州裁判所は第一審判決を修正して，「コンクビナト」ではなく，当初の当事者の主張通り，財産法上の関係として厳格に扱われていた「事実上の組合の法理」を適用すべきであるとしたからであった。第一審裁判官の見解も州裁判所の見解も当時としては画期的なものであったといえる。ただ，この事案は著名人に関するものであること，当時のブラジルが強い対抗意識を持っていたアメリカが関係している国際私法の問題が関係していること，当事者により立証された労働提供はコンクビナト保護法理で問題とされた「家事（serviços domésticos）」ではなく展示会や売買など芸術家のマネジャーとしての仕事であること，効力を否定された遺言があったことなど，きわめて特殊なケースであったことに注意が必要である。だが，前節で述べたように1985年に連邦医学委員会が「同性愛」を精神病の類型から除外して同性カップルの当事者運動が盛んになりはじめていたこともあって，この判決のあと，事実上の組合の法理を主張して訴訟が提起されることが増えていった。そして，同性カップルに関して事実上の組合として財産法上の効果を認める理解が定着していったのである。

　一方では，連邦心理学委員会によって「同性愛」が病気ではないとされたのは1999年になってからのことであり，この時期には同性愛の非病理化が学問

---

(375)　原文は次のとおりである。"Ação objetivando o reconhecimento de sociedade de fato e divisão dos bens em partes iguais. Comprovada a conjugação de esforços para formação do patrimônio que se quer partilhar, reconhece-se a existência de uma sociedade de fato e determina-se a partilha. Isto, porém, não implica, necessariamente, em atribuir ao postulante 50% dos bens que se encontram em nome do réu. A divisão há de ser proporcional à contribuição de cada um. Assim, se os fatos e circunstâncias da causa evidenciam uma participação societária menor de um dos ex-sócios, deve ser atribuído a ele um percentual condizente com a sua contribuição." Jurisprudência Brasileira Cível e Comercial, Ed. Juruá, Curitiba, União Livre, 1994, nº 173, pp. 206 a 209, AZEVEDO（1999）20頁を参照。

第3章　背景にある観念レベルでの同性カップルの法的承認の過程

的なレベルでまだ進行中であったし，これらの判決は必ずしも社会的な寛容に基づいて下されているわけではないことにも注意が必要である。同州裁判所により下された1992年判決はその事実をよく表している⁽³⁷⁶⁾。

> 「民事上訴。確認訴訟。事実上の組合。コンクビナトと同様に婚姻関係にあるかのような男性同士の同性愛的な共同生活。<u>コンクビナトと事実上の組合はまったく異なる法的制度</u>である。コンクビナトの存在はその要件でもなく，事実上の組合の存在を認めるのに十分ではない。後者は分割しようとしている財産に対する原告の実質的な貢献から生ずるものだからである。<u>コンクビナトとは婚姻類似の(more uxorio) 貞操義務を伴う夫婦のような自由かつ安定した男女間の結合であり，憲法第226条§3に規定されているものである。男性同性の間の，婚姻しているかのような，コンクビナトは明らかに『異常』</u>であって，ブラジル法の素質とは対照的である。主張されている事実上の組合を認めるに足る十分な証拠がない。」⁽³⁷⁷⁾（下線は著者）

この1992年の判決文によれば，州裁判所は基本的に同性間のこうした関係に対して寛容であるどころか，それを「異常なもの」と評価していたのであるが，①コンクビナトと事実上の組合とは全く異なる制度であること，②コンクビナトが憲法第226条§3に規定されていることを強調することで，決して同性間のカップル関係から財産法上の効果を承認しているわけではないと述べているわけだ。すなわち，財産法上の効果は同性の「コンクビナト」から発生するのではなく，当該関係の性質を問わない「事実上の組合」（黙示の組合契約）から発生するものであると判断されており，憲法の規定（1988年憲法第226条

---

(376)　TJRJ- ApCiv 0006973-50.1992.8.19.0000, d.j.:24/11/1992（RANGEL [2014:289], ROCHA [2007:715-756]）を参照。

(377)　原文は次のとおりである。"Apelação cível. Declaratória. Sociedade de fato. Convivência homossexual entre dois homens, mantendo um relacionamento como se casados fossem, análago ao concubinato. O concubinato e a sociedade de fato são institutos jurídicos inconfundíveis. A existência de concubinato não é requisito necessário, nem suficiente para o reconhecimento da sociedade de fato, uma vez que esta resulta da efetiva contribuição da parte autora à formação do patrimônio que pretende partilhar. O concubinato é a união livre e estável entre o homem e a mulher, como se marido e mulher fossem com fidelidade recíproca, 'more uxório', sem embargo do disposto no art. 226 § 3º, da CF. Concubinato entre 'dois homens', como se casados fossem, é ostensiva 'esdruxularia' (sic) contrastando com a índole do direito brasileiro. Minguada a prova à alegada sociedade de fato. Pedido improcedente. Sentença confirmada. Recurso desprovido."

第 2 節　同性カップルの「組合」の法的承認

§3)が引用されていることから従来の「コンクビナト」と「事実上の組合」とを厳格に区別するなんらかの変化（第 2 項　1988 年憲法制定による当初の変化を参照）がこの判断の背後にあることがわかる。「民事婚の法」としての家族法をまた一歩揺るがす，なんらかの変化が。

　ただ，同性愛に対する偏見が全くこの事実上の組合の法理の壁とならなかったわけではない。これらの事件を受けて，ブラジルで初めて同性カップルの関係の法的扱いを論じたのは，キザジコウィスキ（Rainer Czajkowski）である。キザジコウィスキが同性カップルの評価について宗教上・モラル上の根強い偏見があることを指摘し，同性間の親密な関係から法的な効果が発生することがあり得るので「<u>モラルにより分析すれば，主観的なものに失するのみならず，いかなる法的に有用な効果も否定されるであろうから，モラルではなく法律的・法技術的な分析をすべきである（下線は著者）</u>」ことを強調しなければならなかったのもその壁のためである(378)。かつて非婚カップルは「非婚」であることに対するモラル上の批判を乗り越えて，「非婚」というモラル上の非難ただそれだけによっては法的には通常認められてしかるべき財産法上の効果を否定されることなく，事実上の組合として承認されたことがコンクビナト保護法理の出発点となった。これと同じように，「同性愛者」ということただそれだけによっては財産法上の効果を否定されるべきでないことが主張されたわけである(379)。

2　1995 年ゲイ・パートナーシップ法案

　前述したように，ブラジル法では現在も同性カップルに関する特別法が存在しない。また，ブラジルで同性カップルの関係の財産法上の効果が認められたのは，同性カップルに関する法律学研究の成果（そのようなものはそもそも存在していなかった）によってではなく，裁判所における理解の変化によってである。だが，ヨーロッパ諸国で同性カップルの法的承認が進み，ブラジルにおいても当事者運動が活性化するにつれ，同性カップルに関わる法制化を求める動きが現れた。このような当事者の要求に応えようとして，スピリシ元連邦下院議員が 1995 年に連邦下院においていわゆる「ゲイ・パートナーシップ

---

(378)　CZAJKOWSKI (1995) 95-107 頁を参照。
(379)　AZEVEDO (1999) 21-22 頁を参照。

第3章　背景にある観念レベルでの同性カップルの法的承認の過程

(parceria-gay)」法案（PL1.151/95）[380]を提出した。この法案はジェフェルソン元下院議員（Roberto Jefferson）が提出した代案である1997年法律案1151-Aに変更されたが、いずれも可決に至らず審議の延長が繰り返されて議題にものぼることもなかった[381]。だが、この法案をきっかけに、同性カップルに関するポルトガル語の法律文献が急増して同性カップルの問題が真剣に論じられるようになった[382]。以下では、法案の内容を確認した上で（イ）、それ以前には同性カップルの問題に無関心であった家族法学者が、この法案に対して示した反応を紹介する（ロ）。

イ　ゲイ・パートナーシップ法案

1995年の法律案は「同性間の民事的結合を規律すること」を目的としていた。だが、「結合（união）」という用語がコンクビナトを連想させたため、家族法学者の指摘に従って1997年の代案において「民事パートナーシップ（parceria civil）」に改められた[383]。同法案の目的は当初から同性カップルに家族・婚姻・コンクビナトと同様の地位を与えることではなく、同性愛者の基本的人権の尊重の観点から財産法上の権利義務を保障することであり、「ゲイ・パートナーシップ」と「家族」との明確な区別が主張されていた[384]。

しかし、この法案は、婚姻と同じ民事身分登記所への登録制度、婚姻障害事由の準用、離婚と同じ解消の制限（司法権による解消のみ可能）などを規定する他、「家族」と同じように家族財産（bem de família）の保護に関する規定を準用し、コンクビナトに関する社会保障上の権利の保障などを準用していた。そのため、ゲイ・パートナーシップは、建前上は「家族」・「婚姻」ではないと主張されながらも、その実質は、共同養子縁組が認められないこと以外は、「婚姻」・「家族」に関する制度と酷似していた。相続に関する権利も、関係解消後

---

(380)　同法律案全文、代替案（Substutivo）、および審議過程については連邦下院議事録、また、1996年の下院特別委員会の意見書（Parecer da Comissão Especial）を参照［下院の公式ホームページで両方閲覧可能］。なお、同時に性的指向に基づく差別を禁止するなどの憲法修正案第139号も提出されているが、割愛する。
(381)　DIAS (2014) 96頁を参照。
(382)　GIORGIS (2001) を参照。
(383)　FACHIN (1996)、MALUF (2010) 160頁を参照。
(384)　DIAS (1999) 164頁を参照。

の扶養請求権も同様に保障されることになっていた(385)。また，代案で名称を改めた点ではこの問題を意識していたことがうかがえるほか，外国人のための配偶者ビザ，被扶養家族の地位の付与などに関する規定を導入したことからすると，ゲイ・パートナーシップの保護をさらに厚くすることが図られていた。

そのためもあり，提出法案を検討する特別委員会（Comissão Especial）は通過しているが，同委員会において意見が大きく対立し，「家族の崩壊」，「国民の倫理の損壊」，「婚姻制度の堕落」などを声高に危惧する声が聞かれた。その後，宗教的勢力の議員から，この法案が採決にかけられれば，租税法に関する重要な法律案を可決させないといった脅しもかけられるなど，議会で議題にのぼることさえなかった。政治的な妥協の意識が欠如していたのである。

ロ　ゲイ・パートナーシップ法案の評価とブラジル家族法学説の理解
(1)　法案に対する家族法学者の評価
特別委員会においてこの法案の名称変更を提案したのは，ブラジルの著名な家族法学者であるファキン（Luiz Edson Fachin）(386)であった。ファキンはブラジル国内では同性愛の社会問題に好意的なことで名高い学者の一人である。そのファキンにとってさえ，当初は同性カップルを「家族」・「婚姻」として扱うことそのものが想定外の事態であったのである(387)。ただし，法案の名称を変えた意図は，その趣旨自体を抑制する方向だけではなかったことにも注意が必要である（後述）。

後で述べるように，コンクビナトの理解の変化に大きく貢献した民法学者のアゼヴェド（Álvaro Villaça de Azevedo）はこの法案を家族法の観点から詳細に分析した。アゼヴェドは，原則としてゲイ・パートナーシップの保護の必要性は認めながらも，婚姻との区別が形式的なものにすぎないことを問題視した。具体的には，同法案は新たな民事身分を創設し，コンクビナトに関する法令などを改正して当該関係のパートナーに与えようとしており，家族ではないものを家族として扱っていると批判した(388)。このことはアゼヴェドが，特に法案

---

(385)　AZEVEDO (2001) 478頁, MALUF (2010) 160頁を参照。
(386)　2015年6月16日から，退官したザヴァスキ裁判官（Teori Zavascki）の後任者として，連邦最高裁の裁判官に就任している。
(387)　FACHIN (1996) 47-54頁を参照。
(388)　AZEVEDO (2000) を参照。

第3章　背景にある観念レベルでの同性カップルの法的承認の過程

第9条が家族財産を保護する1990年法律第8009号の規定を準用している点について、「(法案同条は) この法律を没却するものである。なぜなら、登録パートナーシップには家族形成の意図も家庭も存在せず、家族財産が存在するとみなされる余地がないからである」と述べていることから明らかである[389]。ただその一方では、家族の保護ではなく当事者の保護の観点から、同法案はブラジル社会に馴染みのない過剰な方式主義を採用していることも問題視していた点も指摘しておかなければならない[390]。

要するに、各論者は同性カップルの関係を規律する法律の必要性を一方的に否定していたわけではないことに注意が必要なのである。アゼヴェドは法案の立法理由を引用して、性的指向に関する偏見により市民権を否定するべきでなく、同性カップルの存在は否定できないから、立法者のかかる懸念は「理解できる」と述べていた[391]。ファキンは「法は、差別や偏見のために、要塞のように閉ざされるべきでな(く…….)法律界は視野を広げて現実を見つめ、情愛と共同生活の関係の法的な意味を再検討し議論する必要がある」とも述べていた[392]。これらから論者の上記の姿勢は明らかであろう。

(2)　当時の家族法における「同性カップル」の関係の評価

当時法律家のあいだで同性カップルそのものはどう評価されていたのか。アゼヴェドは婚姻に関する従来の不存在事由説を再確認し、コンクビナトについても同性間であることが不存在事由であるとして、当時の通説をまとめている[393]。確かに1916年民法典には婚姻を男女間に限定する明文の規定はないが、民事婚の規範体系は「異性間であること」をその存在の前提としているという。その形式的な根拠としては、夫の権利義務に関する第233条から第239条の規定、妻の権利義務に関する第240条から第255条の規定を挙げて、民法典は「夫婦 (cônjuges)」、「夫 (marido)」、および「妻 (mulher)」に常に言及してい

---

[389]　AZEVEDO (1999) 28-29 頁を参照。

[390]　「過剰な方式主義」の典型例は「登録」そのものである。婚姻の手続の煩雑さと同じ程度煩雑ではなかったようだが、カミングアウトしていない当事者が多い同性カップルについて登録されているカップルのみを保護の対象としてしまえば、当該法令の実際上の意義が大きく阻害されてしまうという見解である。AZEVEDO (2000) 153 頁、DIAS (2000) 165 頁を参照。

[391]　AZEVEDO (1999) 22-24 頁を参照。

[392]　FACHIN (1996) 52-53 頁を参照。

[393]　AZEVEDO (1999) 25 頁以下、LIRA (1999) 95-96 頁を参照。

150

第 2 節　同性カップルの「組合」の法的承認

ると述べた。その上で，婚姻の不存在に関する裁判例を取り上げ，州裁判所が婚姻を「無効」とした第一審裁判官の判決を取り消して「不存在」としたことについて，異性間であることは治癒され得る瑕疵ではないので，正しい判断であると評価している[394]。また，コンクビナト保護法理について裁判所が念頭に置いていたのは常に「男女のカップル」であり，婚姻と同様に同性間であることは不存在事由と理解されるべきであるとも述べている[395]。

さらに，後に同性カップルが家族として扱われる帰結に大きな役割を果たすことになったジアス元州裁判官の見解も見ておこう。ジアスは，同性カップルとコンクビナトとでは事実問題として異なるところがないという（当時にしては）特殊な意見を示しながらも，当時のブラジル家族法において同性カップルをコンクビナトとして扱うことができない点についてはファキンおよびアゼヴェドと同様の理解を示していたのである[396]。

ただその一方では，いずれの論者の見解も，キザジコウィスキの見解を踏襲して同性愛に対する偏見を理由に事実上の組合による財産法上の効果を認めることについては問題がないとする点で一致している[397]。すなわち，同性カップルの関係は，婚姻またはコンクビナトのような家族固有の性質を有するものではないため家族法の対象とはならないが，組合員の共同の努力による財産の取得が立証されれば，民法第1363条上の組合契約の存在を否定することは妥当ではないという考え方である。

3　1998年連邦高裁判決による「事実上の組合」の定着

1989年リオデジャネイロ州裁判所の判決およびゲイ・パートナーシップ法案の論争の延長線上に，1998年に連邦高等裁判所のリーディングケースが現れた[398]。同性カップルは「婚姻」でないのはもとより「コンクビナト」でも

---

(394)　AZEVEDO（1999）14-15頁を参照。
(395)　AZEVEDO（1999）19頁を参照。
(396)　DIAS（1999）56-57頁を参照。
(397)　前注(378)，AZEVEDO1999）21-22頁を参照。
(398)　STJ, REsp nº 148.897-MG, Rel. Min. Ruy Rosado de Aguiar, d.j.: 10/02/1998, AZEVEDO（1999）21頁を参照。後述するように，同判決は相続権ではなく，事実上の組合の法理により共有財産の分割を認めたにすぎないが，メディアで「相続権を認めた」ものとして騒がれたのである（Euclides Benedito de Oliveria. *Direito de herança entre homossexuais causa equívoco*. In: Tribuna do Direito (jornal), abril de 1998, 12頁を参照）。

第3章　背景にある観念レベルでの同性カップルの法的承認の過程

ないが，だからこそその関係は「事実上の組合」の法理の対象となると判示したのである。この判決のきっかけとなったのは，1996年にミナスジェライス州裁判所において事実上の組合の法理の適用が主張された事案である[(399)]。その具体的な事実関係は次のとおりである。

　エイズでパートナーAを亡くした原告Xは，①Aとともに住んでいた不動産が二人の共有財産であったことの確認，および，②Aの父母に対して名誉毀損に基づく慰謝料[(400)]の請求を行った。①については，原告は不動産購入のために金銭的な貢献をしており，Aがブラジル銀行（Banco do Brasil）[(401)]の行員であったため，その地位による特別な条件で購入できるように不動産をAの名義にしたにすぎないと主張した[(402)]。第一審裁判官は原告に不動産の二分の一の持分を認めたが，Aの親YはXの要求が家族法に依拠しているものであり，ブラジル法ではこの判決を根拠づける法律がないこと，財産の分割を伴う事実上の組合の承認（判例要旨第380号の適用）は男女間でのみ認められることなどを主張して州裁判所に控訴した。これに対して，ミナスジェライス州裁判所は「同性同士の結合は［……］，その共同生活の期間を問わず，当該結合の当事者に権利をなんら取得させるものではない」として，第一審判決を破棄して原告の請求を棄却したため，原告は連邦高等裁判所に特別上告した。

　連邦高等裁判所はコンクビナト保護法理ではなく，当時の民法であった1916年民法第1363条の組合契約に関する規定が根拠であることを確認して，リオデジャネイロ州裁判所により10年前に打ち出された法理を連邦レベルで採用して統一させた。この1998年連邦高裁判決が出たのはゲイ・パートナーシップ法案の論争の直後であることもあり，各裁判官が単に報告担当裁判官の

---

(399) TJMG - 2ª C. Cív. - AC 226.040-8- Rel. Carreira Machado, d.j.: 08.04.1997, RT 742/393 を参照。

(400) 慰謝料請求に関しては割愛するが，次のような問題であった。原告はAの親が，AがHIVで死亡したことおよび原告が秘密にしていたAとの関係の噂を広げたため，原告が「ミナスジェライス州社会から排除され」てしまった結果，原告の会社が破産に追い込まれたと主張したのであるが，第一審から連邦高等裁判所まで一貫して因果関係がないとして棄却されている。

(401) 政府の管理下におかれているブラジルの主要な銀行のひとつである。

(402) MOREIRA（2010）82-83頁。認定されている事実はこれよりも若干複雑であるが，原告が不動産購入のために資金を提供したことなどその貢献を明らかにする詳細な証拠を提示していることが重要である。詳細な事実認定については連邦高裁1998年特別上告第148.897号の報告部分（relatório）を参照されたい。

第 2 節　同性カップルの「組合」の法的承認

意見を採用するだけに留まらず，詳細な意見を述べている点が目を惹く[403]。

　報告担当裁判官はまず民法 1363 条を引用した上で，これに関する連邦最高裁判所判例要旨第 380 号を掲げて「財産の分割の根拠は婚姻類似の共同生活性（convivência more uxorio）ではなく，事実上の組合」であり，連邦高等裁判所において「（第 380 号判例要旨の）財産的な効果は債権法から生ずるものである」とする先例[404]を指摘し，事実上の組合の法理が家族法の問題ではなく，財産法ないし債権法の問題であることを強調した[405]。その上で「家族法の進歩により，（コンクビナトが）家族法の問題として扱われるようになったのは，その後のことであり，特に 1988 年憲法以降のことである」と指摘して，本件の問題を家族法の問題として扱うことができないことを理由としてその財産法上の効果を否定することはできないとした。

　この判決はリオデジャネイロ州裁判所と同じ理論を採用しているが，若干の相違があることに注意が必要である。1989 年のリオデジャネイロ州裁判所の判決は「コンクビナト」が「事実上の組合」と区別されるべきであり，コンクビナト保護法理の出発点となった連邦最高裁判所判例要旨第 380 号を援用することなく，民法典の組合契約に関する規定を根拠としていた。これに対して 1998 年に，連邦高等裁判所は判例要旨第 380 号における法理そのものが財産法に依拠するものであるとしており，コンクビナトと同性カップルに適用される法理の性質が同じであるとしている。そのことから，各判決における「コンクビナト」および判例要旨第 380 号の意味が若干異なっていることがわかるが，その理由を理解するために背後にあるブラジル家族法の変化に目を向けなければならない。

---

(403)　判例が蓄積していくと，高等裁判所の判決文，各裁判官の意見が次第に長くなっていくことが興味深い。この事件ではすべての裁判官の意見をあわせても 5 頁にも満たず，250 頁にもわたる 2011 年の連邦最高裁判決や 2011 年連邦高裁判決とは比べものにならない。

(404)　REsp 45889-SP, 4ª Turma, rel. Min. Rel. Torreão Braz, REsp 4599-RJ, 3ª Turma, Min. Rel. Nilson Naves などを参照。

(405)　「more uxório」はラテン語から用いられた表現であってコンクビナト保護法理が発展する中で用いられるものであるが，「あたかも婚姻しているかのように」という意味である。すなわち，当該関係には安定的結合の原型であるコンクビナト保護法理に求められていた①家族形成の意図，②安定性，③継続性，公開性があるかどうかによって判断されるのではなく，事実上の組合として共通の目的のために労働又は財産の拠出があるかどうかによって判断されることが確認されている。

153

第 3 章　背景にある観念レベルでの同性カップルの法的承認の過程

　以上から，裁判所においてもブラジル家族法学説においても，同性カップルについて財産法上の効果が認められたのは，1988 年憲法第 226 条 §3 をきっかけとする従来の「コンクビナト」保護法理に何か大きな変化があったことと密接に結びついていることがわかる。先回りして言ってしまえば，それは「民事婚の法」としての家族法の理解を離れ，事実婚の承認の意味も帯びる安定的結合の制度化に関わる変化である。次項ではこのような変化および新たなブラジル家族法の理解を検討する。なお，この変化を捉えるために，いったん視点をもう一度異性カップルにも向けることをあらかじめ断っておきたい。

第 2 項　1988 年憲法制定による当初の変化
1　1988 年憲法の家族に関する規定
イ　憲法第 226 条の導入の背景

　ブラジル法の概略で述べたように，1988 年憲法の制定過程の特徴は歴代憲法に比べて国民参加が顕著であったことである。憲法制定議会はいわゆる国民提案を収集して積極的に検討したが，家族については 5517 の提案が収集されている。その中で主要な話題となっていたのは，「情愛の結合としての家族の強化，男女平等，子の監護権，家族のプライバシーの保護，貧困層の家族に対する国家の保護の強化，妊娠中絶，親の権利よりも親の義務の強化（責任ある親子関係），避妊の自由，家族構成員の身体的・精神的な健康の保護，非婚の男女の安定した結合の制度化，出自を問わない子の平等，遺棄された子に関する社会的・モラル的な責任，養子縁組制度の簡略化」[406]などであった[407]。こうした議論が交わされたことからわかるように，ブラジル社会における家族認識はもはや非婚の男女カップルの関係を非難する 1916 年民法典の伝統的な家族観とは大きく乖離していたのである。1988 年憲法の家族に関する規定（憲法第 226 条以下）に目を通してみれば，国民の提案の多くがそのまま憲法の規定に取り込まれていることがわかる[408]。家族に関する国民からの提案を検討したのは，憲法制定議会に設置された，家族，未成年者および高齢者小委員会（Subcomissão da Família, do Menor e do Idoso）だった。同小委員会による憲法

---

(406)　LÔBO（2011）19-20 頁を参照。
(407)　前注(46) BRASIL（1987）3-13 頁を参照。
(408)　添付資料 3.1. を参照。

第 2 節　同性カップルの「組合」の法的承認

規定草案に関する報告書（1987）[409]は「全体的には，(国民からの提案には) 家族の概念を拡張する傾向がある」とまとめている。

　1988 年憲法制定直後に，家族に関する国勢調査を分析した研究では，ブラジル社会における家族認識だけでなく，家族の形態そのものも既に大きく変化していたことが明らかにされている[410]。具体的には，婚姻からなる生活共同体の他に，子の有無を問わない非婚の男女からなる生活共同体，および，一人親とその子からなる生活共同体が著しく増加していたのである。毎年ブラジル地理統計院が行う世帯見本調査（Pesquisa Nacional por Amostragem de Domicílios‐PNAD）によれば，1995 年には，婚姻による家族と非婚の核家族とを合わせても，核家族は世帯総数の 57.6% にまでも減少していたこと，また，婚姻家族によらない世帯がブラジル家族の半数以上を占めていたことが明らかになった。

　前節で述べたように，歴代憲法は婚姻家族のみを「国家の特別の保護」の対象としていたため，これはブラジル社会に存在する家族共同体の半数以上が「国家の特別の保護」の対象外となっていたことを意味するのである。そこで，1988 年憲法第 226 条は歴代憲法と異なって，国家の特別の保護を受ける「家族」と「婚姻」とを区別して次のように規定した。

第 226 条　<u>家族は社会の基礎であり，国家から特別の保護を受ける。</u>
§3　国家の保護の効力に関して，<u>男女の安定した結合は家族団体として認められ</u>，法律はその婚姻への転換に便宜を与えなければならない。
§4　<u>両親のいずれかとその卑属をもって形成する共同体も，家族団体とみなされる</u>。

（下線は著者）

このように，第 226 条の柱書きにおいて「婚姻による」という修飾が取り除かれ，「国家の特別の保護」を受ける「家族」が婚姻に限定されなくなった。婚姻家族に次いでもっとも一般的な世帯であった「男女の安定した結合」と母子家庭・父子家庭とが「家族団体」という地位に引き上げられたのである。

ロ　当初の家族法学説の理解

　1988 年憲法の家族に関する規定に目を通せば，1916 年民法典における家族

---

[409]　前注(46) BRASIL (1987) を参照。
[410]　LÔBO (1989) p.53-81 を参照。

第3章　背景にある観念レベルでの同性カップルの法的承認の過程

に関する基本的な価値が徹底的に更新されたことが一目瞭然である。ただ，現在は1988年憲法がブラジル家族法の分岐点になったと言われることが多く，憲法制定を受けてブラジル家族法が大きく変化したと思われがちだが，実際には憲法制定に伴って応急措置法さえ制定されることはなかった。日本とは異なる点である。くわえて，ブラジルにおいては長らく憲法上の多くの規定はプログラム規定にすぎず，立法がなければ，民法とは無関係であると考えられていた(411)。家族に関する規定についても，その趣旨が非嫡出子や養子の地位に関する規定（憲法第227条§6）のように具体的なものに及ぶのでない限り(412)，従来の民法の規定が否定されることはなかった。

　ローボは憲法制定から10年が経過した1999年に，まるで憲法が存在しないかのように，「民法典に制定されている家族法が教え続けられている」と指摘している。このことが憲法制定直後の状況を如実に物語っている(413)。"出自を問わない子の平等"と同じ程度に具体的な規範であると思われる男女平等についてさえそうであった。当時の家族法学説は，たとえば夫の権利義務と妻の権利義務とを区別して規定していた1916年民法典も，女性の行為能力の制限を緩和した既婚女性法典（1960）の規定も，憲法第226条における男女平等の規定に反しないと解していたのである(414)。1988年憲法の家族に関する「男女平等」の規定（第226条§5）の導入によって1916年民法典の60ヶ条以上が違憲

---

(411)　LIRA（1999）81-96頁を参照。また，ブラジルにおける憲法規定の法的規範性の具体的な変遷についてはBARROSO（2013）219頁以下を参照。この問題の先駆者であるバロソが指摘するように，1980年代まで憲法が政治的な文書であると考えられ，法的な規範体系としての理解が一般的ではなかったが，それ以降，次第に憲法のすべての規定には程度の違いがあるもののなんらかの規範的効力があると考えられるようになったのである。

(412)　新憲法による家族法の変化について述べている当初の論文は主に①離婚要件の変化，②養子縁組制度の変化，および③親子関係の変化についてしか言及しておらず，その他の規定については直ちに従来の家族法が変化したという理解がみられない。例えば，DA COSTA（1989）191-201を参照。

(413)　LÔBO（1999）325-341頁を参照。

(414)　DINIZ（2012）33-36頁を参照。具体的には，一般的な男女平等の原則は1988年憲法第5条Ⅰにおいて規定されているにもかかわらず，憲法第226条§5においてさらに家族における男女平等に関する規定がおかれているが，当初の学説は後者の規定を特別規定として理解し，家族における男女平等は権利義務の内容の平等を意味するのではなく，その「実施」に関する平等のみ要求されると解していたのである。

状態に陥ったと評価さることが少なくない[415]が、現在の家族法学説の理解と、憲法制定直後当時の理解とを区別する必要があるのである。

　この状況の中で、非婚の「男女の安定した結合」を家族団体と規定した憲法第226条§3が、直ちに非婚カップルに関する家族法学の理解の変化につながったわけではないことは言うまでもない。

　1988年憲法制定当初の家族法学説はこのような状況であったのである。

2　安定的結合制度の導入と「コンクビナト」の変化

　上記のように、1988年憲法の家族に関する規定の変化は直ちに家族法の「婚姻を中心とする法」の理解の変容にはつながらなかった。憲法第226条§3に関する一般的な理解は次のようなものだった。すなわち、同規定は私法に属する家族法に関するものではなく、公法に関するものであり、しかもプログラム規定である。「男女の安定した結合」についても、これは公法上で「国家の特別の保護」を受けることになったものであって、それが家族法上の規律対象となったことを意味するものではない。公法上の問題としても、「家族」と「家族団体」という言葉の使い分けからわかるように、憲法第226条§3は「男女の安定した結合」に対して婚姻と同等の保護を与えているわけではない。このように解されていたのである。そこから現在に至るまでに、どのようにして、いかなる変化が生じたのだろうか。以下では1988年憲法制定以前から安定的結合という非婚カップルに関する民法上の制度が導入されるまでの経緯、また、これによって生じた「コンクビナト」と「コンクビナト保護法理」の変化を考察する。

イ　純コンクビナトと不純コンクビナトの区別

　一つの、だが重要な変化として、講学上、コンクビナトが類型化されるようになった。ブラジル家族法の概略で説明したように、コンクビナトに関する判例法理に刺激され、1988年憲法制定前からブラジル家族法学説は「純粋なコンクビナト（concubinato puro）」と「不純なコンクビナト（concubinato impuro）」を区別するようになっていったのである[416]。純コンクビナトとは、

---

(415)　GONÇALVES（2014）33頁、NAHAS（2006）95頁を参照。
(416)　FARIAS; ROSENVALD（2012）504頁、GONÇALVES（2014）612頁、DINIZ（2012）426頁。

第3章　背景にある観念レベルでの同性カップルの法的承認の過程

「婚姻することができるが，婚姻をしないカップルの関係」であるのに対し，不純コンクビナトとは「近親者や重婚的関係などのように婚姻することができないカップルの関係」であるとされた。この区別によって，「コンクビナト保護法理」の対象となり，事実上の組合の法理の適用ではなく婚姻法に近い扱いを受けるものは「コンクビナト」一般ではなく，「純コンクビナト」であると理解されるようになった。婚姻障害のある，不純コンクビナト関係については，婚外の配偶者を受益者とする，既婚者の行為を規制する1916年民法典の規定の対象となる他，事実上の組合が主張される場合においては財産法上の厳格な要件が基準とされ，おおよその権利義務が否定されていた。

ロ　1988年憲法以前の状況

講学上の純コンクビナトの抽出およびコンクビナト保護の判例法理の婚姻法への接近により，純コンクビナトは民法上は厚く保護されるようになった。しかし，純コンクビナトもやはり「国家からの特別の保護」を受ける家族団体ではなかったため，社会保障法上直面する問題は少なくなかった。その不都合に対応するために純コンクビナトになんらかの権利を保障する単発的な法令も制定されたが，コンクビナトに対する社会的な偏見および憲法の家族に関する規定の趣旨が大きな壁となり，それらはきわめて不十分なものであった[417]。

ただ他方では，判例法と学説における純コンクビナトと不純コンクビナトの区別により，婚姻関係が破綻してから形成される新たな関係は不純コンクビナトの一種とされたから，それに対する保護が皆無に等しくなった。そのためもあって，社会的な大論争を経て，1977年，「婚姻は解消不可能である」としていた憲法規定が憲法修正第9号によって修正され，1977年法律第6515号（「離婚法（Lei do Divórcio)」と呼ばれる）によりようやく離婚制度が導入された。だが，当時のブラジル社会においては離婚に対する抵抗が強く，当初は離婚は一回に限定されたほか，憲法も離婚法も直接の離婚は認めず当事者の協議があるかどうかを問わず，強制的な長期の法定別居期間を離婚の要件としており，厳格な手続が採用された（離婚法第24条以下）。そのため，離婚制度が導入さ

---

[417]　社会保障法上の権利を保障する1963年法律第4297号（元軍人の遺族年金について），1974年法律第6194号（自動車保険に関する法律において，死亡に伴う賠償請求権を認めたもの）のほか，公的登記法を改正してコンクビナト配偶者の男性の氏の追加を認めた1975年法律第6216号などがあるが，きわめて限定的なものである。

第 2 節　同性カップルの「組合」の法的承認

れてからも，不純コンクビナトの発生率が減ることはなかった。

ハ　1988 年憲法による変化

　上記のように 1988 年憲法以前には①純コンクビナトに対する社会保障法上の保護の不備，および②離婚制度に由来する不純コンクビナトの発生が社会問題として認識されていた。そのため，1988 年憲法は①について「国家の特別の保護」を婚姻家族に限定せず，もうひとつの社会問題であった母子家庭・父子家庭とともに潜在的には純コンクビナトをふくむいわゆる「安定した男女の結合」を「家族団体」として承認し，婚姻家族と並んで「国家からの特別の保護」を与えることになった。また，②については強制的法定別居期間が 3 年間から 1 年間に短縮されるとともに，2 年間の事実上の別居についても離婚が認められ，離婚のための要件が大きく緩和された。

　家族法を婚姻の法として理解していた憲法制定直後の家族法学説は，憲法第 226 条§3 は単なるプログラム規定であると解していたのみならず，同条後段の「婚姻への転換を容易にする」国家の義務は婚姻を促進するためであったと解していた。また，「安定した結合」についてあえて「家族」ではなく「家族団体」という言葉が用いられているのは，「家族」は原則として「婚姻」に基づくのであって，それに基づかない家族団体には社会保障の観点から同条が特別に保護を与える趣旨にすぎないとされていた[418]。こうした解釈は，2011 年連邦最高裁判決の理解とはかけ離れたものであることはいうまでもないだろう。この状況を反映するかのように，裁判所も新憲法が制定されてからも直ちにはコンクビナトに関する法理を変更せず，男女の非婚カップルを依然として「コンクビナト保護法理」によって処理し続けていた[419]。

　1988 年憲法は，家族法に大きな変化をもたらすものであった。ただし，その制定当初はその多くをポテンシャルとして秘めた存在に留まっていたのである。

ニ　アゼヴェド説による純コンクビナトの事実婚化

　憲法第 226 条§3 はプログラム規定であるという理解に基づきながらも，いわゆる「純コンクビナト」として扱われるものを事実上の「婚姻」として制度

---

(418)　TEPEDINO（1994）25-39 頁を参照。
(419)　DIAS（2013）175 頁を参照。

第3章　背景にある観念レベルでの同性カップルの法的承認の過程

化すべきであると主張したのはアゼヴェドである。1986年に出版された『コンクビナトから事実婚へ』(420)においてアゼヴェドが展開した議論は，後の「安定的結合」に関する立法の原型となった(421)。そこでは，アゼヴェドは強制的民事婚を導入した1890年デクレト第181号に対して，それは従来ブラジル社会で認められていた事実上の関係を排除してしまったものであって，形式主義を嫌うブラジル社会の家族文化に適さないヨーロッパ法の乱暴な導入であったと評価した(422)。

アゼヴェドは，この外国法の導入により生じた不都合に対応するために発展してきたコンクビナト保護法理に関する判例法の蓄積を肯定的に評価しながらも，裁判所による保護の根拠とされていた連邦最高裁判所判例要旨第380号においては婚姻法と類似の扱いを受ける「純コンクビナト」（あるいは，コンクビナト保護法理の対象となるコンクビナト）と，財産法上の効果しか認められないその他のものとの区別がないことを問題にした。これによって，判例法および学説の発展を無視し，純コンクビナト関係をあたかも財産的な「組合」にすぎないかのように扱う裁判例が少なくなかったという(423)。そこで，アゼヴェドは1988年憲法上の「安定した結合」とは「純コンクビナト」のことであると解し，ブラジルの社会的現実・文化を考慮してこの「純コンクビナト」を事実上の婚姻（casamento de fato）と捉え直し，社会的に批難されてきた歴史と切り離せない「コンクビナト」とは区別される「安定的結合」という制度の導入を主張したのである(424)。

アゼヴェドの起草案に基づいて1994年にようやく純コンクビナトについて相続権および扶養の権利義務を認める1994年法律第8971号が，民法に対する特別法として制定された(425)。しかし，このときはまだこの特別法が憲法第226

---

(420)　AZEVEDO, Alvaro Villaça. Do Concubinato ao Casamento de Fato. Ed. Cejup, Belém do Pará, 1986を参照。
(421)　AZEVEDO（1995）86-87頁を参照。
(422)　同91頁を参照。
(423)　同98, 101頁を参照。
(424)　「1890年に国家により強制された民事婚は約3000年前から実施されてきた家族形成の方法を全滅させてしまった。1988年憲法は，民衆に対して家族生活の自由な選択を与え，選択肢を例示し，安定的結合の承認により事実婚を復帰させたのである。国家により指定される法定の婚姻モデルが存在したとしても，これをもって社会に対してその伝統的な家族形成方法の利用を妨げることができない」（同著112頁を参照）。
(425)　同105頁を参照。

条§3における「安定した関係」を具体化する法律だとは理解されておらず(426)、これらの権利が認められるためには、5年間の同居期間を要するという厳格な要件が設けられていた。また、共有財産の分与については、依然としてコンクビナト配偶者間の事実上の組合を規律する連邦最高裁判例要旨第380号による処理の対象とされていた。

憲法第226条§3における「安定した関係」を純コンクビナトと同一視して事実上の婚姻として扱うべきであるとするアゼヴェドの議論が、制定法として本格的に採用されたのは1996年法律第9278号においてである。同法律は1994年法律において既に規定されていた相続と扶養に関する規定を除き、婚姻法における場合と同様に夫婦財産制（5条）、子の監護を含む夫婦間の権利義務（2条）、関係終了後の扶養請求権（7条）、家事裁判所の管轄（9条）などに関する規定を置いていた。これによって従来の「コンクビナト保護法理」の対象となっていた純コンクビナトは名称そのものも「安定的結合」に改められ、事実上の婚姻として家族法に吸収されたのである。

ただ、ブラジル家族法の概略で説明したように、これによって「コンクビナト」という概念が消滅したのではなく、それは従来から「不純コンクビナト」とされていたものに限定されることになったわけである。そして、純コンクビナトを保護する根拠として用を成し終えた連邦最高裁判所判例要旨第380号は婚姻的な関係を規律する法理ではなく、家族法の対象とならない関係について財産法上の効果の発生可能性を肯定する「事実上の組合の法理」へと変わったのである。

ホ　同性カップルに関する判例の再検討

以上の通り、1989年には判例法および学説においてすでに「純コンクビナト」と「不純コンクビナト」を区別して、前者は憲法第226条§3の解釈から婚姻法に類似した扱いを行うべきであるという理解が定着していたが、「安定的結合」という名称又は制定法上の制度が存在しなかったため、当該法理の根拠は判例要旨第380号に求められていた。そのため、リオデジャネイロ州裁判所は1989年の判決で「コンクビナト」と「事実上の組合」とを区別しており、「コンクビナト」が憲法第226条§3の対象となるとしたのである。これに対

---

(426)　前注。

第3章　背景にある観念レベルでの同性カップルの法的承認の過程

して，1998年連邦高等裁判所の判決の時点では，かつてのいわゆる純コンクビナトは安定的結合と理解され，当該判決における「コンクビナト」は，既に「不純コンクビナト」に限定されていた意味で用いられていたのである。

　では，同性カップルについてはどうか。「事実上の組合」または「不純コンクビナト」については，関係の性質（婚姻と同じように，安定的，継続的，公開的等などの特徴）から判断されるのではなく，積極的な財産形成への寄与があるかどうか自体で判断されると理解されていた。そうすると，「同性カップル」の関係についてもこのような事実上の組合の法理の適用を認めることは，それを同性間の性関係や家族的関係といった関係の性質からは評価しないことを意味するとともに，両当事者が共同の努力に基づいて一定の財産を形成したことそのものに由来する財産法上の効果を否定しないことを意味するにすぎないのである。ブラジル法の概略で説明したように，フランス法では「コンキュビナージュ」に関する判例法理にはこのような変化はみられない。また，現在の実定法上の規定からも明らかなように，事実上の「組合」は「2名の者の間における安定性および継続性を示す共同生活」の有無から判断されている点で異なるのである（フランス民法典第515-8条）。

　さて，同性カップルに財産法上の効果が肯定されると，1990年代後半まで数件しか存在しなかった同性カップルに関する訴訟は著しく増加していった。ここで重要な点として注目しておきたいのは，ブラジルにおいては，司法権によって同性カップルに関する法理が形成される基盤が整えられてきたということなのである。それまで指を折って数えられる程度の数しか存在しなかった裁判例は2011年連邦最高裁判決の時には既に1000件近くにものぼっていたことがその事実を如実に物語っている[427]。

　なお，上記のように，この段階においてブラジル家族法は依然として「婚姻

---

(427)　ジアスがブラジル弁護士会（Ordem de Advogados do Brasil）と共同で立ち上げた「同愛法（direito homoafetivo）」に関するウェブサイトで入手困難な第一審裁判官の決定等についても閲覧できるようになっている。ジアスは同性愛と法に関する初めての包括的な文献となる著作の第五版において「努力を重ねていたこの間はずっと1000件に達した時にはその事実を連邦最高裁判所に持って行きたいということを繰り返し述べていた。幸いなことに，なんとLGBT人口に対してなんらかの権利を与える1026件に達したとき，2011年5月の歴史的な裁判において口頭で意見を述べる機会を与えられ，これらのすべての進歩を報告することができた」と述べている。DIAS（2014）13頁を参照。

の法」であったことは言うまでもない。安定的結合について念頭に置かれていた家族形態は「夫婦とその子」であり，民事婚によるものであれ事実上のものであれ，「婚姻家族」とは異なる自由な男女の結合や家族団体ではなかった。この理解を変化させる家族法学説（「（諸）家族の法」としての家族法理解）はこの時に既に主張されはじめていたが，まだ有力化していなかったのである。この展開については次節の「家族」としての同性カップルという理解の前提となる家族法として紹介する。

第3節 「家族」としての同性カップル

　本節では同性カップルが法的に「家族」として承認され，その関係が「家族法」の対象となる過程を考察する。まず，2011年連邦最高裁判決における法律構成の原型となった二つの学説を紹介し（第1項），これらの学説が州裁判所および連邦裁判所に採用されていく過程を明らかにする（第2項）。最後に，1988年憲法制定をきっかけとしたその背後にある「家族法」の大きな変化，および，これらの学説が前提としていた「（諸）家族の法」としての家族法の理解を検討する（第3項）。

　なお，本節では前2節と異なり，判例法の発展と学説の発展とを区別しているが，これは前述したように，2011年連邦最高裁判決以前の裁判例がきわめて多く，複雑な判例法の発展があるからである。また，具体的な考察から明らかになるように，この段階において「判例法」と「学説」との理解が必ずしも一致していないので，別途の検討が必要である。

第1項　学説における同性カップルの「家族」化

　同性カップルの法的承認をめぐる学説の変遷の転換点となったのは2000年に出版されたジアス元リオグランデドスー州裁判所裁判官（現弁護士）の著作『同性愛的結合――偏見と正義（União Homossexual: o preconceito & a Justiça）』[428]である。ブラジルにおける同性カップルの法的承認についてジア

---

(428) 初版（DIAS, Maria Berenice. União Homossexual: o preconceito & a Justiça. Porto Alegre, Livraria do Advogado, 2000）から第三版（2006）までタイトルは「同愛的結合（união homoafetiva，同愛的結合）」ではなく，「同性愛的結合（união homossexual）」であったが，第四版からは「同愛的」に改められた。ジアスによれば，

第3章　背景にある観念レベルでの同性カップルの法的承認の過程

スが裁判官として，学者として，弁護士として果たした役割の重要性については疑いのないところである(429)。だが，ジアス説は法律論としては必ずしも説得力があったわけではなかった。ジアス説を補強して2011年に連邦最高裁判決が採用した理解の基礎を作ったのは前節で紹介したローボである。本項では，ジアスの議論を紹介した上で(1)，家族としての「同性カップル」の理解を補強したローボの議論を説明する(2)。その上で，家族法学説で唯一異論を唱えているジニスの批判を考察する(3)。なお，ジアスおよびローボによる学説の背景にある家族法の理解にはファキンやテペジノ（Gustavo Tepedino）などの著名な民法学者の貢献があったことを軽視してはならない。そこで，これについては第3項で検討する。

1　情愛を類似点とする類推適用説——ジアス説(430)

2000年のジアスの著作は多角的である。そのなかでも，その後の議論を大きく方向付けたのは「情愛」概念に着目したこと，および立法を待たずに同性カップルに対して安定的結合の規定を類推適用することが可能であると主張したことである。1999年にはジアスは既に「同性愛者の共同生活は安定的結合となんら異なるところはない。安定的結合とすることができない唯一の理由は憲法上の限定〔憲法第226条§3〕があることであるが，それでも，類推適用を通じて同様の法的規律を適用すべきである。なぜなら，愛に基づく関係であ

「同愛的結合」は彼女自身が初版で提唱した言葉であるが，法学部ではこれを知らずに唯一この新語を受け入れていなかったのはジアスだけであると説明された生徒がなぜ前衛的な彼女がこれを用いないのかを聞かれたことがタイトル変更の理由である（第四版のまえがきを参照）。そして，最新版である第六版から，タイトルは『オモアフェチビダジとLGBTIの権利（Homoafetividade e os Direitos LGBT）』に改められたが，その理由についてジアスは「司法権における安定的結合および婚姻の承認があった以上，もう同愛的結合（união homoafetiva）という余地がなくな」り，および，間性を含める必要（LGBTIのIはintersexという意味である）があったからであると述べている（第六版のまえがきを参照）。

(429)　現在の家族法の教科書では同性カップルをめぐる議論については必ずジアスの名前が指摘され，その学説が説明されていると言ってもよい。また，数少ない反対の立場を示しているものでもジアス説に対して批判を加える形で論じられている。例えば，ジニスは「ジアスのように，何人かの著者は……」と述べてジアス説を紹介して批判している（DINIZ [2012:407]）。

(430)　DIAS (2013) 205-210頁，DIAS (2014) 141-148, 103-116, 152-156, 185-190頁，また，DIAS (1999)，DIAS (2000) などを参照。

第3節 「家族」としての同性カップル

ることについては疑いの余地がないからである」(431)と述べている。この時点のジアスの主張で注意が必要なのは，第一に，ジアス自身が後日提唱して2011年連邦最高裁判決に採用され，ブラジルポルトガル語の代表的な辞典にも掲載されることになる「同愛（homoafetividade）」という用語へのこだわりがなく，単に「愛・愛情（amor）」と述べていること，第二に，憲法解釈については同性カップルが従来の安定的結合の概念から排除されているという理解を採用していることである。すなわち，ジアス説の要点は「家族法規定の類推適用の可否」についてであり，ジアス自身は基本的人権を議論のひとつの軸としながら，憲法第226条についての旧来の解釈について異論を述べておらず，その他の基本的人権に関する憲法学説を適宜に援用しているにすぎない(432)。さらには，ここでは同性間の安定的結合や婚姻を認める根拠を提示しているのではなく，立法府が行わなければ裁判所が同性カップルの基本的人権を保護するために，類推適用によって，制度を創設していく義務を負っていると主張しているところに特徴がある。

ところで，同性カップルに対して家族法の規定の類推適用を認めるには，乗り越えねばならない問題が二つあった。ひとつは，憲法および下位立法においてかかる類推適用が禁止されているかどうかという論点である。もうひとつは，類推適用が排除されていなくても，同性間の関係が果たして異性間の関係と類似したものであるのかという問題である。当初のジアスの議論は前者について必ずしも十分に応えることができていないまま，立法の怠慢などを指摘しながら類推適用が可能であることを当然の前提とし(433)，類推適用の必要性については次のように述べている。

「立法の不足が権利の不存在と間違えられることがある。しかし，法律その

---

(431) DIAS（1999）57頁を参照。
(432) 確かに，ジアスは個人の尊厳や平等原則に触れているが，ジアスの憲法第226条に関する理解は，少なくとも当初は，頻繁に変わっていることからも彼女の議論の主要な関心はそこではないことがわかる。例えば，1999年にジアスは憲法第226条を同性的結合に対する制限として捉え，2000年になると，制限であったとしても違憲な憲法規定であるという理解と，例示列挙であって禁止規範として解することができないという理解を同時に示している（DIAS（1999），DIAS（2000）57頁，167-168頁を参照）。ジアスの議論で憲法第226条に積極的な意味が付与されるのは後からであり，特に大きな影響を与えたのはローボによる多元的家族論であるが，これについては後述する。
(433) 明示または黙示の禁止があって法の欠缺があるとはいえないため，類推適用ができないとする見解に対する反論としてこの点が論じられるようになったのである。

第 3 章　背景にある観念レベルでの同性カップルの法的承認の過程

ものが法制における欠缺（lacuna）の存在を認めており，裁判官の怠慢を許容したものではない。法律がない場合には，裁判官が決めるのであって，必ず判示しなければならないのである（LINDB 第 4 条，CPC 第 126 条）。また，そのときに用いる道具も指定されている――類推，慣習，および法の一般原則である（……）裁判不能（non liquet）を宣言することは許されない」[434]

　その上で，ジアスは類推適用に関してイタリアの法学者ボッビオ（Noberto Bobbio）の議論を援用して，類推適用を行うにあたって法律上想定されているものとのあいだの類似性がひとつの前提となるが，これは単なる類似性ではなく「重要な類似性（semelhança relevante）」でなければならないという。そして，同性カップルについて重要な類似点は「情愛（afeto）」であって「財産」ではないため，事実上の組合の法理ではなく安定的結合の規定が類推適用されるべきであるという議論を展開させたのである[435]。

　また異なる視点から，かつて事実上の組合のひとつの根拠ともされることがあった不当利得防止の原則[436]が事実上の組合の法理により完全に達成することができないと主張し[437]，特に死亡による関係の解消について「財産的な寄与の立証を条件にその範囲内でのみ生存者に共有財産の分割のみを認め，残りを必要的相続人でもない親戚に渡すこと」[438]や「その性的指向を厳しく非難し

---

(434)　DIAS（2013）208 頁を参照。
(435)　DIAS（2014）147 頁。また，同趣旨で類推適用の基礎となる要素は当該規定の趣旨から導かれる基礎的な要素であって，単なる形式的な類似ではなく，実質的な類似が必要であるとする，ブラジルの著名な法学者である，マキシミリアノ（Carlos Maximiliano Pereira dos Santos）の議論をも援用している。そのほかに，ジアスは法の一般原則についてこれは単なる不当利得の原理などだけではなく，憲法上の原則（平等の原則や個人の尊厳）も含むこと，また，慣習についてはブラジル社会における同性カップルや同性愛をめぐる慣習の変容を指摘している。前者については後に憲法原則論（principiologia constitucional）に発展していくが，後者についてはあまり議論がないが，家族関係について慣習法が用いられる余地があるか否かは重要な論点であろう。ただ，ジアスが指摘しているのはかかる慣習法というよりも社会的状況の変化にすぎず，的外れであると思われる。
(436)　異性カップルについて事実上の組合の存在を認めて組合財産の分割を認める根拠として，そうしなければ，カップルの一方又はその遺産を相続する者に原因のない不当な利得を認めることになってしまうことが挙げられていたが，事実上の組合の法理によっては厳格な立証責任があって十分にこのような不当利得の発生を防止することができなかったのである。
(437)　DIAS（2014）144 頁。
(438)　DIAS（2014）156 頁。

第 3 節 「家族」としての同性カップル

敵視した親族」に渡すことといった不当な結果を意識している。

　ジアスは男女の非婚カップルについて財産法上の事実上の組合の法理の適用が適切ではなく，男女の非婚カップルを家族として理解し直す必要があったのは，財産法の規定を類推適用したことが間違っていたからであって，これにより不当な結果（不当利得）を防止することができなかったからであるという。同性カップルについても同様のことが言えるのであって，同性カップルに対して非婚カップルと同じイバラの道を歩ませることの不当性を訴えたのである。

　実は，後に用いられることになる「同愛（homoafetividade）」という用語は，単に同性カップルが異性愛者のカップルと同じであることを示すだけではなく，このような類推適用の基礎となる要素にまで言及しているのだという意図を顕在化させる用語法でもある。その要素の点で同性カップルが「純コンクビナト」（あるいは，安定的結合）と区別されることの不当性を訴える趣旨も含んでいたわけである。さらに付言しておくなら，この用語の背景にあった議論，すなわち家族法学説で発展し始めていた「情愛」をめぐる議論をもって，純コンクビナトの地位の「安定的結合」への引き上げを説明しようとしていたことが重要である。

　以上のジアスの議論は，確かに少なくともその法律論・法理論的な側面において，きわめて単純なものであり，また，問題が少なくない。しかし，司法権による同性間の関係の承認に関する問題の所在とその解決方法を明らかにし，それ以降の議論軸を提示したことで重要な役割を果たした。すなわち，同性カップルが財産法上の「事実上の組合」ではなく家族法上の「家族」として認められるために，ブラジル法において同性カップルを禁止する制定法上の規範があるか，ないのであればそれは同性カップルについて法の欠缺があるからなのか，あるいは，同性カップルにも婚姻法ないし安定的結合の規定が類推適用され得るのかが問題として認識されて論じられるようになったのである。さらにジアスは，比較法や立法状況を含む同性愛と法の問題の包括的な考察のみならず社会学，歴史学，心理学などを横断する学際的な分析を行っており，その後のブラジル法律界における同性愛そのものに対する理解を大きく変化させるのにも貢献したといえる[(439)]。

　(439) 例えば，ジアスの著作からフランスの歴史学者であるミシェル・ペロー（Michelle Perrot）がブラジルの雑誌に投稿した文章（PERROT［1993］）が幅広く引用されるようになった。ところで，当該記事の冒頭は「我々が 19 世紀から継受してきた家族はも

第3章　背景にある観念レベルでの同性カップルの法的承認の過程

2　憲法第226条上としての「家族団体」説——ローボ説

ローボは新たな家族法学派を推進した民法学者の一人であったが，ローボの研究の中でも「婚姻の法」から「家族の法」への転換に大きく貢献したのは，2001年10月に行われた第3回ブラジル家族法学会において発表された小論文『憲法化された家族団体——ヌメルス・クラウススの彼方へ (Entidades Familiares Constitucionalizadas: Para Além do Numerus Clausus)』[440]である。この論文は初めて同性カップルの関係を憲法第226条の家族として位置付けたことがきわめて重要であり，その後のブラジル家族法のほとんどの文献において引用されているほどである。それと並んで重要なのは，同論文が，同性カップルの問題に限定されることなくブラジル家族法全体に"破壊的"とも評しうるような影響を及ぼしていることである。ここではその重要性に鑑みてこの論文の内容を詳細に検討しておきたい。

ローボはまず，それまで学説の暗黙の対立軸となっていたものを①家族団体の間に価値のヒエラルヒー（hierarquia axiológica）があるのか，および，②憲法上の家族団体は numerus clausus，すなわち限定列挙であるのかという二つの問いとして捉え直し，後者に着目して議論を展開している。

まず，ローボはブラジル地理統計院の調査[441]を用いてブラジル社会に実際に存在する家族と法律上の家族モデルとの乖離が，1988年憲法制定前に既に進んでいたことを指摘した[442]。この研究によればブラジル社会には次のa）からk）までの家族団体，さらにはその他の家族団体があるという。

a）　婚姻しており，生物学上の子を有している異性カップル

うボロボロである。これは怖いことか？フランスの歴史学者ミシェル・ペローは違うという。個人の自由と昔ながらの家庭における情愛とを調和させようとする，新たな（家族）が現れようとしているからである」となっており，末尾は「新たなミレニアムの家族に保持したいのはそのポジティブな側面，連帯，友愛，相互扶助，情愛の絆である」となっており，現在のブラジル家族法の学説の家族ないし家族法の理解の原型となっているともいえる。また，ジアスの学際的なアプローチはブラジル家族法学会において精神分析学者や心理学者などを参加させて家族法学に関する脱法実証主義的な議論が促進されることともつながっているといえるが，この点の考察は別稿に譲る。

(440)　LÔBO, Paulo Luiz Netto. Entidades Familiares Consitucionalizadas: Para Além do Numerus Clausus, In, Anais do 3º Congresso Brasileiro de Direito da Família, 2001. (LÔBO [2001]) を参照。

(441)　IBGE - Pesquisa Nacional por Amostragem de Domicílios（PNAD）.

(442)　LÔBO（1989）を参照。

第3節 「家族」としての同性カップル

b) 婚姻しており，生物学上の子および養子または養子のみを有している異性カップル
c) 婚姻しておらず，生物学上の子を有している異性カップル（安定的結合）
d) 婚姻しておらず，生物学上の子および養子または養子のみを有している異性のカップル（安定的結合）
e) 父または母，およびその生物学上の子（単親共同体）
f) 父または母，およびその生物学上の子および養子または養子のみ（単親共同体）
g) 親の死亡または親による遺棄の後の兄弟姉妹のように，父または母に監督されずに，情愛的に依存し合って共同生活を送る親族間の結合
h) 性的または経済的な目的もなく，情愛および相互扶助の絆をもって，親族ではないもの同士で送る永続的な共同生活
i) 性的かつ情愛的な性格を有する同性愛者の結合
j) 当事者の一方または両方に婚姻障害があり，子を有する，または，子を有しないコンクビナト的結合
k) 自然上あるいは法律上の親子関係がなく，ブラジルの連帯の伝統に基づいて，「育ちの子（filhos de criação）」から成る情愛的な共同体

　ローボによれば，aからfまではそれぞれ憲法第226条に掲げられている婚姻による家族（aとb），安定的結合による家族（cとd），一人親と子による家族（eとf）に該当するが，g以下の家族団体が憲法の保護の対象とされているかどうかが問題である。「昔の民法学者（"antigos civilistas"）」による伝統的通説は，憲法第226条を限定列挙として捉えている。「新たな民法学者（"novos civilistas"）」[443]もその他の家族団体を排除することについて批判的ではあっても，解釈論としてはやはり同様の限定列挙説を採用していることを確認している。しかし，限定列挙説の間でもヒエラルヒーの問題を併せて考えると，ヒエラルヒーを否定する見解と肯定する見解が対立していることを指摘している。ここで家族団体のあいだのヒエラルヒーとは，「婚姻」に基づく「正統な」ものを，婚姻にもとづかないものよりも上位に位置づける尺度のことである。ローボはこのヒエラルヒーを認める肯定説と認めない否定説と，それぞれの問題点を検討して次のようにいう。
　まず肯定説に対しては憲法のひとつの規定の一部を取り出して憲法の諸原則および憲法第226条全体の理解を無視してしまっている形式張った解釈であると批判する。その上で，同条§3の「婚姻への転換を容易にしなければならな

---

(443) ジアスを例に挙げている。

い」という文言は，非婚家族に対する差別をカップル関係および親子関係のレベルで撤廃しようとする第226条全体の精神に照らして，既に婚姻類似の関係にある者が婚姻と同様の厳格な手続を踏む必要がないという意味にすぎないと解釈する必要があるという。ヒエラルヒーは否定されるべきだというわけである。

また，ヒエラルヒーを否定する見解は個人の尊厳や家族形成の自由，選択の自由などに着目している点では評価に値するが，限定列挙であるとしている点では不十分なところがあるという。その理由は規定全体を考慮すれば，当該規定が一般包括的規範（cláusula geral de inclusão）であることが明らかであるからだ，という。

ここまで述べてきたローボの見解を，あらためて整理しておこう。第一に，憲法第226条の柱書きは歴代憲法の「婚姻による」という文言を意図的に削除しているのであって，国家の保護を受けるのは所定の家族ではなく，単なる家族であってどのような家族であってもいいと言える。すなわち，2011年連邦最高裁判決の法律構成にも用いられた，憲法では家族が定義されていないという理解を示しているのである。第二に，家族保護の目的は家族そのものの保護ではなく個人の保護にあるということは，憲法第1条3号の個人の尊厳を持ち出すまでもなく，同法第226条§8において「国家は，家族を構成する各人の人格を基準に家族支援を」行うとされていることから明らかである。そして，その趣旨が達成され得るのは一定の家族モデルから逸脱する家族を「違法な家族（famílias ilícitas）」とする排他的な規範を否定することによってである。そうであれば，これを包括的規範と解釈すべきである，という。最後に，同条§4には「も（também）」という助詞が付されており，確かにこの助詞を排他的なものとして解することも包含的なものとしても解することが可能であるが，いずれの解釈も可能である場合には，個人の尊厳の実現に，より貢献する解釈を採用すべきであるとしている。ローボは以上の解釈の結論として憲法の各段落に掲げられている家族団体は当時もっとも一般的な家族形態であったため，単なる例示として掲げられたものであるにすぎず，その他の家族団体は同条の頭にある不特定の「家族」概念に黙示的に含まれていると主張したのである。

ローボはこの議論をさらに根拠づけるべく，ジアスが援用した「情愛」を憲法「原則」として位置づけている。前述したように，ジアスは立法の困難・基本的人権の議論に着目して，実務家らしく類推適用によるいわば便法的な解決

第3節 「家族」としての同性カップル

を主張したのであった。ただし，類推適用については①家族法の類推適用が認められるのか，および，②同性カップルと異性カップルが果たして類似しているのかという壁があったのだった。ジアス自身は，これら二つの論点に関して，必ずしも十分な回答を示しえなかったといえよう。②については上記のような家族法の進みつつあった方向性を汲み取って「情愛」により説明することができたにすぎない。①については個人の尊厳や平等原則などの基本的人権の理論を強調することで壁の乗り越えを図ったが，これではブラジル法で既に否定されていた違憲な憲法規定の議論を援用する必要(444)があるなど，必ずしも説得的な議論を展開することができなかった。

ローボがジアス説に対して①の問題を解決する方策を示したとともに，ジアスが着目した「情愛」という類似点を単なる類推適用の方法論から「家族法の憲法原則」として位置付け直して発展させ補強(445)したのである。すなわち，憲法第226条は限定列挙ではなく，例示列挙にすぎないということは「婚姻の保護」あるいは「正統な家族の保護」という価値そのものが1988年憲法により否定されており，このヒエラルヒー的価値をもって類推適用を否定することはできないと主張する法理論的根拠たりえた。また，ローボが提示した憲法上の家族についての新たな理解はジアスが着手した②の論点への回答を深化させ，家族法各論で有力化しつつあった安定的結合と婚姻のヒエラルヒーを否定する説および生物学上のつながりよりも社会的情愛の重要性を主張する説を統合した。そのことにより，憲法上の価値と社会的事実に基づく体系としての新たな家族法のあり方の可能性を示唆したのである。

これがきわめて重要なのは，統一された体系的な理解の中で同性カップルの

---

(444) 憲法第226条§3がその他のより重要な基本的人権に関する規定に違反し，違憲であるとされない限り，1988年憲法が同性愛者のカップルを「家族」として扱うことを許容しているとはいえないのである。前注153, 432を参照。

(445) ローボ自身はその議論の帰結として事実上の組合に関する判例要旨第380号のその他の家族団体への応用（憲法制定当初の安定的結合を含む）の不当性について次のように述べている。「(同判例要旨には) 治癒不可能な瑕疵がある。なぜなら，家族関係を財産的関係に限定して捉え，家族法による規律を否定するからである。利益や利得を目的とせず情愛を理由に形成され維持されるものが民商的な「事実上の組合」であるというのはいかがなものだろうか。このように，判例要旨第380号は，これにより克服しようとしていた壁（非婚家族の排除）が消滅したため，正義実現という歴史的な宿命を果たし終えたと言わざるをえ」ず，発展だったものが憲法制定後には後退となったのである（LÔBO [2001:12-13]）。

171

第3章　背景にある観念レベルでの同性カップルの法的承認の過程

法的承認を導き出すことにより，家族法各分野でこの理解が受け入れられればられるほど，この理解と同性カップルを法的に承認しないこととの間の矛盾が生じ，拡大していくことになるためである。どういうことか。あるいは，不純コンクビナトが家族として扱われ，あるいは，安定的結合と婚姻のヒエラルヒーが否定され，あるいは，親子関係について現実を見つめて社会的情愛に基づく親子関係が優先されるようになり……となっていけば，同性カップルについてだけは現実から目をそらして「経済的な目的を有する組合」として捉えることが難しくなるのである[446]。換言すれば，体系的な理解を持つことによって家族法の一部の変化が全体の変化の一環として捉えられるようになるわけなのだ[447]。

また，ローボが指摘しているように，ここでの議論は，ブラジル法体系全体における家族概念との連動も見られる。よく取り上げられる例として，家族財産の保護における「家族」概念がある。住宅用不動産の家族財産の差押が禁止されているが（1990年法律第8009号［Lei nº 8.009/1990］），これに関して連邦高等裁判所は家族が個人を保護するための手段であるという理解に基づいて，単身者についての適用を既に肯定していた。確かに，ここにおける「家族」の定義は家族財産に関する特別法上の「家族」に限定して捉えることも可能であるが，連邦高等裁判所はローボが主張した憲法第226条§4における「も」の解釈に基づいて当該規定が排他規範ではなく包摂規範であるという見解を示している（2000年特別上告第205.170号）。この延長線上では，ある場合は憲法第226条が排他規範であるとし，また別の場合には包括規範であるといった解釈

---

[446]　CALDERÓN（2013）265-274頁を参照。

[447]　また，裁判所はその他の場面において古典的な理解による不当な結果を回避するために，矛盾した議論を採用しており，これを体系的に捉えると，矛盾なく説明することができるという利益もある。例えば，2001年に連邦高等裁判所は結婚していた男性が並列して二人の女性と生活し，それぞれと子どもをもっていたが，片方の女性と結婚して生命保険の受給権者をもう片方の女性に指定した事件について，旧民法典の規定を適用すれば（婚姻）家族の保護の観点からこれが無効となるはずであるところ，連邦高等裁判所は民法典における家族の保護の目的を認めながらも家族が二つ並立しており，ひとつは「正統な家族」もうひとつは「コンクビナト家族」であると述べておきながら，社会的現実に着目して「法のより良い適用（melhor aplicação do direito）」を用いて生命保険金の平等分割を導き出しているのである。すなわち，裁判所はすでに個別具体的に必ずしも明らかでない解釈法により導き出している結論を例示列挙（多元的家族論）および情愛の原則論に基づく家族法の理解を用いれば体系的にも整合性を保つことができるのである（LÔBO［2001:16］）。

第3節 「家族」としての同性カップル

の使い分けを説明することが困難となっていくだろうということである[448]。

3 反対説との対立――「婚姻の法」からの反対

最後に，同性カップルを家族と考える立場を批判する反対説をめぐる状況をみておこう。古典学派のジニスが，現在も同性的結合を確固たる姿勢で否定し，ほぼ単独説に近い見解を有している。

前述したように，ジニスに代表されるかつてのブラジルの家族法学では，カップルが同性であることは婚姻不存在事由であると解するのが通説であった。安定的結合が制度化されると，安定的結合が事実上の婚姻とされたため，かつての通説的理解では同性間の安定的結合も婚姻と同様「不存在」であるとされた。ただその一方，同性カップルについて，司法上の救済のために事実上の組合の法理を認めることについては異論はほとんどなかった。

こうした状況のなかで，新たな家族法の理解に基づいてジアス説およびローボ説が主張されたわけだが，これらの見解への反論はほぼ皆無だったというのが実情といってよい。同性カップルは家族ではなく事実上の組合であるとする家族否定説は古典派の教科書にしか見られず，反対する立場の法律学者はこの問題に積極的に取り組むことはなかった。そして，2011年連邦最高裁判決が下されると，「昔の民法学者」の教科書であってもこれを受け入れ，とくに同判決で採用された法律構成に異論を唱えるものはほとんどみられない。

そんななかにあって，ジニスは自身のこれまでの教科書の本文をほとんど変えず，長文の脚注で2011年連邦最高裁判決およびそこで採用されたジアス説・ローボ説に基づく法律構成を批判している[449]。その批判の要点を箇条書きでまとめると次の通りである。

①同性間の婚姻および安定的結合を認めるためには憲法を改正しなければな

---

(448) LÔBO（2011）14-15頁を参照。
(449) 2011年連邦最高裁判決のみならず，2000年INSS（国家社会保障院）通達第25号など，同性カップルのパートナーシップに関する1995年法律案でさえ違憲であると主張している（DINIZ［2012:407］）。具体的には，同法律案は同性カップルに対して家族ではないのに家族財産の保護，社会保障法上の保護，所得税による家族の免除などを認めているが，これは違憲ではないかというにとどまる。また，「登録パートナーシップは同性間の婚姻を認めるための第一歩となる。1988年憲法を前にしてこれが果たして可能なのだろうか」とも述べており，事実上の組合の法理以外のいかなる法的保護（立法か判例かを問わず）についても懐疑的な見解を示している（同410頁）。

第3章　背景にある観念レベルでの同性カップルの法的承認の過程

らない。②憲法第226条§3は「強行規定」("norma pública") また「特別法」("norma especial") であるため，類推適用または拡張適用されるべきではない。③平等原則に基づいて適用されれば，平等でないものを同様に扱う不平等な結果をもたらす(450)。④同性カップルをめぐって法の欠缺はなく，既に事実上の組合の法理によりその関係は処理されている(451)。⑤同性カップルを家族と認めることは，2002年民法典の立法者意思に明らかに反する(452)。このようにして，ジニスは同性カップルを家族と考えることに徹底的に反論しているようにもみえる。

　ここでジニスの見解に直接言及して反論しているヴェキアッチ (Paulo Iotti Vecchiatti)(453)の議論を確認しておこう。ヴェキアッチによれば，「ジニスは同性間の婚姻は『有り得ない (absurdo)』と述べるだけであって，論理的に説明しようと」していない。個々の論点についても，同性カップルの婚姻や安定的結合は憲法違反である (①)，異性カップルと同性カップルは同じではない (③)，強行規定は類推適用できない (②) などと主張はするが，その理由を説明していない(454)，というのである。

　筆者なりにもう少し詳細に検討を加えていこう。ジニスの論点②の類推適用についてヴェキアッチは，確かに強行規定はこれに反することを個人同士が任意に決めることはできず，任意規定と対置されるが，これを類推適用し，または，拡張適用してはならないというルールもなければ，議論もないと反論している(455)。確かに，「強行規定の類推適用」の可否をめぐる議論はブラジルにおいても日本においても見当たらない。しかし，ブラジル家族法の変遷から推測すると，ジニスが言おうとしていることは次のようなことではなかろうか。すなわち，判例要旨第380号が依拠していた従来の古典的な理解に基づいて（問題は事実上の組合に関わるもっぱら財産法上のものだから）婚姻法の類推適用が許

---

(450)　DINIZ (2012) 407頁を参照。
(451)　DINIZ (2012) 410頁を参照。
(452)　DINIZ (2012) 414頁を参照。
(453)　同性間の婚姻に関する議論の先駆者でブラジルの憲法学者である。
(454)　VECCHIATTI (2013) Cap. 11, 118頁以下を参照。ヴェキアッチのこの著作は反対説の問題点という章を設けているが，実質的な議論はほとんどアメリカ法における反対説に依拠しており，ブラジルにおける反対説が顕在化していなかったことがよく伝わる。
(455)　VECCHIATTI (2013) Cap. 11, p.118を参照。

第3節 「家族」としての同性カップル

されない。また，憲法第226条§3は「特別法」[456]であるとしているのは，1988年憲法第226条を全体として解釈すれば婚姻家族が原則とされており（これをジニスは「一般法」と表現したわけだ），公法の問題（国家からの特別の保護）について「特別法」的に婚姻以外の二つの家族団体を承認したにすぎないという理解であろう，ということである。そうだとすると，ジニスとヴェキアッチとのあいだの理解の違いは「同性カップル」の如何についてではなく，家族法そのものの理解の違いから来ていると言える。

論点③の，同じではないということについても検討しよう。確かに「同性カップル」と「異性カップル」は同じではない。しかし，ジアスが「同愛（homoafetivo）」概念に基づいて同じでなければならないと主張しているのは情愛のみである。ジニスの主張は，このことについて何ら反論になっていないとも思われる。ジアス説に反論するためには，なぜ同じ情愛による結合であっても異なる扱いをすべきなのか，どのような相違点が異なる扱いを正当化しているのかを明確にする必要がある。この点について，学者ではなく，裁判官による否定的な見解があるので，ここで紹介しておこう。すなわち，「憲法制定権力が安定的結合に家族団体としての地位を与えたのは，<u>愛情を保護するためでも愛し合っている人々を保護するためでもなく</u>，国家の基盤とされている家族（＝婚姻家族）を保護するためである」といって反論しているのである。ただ，ジニス自身は家族についての憲法原則として「情愛の原則」および「家族多元性の原則」を掲げており，かりにこの裁判官と同様の反論を採用すれば矛盾に陥ってしまわないか疑問である[457]。

ジニスは立法者意思も問題にすることで自身の反対説を補強しようとしているので，こちらも検討しておきたい。ジニスが挙げたのは次の意見であった。すなわち，2002年民法典の起草者であるミゲウ・レアレは当初の憲法の理解に基づいて同性カップルの法的承認には反対していた。また2002年法律案第6960号では安定的結合に関する民法第1727条の後に同条のAを付けて「行為能力者間の事実上の結合（uniões fáticas de pessoas capazes）」に安定的結合の

---

[456] ヴェキアッチは「特別法であること」をジニスの論拠のひとつとして捉え，「少なくとも同性カップルについては特別法ではないといえる。なぜなら，同性的結合を包括的に規律する立法が存在しないからである」と述べているが，議論がかみ合っていないといわざるをえない（VECCHIATTI [2013:118]）。

[457] DINIZ（2012）37-38頁を参照。

第3章　背景にある観念レベルでの同性カップルの法的承認の過程

規定を準用するものがあったが、アルダ意見書（Parecer Vicente Arruda）では「提出されている改正は憲法に反するものである（第226条§3）」という理解が示され、この準用案は否定されたことを指摘している。しかし、アルダ意見書自体、同性カップルの問題は「議論の多い問題であり、そのためもあって、長年本院で論じられているのである」としていることから、この法案はむしろ2011年連邦最高裁判決のひとつの重要な根拠となった立法府の怠慢を証拠づけていると言うこともできよう。また、いかに民法起草者のミゲウ・レアレの見解やその改正案を否定する国会の議論を示しても、ジアスおよびローボが問題にしていたのは「憲法」であるので、ここで示されるべきものは憲法制定者の意思のはずである。しかし、ジニスはこの点にまったく触れていない[(458)]。要するに、ジアスやローボの主張に対する反論としては、ジニスの指摘は的外れと言わざるをえないのではないだろうか。

第2項　判例法における同性カップルの「家族」化

本項では、上記の学説が下級審裁判例に受容されていく過程を考察する。同性カップルが「家族」として法的に承認される過程について、ジアスが州裁判官を務めていたリオグランデドスー州裁判所とその他各州の裁判所・連邦裁判所との間には大きな相違があった。そのため、まずは同性カップルを家族として扱う判例法理の発祥地となったリオグランデドスー州裁判所における過程を確認する(1)。その上で、連邦レベルに視線を移して連邦高等裁判所における変遷および同州裁判所による判例法理が連邦高等裁判所に採用される過程を検討する(2)。

---

(458) この場合、社会の変化に適合する憲法規定の柔軟性を削いでしまうこと、そもそもその制定過程は政治的な過程であってその「意思」は不明確であることなどの問題があろう。なお、1988年憲法の制定過程には国民が積極的に参加しており、数百ページの制憲議会議事録の一頁の一部のきわめて短いやりとりから憲法制定者の意思を導き出すことは困難であるといわざるをえない。2011年連邦最高裁判決の少数意見のようにこの部分を引用して抜粋すれば説得的であるが、ローボが引用している憲法制定議会の委員会の記録のように、1988年憲法のときに国民意見の一般的な傾向が家族概念を拡張することであったことが軽視されている。

第 3 節 「家族」としての同性カップル

1 リオグランデドスー州裁判所の判例法発展
——「同愛的結合」という判例法理の起源

現在リオグランデドスー州裁判所（Tribunal de Justiça do Rio Grande do Sul-TJRS）は家族法の分野において先駆的な裁判所と評価されている。その理由のひとつは同性カップルに関する一連の画期的な裁判例を打ち出したことに求められる[459]。しかし，連邦高等裁判所 1998 年判決以前には，同性カップルの問題について同裁判所が扱ったのは，同性間の関係の解消に関する事件がひとつ[460]のみであり，その他事件においては同性愛に対するその態度も必ずしも好意的なものではなかった[461]。だが，連邦高等裁判所 1998 年判決の直後，1999 年にその態度を 180 度回転させた決定があった。

(1) 手続法上の「家族」の効果の承認

「家族」として扱われることの訴訟法上の効果のひとつは非公開（segredo de justiça）の手続が保障される[462]ことであるため，事案の詳細を知ることができないが，その決定要約文は次のとおりである。

「同性愛的な関係。同性カップルにより構成された事実上の組合の解消を判断する

---

(459) リオグランデドスー州裁判所の先駆性については LOREA;KNAUTH（2010）73 頁以下を参照。これによれば，「同性的結合の承認にかかわる請求が行われる以前にも，リオグランデドスー州裁判所は既に家族法の分野に関する判決の画期的な性格で知られていた」と指摘した上で，メディア，学説およびその他の州裁判所において同裁判所が画期的であると指摘された複数の事例を検討している。しかし，第一回メルコスール家族法学会（I Congresso de Direito de Família do Mercosul）が同州で開催されたときに元ブラジル家族法学会（IBDFAM）の院長が「家族法の天国に来ました」と表現するほど同州裁判所の先駆性な評判が定着したのは疑いなく同性的結合に関する一連の判決の後のことである（同 95 頁）。
(460) 同性カップルの養子縁組が養子縁組制度の目的に沿わないとして無効とされた 1998 年の判決があるにすぎない（TJRS‐Ap. Civ. 598057701, 7ª Câm. Cível, Rel. José Carlos Teixeira Giorgis, d.j.: 23/09/1998）。
(461) もっとも古いものでいえば，1977 年に「変態な行為で生計を立てている同性愛的な放浪罪。精神的異常性」とする刑法の判例要旨（TJRS‐Ap. Crime nº 7039, 2ª Câm. Criminal, Rel. Paulo Claudio Tovo, d.j.:16/06/1977）があり，1980 年代に入ってから同性愛行為を理由とする婚姻の無効に関する事件が多く（TJRS‐Reexame Necessário nº 41932, 2ª Câm. Cível, Rel. Manoel Celeste do Santos, d.j.:15/09/1982 など），同性愛行為が「社会的に卑劣なもの」と述べる刑事事件の判決は 1990 年代前半にもみられる（TJRS‐Recurso Crime, nº 692039217, 1ª Câm. Criminal, Rel. Guilherme Oliveira de Souza Castro, d.j.: 27/05/1992）。
(462) 安定的結合制度を導入した 1996 年法律第 9278 号第 9 条を参照。

第3章　背景にある観念レベルでの同性カップルの法的承認の過程

ための裁判管轄。情愛関係にかかわる場合には，異性カップルの関係解消と同様に，家事部が審理する裁判管轄を有する。不服申し立ての認容。」(463)

　この決定により同州裁判所は1998年連邦高裁判決が確認した事実上の組合の法理を維持しながらも，この法理をさらに一歩進めたことがわかる。実は，1998年連邦高裁判決の各裁判官の意見において，同性カップルの関係が情愛的な性格（afetividade）を有することはすでに指摘されていた。ただそれはレトリックとして指摘されるに留まっていたのだが，州裁判所はこれを直接の根拠として同性カップルに関する事件は通常の民事部ではなく家族法に関する問題を管轄する家事部において扱われるべきである，という画期的な判断を示したのである。本件の争点は裁判管轄であるため，安定的結合制度の規定が同性カップルについて類推適用されるかどうかの判断はない。だが，家事部で審理される事件は家族に関する事案であることから，本決定は，同性の安定的結合が認められないと判断されていても財産法に純化した事実上の組合の法理ではなく，家族法（婚姻・安定的結合）に近いコンクビナト保護法理を用いるべきことを強く示唆していると言える。また，手続法上の効果ではあるが，本件が非公開の手続で進められたことが示すように，同性カップルについて「家族」としての法律上のなんらかの効果が認められた初めての裁判例でもあったのである。

　その後，ジアス説に基づいて同性間の安定的結合が主張されるようになるが，このような訴訟には請求の法的可能性（possibilidade jurídica do pedido）という訴訟要件の壁があった。

(2)　「請求の法的可能性」の承認――手続法上の壁の克服

　「請求の法的可能性」とは，民事訴訟法第267条に定められている訴訟要件の一つである。この要件が満たされない場合には裁判所は本案審理をせずに訴

---

(463)　原文は次のとおりである。"RELAÇÕES HOMOSSEXUAIS. COMPETÊNCIA PARA JULGAMENTO DE SEPARAÇÃO DE SOCIEDADE DE FATO DOS CASAIS FORMADOS POR PESSOAS DO MESMO SEXO. EM SE TRATANDO DE SITUAÇÕES QUE ENVOLVEM RELAÇÕES DE AFETO, MOSTRA-SE COMPETENTE PARA O JULGAMENTO DA CAUSA UMA DAS VARAS DE FAMÍLIA, A SEMELHANÇA DAS SEPARAÇÕES OCORRIDAS ENTRE CASAIS HETEROSSEXUAIS, AGRAVO PROVIDO. (TJRS- AI nº 599075496, 8ª Câm. Cível, Rel. Breno Moreira Mussi,d.j.: 17/06/1999)."

状に瑕疵があるものとして却下することができる（同法第295条）[464]。実際，同性カップルが同性間の安定的結合であろうと，事実上の組合であろうと，同性カップルの関係の存在確認を裁判所に求めようとした時に，各州裁判所は多くの場合に実定法の規定がないことを根拠に請求が法的に不可能であるとして却下していたのである。連邦法のレベルでこの問題が解決されたのは2008年の連邦高裁判決[465]によってであるが，リオグランデドスー州裁判所は2000年の判決において既にこの問題を克服していた[466]。

しかし，「請求の法的可能性」が認められても，それは直ちに安定的結合に関する規定の類推適用が認められることを意味しない。審査した結果として，安定的結合の諸規定の類推適用が認められないという結論が出る可能性があるからである。実際，請求の法的可能性が認められた後，同性カップルの関係は事実上の組合とされ得るにすぎないため，安定的結合に関する扶養料請求権が認められないとした判決もあれば[467]，同性間で安定的結合が成立し得ることを前提として被告が夫と離婚してから同性との間で共同生活を始めたことを理由に元夫の関係終了後扶養料支払義務が消滅したとした判決[468]もあった。請

---

(464) 民事訴訟法（Código de Processo Civil - CPC）
　　　第267条　訴訟は次に掲げる場合において本案審理なく終了する。
　　　　Ⅵ．請求の法的可能性，当事者適格，訴訟の利益など訴訟要件が満たされない場合
　　　第296条　訴状は次に掲げる場合において却下される。
　　　　Ⅰ－瑕疵がある場合
　　　単項　次に掲げる場合において瑕疵がある。
　　　　Ⅲ－請求が法的に不可能である場合．
(465) 連邦高裁特別上告第820.475号2008年判判決を参照。
(466) TJRS- Ap. Cív. Nº 598362655, 8ª Câm. Cível, Rel. José Ataídes Siqueira Trindade, j. 01/03/200（同性間の安定的結合に関して憲法上の差別の禁止を根拠に請求の法的可能性を認めた事例［非公開］）を参照。
(467) TJRS - AI nº 70000535542, 8ª Câm. Cível, Rel. Antônio Carlos Stangler Pereira, j. 13/04/2000, In, RJTJRS 205/288（事実上の組合であるとして安定的結合に関する1994年法律第8971号および1996年法律第9278号の適用が否定された2000年の事件）。この判決にはJosé Siqueira Trindade裁判官の反対意見が付されており，「女性同士の関係により安定的結合が成立し，扶養料請求権を生じさせる」という理解を示している（RJTJRS 205/295）を参照。
(468) TJRS - Ap. Cível nº 70000880617, 7ª Câm. Cível, Rel. Maria Berenice Dias, j. 10/05/2000（同性愛的な関係が立証されれば，安定的結合が成立しうることを前提として，性的な関係であることの証拠がなくても安定的結合に関する扶養の規定を拡張して適用した2000年の事件）。

第3章　背景にある観念レベルでの同性カップルの法的承認の過程

求の法的可能性が同性間の安定的結合の承認に直結しないことが明らかになったのである。

(3)　財産分与に関する規定の類推適用の承認——「同愛的結合」法理の出発点

同性カップルの問題が裁判に持ち込まれるようになった当初は，問題の構図はそれを安定的結合として扱うかどうかの対立であったため，同性間の安定的結合があり得ないとする見解と同性間の安定的結合を認めてもよいとする見解とが対立した。こうした状況に対して，2001年に，ベレニセ・ジアスの類推適用説に依拠してこれらの見解を妥協させようとする合議判決が下された[469]。この事件の事実関係は次のとおりである。

Aの遺産をめぐって，30年にわたってAと関係を持っていた被控訴人Yが事実上の組合の存在により共有財産の分割を請求したところ，第一審裁判官は事実上の組合の法理に基づいてYに遺産の75%を与える決定をした。しかし，養子としてAの相続人である控訴人XはYが女性であった場合（即ち，異性カップルであった場合）において事実上の組合の共有財産の分割により与えられるのは二分の一であることなどを理由として第一審の判断が不均衡であると主張して控訴した[470]。これに対して，控訴審では二対一で安定的結合に関する財産分与の規定の類推適用を認め，Yの持分を50%に限定してXの請求を認容した。

報告担当ジオルジス裁判官（José Carlos Teixeira Giorgis）は，同性カップルの恋愛関係が法的に無価値であるとする当初の議論（不存在説）から，事実上の組合として財産法上の価値が認められるとするようになった当時の通説的な見解（事実上の組合説）への流れを確認した上で，以下のように述べた。「ここでは次で述べる理由によりこの見解［事実上の組合説］を採用しない。なぜなら，愛および情愛というものは性，人種，民族を問わないものであり，裁判所

---

(469)　TJRS – Ap. Cível n° 70001388982, 7ª Câm. Cível, Rel. José Carlos Teixeira Giorgis, j. 14/03/2001.

(470)　本件においてAは本件関係において経済的に依存していた方であるため，単に財産法上の関係として事実上の組合の法理を適用すれば，生存配偶者の貢献度が高いため，財産の75%が与えられることになるが，当該関係が単なる財産的な関係ではなく家族法上の規定を用いれば，二分の一の推定が働き，Yの持分が50%に限定され，Xが相続できる財産が増えるのである。このように，同性間の関係に対する家族法上の保護を及ぼすことはカップル関係の当事者のみならず，その間にある子の保護につながる点がこの事案の重要な特徴であるといえる。

第3節 「家族」としての同性カップル

に流れ込んでくる現実を見て見ぬ振りをせずに問題を解決する必要があり，標準的な安定した関係の型にはまらない場合であっても，<u>同性愛的結合（união homossexual）に同様の効果を付与することを否定すべきではない</u>からである。」こう宣言した上で，ジアスの著作と同様に同性愛に関わる歴史，心理学，医学および精神分析学の理解，諸外国法などに言及して，16頁にわたって事細かな考察をし[471]，最後に，①性的指向に基づく差別および個人の尊厳と性的指向の関係を解釈指針としながら，②コンクビナト保護法理に関する判例法の伝統を援用して，③法の欠缺に対して同性カップルに関する安定的結合や婚姻の規定の類推適用（LICC第4条，CPC第126条）[472]を行うという法律構成を採用したのである。

報告担当裁判官はこのように類推適用の可能性を認め，「その関係を<u>家族団体として分類することについてはまだ躊躇があるが，既存の法律制度の類推適用および法原理を用いて婚姻や安定的結合の場合と同じような財産的な効果を付与することには問題がない</u>」と述べた。換言すれば，この法律構成では同性カップルの関係は1988年憲法第226条における「男女間の」安定的結合や婚姻ではなく，これとは異なる「同性的結合（união homossexual）」であり，これが憲法第226条の「家族団体」であるかどうかの判断を留保しているのである。ただ，いずれにせよ，これによって，同性間の安定的結合の承認の可否という当初の対立軸を，同性的結合というものがどのように扱われるべきかという新たな観点から捉えることができるようになった。さらに本書のここまでの記述から振り返ってみるなら，これは2011年連邦最高裁判決の少数意見の法律構成の原型となっていることは言うまでもなく，ローボ説を採用することを留保しているのである。

ただ，本件の合議判決は大法廷ではなく3名の裁判官からなる通常の小法廷

---

(471) ジオリジス裁判官の意見についてはRJTJRS 274/468-486頁を参照。
(472) 民法適用法（Lei de Introdução ao Código Civil - LICC）第4条「法律がない場合には，裁判官は類推，慣習および法の一般原理に従って判決を下す」，現行ブラジル法適用法［Lei de Introdução às Normas do Direito Brasileiro - LINDBr］第4条，民事訴訟法第126条「裁判官は法の欠缺，または，不明確性を理由に判決または決定を拒否することができない。争訟の審理にあたっては法規範を適用し，これがなければ類推，慣習および法の一般原理に頼る」。民法適用法（現行ブラジル適用法）とは，民法又は法の解釈と適用に関する一般原則を制定するとともに，国際私法に関する規定をおいている法律であり，日本法の法の適用に関する通則法と類似するものである。

第 3 章　背景にある観念レベルでの同性カップルの法的承認の過程

でなされており，1 名の裁判官の反対意見もあるため[473][474]，この判決をもってこのような理解が同裁判所の判例法として定着したとは言えない[475]。実際，その後は，担当裁判官の構成によっては安定的結合の類推適用を肯定する事件[476]もあったが，しばらくのあいだは否定する事件[477]の方が多かった。この状況を逆転させたのは「反対意見のある合議判決に対する不服申し立て(embargos infrigentes)」[478]に関わる 2003 年の事件である。

この「embargos infrigentes」に関する議論は少なくないが，制度の概要を簡略に説明すると次のようになる。通常の合議判決は 3 名の裁判官で行われるため，裁判官の構成により判決内容が変わってしまう可能性がある。そこで，法的安定性の確保などをはかる観点から裁判官の人数を増やして大法廷による

---

(473)　本件の反対意見ではシャヴェス裁判官（Des. Sérgio Fernando de Vasconcellos Chaves）は 1988 年憲法によって家族の概念が拡張されたことを認めながらも，家族は「生殖および子育てのための理想的な環境」であるという理解を示した上で，「しかし，男性同士あるいは女性同士の関係を情愛が存在するという事実のみをもって家族単位（núcleo familiar）として考えることができない。情愛は法発生的な事実ではなく，家族の構成そのものが法発生的な事実（fato jurígeno）である」と述べている。子どもと家族の関連性を理由に同性カップルが家族ではないとすることにより，本件において二人に育てられた子の利益がかえって害されていることになるのは皮肉な結果であるといえ，現実にある家族をそれとして認めないことの不合理を痛感させる事案であろう。

(474)　ところで，報告担当裁判官の意見を支持したもうひとりの裁判官は当時リオグランデドスー州裁判所の裁判官であったジアスであり，同性愛と法に関わるジアスの著書（DIAS [2014] の初版）が報告担当裁判官により引用されている。前述したように，ブラジル法では学説が大学のみならず裁判所を含む実務からも打ち出されていることを表す極端な例である。

(475)　過激な学者はリオグランデドスー州裁判所がこの時から既に同性間の安定的結合を認めたと指摘しており，これが多くの法律文献で繰り返されているが，これらの学者の指摘には慎重でなければならないことの一例である。

(476)　TJRS - Ap. Cível, 8ª Câm. Cível, rel. Alfredo Guilherme Englert, j. 08/11/2001（事実上の組合であることを確認した上で，法の欠缺あるいは不明確なところにより生存配偶者の物権的住居権に関する規定の類推適用を肯定した事件）。

(477)　TJRS - Ap.Civ. nº 70002692358, 8ª Câm. Cível, Rel. Alfredo Guilherme Englert, d.j.: 11/10/2011（同性カップルの関係を事実上の組合として分割を主張されていた不動産が共同生活開始前に取得されており，財産形成への貢献がなかったとして請求を棄却した 2001 年の事件），TJRS - Ap. Cív., 8ª C. Cível, Rel. Antônio Carlos Stangler Pereira, d.j.: 11/10/2001（安定的結合の存在を否定して，同性カップルの関係およびその他の非公式な関係は連邦最高裁判所判例要旨第 380 号の適用を受けるにすぎないとされた事件）。

(478)　Embargos Infrigentes の手続については民事訴訟法第 530 条以下を参照。

182

第 3 節 「家族」としての同性カップル

再審が認められるわけである。

本件はリオグランデドスー州裁判所民事部第 4 組の構成裁判官 9 名から成る大法廷により判断されたが，5 対 4 の僅差で類推適用を認める 2001 年判決の法律構成が採用された。ただ，これには事実上の拘束力しかなく，その後類推適用の法律構成を否定する同州裁判所の判決は少数の境遇に追い込まれたものの，完全になくなったわけではない[479]。

(4) 同愛的結合法理の発展

リオグランデドスー州裁判所における，同性カップルをめぐる裁判の流れをまとめれば以上のようになろう。同性カップルは，最初は事実上の組合とされながら「情愛的関係（relação de afeto）」であることを理由に家事部の管轄が認められた（1999 年，(1)参照）。その後は，同性カップルの関係をめぐって請求の法的可能性が肯定された上で（2000 年，(2)参照），異性間と同様の「情愛的関係」であることを理由に類推適用の法理が打ち出され，2003 年にようやく定着した（(3)前半参照）。しかし，類推適用の肯定は同性間の関係にいかなる規定が適用されるかを一挙に明らかにするものではなかった。そのため，その後，多くの事件の蓄積により，2000 年代後半になって当初は安定的結合ではないとされていた同愛的結合（união homoafetiva）が，判例法上は安定的結合とはほぼ変わらない「制度」となっていたのである（(3)後半参照）[480]。これをひと言でいうなら，同愛的結合法理の発展と表現することもできよう。

しかし，これはリオグランデドスー州裁判所についてのみ言えることである。2011 年連邦最高裁判決が下されるまでは，全国の各州裁判所の一般的な傾向はむしろリオグランデドスー州裁判所を異色の存在にしていたと言える。また，公法上の「家族」に関わる判断は州裁判所ではなく，ほとんどの場合において

---

[479] 例えば，TJRS - Ap. Cív. Nº 70009888017, 7ª C. Cível, Rel. Sérgio Fernando de Vasconcellos, d.j.: 27/04/2005（同性愛的な関係について安定的結合の成立の可能性を否定した事件）を参照。MOREIRA（2010）98 頁によれば，この判決がその他の州裁判所において広く引用されるようになったが，肯定説と否定説の対立構造は 2001 年判決からすでに確定しているといえる。なお，2000 年後半にリオグランデドスー裁判所の少数説となった見解における宗教の影響を詳細に考察しているものとして LOREA;KNAUTH（2010）96 頁以下を参照。

[480] 例えば，2007 年には女性同士の同性的結合の解消に伴って，子の出生証明書に片方のみ養親とされていたにもかかわらず，養親となっていなかったもう一方の配偶者に面会権を認めた事件（TJRS - AI nº 70018249631, 7ª C. Cível, Rel. Maria Berenice Dias, d.j.: 11/04/2007）などがある。

連邦裁判所の管轄となる。そこで次に，連邦レベルの判例法の変遷に目を向け，同性カップルについて，公法上の「家族」性を認め，リオグランデドスー州裁判所の理解を採用していった連邦高裁の一連の裁判例を確認することにしよう。

2 連邦裁判所における判例法発展
　　──公法上の「家族」から家族法上の「家族」へ

　上記のように，リオグランデドスー裁判所では 1998 年連邦高裁判決から 5 年も経過しないうちに後に連邦最高裁判所が採用する法律構成が定着しようとしていた。これに対して，連邦高等裁判所および他の各州裁判所は 1988 年憲法以前の男女の非婚カップルに関する判例法理の発展と類似した段階をゆるかに進んでいった。すなわち，①暫くのあいだは家族法の問題に関して 1989 年リオデジャネイロ州裁判所判決の立場を維持する姿勢を示していたが，②やがて家族法以外の分野において同性間の関係に法的効力を付与するようになり，③最終的には 2008 年判決において事実上の判例変更を行い，リオグランデドスー州裁判所で採用されていた類推適用の法律構成を採用するに至った。ただ，②については連邦高等裁判所が積極的に認めたわけではないことに予め注意を促しておきたい。以下ではまず，家族法以外の分野に関する「家族」性の承認について検討し（イ），続けて家族法における「家族」性の承認について考察する（ロ）。

イ　公法上の「家族」性の承認
(1)　国家社会保障院（INSS）事件と 2003 年連邦最高裁決定の意義

　公法上，連邦レベルで，同性カップルの家族性承認への転換のきっかけとなったのは 2000 年代前半に発生した国家社会保障院（Instituto Nacional do Seguro Social ‐ INSS）をめぐる遺族年金の問題である。以下の記述では様々な法的手続が錯綜する。その上，それらの前後関係だけでなく，相互の影響関係も重要なので，図 4 に一連の経緯をまとめておいた。適宜参照されたい。

　さて問題は 2000 年 4 月にリオグランデドスーの連邦第一審裁判官[481]が同

---

(481)　Ac. Civ. Pública nº 2000.71.00.009347-0, 3º Vara Previdenciária do Rio Grande do Sul, Juíza Simone Barbisan Forte. 前述したように，州裁判所のほかに連邦裁判所の系統があり，国家行政にかかわる多くの訴訟がその管轄に属するが，ここでいう連邦裁判官はこの連邦裁判所の系統の第一審のことをいう。

第3節 「家族」としての同性カップル

図4 国家社会保障院（INSS）事件の経緯

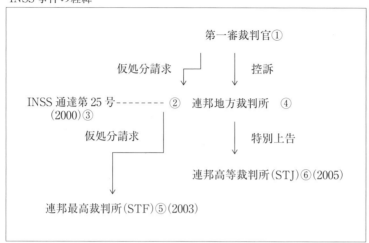

性的結合の配偶者にも遺族年金の受給権を認めたのみならず，同判決に対世効を付与した命令処分（liminar）[482]を出したことにはじまる（図4 ①）。これらの判決および命令処分を受けて，国家社会保障院は連邦地方裁判所に控訴するとともに連邦地方裁判所に対して効力停止の仮処分を求めたが，仮処分が否定されたため（図4 ②），第一審裁判官の命令に応じて2000年に同性カップルの配偶者を被扶養者（dependente）と認めるINSS通達第25号[483]を打ち出した（図4 ③）。こうして，遺族年金については全国レベルで同性カップルの配偶者

---

[482] 具体的には，「上記を考慮して，国家社会保障院に対して，全国規模で次のように命令する：①同性のパートナーを優先的な被扶養者にし（1991年法律第8213号），②正規非正規を問わず，被扶養者申し込みを直接当局において行うことができるようにし，③遺族年金ないし囚人支援金の支給申し込みを，異性カップルの配偶者と同じように受理して処分せよ（法律第8213号第74条および第80条，デクレ2048号第22条）。完全な導入までに10日間の期限を決め，民事訴訟法第461条§4に基づいてそれ以降は3万レアル（おおよそ100万円）の過料を科す」というものである（STF, Pet. 1984 RS, Rel. Min. Marco Aurélio, 10/02/2003, Ementa）。

[483] Instrução Normativa INSS/DC Nº 25, de 7 de junho de 2000（2000年6月7日，INSS通達第25号）を参照。この通達では，①前掲判決，および②社会保障上の利益の付与の画一化の必要性の考慮から，同性カップルの「安定的結合（união estável）」が所定の書類により立証されれば（同通達第3条），異性カップルに関する扱いと同じ扱い（同通達第2条）に従うべきであるとされている。

第3章　背景にある観念レベルでの同性カップルの法的承認の過程

が家族として扱われるようになったのである。

こうした対応を強いられたのに不服な社会保障院は州裁判所の判決を覆すために連邦最高裁に対して同じ仮処分を請求した。ただ，その間，2000年11月に，連邦地方裁判所の控訴審では，社会保障の問題に関しては法の欠缺があり，憲法上の平等原則からも同性カップルに社会保障法上の家族に関する規定を類推して適用することが可能であるとして控訴が棄却された（図4 ④）[484]。これを受けて，社会保障院は連邦高裁に特別上告したが，先述の仮処分請求を受けていた連邦最高裁は連邦高裁に先立って2003年に仮処分を拒否する決定[485]を下した（図4 ⑤）。同決定が，同性カップルの法的承認に関して保守的なスタンスを維持していた連邦高裁に及ぼした影響は大きく，結局，2005年に連邦高裁は地方裁判所の判断を維持して上告を棄却する判決を下した（図4 ⑥）[486]。

この事件においてもっとも重要なものは2005年連邦高裁判決（図4 ⑥）ではなく，2003年の連邦最高裁決定（図4 ⑤）である。実は，この仮処分の拒否の根拠の大部分は訴訟手続に関するものであり，最終的には連邦最高裁は訴訟法上の理由から仮処分の必要性を認めず，当該事件は通常の訴訟手続において審理されるべきであるという判断を示したものにすぎない。だから重要なのは，判決文では第一審裁判官の付随審査の権限をめぐる考察において，社会保障法の問題については，憲法第226条§3，平等原則（憲法第5条）および社会保障に関する規定（憲法第201条Ⅴ）までもが考慮され，同性カップルの配偶者の遺族年金を肯定した第一審裁判官および第二審裁判所の判断について肯定的な評価が示されたことである。このことがその後の2005年連邦高裁判決の方向を決定付けたのみならず，連邦最高裁の判断は各州裁判所・各種裁判所で援用され，家族法の問題とそれ以外の問題とを区別するアプローチを定着させたのである。

(2) 2004年選挙高等裁判所（TSE）判決

次に，連邦の高等裁判所レベルにおいて家族法の分野とその他の分野を区別するアプローチの定着に大きな意味を持ったのは2004年の選挙裁判所

---

(484) TRF4, AC 73643 RS, nº 2000.04.01.073643-8, Rel. Nylson Paim de Abreu, d.j.: 21/11/2000 を参照。

(485) STF- Pet: 1984 RS, Rel. Min. Marco Aurélio, d.j.: 10/02/2003 を参照

(486) 同判決で実際にこの決定が引用されている。

第 3 節 「家族」としての同性カップル

(Tribunal Superior Eleitoral - TSE) の合議判決[487]である。1988 年憲法第 14 条§7[488]は共和国大統領，州または特別区知事，市長等の地位に就いている者の配偶者や親族などであることを被選挙権の欠格事由としている。本件判決は「安定した同性愛の関係（relação estável homossexual）」（リオグランデドスー州裁判所と同じように同性間の安定的結合とは言わない）についてもこの規定の趣旨が妥当するとしたのである。

具体的には，2011 年連邦最高裁判決の裁判官の一人である報告担当メンデス裁判官は次のように判断した。まず，憲法の規定が「安定的結合の配偶者やコンクビナトの配偶者」を列挙しており，ここには同性カップルの関係が列挙されていないが，同規定の趣旨は寡頭支配（oligarquia）の防止であることを確認した。その上で，コンクビナトおよび安定的結合においても婚姻と同じように「人々を共通の利益に向けて団結させる強い情愛的な絆」があって欠格事由にあたるとされた先例[489]，事実上の組合に関する連邦高裁の 1998 年判決，および 2003 年連邦最高裁決定を引用して「我が法体系において（安定した同性間の関係が）家族団体として承認されていなくても，選挙法の領域には反射的効力（reflexo）があると言わざるを得ない」としたのである。その他の裁判官は全員一致でこの意見に賛同した[490]。この判決により，家族法については憲法

---

(487) TSE, RESPE nº 24564 PA, Rel. Min. Gilmar Ferreira Mendes, dp. 01/10/2004. パラナ州ヴィセウ市長と安定した同性間の関係にあった女性が立候補した事案である。第一審選挙裁判官は憲法第 14 条§7 の趣旨に照らして同性の結合に対して異性の婚姻等と同じ効果を認めたが，第二審は憲法第 226 条における安定的結合は男女間の関係に限定され，同性間の関係は家族団体ではないため，間接的にも第 14 条§7 の欠格事由に該当しないとして第一審判決を破棄自判した。最後に実質的な平等の原理（Princípio da Isonomia Material）を援用して，これを類推適用することは認めがたい差別になる可能性があると指摘していることが印象的である。

(488) 1988 年憲法第 14 条　人民の主権は，すべての者に平等の価値を有する普通選挙および直接かつ秘密の投票により，また，法律の定めるところに従い，次のものを通じて行使される。

　§7　共和国大統領，州知事，直轄領知事，連邦区知事，市長または選挙前，6ヶ月以内にこれらの地位を代行した者の配偶者および 2 親等内のもしくは養子縁組による血族もしくは姻族は，本人の管轄区域内では，被選挙権を有し得ない。ただし，すでに本人が選挙職の地位を占めており，かつ再選の候補者である場合はこの限りでない。

(489) TSE, REspe nº 19443, de 12/8/2001.

(490) Carlos Velloso 裁判官は憲法第 226 条の問題ではないこと，同規定の立法理由（ratio legis）から公法である選挙法の領域に限って安定的結合と同じ枠組みで理解されるにすぎないことを，報告担当裁判官の意見の繰り返しであるにも関わらず，念入りに

187

第 3 章　背景にある観念レベルでの同性カップルの法的承認の過程

第 226 条の壁があるが，その他の法分野についてはこの規定が妨げとなるわけではないという 2003 年連邦最高裁決定の見解が定着したと言える。

　ここで選挙高等裁判所の判決の特殊性とその意義について補足しておこう。実は，選挙高等裁判所は常設の裁判所ではなく 7 名の裁判官から構成され，その中で 3 名は連邦最高裁判所の裁判官から選ばれて兼任することになっている。そのため，選挙高等裁判所の判例から連邦最高裁判所の見解を推測することができるので，通常の高等裁判所よりも事実上の拘束力が大きいと言える。換言すれば，本件では国家社会保障院事件で既出の 2003 年連邦最高裁決定に関わらなかった連邦最高裁の他の裁判官も同決定で示された法律構成を支持していることが明らかになったのである。2003 年連邦最高裁決定と同じように，その後多くの裁判例で引用されるようになるのもそのためである。実際，国家社会保障院問題に関する 2005 年連邦高裁判決[491]においても引用され，遺族年金については家族法の問題に関する憲法第 226 条ではなく，社会福祉法ないし遺族年金に関する憲法第 201 条 5 号[492]の規定および平等原則（憲法第 5 条）の解釈として論じる必要があり，その際に法の欠缺が認められれば，類推適用（旧民法適用法第 4 条）によってこれを補充すべきであるという見解が確認された[493]。

　　　確認しているが，リオグランデドスー州裁判所における議論と同じように憲法第 226 条の問題から離して理解する法律構成が妥協のために必要であったことを示している。
(491)　STJ‐REsp nº 395904（特別上告第 395904 号判決）。
(492)　憲法第 201 条　社会保障は一般制度として負担金および強制加入に基づき，また，金融および保険計理の均衡を維持する基準に基づき，法律の定めに従って次の事項に応ずる：
　　　Ⅴ　§2 の規定に従い，男または女の被保険者の死亡に伴い，婚姻配偶者または安定的結合内縁者および被扶養者に対する遺族年金。
(493)　なお，これが判決理由となっていないことに注意が必要である。すなわち，本件において連邦高等裁判所は憲法の問題を理由とする特別上告が認められず，その場合には連邦最高裁に特殊上告すべきであることを理由に上告の一部却下をしているのである。にもかかわらず，報告担当裁判官は「ちょっとした議論を展開してみれば」といって 2003 年連邦最高裁判所決定および社会保障分野においてこの法律構成を認めた連邦地方裁判所の先例（TRF2, Ap.Civ. Proc. 2002.51.01.000777-0, 3ª turma, d.j.: 21/7/2003, Rel. Tania Heine や TRF1, AG 200301000006970, 2ª turma, d.j.: 29/4/2003 など）を引用して本文のような見解を示している。この見解が判決理由として示されたといえる事件は医療保険にかかわる 2006 年特別上告第 236715 号の事件においてである。この事件はブラジルの公的銀行である CEF（Caixa Econômica Federal）が同性カップルについて「被扶養者」に該当しないと主張したものであるが，連邦高等裁判所は国家社会保障

第3節　「家族」としての同性カップル

ロ　家族法の「家族」性の段階的承認
(1)　家事部の裁判管轄の否定

　2004年に連邦高裁において，リオグランデドスー州裁判所から上がってきた裁判管轄をめぐる特別上告の判決が下された[494]。ここでの同判決のポイントは，同性カップルの関係解消に関する問題の管轄を，家事部ではなく，民事部であるとしたことである。前述したように，リオグランデドスー州裁判所は1999年の事件において家事部の裁判管轄を認めた。実はこれに対して州検察庁（Ministério Público Estadual）が連邦高等裁判所に特別上告していたのだが，本件はその5年後の連邦高裁判決である。同州裁判所においては，こうした事案については家事部の管轄であるとする判例法理が既に定着していたにもかかわらず，連邦高裁はこれを否定し，リオグランデドスー州裁判所の判決を覆して民事部の管轄としたのである。

　連邦高裁は本件の判決理由の中で「法の欠缺の援用は失当である。なぜなら，法は明確に家族団体を男女の安定した公開的かつ継続的な共同生活に限定しているからである（下線は著者）」とした。いささか唐突な引用の冒頭の前後関係はすぐ先で明らかにする。留意が必要なのは，この2004年の時点では連邦高裁において他の法分野の問題について法の欠缺による類推適用が認められるとする見解はまだ打ち出されていなかったことである。従って，家族法分野以外の法分野については，個別具体的な事件ごとに法の欠缺の有無を判断して類推適用する余地があるか否かを判断すべきである，とする法律構成は2003年連邦最高裁決定および2004年選挙高等裁判所判決のいわば「外圧」により前掲2005年高等裁判所判決において採用されたと言えるのである。上記判決理由は，同性カップルの関係解消問題を規律するのに財産法の規定があるから，法の欠缺の問題は存在しない，といっているわけである。なお，2005年に州裁判所における管轄をめぐる問題に関するもうひとつの特別上告[495]の判決があるが，同性カップルによる事実上の組合の効果を財産的なものに限定する学説を引用しながら2004年判決の見解が維持された[496]。

　　　院問題にかかわる先例や2004年選挙高等裁判所判決を引用して，社会保障法については類推適用をすべきであるとする判決を下した。
(494)　STJ - RESP nº 323370 - RS, rel. Min. Barros Monteiro, d.j.: 14/12/2004.
(495)　STJ - RESP nº 502995, Min. Rel. Fernando Gonçalves, d.j.: 26/4/2005.
(496)　この事案は女性同士のカップルが事実上の組合の確認訴訟を提起したが，一方の女性の養子として登録されていた子に対する面接交渉権があったことがとくに注目され

第3章　背景にある観念レベルでの同性カップルの法的承認の過程

(2) 請求の法的可能性の肯定

その後，2006年に連邦高裁において，安定的結合の規定を類推適用した州裁判所判決が安定的結合に関する1996年法律第9278号第1条の解釈を誤ったものとして一部破棄された二つの事件[497]があり，同性カップルを事実上の組合として扱う法理が再確認されていた。しかし，2008年にこの傾向を一変させた判決が下された[498]。各州の裁判所では，既出の2000年判決以前のリオグランデドスー州裁判所と同じように請求の法的不可能性を理由に本案審理をせずに同性カップルに係る多くの事案が却下されていた。この事件は連邦高裁がこの問題についてはじめて見解を示し，リオグランデドスー州裁判所と同じ理論を用いて請求の法的不可能性を理由とする却下判決が違法であると判示したものである。本件はリオデジャネイロ州裁判所の判決に対する特別上告であり，その事実関係は次のとおりである。

X1はカナダ国籍であり，1988年にブラジルでX2と知り合って付き合い始めて，二人はカナダで生活することにして，後に同国法により婚姻した。ところが，その後，Xらはブラジルに移住してブラジルで一緒に生活しようとしたところ，X1がビザを取得するためには安定的結合にあることを証明する必要があった。そこで，男性同士である原告Xらはリオデジャネイロ州サウンゴンサロ市の第4家事部に二人が安定的結合にあることの確認を求めて訴訟を提起した。第一審裁判官は民事訴訟法第265条6号の規定に基づいて本件請求が法的に不可能であるとして請求を却下したため，Xらはリオデジャネイロ州裁判所に控訴した。しかし，控訴審も安定的結合に関する1996年法律第1条および2002年民法典第1723条は男女間であることを要請していることを理由として同性間の安定的結合の確認に係る請求が法的に不可能であるとして第一審裁判官の判決を維持して控訴を棄却した。これに対して，Xらは同控訴審判決が民法適用法第4条および第5条，並びに民事訴訟法第126条および132条，さらには民法第1723条および1724条の規定の誤った解釈をしたものであると主

たが，共同養子縁組にかかわる請求ではないため，この点について今後議論があったとしても，本件における組合契約にかかる定めがあったからといって家族法の問題となるわけではないとしている。

[497]　STJ - RESP nº 648763, Min. Rel. Cesar Asfor Rocha, d.j.: 7/12/2006 および STJ - RESP nº 773136, rel. Min. Nacy Andrighi, d.j.: 10/10/2006.

[498]　STJ - RESP n.º 820476, Min. Rel. Luis Felipe Salomão, d.j.: 2/8/2008.

第 3 節　「家族」としての同性カップル

張(499)して連邦高等裁判所に特別上告したのである。

　しかし，上告審の連邦高等裁判所裁判官で意見の対立が認められ，また，審理の途中で裁判官の一人が死亡したため，報告担当裁判官の意見が述べられた期日から判決が下された期日まで 1 年以上かかった。2007 年 8 月 25 日に報告担当リベイロ裁判官（Min. Antônio de Pádua Ribeiro）は上告を認めて却下判決を違法とする意見を示したが，これに対して，ゴンサルベス裁判官（Min. Fernando Gonçalves）がビスタ意見（voto-vista）(500)の手続を用いて意見表明を延期し，一ヶ月後に反対意見を示した。これに対してパサリンニョ裁判官（Min. Aldir Passarinho Junior）が反対意見に賛同して上告が棄却されそうになったが，ウエダ裁判官（Min. Massami Uyeda）がさらにビスタ意見の手続を用いて，翌年 4 月 3 日に報告裁判官に賛成する意見を示した。これに対して，他の裁判官が意見を変更しなかったため可否同数となり，バルボサ裁判官（Min. Hélio Quaglia Barbosa）の意見で決することになった。しかし，上記の通り同年 1 月にバルボザ裁判官が死亡してしまったため，新たな連邦高等裁判所裁判官の任命を待つことになった。最終的に 2008 年 6 月 17 日から連邦高等裁判官に就任し，2011 年連邦高裁判決の報告担当裁判官となったサロマウン裁判官（Min. Luis Felipe Salomão）の意見が可否を判定することになった。そこで，同裁判官がビスタ意見を用いて報告担当裁判官の意見に賛成する意見を示したが，反対意見を示した裁判官が意見を変更しなかったため，上告は 3 対 2 で危うくも認められた。

　各裁判官の意見は次のとおりである。まず，リベイロ報告担当裁判官の意見は請求の法的可能性をめぐる判例法(501)および学説の変遷を検討して，「法体

---

(499)　請求の法的可能性に関する規定および安定的結合に関する規定はすでに確認してきたとおりである。なお，本件ではさらに第一審判決を下した裁判官は証拠調べを行った裁判官ではないことが民事訴訟法第 132 条に違反しているとの主張もあるが，同性カップルと法の問題にかかわる論点ではないため割愛する。

(500)　ビスタ意見（Voto-vista）とは裁判官が報告担当裁判官の意見を聞いてからさらなる検討が必要であると思ったときに自らの意見を延期する手続のことをいうが，新たな期日においてビスタ意見が述べられると，意見をすでに述べた裁判官にその意見を改めることが認められる。

(501)　STJ - RESP nº 438926-AM, Min. Rel. Laurita Vaz, d.j.: 17/11/2003 という裁判例など，連邦高等裁判所における「請求の法的可能性」に関する裁判例を引用して，同裁判所および学説はともにこれによる却下を限定する解釈を採用するようになったことを確認した。なお，これらの先例は同性カップルとは無関係である。

第3章　背景にある観念レベルでの同性カップルの法的承認の過程

系において明示の禁止がある場合に限って（法的に不可能であることを理由に）請求を却下することができ」,「法律の欠缺（lacuna da lei）を理由とする却下は認められない」と判示した。逆に言えば, 本件で同性カップルの安定的結合の存在確認について本案審理が可能であるという判断が示されたわけである。また, リベイロ裁判官は意見に解説（esclarecimentos）までをも付け加えて, あえて次のように述べて確認を求めた。すなわち, 本件の問題は同性カップルに関する法理を変更するものではなく, 安定的結合の規定の類推適用の可否について下級審裁判所が判断しなければならないとしているにすぎないというのである。ブラジルの学説の状況をふまえて補足的に換言するなら, 同裁判官は「明示の禁止」とは手続法上の禁止を意味し, 実体法上の禁止があるかどうかは本案審理をして決めるべきであるという「請求の法的可能性」に関する近年の通説を採用しているにすぎないことを強調したわけである。しかし, ゴンサルベス裁判官は「請求の法的可能性」に関する学説を分析せず, 社会保障法はともかくとして, 家族法に関しては諸法律において同性カップルの安定的結合についての存在確認の審理には「明示の禁止」があるとして上告を棄却すべきであるという意見を示した。パサリニョ裁判官もこの反対意見に賛成した。そこで, ウエダ裁判官は再び詳細に請求の法的可能性をめぐる議論を考察し, 憲法第5条35号における司法へのアクセスの権利（あるいは, 訴訟権［direito de ação］）を援用して報告担当裁判官の意見に賛成意見を示した。しかしながら, 反対意見を述べた裁判官はそれでも意見を改めなかった。これに対して, 可否同数を決することになったサロマウン裁判官はビスタ意見を用いて次のような形で意見を示した。

サロウマン裁判官は, まず, 請求の法的可能性に関して学説[502]の傾向を再び整理し, 現在はそもそもこれを訴訟要件から外して訴訟要件を当事者適格および訴訟の利益のみに限定すべきであるとする見解が有力になっており, 報告

---

(502)　同裁判官が引用している学説は THEODORO, Humberto Junior. Curso de Direito Processual Civil, vol. I, 47ª ed., 2007, p.64/65．JUNIOR, Nelson Nery e NERY, Rosa Maria de Andrade. Código de Processo Civil Comentado e legislação extravagante. Revista dos Tribunais, 10ª ed., 2007, p/504．BEDAQUE, José Roberto dos Santos. Efetividade do processo e técnica processual. Malheiros, 2006, o.264．DINAMARCO, Candido Rangel. Instituições de direito processual civil, colume II. Malheiros Editores, 2003, p.302．LIEBMAN, Enrico Tullio Liebman. Manual de Direito Processual Civil, Forense, 1984, v.I, p.153/154 の5件である。

第3節 「家族」としての同性カップル

担当裁判官が根拠として引用した連邦高裁の先例の他に行政契約に関して「契約の成立の有無は本案審理に関わる問題であり，訴訟要件の問題ではない」とした先例(503)をもうひとつ引用している。その上で，これでも反対意見を示した裁判官が意見を改めなかった場合を予想して，安定的結合に関する諸規定を抜粋して実体法上も「明示の禁止」がないという見解を打ち出した。換言すれば，同裁判官は，請求の法的可能性の解釈に関して仮に反対意見の裁判官と同じ見解を採用したとしても，実体法の禁止があったとしても，これは「明示」の禁止とは言えない（明文の規定の不在）と主張したのである。

確認だが，特別上告審の審査対象となっていたのは，請求の法的可能性であった。従って，それなら，その可能性について判断するにはここまでの議論が限界となるはずである。しかし，同裁判官はさらに下級審の本案審理の問題にまで踏み込んで意見を述べ続けた。具体的には，同性間の結合の法的承認に関して黙示の禁止も無いのであるから，法の欠缺を理由に類推適用を認めるジアスの学説を提示し，くわえて社会保障法の問題に関してこの法律構成で民法適用法第4条の適用を認めた連邦最高裁の先例（2006年の違憲直接訴訟第3300号）を引用した上で，「報告担当リベイロ裁判官により採用された見解はこの裁判所の先例と相容れないものではない」と述べている。報告担当裁判官は黙示の禁止があるかどうかについての判断を留保していたのに対して，サロマウン裁判官は審査対象の範囲を超えてあえて意見を述べているわけである。その理由はおそらく最後に引用された連邦最高裁の先例(504)に着目したことであろう。前章で述べたように，2006年違憲直接訴訟第3300号は，2011年連邦最高裁判決に先立って同性カップルと安定的結合の問題に関して提起されたもうひとつの抽象審査訴訟であって，訴訟要件が充足されていないとして却下された。ただ，この判決では連邦最高裁は同性カップルの関係を承認する見解に好意的な意見を示していたのである。

少し議論が先に進みすぎてしまった。いったん話を本筋に戻してまとめてお

---

(503) REsp. 451125-RS, Rel. Min. José Delgado, 1ª turma, d.j.: 17/12/2002.
(504) 2006年違憲直接訴訟第3300号を参照。前章で述べたように，2006年にこの問題をめぐって抽象審査の手続において却下された連邦最高裁判所の判決があり，同性カップルの法的承認に関する訴訟は基本規定不履行訴訟によるべきであるというミスリーディングな見解が示された事件であるが，そのほかに同性カップルの法的承認の社会的な重要性（relevância）が指摘され，積極的に取り組んでいる学説が引用されていたため，連邦最高裁判所の見解を推測させるものであったといえる。

こう。この裁判例の先例的な意義は，同性カップルからの訴えを単なる訴訟要件を理由に却下することを否定したことである。しかし，後の展開にとって興味深いのは，連邦高裁の新たな構成員となったサロマウン裁判官から実質的な判例変更の可能性を示唆する見解が述べられたことである。

その後，リオグランデドスー州裁判所からの出張裁判官（Ministro Convocado）がこの先例を無視した二つの判決[505]を下すという皮肉なことがあったが，従前からの連邦高等裁判所の裁判官による判決では，家族法の問題に関しても類推適用を認める見解が示された，注目すべき二つの判決がある。一つ目は遺族年金の問題をめぐる事件で，2010年の特別上告第1026981号事件[506]である。この裁判で，かつては家族法における類推適用を否定していたナンシー裁判官があえて法律構成を変えて見解を改めたのである。社会保障法の問題であるため，詳細には立ち入らないが，ナンシー裁判官は単に「社会保障法については」類推適用を認めるのではなく，より一般的に「法の欠缺に直面した場合，類推適用によって<u>同性間の情愛に基づく結合の地位を，法の平等の最も純たる理解から，家族団体（entidade familiar）に引き上げることが十分可能である（下線は著者）</u>」と述べている。つまり，憲法第226条§3の「男女間の」という文言を取り除いて同性カップルについても（異性カップルの）安定的結合と同じ成立要件で判断すべきであるとしたのである。しかし，これもまた判決理由とならない傍論でしかないため，事実上の判例変更であるにすぎない。連邦高等裁判所に新しい風が吹き込まれたことを決定的に示したのは，次の二つ目の判決，それから二ヶ月後の共同養子縁組に関する事件[507]である。

(3) 安定的結合の規定の類推適用——共同養子縁組に関する事件

前述したように，リオグランデドスー州裁判所においては，早い段階から家族法の問題に関して類推適用を肯定するアプローチが定着していたが，いかなる規定が類推適用されるかは判例法の蓄積に委ねられていた。その間に扶養や

---

(505) STJ - RESP nº 633713, Min. Rel. Vasco Della Giustina（Desem. Conv. TJ/RS），d.j.: 16/12/2010 および STJ - RESP nº 704.803/ RS, Min. Rel. Vasco Della Giustina, d.j.: 16/12/2010 であるが，いずれにおいても出張裁判官は2008年判決を2006年特別上告第773136号を引用して財産分割を財産法に限定する解釈をしている。後者では引用されている先例の報告担当裁判官がすでに意見を変更していたことが無視されている。

(506) STJ - RESP nº 1026981-RJ, Min. Rel. Nancy Andrighi, d.j: 04/02/2010.

(507) STJ - RESP nº 889852 RS 2006/0209137-4, Rel. Min. Luis Felipe Salomão, dj: 27/04/2010.

第3節 「家族」としての同性カップル

財産などに関する多くの事件において同性間の結合について安定的結合のおおよその規定が類推適用されるようになっていったが，2006年に同性カップルの「家族」性の承認にとっては"大きな壁"となる親子関係をめぐる判決が下された[508]。本件の事実関係は次のとおりである。

女性同士のカップルである原告 X1 と X2 は 1988 年から同居生活をしていたが，二人で育てる意図をもって，2002 年生まれの子 A およびその兄弟である 2003 年生まれの子 B を，X1 が養親となって養子にした。その後，大学教授である X2 が，X1 と共同で A と B との養子縁組，および，A と B の姓に X1 の姓と並べる形で自らの姓の追加することを求めて裁判手続[509]を開始した。第一審裁判官は原告 X らと A および B の共同養子縁組を認めるとともに，X2 の姓名を A および B の出生届に登録すること，および，その姓を追加することを認める決定をした。これに対して，州検察庁（Ministério Público Estadual）は次の 4 点を根拠に州裁判所に同決定の取消を求めた。すなわち，①2002 年民法第 1622 条では，共同養子縁組ができるのは婚姻している者，または，安定的結合にある者に限定されていること，②安定的結合は男女の結合に限定されること，③憲法の規定も下位法律の規定も同性の結合の法的承認を許容していないこと，および，④学説によれば養子縁組は自然な家族（família natural）に類似したものであることが望ましいとされていること，の 4 点である。本件では連邦高裁が州裁判所の法律構成をそのまま引用して採用しているため，連邦高裁判決ではなく，まずは州裁判所の判旨を確認する必要がある。

州検察庁の主張に対してリオグランデドスー州裁判所は次のように判示して取消を否定している。報告担当裁判官はまず「この裁判所の裁判例における大多数の理解では，同性間の結合に対して，我が法体系が安定的結合に対して施していることとすべての点において類似の扱いをする方向で既に定着している」ことを確認した。その上で，コンクビナト保護法理は男女間の安定した結合について，婚姻法の類推適用により，非婚カップルに数多くの権利義務を認めたものであるとし，その歴史を考察して次のように結論付けた。

(508) TJRS, Ap.Civ. nº 70013801592, Rel. Luiz Felipe Brasil Santos, d.j.: 5/4/2006.
(509) 養子縁組は縁組届けのみならず，裁判官の言渡しが必要である。ブラジルにおいてもいわゆる「ブラジル風養子縁組（adoção à brasileira）」が行われることがあり，これは他人の子を自らの子として自らの姓をつけて出生登録をすることである。刑法で犯罪とされているが（刑法第 242 条），現実に行われることが少なくない。本件の X1 はこれではなく単独の養親として法定の手続に従って養子縁組を行っているのである。

第 3 章　背景にある観念レベルでの同性カップルの法的承認の過程

「ここでは，これらの関係が安定的結合に該当すると言っているのではない。ただ，（コンクビナト保護法理の延長線上で）類推適用をするのならば，これらの関係は事実上の組合よりも安定的結合に類似していると言わざるを得ない。このような<u>カップルを共同生活に至らせ，悲しみと喜びを分かち合わせる感情（affectio）というのは，組合的な感情（affectio societatis）ではなく配偶者的な感情（affectio conjugalis＝カップル間の情愛）に類似しているからである。</u>」

(下線は著者)

このように，ジアス説で類推適用の基準となっている「情愛（afeto）」の学説が採用されたが，本件においてはこれがさらに親子関係と，表現を換えて重ねて言えば，社会情愛的親子関係（filiação socioafetiva）と，拡張的に結びつくことになった。同裁判官は従来同性カップルの「明示の禁止」と理解されていた憲法第 226 条の解釈に踏み込み，2011 年連邦最高裁判決が採用した多元的家族論および情愛原理の理論を付随審査で展開させ，その「明示の禁止」の理解を斥けた[510]。その上で，同性カップルを家族団体として認めて安定的結合のほとんどすべての規定を類推適用することが可能であることを前提として，本件で問題になっているのは同性カップルに共同養子縁組を認めることが民法第 1625 条[511]の趣旨である子の福祉に反するかどうかを判断することであるとした。そしてその際，問題となるのは同性愛者に育てられることによって子

---

(510)　MORAES（2000）89-112 頁を参照。

(511)　リオグランデドスー州裁判所の控訴審判決の時には養子縁組に関する規定は 2002 年民法典の第 1618 条以下におかれており，共同養子縁組を婚姻カップルと安定的結合カップルに限定していたのは旧第 1622 条（「何人も二人の者の養子にとられることはこれを認めない。但し，夫と妻である場合，または，安定的結合にある場合にはこの限りでない」）であり，子の福祉に関する規定は旧第 1625 条（「縁組は養子の実効的な利益を生ずる場合に限って認められる」）であった。しかし，2009 年法律第 12010 号（養子縁組に関する改正法第 1 条「この法律は，子及び育成に関する法典（1990 年 7 月 13 日法律第 8096 号）の定めるところに従い，すべての子および青年の家族生活への権利のための制度の改善について規定するものである。」）により養子縁組に関する規定が民法典から子及び育成に関する法典に移された。そこで，2010 年連邦高裁判決の根拠条文（ECA 第 1 条，第 42 条§2，第 43 条）はリオグランデドスー州裁判所において援用されている条文とは異なることになるが，条文の文言の内容がほぼ変わっていない。具体的には，ECA 第 42 条§2 は「共同養子縁組のためには，養親が民事上婚姻しており，または，家族の安定が証明された安定的結合にあることが必要不可欠である」とし，第 43 条は「縁組は適法な目的に基づき，かつ，養子に実質的に有利になるとされる場合に認容の決定を受ける」としており，「安定が証明された場合」や「適法な目的」など，子の福祉を強調したものになっている。

第3節 「家族」としての同性カップル

どもに悪影響があるかどうかであるが，同裁判官は複数の国の研究結果(512)を引用して悪影響があるといえる科学的な証拠がないことを確認して，同性のカップルであるという事実のみをもって子の不利益に当たるとすることができないとしたのである。判決文では本件の認定事実の詳細を検討し，X2は子供達（AおよびB）が生まれた時から一緒に育ててきたこと，子供達が彼女達両方（X1およびX2）のことを「お母さん」と呼んでおり母親と認識していること，ソーシャルワーカーの肯定的な報告書があること，X2はX1よりも経済的に安定しており健康であることなどを認定して，共同養子縁組を認めないことは子どもたちが得るであろう実定法上の利益（相続権，被扶養者としての年金受給権など）を否定することを意味し，かえって子に不利益を及ぼすことになるという結論を導き出した。要するに，州裁判所は，同性カップルにも婚姻と安定的結合における共同養子縁組に関する規定の類推適用が可能であることを前提として，本件では共同縁組を認めることこそ子どもたちの保護を厚くしてその福祉を促進することになる，と判断して控訴を棄却したのである。

本判決を下した裁判官の一人はジアスであった。この判決には小法廷のその他の二人の裁判官からの賛成意見があったが，上告審でも引用されることになったジアスは，当時まだ州裁判官を務めていたのであった。ジアスは報告担当裁判官の意見に全面的な賛成を示した上で，「あえて指摘するならひとつだけ言っておきたいことがある」と述べ，州検察庁の言動の適法性を問題にした。少し長くなるが，できるだけそのまま引用したい。同機構は「子および青年に保障されている権利および利益を保護するために必要な司法上の，または，司法外の手続を行う」（子および青年に関する法典［Estatuto da Criança e do Adolescente-ECA]）義務があるが，「もし，子どもたちを保護する法律上の義務を有している者〔州検察庁〕により行われたかかる控訴を認容して第一審判

---

(512) 引用研究は① Nadaud, Stéphane. Homóparentalité- une nouvelle chance pour la famille?. Paris: Librairie Arthème Fayard, 2002.（フランスの博士論分）P.45, ② Tasker, Fiona L. e Susan Golombok - Grandir Dans, une Famille Lesbienne. In: Homoparentalités, état des lieux. Coord.: Martine Gross. Paris: Éditions érès. 2005. P.170, ③ CJ. PATTERSON. Resultats des Recherches concernants l'homoparentalité.（米国のバージニア大学の研究），④ Frias Navarro, Pascual Liobell e Monterde Bort. Hijos de padres homosexuales: qué les diferencia.（スペインの University of Valencia の研究），⑤ Ellen C. Perrin: Technical Report: Coparent or Second-Parent Adoption by Same-Sex Parents（American Academy of Pediatrics の研究）などである。

第 3 章　背景にある観念レベルでの同性カップルの法的承認の過程

決を破棄すれば，どうなるのだろうか。当局は結局何がしたいのか。子どもたちを施設に入れたいのか。お母さんたちを別れさせたいのか」という厳しい意見が述べられている。これはジアスらしい強い表現の仕方であり，州検察庁が「同性愛者により育てられることによる子への悪影響」があると考えていたことを考慮すれば，必ずしも同機構が不合理なことをしようとしていたとは言えない[513]。ただその一方では，ジアスの言葉は社会的現実を重要視するコンクビナト保護法理の判例法の伝統につながる発想であると言える。のみならず，同性カップルに家族法上の家族団体としての地位を与えなければ，その間に存在し得る子についてかつての非嫡出子差別と類似の弊害が及んでしまうことも示唆されているのである。

　これはリオグランデドスー州裁判所の 2006 年の控訴審判決であるが，と同時に 2000 年代初頭から採用されてきた安定的結合の規定を類推適用する法理の到達点であると言える。連邦高裁は 2008 年に初めて「請求の法的可能性」を認めたのであり，財産分与の規定の類推適用の是非など，異性カップルに関する規定の類推適用についてまだ検討していなかった。それにもかかわらず，本件の特別上告審である 2010 年連邦高裁判決は，この事件における既成事実の存在（situação fática existente）に着目して子の福祉を強調することにより，同法理を出発点から一挙に到達点へと飛躍させたのである。換言すれば，2010 年連邦高裁判決は，2008 年判決において留保された判例変更に踏み出し，もっとも問題が多い親子関係の規定の類推適用について判断することによって，全員一致で親子関係を含む「同性的結合」の家族法上の家族性を肯定したわけである[514]。ブラジルにおける養子制度の社会的背景[515]が，従来から同性カッ

---

[513]　そもそも同性愛者であることが問題であれば，単独養子縁組でも否定すべきであり，本件の女性カップルは別に当該関係の事実を隠蔽した痕跡がなく，むしろ養親の住宅訪問もきちんと行われていない現在の養子縁組の実務の実態が問題であると指摘されているが，そのとおりであろう。なお，その他に報告担当裁判官の意見では「現在（2006 年）ブラジルではおおよそ 20 万人の子どもが施設や孤児院に入っており，その大部分は養子にとってもらいやすい年齢を超えているためこの無愛かつ苦痛なところで 18 歳になるまで暮らすだろう」という社会的背景があることに注意が必要であろう。

[514]　「(2008 年判決の) その際にこの裁判所は本案審理に入らず，請求の不可能性の主張を斥けたにすぎないが，（……）同性間の安定的結合が承認されていなくても，結局は安定的結合と同じ法的扱いを施すべきであると言わざるを得ない」（連邦高等裁判所 2010 年特別上告第 889852 号報告担当裁判官の意見を参照）。

[515]　前注(513)を参照。

プルの「家族性」の承認の壁となってきた問題を，むしろ一転，その承認の促進剤に変えた興味深い事例である。

第3項 「家族の法」の起源と定着

本項では，これまで詳細にたどってきた学説および判例法の発展が前提としていた，家族法全体の変化について仮説的に論じる。結論を先取りして言えば，それは社会的情愛をカギとした「（諸）家族の（ための）法」への転換である。以下，具体的には，1988年憲法がもたらしたブラジル家族法学の変容（憲法化と人格化）(1)，これと同時に発展した情愛論の発展と意義を検討した上で(2)，この変化の直接の結果として再構築された「（諸）家族の法」を説明する(3)。

1 1988年憲法による民法の憲法化(516)

イ 家族法の憲法化と民憲法学派の登場

1988年憲法によって民法の基本原則大部分が憲法に移されたため，民法典が次第に基本法（lei fundamental）としての地位を失っていったとされている(517)。民法の規定が憲法に移動することそのものが重要な意味を有するが，ここで「民法の憲法化（constitucionalização do direito civil）」と呼ばれる現象は，民法の規定の憲法への移動自体というよりむしろ，民法の憲法への適合性が問題となることの増加を指している(518)。前述したように，1988年憲法以前から歴代憲法は家族に関する比較的詳細の規定を有していた。しかし，これらはプ

---

(516) 民法の憲法化に関する主要な文献として MORAES, Celina Bodin. A Caminho de um Direito Civil Constitucional. Revista de Direito Civil, Imobiliário, Agrário e Empresarial, n.65, 1993；LÔBO, Paulo Luiz Netto. Constitucionalização do direito civil. Revista de Informação Legislativa. Brasília, n.141, 1999；SARMENTO, Daniel. A Normatividade da Constituição e a Constitucionalização do Direito Privado. Revista da EMERTJ, v.6, n.23, 2003；TEPEDINO, Gustavo. Temas de direito civil. Rio de Janeiro: Renovar, 2004；BARROSO（2013）387-448頁を参照されたい。

(517) DIAS（2013）30,35頁，FACHIN（1996.）83頁，FACHIN（2002），BARROSO（2006）13-100頁，DINIZ（2012）40頁などを参照。ジアスは憲法第1条3号，3条1号と3号など第226条を含む20か条以上の憲法規定が従来民法に関するものであるとしている。また，2002年民法典の主たる起草者であるレアレは憲法第5条における基本的な民法の原則および第226条における家族形成の原理により「ブラジルは民法の憲法化の頂点に達した」と述べている（REALE, Miguel. A Constituição e o Código Civil. In, www.miguelreale.com.br，最終閲覧日：2015年12月22日）。

(518) AMARAL（1999）320-323頁，MATOS（2014）59-74頁を参照。

第3章　背景にある観念レベルでの同性カップルの法的承認の過程

ログラム規定であると理解され，「憲法化」とは区別されるいわば「公法化（publicização）」を意味していたにすぎない。くわえて，それら歴代憲法はそもそも1916年民法典の家族像をそのまま採用していたため，憲法上の家族と民法上の家族の整合性が観念的にも問題になることはなかったのである。

一方では，1988年憲法が従来の「家族」の内容を大きく変更したにもかかわらず，1916年民法典に代わる新たな民法典が制定されたのはその後14年をも経過した2002年のことであった。日本とは異なり憲法改定直後に応急的措置法も制定されなかった。このため，かねてより憲法と離れた世界であった，民法上の家族法が憲法の規定を通して解釈されねばならない必要性が一段と強く感じられた。これが民法の規定，なかでも家族法の規定の憲法適合性に関する議論が学説で活性化したことの主要な原因であると言える[519]。憲法制定直後の文献を見ると，このような立法の遅延は当初から予測されていたものであり，新たな憲法体系と1916年民法典の衝突をどのように解決していくかが既に検討されていたことがわかる[520]。

この問題を解決するために，従来認められていなかった憲法規定の直接適用および法規範性が認められるとともに，これらの憲法規定に反する憲法制定前の法律は裁判所による宣言を必要とする「違憲」なのではなく，憲法により廃

[519]　これについて，ジアスは「男女間，子どもの間，家族団体の間の平等を定める新憲法体系の導入後も，立法者は，正当な理由なく，これに適合しない下位立法の規定を修正しなかった。死文となっていても，憲法の指針から乖離しているため効力が失われていても，法体系に残存していた」と指摘した上で，1988年憲法上の家族像から大きくかけ離れた衝撃的な例として1916年民法第219条Ⅳが処女凌辱（defloramento）を人違いとみなして婚姻の無効原因として位置付けていたことなどを指摘している（DIAS [2013:60以下]）。

[520]　MORAN（1989-1990）172-189頁を参照。新たに導入された男女平等の原則と1916年民法典の諸問題を列挙して，「新たな憲法体系と民法典の衝突（o conflito: a nova ordem constitucional e o código civil）」の解決策として①民法典の全面改正，②学説および判例法の全面的な見直し，③従来の憲法規定の直接的効力や適用の否定を斥けて，法律家による憲法規定の直接的効力ないし適用の承認をはかること，④法律の違憲審査の活用などを提唱し，これらの解決策を実現するための方法として立法不作為違憲審査制（Inconstitucionalidade por omissão）の活用をはかることを提言している（184-186頁を参照）。また，DA COSTA（1989）191-201頁においては男女平等のみならず，離婚の緩和から非嫡出子差別まで家族に関する憲法規定と1916年民法典の不調和を指摘して，「新たな憲法のインパクト」について「憲法制定権者は現実を考慮してすべての偏見に終止符を打ったのである。これに反する規定はすべて廃止されたものとみなされる」と述べている。また，同趣旨で，RODRIGUES（1993）239-254頁を参照。

第 3 節　「家族」としての同性カップル

止されたのだと解する判例法が形成され，学説でも幅広く支持されるようになった[521]。日本やヨーロッパから見れば，憲法規定の法規範性の肯定は既に古い議論である。しかし，ブラジルにおけるこの問題の先駆者である憲法学者バロソ（Luiz Roberto Barroso）が指摘するように，この議論がブラジルに到着したのは 1980 年代以降であり，1988 年憲法制定以降に学説と判例の努力によって軍事独裁政権の名残りによる抵抗を克服してようやく定着した議論なのである[522]。そうしたなか，新民法典が制定されるまでの間に，すべての憲法規定には程度の差こそあれ法的規範性があるという理解を前提として，家族法研究の重点が憲法に移り，その内容は従来の民法典を中心とする議論から大きく離れていった。この時に形成されたのが，ブラジル法における家族法の理解を一変させた「民憲法学派（direito civil constitucional）」である。

ロ　家族法の再人格化と家族の「道具化」

民憲法学派の先駆者であるローボは憲法制定の翌年から既に「家族関係の再人格化（repersonalização das relações familiares）」を主張していた[523]。これは「人を民法の中心として捉え直し，財を必ずしも必要でない脇役として位置づけ直」すことであり，家族法に限定されるものではない[524]。換言すれば，「人格化」とは「財」よりも「人」を重視することである[525]。ローボはたとえば 1916 年民法典を例にとって，「子の間の不平等は，子の保護に基づくものではなく，家族財産の保護を目的としてお」り，また「婚姻障害の大部分は人ではなく，その財産が基準とされてい」たと述べている。そして，1988 年憲法に

---

(521) LÔBO（1999）325-342 頁を参照。1992 年の違憲直接訴訟第 2 号（ADIn n°2）から事後的違憲性（inconstitucionalidade superveniente）を否定し，憲法制定によりこれに適合しない法令が廃止されたという理解が定着したとされている（同 327 頁）。
(522) この議論に関して，現在著名な憲法学者になっているバロソの貢献がきわめて大きく，1980 年代からこの問題に取り組んでいた（例えば，BARROSO, Luís Roberto. A efetividade das normas constitucionais: por que não uma Constituição pra valer?, Anais do Congresso Nacional de Procuradores de Estado, 1986 などを参照）。
(523) LÔBO（2009）23-38 を参照。
(524) 同 29 頁。
(525) 「再」とは 1916 年民法典のように，家族法の最重要な関心事項が「生殖」および「財」であるとされる教会法・近代家族法以前の家族関係を指している。すなわち，家族が宗教的・経済的・政治的な目的のためにあるものとして理解される以前の家族関係のことであるが，このような家族関係がいつ存在したか，または，果たして存在したのかについては不明確である。LÔBO（1989）54-55 頁，BARROS（2003）8-9 頁を参照。

第3章　背景にある観念レベルでの同性カップルの法的承認の過程

より家族の政治的，経済的，および宗教的な機能が排除され，家族を構成する「人」に着目することにより，その本来の目的である情愛や希望により結ばれた人の共同生活として「家族」の意味が大きく変化したという。

このような理解は抽象的なレベルでは古典的な学説においても受け入れられていた。2002年民法典の起草者であるレアレが民法典の家族法を「人に関する法」と「財に関する法」に分けたのもそのためであった。しかし，注意が必要なのは，憲法による「再人格化」という同様の理解に立ちながら，その再人格化の程度，あるいは，その「再人格化」の意味が一致していなかったことである。具体的には，再人格化によって「婚姻」および「家族」の理解がどのように変化するかについて伝統的な理解と民憲法学派の理解とが大きく異なるのである。この問題が特に浮き彫りになったのは憲法上の「男女の安定した結合」についての議論をめぐってである。こんにち著名な民憲法学派の民法学者のひとりであるテペジノの当時の小論文「新たな家族団体：婚姻および非婚家族の効果」(1994)[526]においてその相違が解説されている。

テペジノは新たな家族法の理解について，家族保護の目的に個人の尊厳（1988年憲法第1条3号）を据えて，ローボによって提唱された再人格化に新たな意味を付与している。テペジノによれば，憲法第226条によって家族に対して国家からの特別の保護が与えられるのは，家族が個人の人格形成，幸福追求などの人格的な権利の実現の場であるからであって，家族はそのための手段にほかならない。憲法上の家族は個人を超える政治的，思想的，財産的な目的のためのものではなく，その構成員である個人の尊厳および人格権を実効的に促進するための「道具」にすぎないという[527]。また，1988年憲法により家族の保護が目的論的保護（唯一の家族である婚姻を保護するための保護）から手段論的保護（個人の保護の「道具」としての家族の保護）に移転したとしている。ローボによれば，「財」よりも「人」を尊重することは「人の物化を拒否し，その尊厳を強調する」ことだったが，テペジノの議論も同じ発想に基づいていることがわかる[528]。

---

(526)　TEPEDINO, Gustavo. Novas Formas de Entidades Familiares: Efeitos do Casamento e da Família não Fundada no Matrimônio. Revista do Departamento de Ciências Jurídicas da PUC-Rio, nº 5, agosto/dezembro de 1994.（TEPEDINO [1994]）．
(527)　TEPEDINO（1994）25-39頁を参照
(528)　LÔBO（2011）22頁を参照。

第3節　「家族」としての同性カップル

このような再人格化は抽象的な議論にとどまるものではなかった。伝統的な家族法における「男女の安定した結合」と婚姻の関係の理解を例にとれば，次のような具体的相違が見られる。テペジノによれば，当時（1994年）の安定した結合に関する通説的見解は①婚姻への転換の促進（憲法第226条§3後段）や②「家族（família）」と「家族団体（entidade familiar）」の用語の使い分け，などといった形式的なところに着目して婚姻家族と安定した結合による家族との間にヒエラルヒー関係があると理解していた。これに対する少数説としては登録婚主義がブラジルの文化に合わないとする批判（アゼヴェド）や「個人」よりも「婚姻」を保護することが不当であるとする見解などから上記のヒエラルヒーは存在せず，安定した結合に婚姻と同じ効果を与えるべきであるとする理解もあった[529]。この二つの理解に対してテペジノは観念的にも個別具体的な効果についてもヒエラルヒーはないとする少数説に依拠しながらも次のような中間説を提唱する。確かに，AとBが同じものであれば，AをBに転換させることは無意味である[530]。しかし，だからといって憲法が婚姻をより保護しているという従来の「制度を保護するための制度」という理解を採用したと考える必要性はない。安定した結合は家族形成の方法として婚姻と同等の保護を受けるべきだが，その方法が事実問題として異なるため，婚姻の神聖さにではなく方法の具体的な相違（婚姻には登記があって事実婚には登記がないという相違）に即した扱いの区別が必要となる。この理解はいわば家族団体間に一種の平等原則を持ち込んだと言える[531]。すなわち，家族団体について異なる扱いをすることについては，神聖さといったものとは異なる合理的な理由がなければならないことになるのである。

このように，古典学派と民憲法学派との間では「家族法」の主要な目的について「婚姻」制度を保護するか，婚姻に限定されない「家族」を保護することで「人」を保護するかという大きな理念の違いがあるだけではない。それだけではなくて，両学派の理念の違いは家族法の個別具体的な問題について具体的な違いとして現れてくるのである。

---

[529] TEPEDINO（1994）32-33頁を参照。
[530] テペジノの言葉では「しかし，憲法は事実上の家族関係を最も謹厳な法律行為（婚姻）と同視して異なるものに同等の扱いをさせようとしているものではない」（TEPEDINO［1994:34］）。
[531] 家族団体間の扱いを区別することは可能であるが，合理的な理由がなければ差別に当たるとする考え方である。

ハ 「憲法化」の方法としての憲法原則論

ブラジル家族法においては憲法上の「家族」に関する規定の理解の対立を軸として，従来の家族法の理解（古典学派）が疑問視されるようになった。古典学派は1916年民法典の家族法モデルを採用していたため，憲法論に依拠する必要性がなかった。これに対し，新たな理解（民憲法学派）はもっぱら憲法の規定に依拠しなければならなかった。そして実際には，連邦最高裁判所が憲法上の家族に関する規定に反する憲法以前の法令（1916民法典の諸規定）についてこれが廃止されたとみなされるとする法理を打ち出し，また，憲法学説において従来のプログラム規定であってもなんらかの法規範性があるとする理解が定着していくと，民憲法学派の発展の基礎が作られていった。しかし，憲法上のすべての規定になんらかの法的規範性があるとしても，憲法の規定には家族政策の単なる指針や抽象度の高いものが少なくない。このような法規範を扱うためには従来の民法学とは異なる解釈論が必要になった。そこで，抽象度の高い規定を法的に有意義なものとして扱う方法として定着していったのが，いわゆる「憲法原則論（principiologia constitucional）」であった[532]。

憲法原則論は民憲法学派にとっては一種の「方法論」として役割を果たしたが，民法解釈の一般的な理念としては「法実証主義（positivismo）」の克服，すなわち，ポスト法実証主義（pós-positivismo）の定着として考えられるようになった。民法学に関しては，法実証主義の時代においては恣意的な解釈に陥りやすい法の一般原則は，法の欠缺がある場合に限って実定法の規範を補うものとしてその役割を限定され，法に一定の価値中立的（あるいは，科学的）な性格が観念された。しかし，ポスト法実証主義においては，特に憲法上の価値の実効性の確保の必要性が痛感されたことによって，「自然法」を基準とする法の一般原則ではなく，憲法上の価値を基準とする「原則」が民法上中心的な役割を果たすようになった。このような原則は解釈の指針となるのみならず，具体的な解釈および当該解釈の到達点を方向づけるものであると理解され，民法の解釈論で中心的な役割を果たすようになったのである[533]。

今日では，このような理解，すなわち，憲法上の価値を民法解釈論において

---

(532) 憲法学の議論についてはNOVELINO（2013）117-135頁，MENDES（2012）80-85頁，BARROSO（2014）343-355頁を参照。また，AMARAL（1999）320-322頁を参照。

(533) BONAVIDES（2010）562頁以下，CALDERÓN（2013）83-150頁を参照。

重視すべきと考える理解が定着し，現在のブラジル家族法の教科書⁽⁵³⁴⁾は古典学派であるか民憲法学派であるかを問わず，必ず家族に関する「原則」から始まっている。ただし，古典学派は当該原則の根拠を憲法にではなく，憲法上の規定を具体化させた民法に求めているのに対し，民憲法学派は民法ではなく直接に憲法に求めていることに注意が必要である⁽⁵³⁵⁾。なお，これらの原則は抽象度の高い規範であることから，各論者によって原則の名称ないし内容が若干異なっていることにも注意が必要である⁽⁵³⁶⁾。

2　情愛論の発展と意義⁽⁵³⁷⁾

このように，1988年憲法をきっかけとしてブラジル家族法の新たな理解が芽生え始めていたのだが，これはローボによる憲法第226条の解釈論の前提となった。このような家族・家族法・家族法学説の憲法化と同時に発展していたものとして指摘しておく必要があるもうひとつの問題は「情愛論」である。この情愛論が，ジアスおよびローボの学説において重要な役割を果たすことになった。以下ではその起源と意義を考察する。

---

(534)　その他の法分野も同様であり，憲法原則論なくしてブラジル法を理解することがおおよそ不可能になっているといえる。

(535)　DINIZ（2012）32-40頁を参照。

(536)　例えば，ローボは①個人の尊厳，②家族連帯の原則（憲法第3条I，第226条，第230条），③平等原則および差異への権利，④自由原則，⑤情愛性の原則，⑥家族的共同生活の原則，⑦子の最善の利益の原則を挙げており（LÔBO [2011:57-77]），ジニスは①婚姻および安定的結合が情愛を理由（ratio）とする原則，②婚姻および安定的結合における配偶者の権利義務の平等の原則，③出自を問わない子の平等の原則，④家族的多元性の原則，⑤家族権の原則，⑥自由の原則，⑦個人の尊厳の原則，⑧未成年者の最善の利益の原則，⑨情愛性の原則を挙げており（DINIZ [2012:32-40]），また，ジアスは①個人の尊厳の原則，②自由の原則，③平等および差異への権利の原則，④家族連帯の原則，⑤家族的多元性の原則，⑥高齢者，少年，子どもの包括的な保護の原則，⑦社会的後退の禁止の原則，⑧情愛性の原則を挙げている（DIAS [2013:64-74]）。このように，原則の数も原則の名称も原則の具体的な内容も異なることが少なくないが，抽象的なレベルにおいて一定の共通性がある。

(537)　ブラジル家族法における「情愛」をめぐる文献の数が夥しく，ここではすべてを整理することが不可能であるが，包括的な検討を行ったものとして情愛論の一人の担い手であるファキンの「弟子」であるカルデロンの博士論文を参照されたい。CALDERÓN, Ricardo Lucas. Princípio da Afetividade no Direito de Família. Ed. Renovar, 2013 (CALDERÓN [2013])。

第3章　背景にある観念レベルでの同性カップルの法的承認の過程

イ　情愛論の起源

　前述したように，情愛論は 2011 年連邦最高裁判決においても採用され，現在は古典学派の家族法学者の教科書にも家族法の原則として「情愛性の原則（princípio da afetividade）」が掲げられているほど重要性を増している[538]。では，その起源はどこにあるのだろうか。

　現在の学説や判例法などでは，家族法について「情愛」という用語が用いられることが少なくない。しかし，実定法において「情愛」という用語が用いられているのは子の監護に関する規定（民法第1584条§5），片親引き離し症に関する法律（Lei nº 12.318/10）[539]，および養子に関する改正法（Lei 12.010/09 Art. 28§3）の規定程度である[540]。これらは親子関係に関する規定であるが，「情愛」の議論が，その起源としては，カップル関係についてではなく，親子関係の脱生物学化の一環として提唱されたことに鑑みれば，これは自然な流れである。

　従来の正統な家族，婚姻，宗教および「生物学上」の事実が果たしていた役割が，次第に「情愛」によって果たされるようになってきたのであるが，ブラジルで初めてこの点に着目したのは，1979 年に「親子関係の脱生物学化（desbiologização da paternidade）」の問題を論じたヴィレラ（João Baptista

---

(538)　ジアス（DIAS [2013: 72-73]）はもちろん，同性カップルの家族性を否定しているジニス（DINIZ（2012）39 頁）でさえ情愛性を家族法の原則として位置づけている。ブラジル家族法のほとんどの論者が情愛を家族法の原則として認め，各論者における情愛性の原則の捉え方については CALDERÓN（2013）225 頁の対照表を参照。ただ，テペジノは 2005 年に「家族解体後の廃墟には愛情や情愛がないため，これを法の原則とすることができず，そのために必要な強制力に欠けている」と述べているように，少数説がないわけではない（TEPEDINO [2005:4]）。

(539)　片親引き離し症に関する法律第 2 条によれば，片親引き離し症（Síndrome de Alienação Parental［英：Parental Alienation Syndrome - PAS]）とは親やその他子を監護する権限を有する者（施設を含む。）による児童又は少年の精神的発達に対する介入であって，子がその他の親又は子を監護する権限を有する者を嫌悪するように仕向けることなどの行為をいうとされている。当該行為が認定された場合において，裁判官が刑事罰以外の必要な措置（過料や親権の停止など）をとることができるとされている（同法第 5 条各段落）。なお，同法第 3 条は片親引き離し症にかかわる侵害利益として「子と実親又は家族団体との間の情愛関係の形成（realização de afeto nas relações com genitor e com o grupo familiar）」を掲げており，その文脈において「情愛」という用語を用いている。片親引き離し症については DIAS（2013）472-476 頁を参照。

(540)　DIAS（2013）73 頁。

第3節 「家族」としての同性カップル

Villela)⁽⁵⁴¹⁾である。ヴィレラは生物学上の父（genitor［作り出す者］）と父（pai）を区別して「親子関係は自然の現象ではなく，文化的な現象であ」るとした上で，「父（pai）であることまたは母であることの本質は子を作り出す行為（gerar）にあるというよりも子を愛しその面倒をみることにある」と主張している⁽⁵⁴²⁾。

　この主張は，技術の発展により血縁関係を明らかにすることが容易になり，一種の血縁至上主義が形成されていたことに対して，親子関係の本質を検討し直してそれを血縁以上のものに求めようとする現代家族法の走りである。ヴィレラはこの現象を脱生物学化（desbiologização）と呼び，単に親子関係の変容のみならず，家族そのものの変容の一環として捉えていることが重要である。すなわち，彼によれば「家族が経済的，社会的，宗教的な性格の団体から連帯と情愛を基礎とする団体（grupo de afetividade e companheirismo）へと捉え直されるようになったことが親子関係の生物学的な側面の空洞化に大きく貢献して」おり，このような理解はその後の「情愛を基礎とする家族」の議論を方向づけている⁽⁵⁴³⁾。

　この点に関してブラジル法に大きな影響を与えたのは1980年代前半にポルトガルで出版されたオリヴェイラ（Guilherme de Oliveira）の『親子関係の法的基準（Critério Jurídico da Paternidade）』⁽⁵⁴⁴⁾である⁽⁵⁴⁵⁾。この著作は古代ローマからナポレオン法典までの法律上の親子関係の歴史的な発展に着目し，歴史的に父性の推定（presunção pater is est）が生物学上の基準よりも優先されてきた経緯を明らかにし，生物学上の関係を唯一の基準とすることについて一石を投じるとともに，ポルトガル法では生物学上の基準の一般化が非嫡出子（filiação ilegítima）の保護という社会的背景の下で進んだことを明らかにした⁽⁵⁴⁶⁾。また，オリヴェイラは歴史的に従来の法律体系において生物学上の関

---

(541) ミナスジェライス州大学の名誉教授であり，私法を専門とするブラジルの著名な法学者のひとりである。
(542) VILLELA, João Baptista. Desbiologização da Paternidade. Revista da Faculdade de Direito da UFMG, n°12, 1979, 400-418.（VILLELA［1979］）
(543) VILLELA（1979）413頁。
(544) OLIVEIRA, Guilherme. Critério Jurídico da Paternidade. Coimbra, 1983.
(545) CALDERÓN（2013）215頁を参照。
(546) CALDERÓN（2013）215-218頁を参照。オリヴェイラは子を作り出す者（genitor）の概念と生物学上について「今日では，過去に比べて，法的に承認される『父（pater）』は『子を作る者（genitor）』とされている。親子関係における文化的法的な不平等を排

第 3 章　背景にある観念レベルでの同性カップルの法的承認の過程

係が優先されていなかったことを明らかにしただけでなく，社会学の視点から現在の社会において生物学上のつながりを重視する動きと親子関係の社会学的事実（verdade sociológica da filiação）を重視する動きとの間に矛盾があることをも明らかにした。このような社会学的事実としての親子関係がブラジル法において「社会情愛的な側面（aspecto socioafetivo）」として論じられるようになったのである(547)。

　オリヴェイラからの示唆を受けて，ブラジル法で「社会情愛的親子関係」を「子の身分の占有（posse do estado de filho）」という法律構成で説明しようとしたのが，ローボとともに家族法の再人格化のもうひとりの担い手となったファキン（Luiz Edson Fachin）(548)である。ファキンは生物学至上主義のみならず父性の推定についても批判を加え，これらの基準により見失われる社会情愛的な側面を浮き彫りにするために① nomen（名），② tractatus（扱い），および③ fama（名声）を基準とする「身分占有論（posse de estado）」という議論の再生を提案した(549)。①は子が親の姓を用いていること，②は子がそれとして扱われていること，③は子が当該親の子として知られていることをいう(550)。これは日本の内縁保護法理に見立てて言い直すと，「社会通念上親子としての関係と認められる事実」があるか否かを基準とする「身分占有論」であり，「社会学的事実（verdade sociológica）」から法的な家族関係を引き出そうとする議論

除する趨勢および医学ないし遺伝子学の著しい技術発展を考慮すれば，親族関係を決するにあたって『生物学上』の基準が優先されることは不思議ではない」としており，ヴィレラ（VILLELA［1979］）と類似の理解を有していることがわかる（OLIVEIRA［1983］XXI）。なお，ファキン以前に親子関係と情愛の関連性が全く論じられていないわけではないが，ここでは省略する（例えば，オルランド・ゴメスは 1984 年に「情愛（affectio）を婚姻の唯一の理由（ratio）として位置付ける新たな傾向がある」と述べており，ヒロナカは 1999 年に「強調されるべきものは，生物学上の関係があるかどうかを問わず，これらの男たちの妻の子に対する情愛である」と述べている［LÔBO［2011：72］，DINIZ［2012：33］］）。

(547)　CALDERÓN（2013）217 頁を参照。
(548)　パラナ州大学の著名な民法学者であり，2015 年 6 月 16 日から連邦最高裁判所の裁判官になった。
(549)　CALDERÓN（2013）220 頁を参照。ファキンがはじめてこの問題を扱ったのは FACHIN, Luiz Edson. Estabelecimento da Filiação e Paternidade Presumida. Porto Alegre: Fabris, 1992 においてである。
(550)　DIAS（2013）380-381 頁，DINIZ（2012）539 頁，GONÇALVES（2014）376 頁などを参照。

である。

　その後，ファキンはこの対立軸を父性の推定と生物学上の関係の対立ではなく，①生物学上の関係と②情愛（社会的事実）に基づく関係の対立であると捉え直した。そして，「家族およびそれに関する法は変化の過程で『血統団体（comunidade de sangue）』を採用したが，最終的には『情愛団体（comunidade de afeto）』にたどり着いた」とし，「テーゼである生物学的概念とそのアンチテーゼとされている社会情愛的概念の間に適宜な共存の場および分離を見出す時代がきた」と主張したのである[551]。ただ，このときファキンらが着目していたのは嫡出否認の訴えや親子関係不存在の確認訴訟などにおける証拠法の問題であることに留意しなければならない[552]。

　注意が必要なのは，このような情愛論は従来の「婚姻（のため）の法」と大きく異なることである。ファキンが述べているように，父子関係不存在確認の訴え等が制限されるのは，「父性の推定」が婚姻を保護しようとしているからでもなければ，「婚姻家族の平和」を維持しようとしているからでもない。そうではなくて，「人」としての「親」および「子」の間に社会事実としての親子関係があり，その関係を法的に認めることにより個人の保護を図ろうとしているからなのである。そのため，情愛論はDNA鑑定によって父性の推定を排除する場合だけでなく，他人の子を実の子として出産登録すること[553]によって形成された親子関係を肯定するためにも用いられ，婚姻家族の存否とは無関係である[554]。また，従来の「婚姻の法」は家族的な絆である親族関係を，婚姻を前提とする血縁関係と姻族関係に限定していたが，「家族の法」は，家族的な関係を血縁および婚姻から独立させることにより，家族法の対象となる「家族」関係を社会的な事実としての「情愛」的関係に拡大したことが重要である。

ロ　情愛論の二つの側面

　このように，1980年代から1990年代前半にかけて，親子関係を出発点とし

---

(551)　FACHIN（1996）55頁，CALDERÓN（2013）221頁を参照。
(552)　DINIZ（2012）539頁，GONÇALVES（2014）376頁を参照。
(553)　前注(509)を参照。
(554)　その趣旨は学説のみならず判例法においても定着している（例えば，STJ-REsp 1000356-SP, Min. Rel. Nancy Andrigh, 3ª turma, d.j.: 25/05/2010, DJe 07/06/2010 を参照）。

第 3 章　背景にある観念レベルでの同性カップルの法的承認の過程

ていわゆる「社会的情愛（socioafetividade）」が家族法学の対象となった。言うまでもなく，このような議論は事実に着目する安定的結合の議論と類似していることがわかる。実際，ジアスが同性カップルをめぐって「情愛」を類推適用の基準とする学説を打ち出す直前に，既に「情愛」の議論を家族法各分野において展開しようとする試みが始まっていた[555]。

　ただ，ここにおける「情愛」には二つの側面があることに注意が必要である。一つ目は，社会的な事実としての「情愛」について一定の法的な価値を認める側面である。これは制定法や法律上の関係がなくても，当該社会でないがしろにされてきた社会的事実についての従来の家族法の理解を克服しようとするものであり，当事者の「意思」を一定の形式に従った法律行為からではなく，一定の社会的な事実から導き出そうとするものである。この理解は社会情愛的親子関係や安定的結合などの承認につながることになる。これが進展していくと，形式的な婚姻や親子関係よりも社会的な事実に基づくものが優先されるようになる（例．事実上の離婚のときに安定的結合を優先させること，父性の推定やDNA鑑定よりも社会的な絆としての親子関係を優先させること）。

　二つ目は，一種の価値体系としての情愛論である。これによって従来の家族法には家父長制的・ヒエラルヒー主義・財産至上主義などのレッテルが貼られることになるのだが，これらの克服の必要性は現代家族において「情愛」が基礎となっていることに求められる。このような現代家族の思想としての情愛論は 2011 年連邦最高裁判決の各裁判官の意見においても強く感じられるが，民憲法学派の議論においては特に顕著である。民憲法学派のもうひとりの著名な民法学者であり，後に，情愛的放棄[556]に基づく慰謝料請求権の議論の担い手となったヒロナカ（Giselda Hironaka）は社会的事実としての家族に着目しようとする原理としての情愛について論じた上で，次のように述べている。

> 「繰り返しであるが，情愛は親子関係であるか配偶関係であるかを問わず家族関係の構成の基礎になる。情愛はこれらの関係の発生原因であり，消滅原因である。平和と紛争を貫いているものであるからこそ，情愛は失恋，喧嘩，紛争の処理において存続しなければならない。なぜなら，情愛は祖先的な尊敬，時間的調和性，基本的尊厳の要素を有しているからである。ここで主張される情愛はこれである。

---

(555)　COLARES（1999）473-484 頁；CARBONERA（1999）485-512 頁を参照。
(556)　情愛的放棄（abandono afetivo）とは親が子に対して精神的な支援を行う責任を怠ることをいう。詳細については，後注 589 を参照。

友愛的情愛，尊厳的情愛である。ポジティブであるか，ネガティブであるかを問わず，不滅の情愛である（……）。家族法は傍系または直系血族によって結ばれた人の集団の間の紛争を処理する法分野として理解される限り，不完全なものである。［家族法は］情愛的関係，すなわち，家族を規律するための法分野として観念されることが許容されない限り，不完全なものである。これでは法制度たり得ても，<u>人間的な制度</u>（instituição humana）になることは不可能であるからである」[557]

このように，情愛論は一面では個別の法律問題について社会的な事実を評価して法的な効果を導き出す具体的な側面を有しているが，もうひとつの面では「血統」・「財」・「制度保護」・「個人主義」などの従来の家族法の思想に対する現代家族の法のための思想の切り札にもなっている[558]。同性カップルに関する判決においてこのような思想が果たした役割は大きかったことは，本節で紹介した複数の裁判例のみならず，前章で検討した 2011 年連邦最高裁判決および 2011 年連邦高裁判決からも明らかである。

3 「家族の法」としての家族法
イ　民憲法学派による 2002 年民法典の否定

本節の冒頭で紹介した同性カップルに関する学説は以上のような家族法の憲法化および情愛論の発展を前提とし，2000 年代初頭には既に有力化しており，現代の民法学者の間では既に通説的な家族法の理解になっていた。しかし，2002 年に制定された民法典が，これらの学説から一定の影響を受けつつも，第一義的に採用したのは民憲法学派の立場ではなく，家族に関する憲法の規定の趣旨をより保守的に捉えていた古典学派の立場だった。「人の法」と「財の法」の区別については前述したとおりであるが，この点が特に浮き彫りになるのは「家族団体」の理解についてである。当初の理解によれば，家族団体はあくまでも憲法上の存在であって民法の議論とは無関係であったが，2002 年民法典はより限定的な家族団体論に基づき，安定的結合を「家族団体」として導入したのである。

2002 年民法典の起草者であるレアレは民法典制定直後に「家族団体（As

---

[557]　HIRONAKA（2006）436-437 頁を参照。
[558]　LÔBO（2011）71-72 頁，DIAS（2012）72-73 頁，CALDERÓN（2013）397-398 頁などを参照。

Entidades Familiares)」というエッセイ[559]を公表した。そこで明らかにされたレアレの考えは次のようなものだった。1988年憲法は家族を多元化させたが，ここにおける多元化は①婚姻家族，②安定的結合による家族，および③単親家族に限定されている。のみならず，民憲法学派によってすでに克服されていた「婚姻」保護の思想を維持して，「安定的結合は婚姻とコンクビナトとの中間にあり，それぞれと異なる。前者は法が優遇する最高の団体であり，後者は法の外で婚姻および安定的結合配偶者の権利義務を侵害して形成されるものである」とし，憲法制定権力者は安定的結合をそれとして認めたのではなく，婚姻の前段階としていたのであって，「婚姻に対して安定的結合が下位にあることは明白である。そのために，婚姻配偶者と安定的結合配偶者の相続権が異な」っているというのである。

このように，レアレを含む古典学派は1916年民法典の起草者，ベヴィラクアと同じように，家族法を最善の家族形態である「婚姻」のための法として捉えており，1988年憲法を契機として発展していた新たな家族法の理解とは根本的に異なっていたのである[560]。

ロ 「諸家族の法」としての家族法の理解
(1) 家族法学説の着地点としての2002年民法典の否定

1988年憲法をきっかけにブラジルの家族法学は憲法化していったが，家族に関する統一した法典の必要性を否定していたわけではない。しかし，上記のように，2002年民法典は1988年憲法以降に発展した家族法の流れを十分に汲むことができなかった。

実は2002年民法典の草案は1969年から作成され始め，1970年代には既に完成していた[561]。しかし，連邦議会で複数の修正を受けて可決されないうち

---

(559) REALE, Miguel. As Entidades Familiares. 24/05/2003（http://www.miguelreale.com.br，最終閲覧日：2015年12月22日）を参照。

(560) なお，2002年民法典が単親家族（憲法第266条§4）についてなんら規定を設けなかったことについては古典学はによってさえ批判されている。DINIZ（2012）37頁を参照。家族団体を三種類に限定して捉えているジニスも現在のブラジル社会において26％の世帯が単親家族であるにもかかわらず，2002年民法典はこのような家族団体についてなんら規定をおいていないことを問題視している。

(561) ブラジル民法典の歴史および新民法典の制定過程については，デ・アウカンタラ（2007）1673-1675頁を参照。

に，軍事独裁制が終焉を迎えて1988年憲法が公布されたため，法案の審議が中断された。そして，この民法草案が原型をとどめながら憲法に適合するように微調整されたにすぎないまま，1995年から再び国会の審議にかけられたのだった。そのために，2002年民法典は「既に老いて生まれた（já nasceu velho）」と厳しく批判されることになった[562]。例えば，民憲法学派のテペジノは2002年民法典が時代遅れであると指摘した上で，「共和国大統領からは拒否権の行使が，司法権からはこの大惨事に対応することが期待される」と訴えた。また，社会情愛的親子関係の提唱者であるファキンは，同民法典に関して，財産より個人の尊厳に重点を置かず，社会後退禁止の原則（princípio da vedação de retrocesso social）に反するため，全体的に違憲であるとの評価を下している[563]。これに対して，レアレは「連邦議会における26年間の長期にわたる審議にもかかわらず，草案は常に更新され」てきたと反論した[564]。また，同性的結合などの最新の課題が挿入されなかったという批判に対して，これは特別法で扱われるべきであり，憲法第226条§3は異性間の婚姻への転換を想定していることから同性間の安定的結合を認めるためには憲法を改正する必要があると主張した[565]。

このように，2002年民法典は1988年憲法以降に発展した新たなブラジル家族法の理解とはかけ離れたものであると受けとめられた。そのため，1988年憲法以降，憲法と1916年民法典の間にいわば"浮いていた"民憲法学派は新

---

[562] DIAS（2013）31頁，NAHAS（2006）96頁，を参照。

[563] BARROSO（2006）を参照。

[564] REALE,（2002）。また，レアルは起草した民法典に対する批判に対して随時その公式ホームページで公開していった文章において反論している（www.miguelreale.com.br，最終閲覧日：2015年12月22日）。

[565] デ・アルカンタラ（2007）1675頁を参照。REALE（2002）において，レアレは同性的結合について次のように述べている。「もうひとつまったく無意味な批判は法典が同性間の安定的関係に関する規定をおかなかったことについてである。この問題は民法の問題ではなく，憲法の問題である。なぜなら，憲法は男と女の間の安定的結合を設けたのみである。このように，同性愛者のための安定的結合を設けるには，まず憲法を改正する必要があり，これは我々の任務でもなければ，連邦上院の任務でもなかったのである」と述べている。これに対して，例えば，TEIXEIRA; MOREIRA（2014）412頁では「2002年民法典は，確かに数多くの改善を行って家族法に貢献したが，この問題（同性的関係）について規定しなかったため，議論を激化させ，同性的関係の法的効力および権利義務に対する偏見に基づく反対論を奨励させた」と現在も厳しく批判されている。

第3章 背景にある観念レベルでの同性カップルの法的承認の過程

たな民法典を家族法の着地点として認めなかったのである。その後，民憲法学派の理解に従って，2002年民法典の規定の憲法適合解釈や違憲性などに関する研究が急増したのも，夥しい改正案ができたのもそのためである。民憲法学派の家族法学説に基づく新たな家族法の体系として提示されたのはブラジル家族法学会（IBDFAM）によって推進された「諸家族法典（Estatuto das Famílias）」という法律案である。

(2)　「諸家族法典」と「家族の法」としての家族法

諸家族法典はブラジル家族法学会において数多くの民法学者によって起草され，バハダス（Sérgio Barradas）下院議員によって2007年に法律案第2285号（Projeto de Lei 2.285/2007）として連邦下院に提出された。同法案の立法理由を見れば，冒頭に2002年民法典に関する上記のような批判が述べられており，レアレによれば，確かに同民法典は1988年憲法制定後に連邦上院において修正されてはいるが，いまだに不適切であるという。レアレはこのことを強調して次のように述べる。

> 「（連邦上院における）修正の努力は無駄になった。なぜなら，かつての家族のパラダイムについてのみ意義があった従来の諸制度を，異なる原理・類型・法制を要する新たな現実に適合させることは不可能だからである。専門家の学説は，規範体系の新たな外観が不適切であることを十分に教え示しているのであって，その規範体系は数多くの論争および適用の困難をもたらしているのだ。」(566)

立法理由によれば，当初は同法案は2002年民法典の包括的な改正案として観念されていたが，「数ヶ月にわたる議論の末，ブラジル家族法学会は『修正』よりも民法典から独立させた新たな家族法典が必要であるという結論に至った。実体法を手続法との関連で規定する必要性があった他，情愛に関わっていて，根本的に人間的な家族に関する問題を，物権法・契約法・債権法などの財産を規律する規範によって扱うことはもはや不可能であるからである」と説明されている。すなわち，家族法を民法典から独立させる議論は従来から存在したが，民法典から独立させる主要な理由は，根本的な改正が必要であること，または，2002年民法典が家族法の法典として完全に否定されざるをえないことである，というのである。

諸家族法典の構造は（その後，国会において同性カップルの家族に関する規定が

---

(566)　REALE（2002）を参照。

第3節 「家族」としての同性カップル

削除されるなど，いくつかの修正が加えられたため，「理想的」な構造であるが）以下のとおりである。

諸家族法典
第1編　総則　1条〜9条
　　※第5条　原則：①個人の尊厳，②家族的連帯，③<u>家族団体，子および男女の平等</u>，④家族的共同生活，⑤子および青年の最善の利益，⑥<u>情愛性</u>
第2編　親族関係　10条〜14条
第3編　家族団体　15条〜62条
　　　第1章　総則　15条〜20条
　　　第2章　婚姻　21条〜62条
　　　第3章　安定的結合　63条〜67条
　　　第4章　同性的結合　68条
　　　第5章　親族的家族　69条
第4編　親子関係　70条〜103条
　　　第1章　総則
　　　第2章　養子縁組
　　　第3章　親権
　　　第4章　監護権および共同生活への権利
第5編　未成年後見及び成年後見の制度　104条〜114条
第6編　扶養　115条〜121条
第7編　訴訟および行政手続　122条〜266条
　　　第1章　総則
　　　第2章　婚姻の手続
　　　　　　第1節　許可手続
　　　　　　第2節　同意の省略
　　　　　　第3節　儀式
　　　　　　第4節　登録
　　　　　　第5節　宗教婚の登録
　　　　　　第6節　臨終婚
　　　第3章　安定的結合および同性的結合の存在確認
　　　第4章　家族団体の解消
　　　第5章　扶養
　　　第6章　親子関係の存在確認
　　　第7章　父性審査の手続
　　　第8章　後見・補佐開始の手続
　　　第9章　司法外の行為の手続
第8編　雑則　267条〜274条

第3章　背景にある観念レベルでの同性カップルの法的承認の過程

　以上の構造は民憲法学派の議論とおおよそ一致していることがわかるが，その要点をまとめると，次の三点が重要である。第一に，冒頭には一般的抽象的な価値である家族の憲法原則が列挙され，民憲法学派で発展した憲法原則論が採用された。第二に，「家族関係」の基礎単位である「親族関係」に関する規定が置かれているが，「親族関係」は血縁と婚姻（血族と姻族）のみならず，社会的情愛性（socioafetividade）からも発生するとされている（法案第10条）。これは社会的事実としての家族を確認する基本規定である。最後に，「家族法」の従来の基礎単位であった「婚姻」が「家族団体」という単位に改められ，総則にはすべての家族団体に共通する規定が列挙されている（第3編第1章）。その上で，婚姻・安定的結合・同性的結合・親族的家族が家族団体の各論として列挙され，それぞれについて独自の規定が設けられている。

　諸家族法典に現れた，新たなブラジル家族法の構造および特徴からわかるのは，家族制度が根本から改められており，従来の「婚姻の法」としての家族法との大きな断絶があることである。本書ではこの新たな家族法を，「婚姻の法」との対比で，「家族の法」と捉えている。

　一方では，「家族の法」としての家族法には，従来の制度との連続性も強いことに注意が必要である。「婚姻」に関する規定を見れば，婚姻の成立・内容・消滅は従来の制度と同じ構造を有している。ただ，離婚における有責主義が廃止されており（法案第62条），また，貞操義務が安定的結合と同じ忠実義務に改められている（法案第36条・第65条）ことなどから，その内実が若干異なっている。婚姻の構造が維持された理由は新たな家族法において「婚姻」が消滅したのでなく，婚姻の地位が唯一の「家族」からもうひとつの「家族」に引き下げられ，婚姻家族もまた社会的な事実に基づく家族として考えられているからなのである。

(3)　2011年連邦最高裁判決・2011年連邦高裁判決との相違点

　いま述べた通り，諸家族法典には，従来の家族法における婚姻の理解について一定の連続性がある。諸家族法典に結実した上記のような「家族の法」という家族法の理解においては，同性間の関係が婚姻として観念されていなかったのである。同性カップルの「家族」としての性質を先駆的に肯定したローボやジアスの教科書をみても，同性間の婚姻は想定されておらず，同性カップルの関係は「同性的結合」という別個独立の家族団体として位置づけられてい

216

た(567)。また，諸家族法典において「同愛的結合」に婚姻の規定が準用されるのではなく，異性間の安定的結合に関する規定の中から同性間の関係への準用が妥当であると思われる規定のみが準用の対象とされている（法案第68条）ことからも，同様な理解を垣間見ることができる。

前章で検討した2011年連邦最高裁判決の内容を振り返ってみると，同判決における同性カップルの位置付けと，諸家族法典に現れた上記のような理解の位置付けが異なることは明らかである。確かに，同判決は，「家族の法」一般にみられる情愛論，ジアスの類推適用論，ローボの憲法上の家族団体論に関する基本的な理解を，諸家族法典と共有しているといえる。しかし，同判決では，同性カップルや婚姻などがそれぞれ憲法上保護される別個の家族団体であるとする理解に依拠しながらも，異性間の安定的結合に関するすべての規定を同性カップルに準用すべきであるとされている。準用規定についてなんら留保をつけなければ，法律上の家族団体に関する限りにおいて，同性カップルと異性カップルの区別が消滅してしまうことになる。しかしながら，このような結果は「家族の法」においてさえ想定されていなかったものなのである。これでは，そもそも法律論として「婚姻家族」と「同愛的家族」とを異なる家族団体として位置づけることの意味，さらには同性間の婚姻を認めないことの意味が疑わしくなってしまうであろう。

このように2011年連邦最高裁判決に採用されている論拠と，そこで導かれた結論との間には一定のずれがあったといえる。このずれを認識したためか，2011年連邦最高裁判決に続いた2011年連邦高裁判決は同性間の婚姻を認めるべく，「家族の法」においては主張されていなかった，独自の論拠を示して議論を展開した。すなわち，同判決は，異性間の婚姻や安定的結合は固有の「家族団体」そのものではなく，それぞれが家族団体を形成する方法であるにすぎず，婚姻という形成方法によって国家の特別の保護がより与えやすくなるがゆえに，同性カップルにとってもこの方法の利用を認めるべきであるとしたのである。これは「家族の法」の理解とは明白に異なっている。婚姻において国家

---

(567) DIAS (2013) 205-218頁，LÔBO (2011) 90-94頁を参照。同愛的結合は婚姻家族や安定的結合による家族と別個に考えられていたため，2011年連邦最高裁判決以前には同愛的結合における新たな権利義務，相続権，扶養などに関する研究が盛んに行われていた（例．ROSSI, Mário Rodolfo Arruda. Alimentos nas Uniões Homoafetivas Estáveis. Sevanda. 2010；VARGAS, Fábio de Oliveira. União Homoafetiva: Direito sucessório e novos direitos. 3ª edição. Juruá. 2014 などを参照）。

による保護が容易になるのは，婚姻については身分登録があるからであった。連邦高裁判決は，いわばこれを"利用"するやり方を選んだといえる。これに対して，「諸家族法典」において同性的結合について国家による保護を容易にするためのやり方は，家族の形成方法としてではなく，家族団体の一類型そのものとして位置付けられていた婚姻によるのではなく，同性的結合の登録制度の明文化（法案第254〜258条）によるものであったのである。

　以上の通り，2011年連邦最高裁判決は制定に至っていない「諸家族法典」の基礎を成していた新たなブラジル家族法の理解を採用し，すでに通説化していた見解に一定の"お墨付き"を与えた。ただ，それと同時に，この通説に疑義を呈するものともなった。すなわち，同判決は，（実際にこの点にどれだけ自覚的なものであったといえるかはともかく，）社会的な現実として同性カップルによる家族と異性カップルによる家族とを別個独立の家族団体の類型として分類する意義があるとしても，この区別を法律上のものとして制度化し，法律上これらを区別する必要はないという認識を示したのである。そして，連邦高裁判決はこの認識に基づいて，これらの判決当時の「家族の法」の理解を打破し，法律上の制度としての婚姻及び安定的結合を単なる家族の形成方法として観念する新たな理解を打ち出したのである。

小　括　ブラジル家族法の変容と2011年連邦最高裁判決の再検討

1　「婚姻の法」から「家族の法」へ

　本章で考察してきた通り，ブラジルにおける同性カップルの法的保護は決して突然2011年に連邦最高裁判所によって実現されたわけではない。2011年連邦高裁判決以前に同性カップルの法的関係は家族法学説においても連邦高等裁判所においても既に「家族」として承認されていたのである。そして，その承認を可能にしたブラジル家族法の変化を大きく分けると，以下で改めて見ていくように，①非婚カップルに関する判例法理と制度の変遷（イ），②家族法の憲法化と情愛論の発展（ロ）の二点が重要な役割を果たしたことがわかった。

イ　非婚カップルに関する判例法理と制度の変遷

　まず，ブラジルにおける非婚カップルの法的扱いの発展が同性カップルの法的承認に決定的な意味をもったことが明らかになった。非婚の男女カップルに

小　括　ブラジル家族法の変容と 2011 年連邦最高裁判決の再検討

関する判例法理（と制度）と同性カップルに関する判例法理の変遷を，後者を中心にあえて単純に図式化すると，図5の左上部分のようなプロセスになる。前者がイノヴェーションを遂げるごとに家族法による保護を受ける方向に向かって流れるにつれて（右上の矢印），それが一段遅れで同性カップルにも適用されるかのように，同性カップルに関する判例法理はカスケード式に展開した（左下の矢印）。この図を参照しながら，判例法理と制度の展開をあらためてまとめていこう。

　1988 年憲法制定以前は，非婚の男女カップルを法的に保護する判例法理はまず財産法上の法理として現れた（事実上の組合の法理）。しかし，単なる財産関係ではないカップル関係を財産法の枠組みで捉えることによる不都合が意識されるにつれ，次第に非婚カップルの関係の特殊性（安定性・継続性・公開性）が注目されるようになった。これによって，組合契約の類推適用にすぎなかった判例法理は通常の財産法上の要件効果とは異なるものを備えた姿へと変わっていった。非婚カップルの当事者が組合契約の類推適用に基づく財産の分割を請求するためには，財産形成への具体的な寄与は必要ではなく，当事者の間に

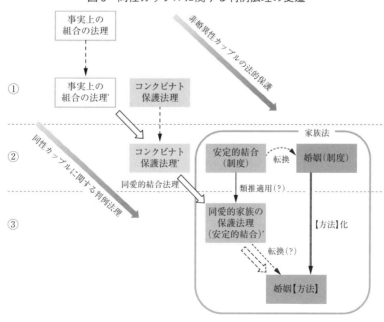

図5　同性カップルに関する判例法理の変遷

219

第3章　背景にある観念レベルでの同性カップルの法的承認の過程

安定した，継続的かつ公開的な関係があれば，財産形成に二分の一の寄与があったと推定されるようになったのである（コンクビナト保護法理）。また，単発的な立法[568]によって，婚姻に類似した非婚の男女カップルについて社会保障法上のいくつかの権利義務も認められるようになった。「コンクビナト」と呼ばれたこうした非婚の男女カップルの関係の要件効果は次第に婚姻法に近づいていったのである。

このような判例法理はフランスから導入されたものであるが，フランスの破毀院は非婚の男女カップルを規律する「コンキュビナージュ」保護法理の婚姻との類似性を強調して，この法律による同性カップルの保護を否定していた[569]。こうした経緯からすれば，ブラジル法においてもコンクビナト保護法理はその財産法としての性格が形骸化し婚姻に近づいていたため，同性間の婚姻が認められない以上，同性カップルを「コンクビナト」として扱うことが認められなくても不思議ではなかった。また，同性カップルの関係について財産法上の法理を認めた当初の判決文からも伺える，同性愛に対する偏見を考えるならば，ブラジル家族法になんらかの変化がなければ，フランスと同様あるいはそれ以上に同性カップルの関係について財産法的な効果すら認められなくてもおかしくなかったのではないかと思われるのである。

しかし，ブラジルの同性カップルに対する規律は，フランスと異なる道をたどることになった。1988年憲法の家族に関する規定において男女の非婚カップル（「男女の安定した結合」）が家族団体として承認された。この承認をきっかけに，従来の判例法理は特別法により事実上の婚姻として制度化された。最終的には，婚姻との類似性を基準とする判例法理の保護対象に該当する関係は（婚姻ではなく，婚姻と並列する）安定的結合として家族法上の制度によって規律されるようになったのである。その結果，従来のコンクビナト保護法理と「婚姻」の関連性は断たれた，あるいはこの判例法理は行方を失うかにみえた。この変化と前後して，ブラジルにおいて初めて同性カップルの関係に関する裁判例が現れ始めた。こうした裁判例においては，裁判所は男女の非婚カップルの制度化によって不要になると思われた判例法理（コンクビナト保護法理）を修正して用いたのである。ただその際には，婚姻との類似性を基準とする法理

---

(568)　前注(417)を参照。

(569)　破毀院社会部1989年7月11日判決，破毀院第3民事部1997年12月17日判決。大島[梨]（2007［1］）288-292頁を参照。

小 括　ブラジル家族法の変容と 2011 年連邦最高裁判決の再検討

ではなく，当初の非婚の男女カップルと同様に財産法に純化した法理が採用された（図 5 ①：事実上の組合の法理への後退）。あえて言うなら，同性の「カップル」から発生する財産法上の効果が認められたというよりも，同性のカップルであっても，その間に黙示の組合契約があれば，同性カップルであることを理由にその契約の効果が否定されないとされたにすぎないのである。具体的には，「カップル」であるかどうかではなく，当事者の間に組合財産の形成への具体的な寄与があったかどうかなどの厳格な要件で財産法上の限定的な効果（立証された寄与度に比例した持分）が認められた。換言すれば，同性カップルの「組合」の存否はカップル関係の特殊性（安定性・継続性・公開性）とは無関係であったのである。

　一方では，男女の非婚カップルについて「安定的結合」という制度が導入されたのは，従来のコンクビナト保護法理は不自然なものであり，財産法とは異なる特殊性を有する家族法の対象となるべき関係を家族法の対象としていなかった帰結であると理解されるようになった。確かにこの理解から直ちに同様の特殊性を有する同性カップルの関係を家族として承認することについては躊躇があったものの，しかしながらもう一方で同時にかつての「間違い」を繰り返し，財産関係ではない関係に財産法を適用して同性カップルに男女の非婚カップルと同じ「茨の道」を歩ませることについても違和感と逡巡があった（同性カップルに対して，暗にコンクビナト保護法理と同様の保護を与えるべきことを強く示唆するケースも存在した：図 5 ②）。

　そのため，躊躇と逡巡のすえ，同性カップルについて財産法の対象として扱うことによって発生する不都合を解消するために，判例法理はカップル関係の特殊性に着目する財産法上の法理に発展したのではなく，かつて同性カップルと同じ立場におかれていた非婚の男女カップルのために用意された家族法上の制度の規定を類推適用する法理に発展したのである。その途上でリオグランデドスー州裁判所において発展した同愛的結合法理は，親子関係についての留保の問題を最後まで残したものの，さらなる一歩のための助走であり，また，足踏みでもあった。

　次の一歩が踏み出されるのに長い時間は要しなかった。2011 年連邦最高裁判決において，同性カップルは「事実上の組合（sociedade de fato）」ではなく「情愛的な組合（sociedade de afeto）」であることが強調されていることから明らかなように，単なる財産関係ではない関係を「事実上の組合」として扱って

221

第3章　背景にある観念レベルでの同性カップルの法的承認の過程

いた判例法理に対する反省が，同性カップルの家族法への包摂に重要な役割を果たしたのである（図5③；同愛的家族の保護法理）。

　結果的には，同性カップルはおおよそ男女の非婚カップルと同様の過程を歩んだ。しかし，後者の歩みには70年もの歳月がかかっているのに対し，前者は下級審ではじめて「家族」としての特殊性を承認されて家事裁判所の管轄とされてから，非婚の男女カップルのための家族法上の制度である安定的結合のすべての規定の類推適用が認められるまでは，わずか十年余りしかかからなかった。

　なお，非婚の男女カップルが家族法の対象として制度化されることによって財産法に基づく判例法理が変化したのと同じように，同性カップルが家族法に包摂されていくにつれ，財産法に基づく判例法理にさらなる変化があったことに注意が必要である。財産法に純化した事実上の組合の法理は同性カップルのみならず，家族法上の制度の対象とならない関係（婚姻家族以外の関係）についても用いられてきていた。その典型例は婚姻または安定的結合と並立した"重婚的"[570]関係である。家族的な関係について財産法の規定を類推適用することが不適切であるという考え方が定着するにつれ，このような関係についても財産法上の法理の適用が否定されはじめたのである[571]。判例法理のカスケードはなお涸渇していないのである。

---

(570) 婚姻に限らず，安定的結合同士の並立等も含まれるため，重婚「的」である。この現象をより的確に指すブラジル法の用語として「平行家族（famílias paralelas）」がある。

(571) 2011年連邦最高裁判決の後，婚姻と並立した非婚の男女関係について従来の財産法上の法理のひとつであった労働の提供に基づく損害賠償請求が行われた事件で，「家族関係においては労働を提供するのではなく，共同の人生計画に向けて連帯して情愛と責任を分かち合うのであるから，労働の提供の主張は失当である」として保護が否定された裁判例がある（例えば，TJRS, AC 70042078295, 8ª C. Cív., Rel. Des. Luiz Felipe Brasil Santos, j.28/07/2011 を参照）。これに対して，2011年連邦最高裁判決の前，並立した関係を家族法の対象として三人間の財産分与を認めた裁判例もある（例えば，TJRS, AC 70039284542, 8ª C.Cív., Rel. Des. Rui Portanova を参照）。後述するように，2011年連邦最高裁判決は一方では新たな家族法論に基づいて同性カップルの家族を承認しているが，他方ではこの家族法論から導かれる並立した関係の家族法への包摂を否定したため，これらの関係の保護が全く否定される結果をもたらしている。そのため，家族法による保護を否定するのならば，少なくとも財産法による保護を認めるべきであるという主張がみられるようになった。DIAS (2012) 196頁。

小 括　ブラジル家族法の変容と 2011 年連邦最高裁判決の再検討

ロ　家族法の憲法化と情愛論

　以上の判例法理の展開において，同性カップルが「組合」ではなく「家族」として認められるのに決定的な意味をもったのはブラジル家族法の憲法化と情愛論の発展であった。

　<u>ブラジルにおける家族法の憲法化には二つの側面があると言える。一つ目は，実質的な意味における家族法の規定が憲法に置かれる「物理的な憲法化」</u>である。ブラジル 1934 年憲法には福祉国家への転換とともに家族に関する国家政策の指針を示すプログラム規定が置かれるようになった。これらの規定は家族のための国家政策の単なる指針に関するものであったため，必ずしも家族法上の家族についての規定と一致する必要はなかった。しかし実際には，当時最善の家族形態であると考えられていた民法上の「婚姻家族」がそのまま憲法上の家族（「解消不可能の婚姻によって形成される家族」）として規定された。そのため，私法公法ともに，法律の対象となる家族が「婚姻家族」に限定された。だが，1988 年憲法において，国家政策の対象となる家族が婚姻家族に限定されなくなるとともに，従来の家族法の構造と相容れない基本的な価値ないし家族の原理が導入された（非婚カップルの家族団体としての承認，男女平等の原則，非嫡出子の差別の禁止など）。にもかかわらず，<u>新たな憲法体系に適合するように民法典が直ちに改正されることはなかったため，複数の特別法が制定されて民法典が家族法の基本法典としての地位を失っていった</u>。

　<u>二つ目の憲法化は一般的に言われる憲法化現象であり，憲法の規定の法規範性を認め，憲法的な価値を私人間の法律関係に及ぼしていくという意味での憲法化</u>である（法解釈レベルの憲法化）。ブラジルでは「物理的な憲法化」により，憲法のなかに家族に関する規定が多く置かれ，それらが家族に関する一種の価値体系を成すようになった。民法典の改正の遅れによって憲法上の規定の法的規範性を認める必要性が一段と高まると，単なるプログラム規定のはずであった憲法の規定の解釈を通じて，憲法上の「家族」に関する規定を出発点とする<u>新たな家族法学が現れた</u>。

　そのなかでいわゆる<u>「家族関係の再人格化」</u>[572]という思想が現れ，基本的人権の思想の中核を成している個人の尊厳の観点から家族法が捉え直された。次第に，憲法上の家族は<u>「財」よりも「人」</u>が，<u>「制度の保護のための婚姻の</u>

---

(572)　「再」の意味については前注(525)を参照。

第3章　背景にある観念レベルでの同性カップルの法的承認の過程

保護」よりも「人の保護のための家族の保護」が重視されるべきであるとする家族法学説が有力化していった。民法典を中心に据えて婚姻保護を前提とする「古い民法学者（antigos civilistas）」と婚姻にそれとしての特段の価値を認めず憲法の規定を中心に家族法を考える「新たな民法学者（novos civilistas）」の見解が大きく分かれることになったのである。

　家族法の憲法化と同時に，いわゆる情愛論が発展した。この情愛論についても二つの側面を見出すことが可能である(573)。第一の側面は親子関係をめぐる議論を出発点とした，社会的事実としての家族を法的に捉えようとする考え方である。まず，親子という家族関係について，それは単なる生物学上の関係でもなければ，婚姻を保護するための法律上の関係でもなく，社会的な創造物であるとする「社会情愛的親子関係（Paternidade socioafetiva）」という理解が提示された。続いて，非婚カップルも社会的な事実としての「婚姻」であると捉え直され，「事実」に着目する安定的結合の制度が導入された。これによって，ブラジル家族法において2011年連邦最高裁判決の複数の裁判官によって援用された「法は事実から生ずる（ex facto oritur jus）」という理解が定着していった。「家族」を社会的事実として捉えて一定の法的効果を認めるこの考え方は，法律上の制度が存在せず，単なる「事実」として評価されていた同性カップルから「家族」としての法的効果を導き出すことを容易にすることになった。

　第二の側面は家族に関わる一種の価値体系としての情愛論である。すなわち，現代家族において財産や宗教などよりも<u>情愛が重要であり，現代家族における連帯の原理として情愛こそが法律によって保護されるべき価値である</u>とする考え方である(574)。情愛は抽象度の高い法規範を扱う憲法原則論（principiologia constitucional）を通じて「情愛性の原則（principio da afetividade）」として観念された。その他の憲法原則と同じように，「情愛」は日常用語としての「愛情」と区別されながらも必ずしも法律用語としては，厳密には定義さ

---

(573)　CALDERÓN（2013）401-402頁は「情愛性の原則」についてふたつの側面があるとしているが，本書における「情愛論」は情愛性の原則の法的な役割に限定していないため，分析軸が異なっている。ひとつめは法的義務としての側面であり，ふたつめは家族関係の発生原因としての側面である。情愛放棄に基づく慰謝料請求の問題における義務が前者の典型であり，血縁・法律上の関係がない社会情愛的親子関係が後者の典型である。

(574)　CALDERÓN（2013）397-398頁，LÔBO（2004）136-156頁を参照。

れていない(575)。にもかかわらず,「情愛性の原則」を家族法の中心的な原則として位置づける見解が通説になった(576)。

実際,「現代家族の基礎は情愛である」や「情愛には法的な価値がある」などというレトリックは同性カップル関係の「家族」性を肯定するのに大きな役割を果たした。初めて同性カップルに関する事件に家族法上の効果を認めた裁判例はもっぱら情愛に基づく関係であることを根拠としていることからも,その重要性は明らかである(577)。

また,価値体系としての情愛論は単に同性カップルの「家族」性を根拠づけただけではなく,同性カップルの財産関係の承認についても重要な意味を有していることに注意が必要である。同性カップルについて財産法上の法理の適用を肯定した1998年連邦高裁判決(578)において「情愛」の法的な評価がひとつの決め手となっていたのである。報告担当裁判官は次のように述べていた。「ハンス・ケルゼン(Hans Kelsen)は(……)法律の外にある個人間の関係の例を求められて直ちに『Oui, monsieur, l'amour』(579)と答えた。法は感情を規律するものではないので,正しかろう。しかし,法はこの感情に基づいた言動により生ずる権利義務について規定することができ」る,と。「愛情」を法的に正当なものであると捉えることによって,従来公序良俗違反の疑いが持たれていた「同性愛者」の関係から財産的な効果が生ずることが適法なものであると判断されたのである。このように,同性カップルが異性カップルと同じ「愛情」・「情愛」に基づく関係であることの意義は,当初は,財産法上の効果を否定しないという消極的なものであった。しかし,その意義はその後,家族法上の効果を認める積極的なものになっていった。

同性カップルの家族に対する保護を肯定する学説においても憲法上の家族に関する規定と情愛論が中心的な役割を果たした。第一に,価値体系としての情

---

(575) LÔBO (2011) 71-72, SIMÃO (2014) 37-39 頁を参照。本書において十分な検討を加えていないが,精神分析学と家族法の学際的な研究が流行しており,精神分析学の観点から「情愛」を定義しようとするものが多い。
(576) DINIZ (2012) 38 頁, MALUF (2010) 43 頁, GONÇALVES (2013) 24 頁, DIAS (2012) 72-73 頁などを参照。対して,情愛の重要性を肯定しながら,憲法原則としてまではいえない見解として TEPEDINO (2005) 4 頁を参照。
(577) TJRS- AI nº 599075496, 8ª Câm. Cível, rel. Breno Moreira Mussi,j. 17/06/1999
(578) STJ, REsp nº 148.897-MG, Rel. Min. Ruy Rosado de Aguiar, d.j.: 10/02/1998.
(579) フランス語で「もちろん,[ほかの関係も]あります。愛です。」という意味である。

225

第3章　背景にある観念レベルでの同性カップルの法的承認の過程

愛論は，情愛を類似点として財産法ではなく家族法の規定を類推適用すべきであるとする学説につながったのであり，第二に，「家族」が社会的な事実であるとする情愛論は，家族法学の憲法化と相まって，同性カップルの関係を憲法上の家族として位置づける学説につながった（1988年憲法第226条の解釈論）。以上二点はそれぞれ同性カップルに対する家族法上の「家族」性と公法上の「家族」性[580]を根拠づけることになったと解することができるのである。

ハ 「婚姻の法」から「家族の法」への転換という理解

上記のように，①非婚の男女カップルの法的扱いの変遷，②家族法の憲法化，および③情愛論が，ブラジルにおける同性カップルの法的関係の段階的な承認を可能にしたが，このような承認過程の背後には家族法の領域における「婚姻」と「家族」の概念の分離を通した「婚姻の法」から「家族の法」への転換があった。つまり，ブラジル家族法そのものが変化していたのである。

1916年民法典および歴代憲法により唯一想定されていた「家族」は婚姻家族であり，家族法は，すなわち，「婚姻」を規律するための法であった。男女の非婚カップルが家族法上の制度として立法化されたときも，「婚姻の法」としての家族法という見方からは同制度は事実上の「婚姻」，あるいは婚姻の前段階の男女関係を規律するものと理解された。家族法の理解そのものは依然として「婚姻」を中心としていることに変わりはなかったのである。この状況のもとでは，同性カップルの関係を法的に承認するためには，同性カップルの関係は「婚姻」関係でもなければ，婚姻と同義である「家族」でもなく，財産法上の関係であることを強調するほかなかった。

これに対して，1988年憲法において個人の尊厳が強調されると，家族法は「婚姻」を保護するためのものではなく，婚姻に限定されない「家族」を保護することを通して個人を保護するための法であると理解され，国家の特別の保護に価する家族の定義として「婚姻」を位置付ける見解が否定された。この理解に基づいて，新たな家族法学説は非婚の男女カップルを事実上の「婚姻」ではなく，家族の一つの種類として捉え直した。「家族」の定義が「婚姻」から

---

(580) 同性カップルの当事者に有利な効果を認める場合のみならず，選挙法上の欠格事由を認定する場合も，同性カップルにおいて家族の基礎である情愛に基づく関係であることが根拠とされていた。TSE, Resp. Eleitoral nº 24.564, Rel. Min. Gilmar Mendes, j.01/10/2004 を参照。

四六・618頁・並製　ISBN978-4-7972-5748-9

定価：本体 **1,000** 円＋税

18年度版は、「民法（債権関係）改正法」の他、「天皇の退位等に関する皇室典範特例法」「都市計画法」「ヘイトスピーチ解消法」「組織的犯罪処罰法」を新規に掲載、前年度掲載の法令についても、授業・学習に必要な条文を的確に調整して収載した最新版。

信山社　〒113-0033　東京都文京区本郷6-2-9
TEL:03(3818)1019　FAX:03(3811)3580

法律学の森

潮見佳男 著（京都大学大学院法学研究科 教授）

新債権総論 I

A5変・上製・906頁　7,000円（税別）　ISBN978-4-7972-8022-7　C3332

新法ベースのプロ向け債権総論体系書

2017年（平成29年）5月成立の債権法改正の立案にも参画した著者による体系書。旧著である『債権総論 I（第2版）』、『債権総論 II（第3版）』を全面的に見直し、旧法の下での理論と関連させつつ、新法の下での解釈論を掘り下げ、提示する。新法をもとに法律問題を処理していくプロフェッショナル（研究者・実務家）のための理論と体系を示す。前半にあたる本書では、第1編・契約と債権関係から第4編・債権の保全までを収める。

【目　次】
◇第1編　契約と債権関係◇
　第1部　契約総論
　第2部　契約交渉過程における当事者の義務
　第3部　債権関係における債権と債務
◇第2編　債権の内容◇
　第1部　総　論
　第2部　特定物債権
　第3部　種類債権
　第4部　金銭債権
　第5部　利息債権
　第6部　選択債権
◇第3編　債務の不履行とその救済◇
　第1部　履行請求権とこれに関連する制度
　第2部　損害賠償請求権（I）：要件論
　第3部　損害賠償請求権（II）：効果論
　第4部　損害賠償請求権（III）：損害賠償に関する特別の規律
　第5部　契約の解除
◇第4編　債権の保全—債権者代位権・詐害行為取消権◇
　第1部　債権の保全一般
　第2部　債権者代位権（I）—責任財産保全型の債権者代位権
　第3部　債権者代位権（II）—個別権利実現準備型の債権者代位権
　第4部　詐害行為取消権

〈編者紹介〉
潮見佳男（しおみ・よしお）
1959年　愛媛県生まれ
1981年　京都大学法学部卒業
現　職　京都大学大学院法学研究科教授

新債権総論 II

A5変・上製　6,600円（税別）　ISBN978-4-7972-8023-4　C3332

1896年（明治29年）の制定以来初の民法（債権法）抜本改正

【新刊】
潮見佳男著『新債権総論 II』
　第5編　債権の消滅／第6編　債権関係における主体の変動
　第7編　多数当事者の債権関係

〒113-0033　東京都文京区本郷6-2-9-102　東大正門前
TEL:03(3818)1019　FAX:03(3811)3580　E-mail:order@shinzansha.co.jp

信山社

www.shinzansha.co.jp

解放されると，家族を定義する必要が生じたが，家族関係は社会的な事実であると理解され，家族の「定義」そのものが否定された。その代わりに，家族関係がその他の関係と区別される中心的な基準は社会的な絆としての家族的情愛（配偶者間の情愛・親子間の情愛）の存否とされるようになった。

これによって法律上の家族関係は，従来の①血縁関係と②法律関係（婚姻・養子縁組）の他に，新たに③社会情愛的関係を加えて，これら3種類から生ずるものであると理解された(581)。この理解により，同性カップルが法律上の関係としての「婚姻」から想定される実体的な婚姻であるかどうかが問題にされるのではなく，あるいは，当該事実が法律上の婚姻に当てはまるかどうかが問題にされるのでもなく，第一義的には同性カップルが定型のない社会的な事実としての家族であるかどうかが問題にされることになった(582)。2011年連邦最高裁判決以前の新たな家族法学における議論が，同性カップルが「婚姻」や「安定的結合」であるかどうかではなく，家族的なものであるか，家族的なものであるとして，当該「同愛的家族（família homoafetiva）」がどのように規律されるべきかに着目していたのもそのためである。

しかし，このような家族法の理解は1988年憲法以降の新たな民法典に導入されることはなかった。それゆえ，家族法学説で通説になりつつあった「家族の法」としての新たな家族法の理解を具現化させるために，2007年に「諸家族法典（Estatuto das Famílias）」（2007年第2285号法律案）という法律案が提出された。この諸家族法典は「家族団体（Entidades Familiares）」に関する総則（15条〜20条）を置いた上で，婚姻家族（21条以下），安定的結合家族（63条以

---

(581) FACHIN（1999）133頁，SIMÃO（2014）20頁，LÔBO（2015）11-24頁などを参照。親子関係について現在の通説では2002年民法第1593条において親子関係は「自然上（natural）」または「民事上（civil）」のものであり，血縁または「その他の原因（outra origem）」によって発生するとされているが，社会情愛的親子関係が「その他の原因」に包摂されると理解されている。また，社会的情愛性は血縁および法的な絆よりも優先されるべきであるとする一連の連邦高等裁判所判決がある（特別上告第932692号，特別上告第1067438号，特別上告第1088157号などを参照）。判例法における社会情愛的親子関係の扱いの変遷についてはLÔBO（2015）18-23頁を参照。

(582) 社会的事実としての家族は定型を有せず，厳密な定義がないが，①情愛性，②安定性，③公開性の三要素が家族関係の存否を判断する基準とする見解が有力である。憲法上の家族概念の多元性を主張する学説を提唱したローボによれば，①情愛性は家族団体の基礎および非財産的な目的を指し，②安定性は生活の統合がない偶発的な関係と区別するための要素であり，③公開性は社会的に家族の単位として認知されていることを指す。LÔBO（2011）79-80頁。

第3章　背景にある観念レベルでの同性カップルの法的承認の過程

下），同愛的家族（68条），単親家族（69条§1），傍系親族家族（69§2）[583]などに関する規定を置き，ブラジル社会における典型的な諸家族を規律の対象としているのであった。同法典は同愛的家族について，これを安定的結合と区別しながら，婚姻への転換を除き，安定的結合に関する規定を準用している（68条）。家族法を「家族の法」として捉え直した家族法学説の通説的見解においては，同性カップルは「婚姻」や「安定的結合」などではなく，独自の家族として捉えられていたのである。ここで注目されるのは，同性カップルが家族法上の規定の適用を承認され，また，社会保障等の「家族」として承認されるのは，同性カップルが「婚姻」あるいは「安定的結合」だからではなく，「家族」だからであったことである。また，同法典は「家族団体」に関する総則を置くことによって，現在は想定されていない情愛を基礎とする新たな家族団体を包摂しうるようにできており，ひとつの家族形態または一定数の家族形態のみを家族法の対象とする考え方を廃止してもいるのである[584]。

このように，「婚姻」と「家族」の概念の分離を通した「婚姻の法」から「家族の法」へというブラジル家族法の転換が，ブラジルにおける同性カップルの家族性における法的承認の過程と密接につながっていた。しかし，当然のことながら，確認までに述べておくなら，このような家族法の理解からは同性カップルの婚姻の法的承認は当然には導かれないことがわかる。そこで，このようなブラジル家族法の背景から同性カップルの婚姻を承認するきっかけとなった2011年連邦最高裁判決以降の議論を再検討しなければならない。

2　2011年連邦最高裁判決の意義の再検討

2011年連邦最高裁判決以前の同性カップルの承認過程に目を向けることにより，前章で検討したブラジル家族法における同性カップルの法的承認の理解が深まる。具体的にここで同判決の意義としてあらためて整理・確認しておくべきなのは次の3点である。すなわち，2011年連邦最高裁判決は，下級審裁判所に対して画期的なものではなくむしろ受動的なものであったこと（イ），

---

(583)　兄弟，姉妹，従兄弟姉妹などの傍系親族からなる生活共同体のことをいう。
(584)　その他に，並立家族，多愛家族，再構成家族，多親家族などの特殊な家族団体が観念されており，各家族団体に関する議論が行われている。近年は特に1人の当事者が二つの独立した家族団体を形成する並立家族および3人以上の当事者が一つの家族団体を形成する多愛家族について議論されている。

小　括　ブラジル家族法の変容と 2011 年連邦最高裁判決の再検討

同判決は，単なる同性カップルの法的承認ではなくブラジル家族法の新たな理解としての「家族の法」の承認でもあったこと（ロ），および，同判決から導かれた同性間の婚姻の承認は当時の家族法にとっては想定外のものであったこと（ハ）である。以下この3つの意義について順に述べよう。

イ　下級審の判例法理の受動的な承認としての性格

かりにブラジルにおける同性カップルの法的承認について 2011 年連邦最高裁判決を出発点とするならば，同判決が画期的なものであったように見えるかもしれない。実際，ブラジルの連邦最高裁判所が過剰な司法積極主義に陥っており，予想もつかなかった法律構成に基づいて同性カップルの法的承認を実現したと思われることもある[585]。しかし，それ以前のブラジル家族法の発展に視野を広げてみると，ブラジルにおける同性カップルの法的承認は 1989 年リオデジャネイロ州裁判所判決にはじまり，22 年間の判例の蓄積に基づいていたのであって，連邦最高裁判所が採用した法律構成は連邦高等裁判所においてすでに定着しつつあったものを，むしろ受動的に承認したと言うほうがよい。また，こうした承認は単に同性カップルの問題にとどまらず，ブラジル家族法全体の理解の変容を前提としていたのである。

ロ　新たな家族法の理解の承認としての性格

同判決は単に同性カップルの関係を承認しただけではない。そうではなくて，同判決は，ブラジルの民法典（2002 年民法典）に採用されている家族法の理解とは異なる「家族の法」としての家族法の理解を承認し，それに"お墨付き"を与えたということができる。2011 年連邦最高裁判決以降，同性カップルの問題に限られず，新たな家族法の理解の根拠として同判決に言及がなされることが多いのもそのためである[586]。

「家族の法」としての家族法においては同性カップルの家族のみならず，家族一般が社会的な情愛に基づく関係であって無定形であるから，「平行家族」

---

[585]　そのために，家族法論の変遷の背景を考慮しない憲法学者から 2011 年連邦最高裁判決が過剰な司法積極主義の事例として批判されることがある。同違憲審査手続が係属中の時点で司法積極主義の観点から訴状内容を批判したものとして STRECK; BARETTO; OLIVEIRA（2009）75-83 頁を参照。

[586]　例えば，FARIAS;ROSENVALD（2012）86-87 頁，93 頁以下では同性カップルの法的承認だけでなく，採用されている家族法論そのものの根拠として援用されている。

第3章　背景にある観念レベルでの同性カップルの法的承認の過程

および「多愛家族」も「家族」であり，家族法の枠組みの中で処理されるべきであるとされている。これに対して現行民法典においては，それらは一方当事者が婚姻関係または安定的結合の関係にあることまたはこれらの関係が二人以内の関係であることを理由として家族の地位を否定されている[587]。2011年連邦最高裁判決は十分な根拠を示さずにこうした関係の承認を留保したが，十分な根拠を示せなかったのは，そうした関係は家族の限界を超えると暗黙のうちに考えたものの，この限界は同判決が採用した家族法論から導き出されないものだったからであろう。

　2011年連邦最高裁判決の意義はこのような家族法論全体が採用された点であると理解するならば，同判決は今後のブラジル家族法においてさらなる著しい変化のきっかけとなり得ると言える。実際に，2011年連邦最高裁判決以前は重婚的な関係について「財産分与」に対して家族法的な言葉遣いで「財産三分（triação）」と名付けて3人の間の共有財産の分割を認めた州裁判所の先例までが現れていた。ところが，2011年連邦最高裁判決以降は，情愛に基づく関係は財産法ではなく家族法によって処理されるべきであるとする新たな家族法の理解に従って，それ以前には重婚的な関係について認められていた財産法上の法理の適用を否定した裁判例も現れるに至った[588]。2011年連邦最高裁判決の理解に従って重婚的な関係の家族性が認められるようにならなければ，平行家族はまったく保護されない状況に陥ってしまうことになる[589]。そうした

---

(587)　ポリガミー（一夫多妻，多夫一妻，多夫多妻など）といっても，2種類の問題があることに留意しなければならない。ひとつは，共通の当事者を有するモノガミック（一夫一妻）な関係が二つ以上同時に存在することである。この場合は日本法でいう，婚姻が破綻していない場合における重婚的内縁と類似の状況が発生するが，「家族の法」からはこれを「平行家族」という。この場合には，現行民法典において一方の関係（すなわち，「平行家族」）の婚姻又は安定的結合としての家族法上の地位が否定される。もうひとつは，本来のポリガミックな関係であって，3人以上の者がひとつの関係を形成している場合である。「家族の法」からはこの場合における家族のことを「多愛家族」という。そして，多愛家族については，そもそも現行ブラジル民法典においてこのような婚姻又は安定的結合の成立が認められないため，家族法上の地位が否定されているのである。

(588)　前注(571)を参照。

(589)　従来の家族法の理解における保護が新たな家族法の理解から否定されたが，新たな家族法の理解が完全に採用されなかったため，新たな家族法の理解からも保護されないことになってしまったことから，2011年連邦最高裁判決によって重婚的な関係が二つの家族法の理解の狭間に陥ってしまったといえる。

なかで，異性間の婚姻関係と同性間の事実上の関係があった場合において，同性間の関係を婚姻と並行した安定的結合（すなわち，平行家族）として扱うことができるかが争点になった事件について，当該事案に「社会的な重要性（repercurssão geral）」が認められたことが平行家族の承認の予兆と理解されている(590)。すなわち，2011年連邦最高裁判決において示された「家族の法」から導かれない，家族の限界が撤廃されようとしているのである。

ハ 「安定的結合」と「婚姻」の意味の変化

2011年連邦最高裁判決では，同性カップルの関係は情愛に基づいており，財産的な関係である「事実上の組合（sociedade de fato）」ではなく「情愛の組合（sociedade de afeto）」であるとされた。そして，それを根拠として，同性カップルが「家族団体」であることが承認されたのである。安定的結合の規定の類推適用が認められるとしたことは同判決以前の同性カップルに関する判例法上の法理および新たな家族法学説を採用したものであると言えるが，多数意見が「婚姻への転換」について留保しなかったことは従来の理解を一新する可能性をもつものであったことに注意が必要である。

「家族の法」としての家族法の視座からも「婚姻」とは婚姻の儀式により男女間で形成される夫婦とその関係から生まれるであろう子から成る「家族団体」のひとつであると理解されていた。ただ，2011年連邦最高裁判決はこのような家族法の理解に基づきながらも同性カップルについて婚姻への転換に関する規定を留保しなかったことについて十分な根拠を示してはいない。「家族の法」の視座からは，図式的には次のような表現が許されることになろう。すなわち，「同性カップル(A)は婚姻・安定的結合(B)」ではないが，「家族(C)は婚姻・安定的結合(B)」に限られず，家族法は「婚姻・安定的結合(B)ではなく家族(C)」を規律するための法であって，「同性カップル(A)は家族(C)」であるから，家族法により規律されるべきである。単純に図式化すれば，このような理屈が用いられているわけである。その一方で，（2011年連邦高裁判決のように）「婚姻への転換」を認めることは「確かにAはBではないが，CはBに限定されず，AもCであるから，AのBへの転換が認められる」という理解困難な理屈を生み出すことになる。すなわち，AはBとは違うということを論拠と

---

(590) Repercussão Geral, RE n° 656.296, Min. Rel. Ayres Britto, d.j.: 8/3/2012 を参照。詳細については，VERAS; BEATRIZ; MACHADO（2014）64-79頁を参照。

第 3 章　背景にある観念レベルでの同性カップルの法的承認の過程

しながら，AはBであるという結果が導き出されることになるわけである。

　2011年連邦最高裁判決の時点では同性間の「婚姻」が学説においても下級審裁判所においても想定されておらず，ほとんど議論されていなかったこともあって，同判決以降の理解が混乱したといえる。主張の強い学者は「同性間の安定的結合が認められるなら，婚姻への転換が認められ，婚姻への転換が認められるなら，直接の婚姻が認められる」とする下級審裁判官の見解を肯定的に評価した。しかし，新たな家族法論とこの同性間の婚姻の承認の整合性は十分には説明されていないのである。「家族の法」としての家族法の視座からは，同性間の婚姻を認めるためには，安定的結合の規定が類推適用される「同愛的結合」について「婚姻への転換」に関する規定の類推適用も認められるが，「同愛的結合」という家族団体が「婚姻家族」に転換するのではなく，婚姻に関する規定が類推適用される「同愛的婚姻」という新たな家族団体になると説明されなければならない。諸家族法典第254条以下で規定されていた同愛的結合の登記に関する規定に代わるものとして婚姻の登記に関する規定が類推適用されるにすぎないことにならなければならないのである。

　しかし，同性間の婚姻を説明しようとした2011年連邦高裁判決は必ずしもこの理解を採用していない。同判決において，「婚姻」と「安定的結合」は「家族団体」ではなく，登記によって個人を保護するための「方法」，あるいは，社会的な事実として存在するさまざまな家族団体によって利用される「道具」であると説明されている。この理解は，「諸家族法典」のように家族団体ごとに関する規定を設ける「家族の法」とは大きく異なるといえる。

　2011年連邦最高裁判決以前の「家族の法」の理解では，婚姻家族，安定的結合，同愛的結合，平行家族，多愛家族，傍系親族家族などは「家族」という共通点に着目して設けられた総則の適用を受けるが，同時にそれぞれ異なる各則の規定によって規律される。これによって，家族法は各家族団体に適した法律上の多元的な制度から構成されることになる。他方で，（2011年連邦高裁判決のように）「婚姻」および「安定的結合」というのは「家族団体」そのものではなく家族団体を規律するための単なる「道具」であると理解するならば，「婚姻家族」，「安定的結合家族」，「同愛的家族」，「平行家族」，「多愛家族」などは単なる「社会的な事実」にすぎないことになろう。そしてまた，これらの家族を包摂するために，法律上の「婚姻」の内容が多元化しなければならないことになり，「婚姻」制度は「婚姻家族」のための制度ではなく多元的な家族

232

小 括　ブラジル家族法の変容と 2011 年連邦最高裁判決の再検討

関係のための「登記」制度になる必要があろう。この点について，ブラジルにおいてもまだ十分な議論がなく，今後のブラジル家族法がいずれの理解に基づいて発展していくかが注目されるが，「家族の法」というときにも二つの家族法の可能性があることは念頭におく必要があろう。

すなわち，家族法は社会における相異なる家族団体を個別に規律する制度であるのか，あるいは，それぞれの家族団体の共通性に着目して家族に利用される「道具」であるのかという二つの理解があり得るのである。いずれの理解も従来の「婚姻の法」としての家族法と異なる「家族の法」であるといえるが，後者の理解では婚姻家族固有の規定（儀式，貞操義務，同居義務，婚姻障害事由など）の法律上の効果が否定されていくことになり（「婚姻」の法的効果の縮小），前者の理解ではこれらの効果が婚姻家族に限定されるが，無意味にはならないことになる（「婚姻」の法的効果の限定維持）。

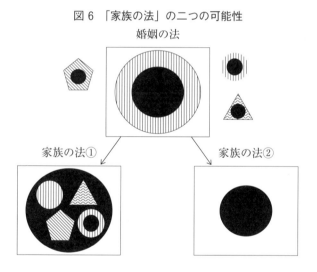

図 6　「家族の法」の二つの可能性

上記の図 6 において，「家族の法①」は諸家族法典が想定している家族法であるのに対し，「家族の法②」は 2011 年連邦高裁判決の理解から想定される家族法である。いずれの理解においても現代家族の中核と理解されているもの（情愛性・安定性・公開性）があれば，家族法の対象とされるため，「家族」は非排他的な制度である。前者においては中核部分が家族法の総則となり，典型的な家族形態について個別に規定がおかれるが，新たな家族団体が現れれば，

第 3 章　背景にある観念レベルでの同性カップルの法的承認の過程

その家族性が否定されるのではなく，家族法の諸原則に適した規律が行われることになる。他方で，後者においては家族の中核のみが法律の関心事項となり，それぞれの家族団体に固有の規範の法規範性は否定されることになる。「貞操義務」を例にとれば，次のようになろう。前者においては婚姻家族にはカップルの間の貞操義務があり，離婚原因や慰謝料請求権などの法律効果が認められ，多愛家族には多数当事者の間の貞操義務が認められ，また，貞操義務を前提としない家族団体もありうる[591]。これに対して，後者においては「貞操義務」は家族関係の中核ではないと理解されれば，「貞操義務」からはなんら法律効果が導かれなくなる。これは家族に関わるいかなる社会的規範について法律上の効果を認めるべきかという問題であり，本書で概述した新たなブラジル家族法の理解からは直ちには解決されない問題である[592]。これは今後のブラジル家族法のあり方を左右する問題であるが，現段階ではブラジル法について将来残された課題であると指摘するに留めざるをえない。

---

[591]　そのため，2011 年連邦最高裁判決以前の新たな家族法の理解において，モノガミーが家族団体に共通する原則であるか，それとも，婚姻家族に限定される原則であるかが議論の軸となっていた。PEREIRA（2004）76-89 頁がモノガミーを家族法の原則として位置づけていたが，その後，モノガミーを婚姻家族に限定する見解が有力化した。DIAS（2013）63 頁，VERAS；ALMEIDA（2014）81-102 頁，SANTIAGO（2015）109-136 頁を参照。

[592]　また，当該規範からどのような法律効果を導き出すかも問題となる。とくに情愛の法的規範性を認めて「親は子を愛すべきである」という規範に反した場合に子の親に対する慰謝料請求権を認めるべきかどうか（情愛的放棄の問題）について見解が大きく分かれている。「私を愛さなければお金を出せ（Você me paga se não me amar）」という論文において人格的な権利義務に基づく慰謝料請求権を否定的に捉えたものとして MICHEL（2014）41-54 頁を，法廷侮辱に基づく刑事処罰を含めて人格的な権利義務による法律効果を幅広く認めるべきであるとするものとして ROSENVALD（2014）78-79 頁を参照。なお，2012 年の特別上告第 159242 号において連邦高等裁判所が判例変更をして情愛的放棄に基づく慰謝料請求を認めていることが注目される。

結　語——日本への示唆

　ブラジルにおける同性カップルの法的承認の分析の過程を通じて，ブラジル法から様々な論点について示唆を得ることができたのではないかと思う。各論点に関する日本の先行研究をまとめて，得られた示唆を網羅的に整理することは筆者の力量を超える。そこで以下では「はじめに」で問題を提起しておいた，同性カップルの法的承認過程の特殊性（判例による法生成），および，同性カップルの法的承認を可能にした家族法についての理解の変化（家族概念の転換）について若干の検討を加えることで，ブラジルの経験が日本に与えうる含意を論じて本書を終えることとしたい。

　まず，判例による法生成についてである。ブラジルにおける同性カップルの法的承認は，現象レベルにおいては 2011 年連邦最高裁判決による判例法を出発点とするものであった。しかし，この判決に至るまでには，観念レベルの変化とともに発展した判例による法生成の長期的な過程があった。この長期的な判例による法生成を簡単に示すならば，①同性カップルの法的承認が財産法を起点として意識化され（問題とされ），②財産法法理から家族法法理へと転換する——家族法の規定の類推適用を認める——ステップを経て，③家族に関する私法・公法の各規定の類推適用の可否につきひとつひとつの判決において家族法法理が拡張されていった，とまとめることができる。確かに，財産法による保護の肯定（①）及び財産法法理から家族法法理への転換（②）は 1988 年憲法の家族に関する規定や安定的結合の制定法化——ブラジル固有の事情——を前提とした判例による法生成であったため，日本法においてはこのような前提がない以上，かかる判例による法生成には期待を抱けないともいえそうである。だが，日本法においては家族法の規定の類推適用がすでに内縁保護法理によって認められている。もし，①及び②のステップを踏む必要がないとすれば，家族に関する私法・公法の各規定の類推適用の可能性を問題ごとに判断していくこと（③）によって，どのような保護を与えることができるか，またこのような判例法理の展開が「家族」概念とどのように関連してくるかについて検討する(1)。

結　語

　次に，家族概念の転換についてである。ブラジルにおける同性カップルの法的承認は，ブラジル家族法の大きな変化を前提としていたことの意味を問わなければならない。本書を通して示してきたのは，この変化は非婚カップルの扱いの変化，家族法の憲法化，および，情愛論の発展によってもたらされたのであり，その帰結は大きな流れとしては観念レベルで潜在的に展開した「婚姻の法」から「家族の法」への転換として理解できるということであった。そして，この観念レベルでの変化によって準備され，その流れを承けるかのように現象レベルに押し上げられたのが，受動的到達点としての2011年連邦最高裁判決であった。そこで，日本法においても，判例による法生成を通じて家族法に同性カップルを包摂するためには家族法の理解の変化が必要であるか——観念レベルにおいてみられたブラジル法におけるような「婚姻の法」から「家族の法」への変化が必要であるか——，仮に必要であるとすれば，それはどのような変化となりうるかを検討しなければならない(2)。

1　判例による同性カップルに関する法生成の可能性

　ブラジルにおける同性カップルの法的承認は，短期的に見ても中長期的に見ても，判例による法生成を通じて実現した。本書の「はじめに」でも述べたように，判例法を通じての同性カップルの法的保護というブラジル法の経験は比較法的に見ても珍しいものである。判例法のみによって立法措置なしに婚姻を認めること自体が他に例を見ないことである。しかし，このような現象レベルにおける同性間の婚姻の承認という変化が，夥しい数の判決の蓄積（2011年連邦最高裁判決前に1000件以上(593)）による判例法の生成を前提としていたことも，ブラジル法の経験の貴重な特徴である。この興味深い経験から日本法はいかなる示唆を引き出すことができるだろうか。

　ブラジル法における判例による法生成は，財産法法理（事実上の組合法理）から家族法法理へというステップを踏む必要があった。1989年リオデジャネイロ州裁判所判決(594)において同性カップルであることを理由にカップルの実

---

(593)　本書では数多くの判決を扱っているが，主要なものを取り上げているだけで，2011年連邦最高裁判決前には1000件を超えていたとされている。前注427を参照。

(594)　本書138頁以下を参照。この判決はカップルとは無関係な共同事業が存在した事案において，同性カップルでなければ組合財産の分割が認められるところ，同性カップルであることを理由として債権法による権利義務の保障を否定することができないとしたにすぎず，むしろ第一審判決における異性の非婚カップルに近い保護法理による処理

1 判例による同性カップルに関する法生成の可能性

態とは無関係な財産法上の権利義務が否定されないとされたときから1998年連邦高裁判決[595]において事実上の組合の法理が正面から認められたときまでの間に，ブラジル家族法は大きく変わった——1988年ブラジル憲法，安定的結合制度の制定法化，家族法学説の変容などによって，ブラジル法に大きな影響を与えてきたフランス法が持っていると思われる厳格な（正統的な）婚姻観念が否定された。

　この大きな変化に基づいて，長らく異性の内縁カップルについても認められていなかった家族法の規定の類推適用を同性カップルについて認めるべきであるとする有力説——ジアス説やローボ説[596]——が打ち出された。そこから2011年連邦最高裁判決において同性カップルについて異性の安定的結合と同等の権利義務が認められると判断されるまでの間，ひとつひとつの判決においてどのような規定につき類似点を見出して適用すべきかに関する判断が蓄積されていった。2011年連邦最高裁判決前には財産分与に関する規定から共同養子縁組に関する規定や被選挙権の欠格事由に関する規定まで私法上・公法上のおおよその問題について州裁判所・連邦裁判所双方において類推適用がすでに認められていたのである。

　これに対して，日本法はすでに内縁保護法理によって家族法の類推適用を認めており，仮にフランス法に見られるような正統的な婚姻概念がそれほど厳格に貫徹してはいないのであれば，このようなステップを踏む必要がない。これはブラジルと比較すると，判例による法生成のために必要な前提が既に整っていることを意味し，日本法における判例による法生成の可能性を考えた場合，大きなメリットであるといえよう。

　他方で，家族法法理として存在する内縁保護法理は共同生活の実態に着目したものであり，そこで承認されているのはあくまでも（婚姻ではなく）準婚であると考えるならば，同性カップルを保護対象に含めることも不可能ではない。その際には，ひとつの判決において，同性カップルが内縁法理の適用される異性カップルとすべての点に関して同等の保護を受けるかどうかを決める必要は

を否定したものである。
(595) 本書145頁以下を参照。事実上の組合の法理が正面から認められたというのは，この判決はかつての非婚カップルに関する保護法理におけるのと同様に財産法法理を採用しながらカップルの特殊性の考慮を認めた，ということである。
(596) ジアス説については本書158-161頁，ローボ説については161-168頁を参照。

237

結　語

ない。

　たとえば，財産分与に関する規定の類推適用を認めた2001年リオグランデドスー州裁判所判決(597)はその先例的意味を明示的に安定的結合の財産分与に関する規定に限定し，その他の私法規定・公法規定について安定的結合と同様に扱われるかは，個別に検討していかなければならないとしていた。公法規定の適用を認めた各判決においても生成される規範の射程を限定するような配慮がなされていた。例えば，同性カップルであることを被選挙権の欠格事由とした2004年選挙高等裁判所判決(598)は，同性カップルが（問題となっていた規定に列挙されている）婚姻や安定的結合に該当するかどうかではなく，当該規定の趣旨——縁故主義の防止——に照らして同性カップルについても当該関係を被選挙権の欠格事由と解すべきかどうかのみが判断された。

　日本法においても，婚姻費用の分担や財産分与など，個別の問題ごとに考えるならば，それぞれの規定の類推適用の余地はあるように思われる。これによってひとつひとつの判決（個別問題に対する判断）を通じて，同性カップルを内縁保護法理の適用対象に少しずつ含めていくことになる。

　その上で，（異性・同性双方を含む）内縁をさらに婚姻に近づけることができるか否かが問題になる。現在，日本において内縁カップルに認められていないものとして，夫婦の共同親権（民法818条3項）や死別の場合の財産分与又は配偶者の相続権（民法890条）がある。前者について，ブラジル法においては2006年リオグランデドスー州裁判所判決が同性カップルについても共同親権を認めたが，この判断は異性の婚姻に関する規定の類推適用ではなく，異性の内縁（安定的結合）に関する規定の類推適用を認めるものであった(599)。これは

---

(597)　2001年リオグランデドスー州裁判所判決については，本書172頁以下を参照。

(598)　2004年選挙高等裁判所判決については，本書179頁以下を参照。

(599)　なお，判例による法生成について問題ごとの類推適用の可能性を検討していくことができるだけでなく，事案ごとの社会的現実を直視することによって個別具体的な妥当性を導くことも可能である。2006年リオグランデドスー州裁判所において子の福祉に着目して同性カップルによる子の共同養子縁組を認めることによって私法上・公法上ともに大きな波及効果のある判断を下したが，当該事案の社会的現実に対する妥当な結果を導く必要性が当該判断を大きく左右したと思われる。当該事案において同性カップルの一方当事者との間の単独の養子縁組がすでに成立していたため，請求を却下することはなんら家族の実態を変えるようなものではなく，共同養子縁組を認めないことはすなわち子がもう1人の親を持つことによって得るであろう実定法上の利益（相続に関わる権利，社会保障に関わる権利など）を否定してしまうことになるにすぎない。ただ，

1 判例による同性カップルに関する法生成の可能性

次に述べるように、安定的結合制度の導入による家族概念の転換を前提とするものであったが、日本において判例によってこのような転換ができるかが問題となる。後者についても、同様にブラジルの安定的結合上の配偶者には——婚姻とは異なるものであったが——死別の場合における財産分与請求権及び一定の相続権が保障されていたため、同様のことがいえる。ただ、日本においては新相続法が成立し、特別寄与料が制度化されるとすると、家族概念の転換なしにこれを内縁カップルに類推適用することは可能であるように思われる。

以上は、結局のところ、パートナーシップの保護を判例によって実現しようということであるが、ここまであっても、日本法にとっては大きな展開だろうと思われる。

問題はその先に残る。一方で、内縁保護をさらに婚姻に近づけることができるかという問題がある。他方、婚姻に近づくことが望ましいのかという問題もある。これらは、ブラジル法でも難しい問題であった。しかし、「家族」概念の転換によって、一方の問題は克服された。

本論で考察したとおり、ブラジル法においては1988年ブラジル憲法によって「家族」が「婚姻」の上位概念とされ、安定的結合制度の創設によって内縁（コンクビナト）が制定法をもってさらに婚姻に近づけられた[600]。その上で、安定的結合は婚姻と並ぶ家族団体であるという家族法の理解に基づいて——またはそのような憲法の規定及び制定法上の制度を前提として——判例による法生成によって同性カップルが——日本法よりもすでに婚姻に近かった——安定的結合へと包摂されていったのである。そして、同性カップルが安定的結合に包摂されていくのと同時に、婚姻と安定的結合のヒエラルヒーを否定して異性・同性双方の安定的結合がさらに婚姻へと近づけられた[601]。

　本件事案においてリオグランデドスー州裁判所は同性カップルによる育児が子どもに対して悪影響をおよぼすかどうかについても、複数の研究結果を引用して科学的な根拠がないとしている。本書188-189頁、前注(512)を参照。
(600)　1988年憲法によって事実上の異性カップル（「男女の安定した結合」）が婚姻と同様に「国家の特別の保護」を受けるとされ、また、その後は制定法によって婚姻における配偶者の相続権や親子法のと類似した保護を受けることとなった。
(601)　2002年民法典はなお婚姻の正統性を理由に婚姻と非婚カップルのための制度——安定的結合——との間に区別を設けていたが、婚姻の正統性を理由とする区別が「婚姻と安定的結合の間のヒエラルヒーの否定」によって批判されるようになった。そして、2011年連邦最高裁判決は単に同性カップルについて意義をもつのではなく、このように異性・同性双方の安定的結合をさらに婚姻へと近づける可能性のある家族法論を追認

結　語

　これに対して日本においては，判例によってこのような変容が生ずるかどうかは現段階では不明であるが，同性カップルの法的保護が徐々に進む中で，このような転換の可能性も出てくるかもしれない。すなわち，ブラジル法において同性カップルが安定的結合に包摂されていくことによって生じた変化と同じように，日本法において同性カップルが異性・同性双方を含む内縁保護法理に含まれていくことによって，内縁保護法理が変容を遂げて婚姻に近づく可能性があると思われるのである。

　もう一方の問題は難問であるが，異性・同性双方を含む内縁が，新たな家族の形態として承認されるようになれば，婚姻の唯一性・絶対性自体が徐々に後退していくことになるかもしれない。そうであれば，もはや同性カップルの「婚姻」を認めるという問題自体が，あまり意味を持たなくなるかもしれない。この点について，ブラジル法において 2011 年連邦最高裁判決は「同性的結合」を家族団体として認めたが，これに対して，ブラジルの家族法理論は「婚姻」と同一視しなかったのもそのためであろう。法的に家族団体としての権利義務を保障されるために「婚姻」となる必要がなくなれば——また家族団体間についてより正統なものがなく正統性に基づく保護の区別がなければ——確かに同性間の婚姻を認める必要もなくなるように思われる。

　実は，ブラジルでも同性カップルに「婚姻」を認めたが，それはもはや従来の「婚姻」ではないともいえることは本論で見た通りである。同性カップルの「婚姻」を認めた 2011 年連邦高裁判決は，法律上の「婚姻」を家族団体としての「婚姻家族」と区別して，法律上の「婚姻」が「婚姻家族」のための制度ではなく，異性・同性双方を含む家族が法的保護を受けやすくするための「道具」にすぎないとしたからである。そこで認められているのは正統的な婚姻でもなければ，「婚姻家族」としての地位の承認でもなく，新たな「婚姻」であるといえるかもしれない。そう考えるならば，そもそもブラジル法の展開は，パートナーシップから同性間の婚姻へ，という図式に包摂されないと考えるべきなのかもしれない。あるいは，ブラジルでは「同性間の婚姻」が認められた，という言い方自体が不正確であったとも思われる。現時点では，ブラジル法において認められたとされているこのような新たな「婚姻」はどのようなものか——あるいは婚姻と安定的結合の関係がどのようなものか——は今後のブラジル

　　する判決でもあったことは，本論で述べたとおりである。

法において大きな課題であるというほかない。

2　家族法による同性愛者の家族の包摂：「婚姻の法」としての日本家族法と同性カップルの法的扱い

　ブラジルにおける同性カップルの法的承認の過程は，ブラジルの家族法そのものが「婚姻の法」から「家族の法」へと転換する過程であった。では，このような転換は日本でも可能か否か。すでに一言したように，日本における同性カップルの法的扱いがどうなるかは，この点に大きく依存している。そこで，次のような問いを立ててみよう。日本の家族法はそもそも「婚姻の法」という性格を有しているのだろうか。かつての「婚姻の法」としてのブラジルの家族法の主要な特徴をまとめると，①婚姻以外の家族的関係に対する家族法の適用が認められず，当該関係から発生する法的効果が否定されること，②婚姻に「正統な家族」を形成する意義が含められていること，③婚姻家族の財産を脅かす関係性から生じる財産的な効果が積極的に否定されること，さらには，④婚姻の消滅を意味する離婚が制限されることである。では，日本の家族法ではどうか。

　①については，周知のように，日本では従来から内縁保護法理ないし準婚理論によって婚姻法の類推適用が認められてきた。そのため，日本の家族法には「婚姻」でない関係から発生する法的効果を否定することで「婚姻」を促進する機能がない，ないしは弱いようにみえる。②については，①と関わって，婚姻による男女関係の「正統化」機能を必ずしも強く観念することはできないが，「嫡出子」の制度による親子関係の正統化機能が根強く存在した。しかし，この機能もまた嫡出子の法定相続分による違憲決定によって否定された（最大決平成25年9月4日民集67巻6号1320頁）。その結果，「嫡出性」を付与するための婚姻（最判昭和44年10月31日民集23巻10号1894頁）の正統性は限られたものになったと思われる[602]。③については，婚姻配偶者が婚姻外の相手に対して贈与をしたり，または，遺言を残したりすることを禁止する規定がそもそも存在しなかった。それらの行為はかつては公序良俗違反で無効と解されていたが，1986年に判例変更がなされている（最判昭和61年11月20日民集40巻7号1167頁）。確かに現在，婚姻配偶者からの慰謝料請求権は認められている

---

[602]　なお，父子関係の発生原因としての意義がなお残されている。

結　語

が（最（三小）判平成8年3月26日民集50巻4号993頁），逆に婚姻外の相手からの貞操侵害に基づく慰謝料請求権も認められている（最判昭和44年9月26日民集23巻9号1727頁）。さらには，婚姻が成立していても，婚姻関係が破綻している場合においては内縁関係が優先されることさえある（最判昭和58年4月11日民集37巻3号270頁）。離婚（④）はというと，周知のように，世界でも珍しいほどに従来から協議離婚がゆるやかに認められてきたうえ，裁判離婚についても近年は破綻主義への移行によってその要件は緩和されつつある。

　以上から総合的に判断すると，<u>ブラジル法において「婚姻の法」の基礎となっていたのと同様の家族法の理解は，日本法においては必ずしも存在するとはいえない</u>。それでは日本の家族法は，ブラジルで近年生起した「家族の法」のような性格をもつのかといえば，もちろんそれほど単純ではない。本書の関心に引きつけて言えば，瞥見する限りでも現状では，非婚カップルについてと同様に同性カップルについて婚姻に関する規定を類推適用することはできないとする見解が有力[603]であり，同性間の「婚姻」は法律改正がなければ，到底考えられないという雰囲気すらある。しかし，すでに述べたように，同性婚を直ちに認めるのではなく，判例による法生成を促していくことは考えられないわけではない。その際に障害になりうる考え方とその克服につき，本書の知見をふまえつつ若干の考察を付け加えておきたい。言い換えると，日本における「家族」観転換の潜在的可能性を探るということになる。

　まず，内縁保護法理ないし準婚理論の同性カップルへの一括転用を否定的に評価する見解について。この見解の根拠をみていくと，内縁が保護されているのは，内縁が婚姻に似たものであるからであって，かつ，同性間では婚姻が不可能である以上，同性間の内縁もまた成立し得ないことになると説明されている[604]。これはブラジルでいえば同性間の婚姻がありえないとする学説に基づ

(603)　大村（1995・下）65頁を参照。
(604)　日本法において同性カップルについて内縁保護法理を適用できないとする見解は必ずしも明示的に主張されていないが，このような否定的見解を前提として批判的に考察しているものとして大村（1995・下）65頁，大島［梨］（2013）7頁などを参照。具体的には，大島梨沙は「日本の判例によれば，内縁は『婚姻に準じた』関係であり，『保護せられるべき生活関係』であって，『男女が相協力して夫婦としての生活を営む結合』である。この点だけを見れば，日本の婚姻が男女のものである限り，同性間の内縁は認定しにくいものとなる」と述べた上で，このような否定的見解を批判して同性間の結合に対しても「内縁と認定することによって法的効果を与えることは十分に可能であると思われる」と結論づけている。

2 家族法による同性愛者の家族の包摂

いて、安定的結合として立法化された非婚の男女カップルの制度についても、同性カップルには適用がないとされたのと同様の主張であるといえる[605]。日本ではこの点につき、憲法上の幸福追求権等に基づいて準婚理論を現代社会の多様なライフ・スタイルを規律する法理として再構成すべきであるとする見解も現れている[606]。この見解によれば同性カップルの関係も家族法の対象となりうるが、そのためには従来の準婚理論とは異なる新たな「準婚理論」が必要であるという。しかし、その新たな理論の内実は必ずしも明らかにされていない。また、そもそも日本において「人々は婚姻とは異なるライフ・スタイルを本当に望んでいる」といえるのかという疑問も呈されている[607]。

このような議論、すなわち、「同性カップルが内縁保護法理ないし準婚理論によって保護されうるか」という議論は、ブラジル法ではほとんど行われなかった「同性カップルが異性カップルの保護法理により保護されうるか」という議論に相当するといえる[608]。ことばを換えていえば、これは、男女間の婚姻との類似性から判例法で発展した一定の法理が同性カップルについてもそのまま当てはまるかを問うものである。とすると、同性愛者の家族は従来の「婚姻家族」ではないのだから、このようなアプローチによって同性カップルは婚姻ではないとされることになって、その「家族」性が否定されるのは自然な流れといえるかもしれない。

しかし、本書で明らかにしたように、ブラジルにおける同性カップルの法的承認は既存の「法理」への当てはめという道行きをたどったのではなかった。そうではなくて、同性カップルが婚姻ないし婚姻に類似した非婚の男女カップルではないことを前提として、法的には同性カップルがどのように処理されるべきかが判断されたのである。その際に、ブラジルで大きな問題になったのは、「財産法」によるべきか「家族法」によるべきかということであった。この点については当該関係の性質によって判断されたのであるが、そこで家族法の類推適用の梃子となったのは関係の「情愛性」であった。

ところで日本では早くから、類似の考え方に基づいて「身分法」と「財産

---

(605)　AZEVEDO（1999）19頁を参照。
(606)　二宮［周］（1990）258頁、339頁以下を参照。
(607)　大村（2010）244-245頁を参照。
(608)　1999年リオグランデドスー州裁判所決定をめぐっては、この議論が行われた可能性があるしか言えないことは、先の記述の通りである。

結　語

法」とが区別され，身分法における関係は非打算的なものであるため，財産法とは異なる原理が働いているとされてきた[609]。

日本の家族法学においては中川善之助によって①事実の先行性[610]，および，②身分関係の非打算性が早くから着目されている。この議論に基づいて，現行法においては内縁保護法理がすでに定着しており，財産法と家族法とを区別して考える見解も定着している。ただし，その根底にあった二つの考え方，とりわけ②の考え方の意義は，今日では必ずしも十分に理解されていないように見える。注意深く見るなら，そこには近年のブラジル家族法学における情愛論を先取りした内容を垣間見ることができるように思われる。中川による婚姻に関する次の記述をみれば，中川家族法学と近年のブラジル家族法学との親和性を見出すことは決して不可能ではない。

「婚姻における結合は合理的利得的なる目的社会結合にあらずして，性情的・愛情的なる本質社会結合である。結合の根本的動機となるものは何等の打算的利益にあらず寧ろ非合理的なる性情自体である。人は何物かのためよりも婚姻のために婚姻するのである」[611]

家族法がこのような非打算的な関係の特殊性に着目したものであるという理解に立脚し，日本では婚姻（制度の）保護の思想による婚姻法の類推適用の排除がないことも考慮にいれれば，同性カップルの関係について，婚姻法を（一定程度まで個別に）類推適用していく余地は十分にあると考えられるのではないか。

以上のような考え方に基づいて，日本において事実上の同性カップルの関係が訴訟に現れた場合を想定してみよう。そのとき，従来の「内縁保護法理」をそのまま援用するわけにはいかないまでも，当該関係の特殊性に鑑みて，財産

---

(609)　中川（1930）1頁，梶村（2006）337-367頁を参照。
(610)　社会学的な事実から法を導き出すという中川の手法（事実の先行性）は，「科学」としての社会学を援用している点で，従来の自然法の考え方ほど恣意的なものではないといえる一方で，なんら「法規」を基準としない点で，中川の恣意的な見解にすぎないと批判されてもいる（梶村（2006）354頁を参照。水野紀子「中川理論──身分法学の体系と身分行為理論──に関する一考察」（1998）などにおける批判を参照。）。この点について，ブラジル法の考察から，法規の最たるものである憲法によって，あるいは憲法上の価値（憲法原則論）によって，社会学的な家族法学論の恣意性は，ある程度，減殺・制御されることになることが示唆されたともいえまいか。
(611)　中川（1939）103頁を参照。

2 家族法による同性愛者の家族の包摂

法ではなく家族法に関する規定の類推適用によって処理されることも考えられてよいのではなかろうか(612)。

これをふまえるならば，日本において同性カップルの関係について家族法の規定の類推適用（＝実定法としての「婚姻法」の類推適用）による処理を否定して，財産法による処理を新たに導入しようとすることは目指すべき方向であるといえるだろうか。別の言い方をすると，日本法においてそこまで立ち戻らなければ，同性カップルの法的保護は考えられないのだろうか。この点について，フランス法の非婚カップルに着目した大島梨沙は，フランス法の「一般法」による処理（ブラジル法でいう「財産法」による処理，事実上の組合の法理）が参考になるとしながら，一般法による保護の限界について「一般法には馴染まないような人格的な要素をどう考えるか，『カップル』の特殊性をどう考えるか」が検討されるべき課題（・難点）であるとしている(613)。しかしながら，本書の議論が示すように，フランス法を起点とした比較法的考察によれば「異常」な内縁保護法理に対する新たな「ソリューション」として提起されるようになった，このような家族関係の財産法化は，ブラジル法からみれば，むしろ克服されるべき旧来型の「トラブル」であったといえる。このことを指摘することによって本書は問題の構図を多少なりとも相対化できたのではないかと考える。日本における家族的関係の特殊性を強調する身分法論は，比較法的にみて「異常」なものとして否定されるべきと考える必要はないのではなかろうか。

---

(612) なお，同性愛者と親子関係について一言付け加えておきたい。同性間の婚姻について，生殖・育児が婚姻の目的とされるならば，同性カップルの間の婚姻は認められないという見解が有力である（大村［1995・下］65頁）。日本においては同性愛者の親をもつことによる子どもへの影響について十分に検討されていないものの，一般的にはイジメなどに着目して同性愛者によって育てられることが好ましくないと思われているようである。そのため，婚姻の目的に照らして同性間の婚姻を認めない見解は，一見すると，「子の福祉」を図ろうとするものであるように見える。だが，ブラジル法のケースについて考察したように，同性カップルの婚姻及び家族を否定することは，同性カップルによる養子縁組及び生殖補助医療が完全に禁止されない限り，社会的事実として実際に存在する同性カップルの子の親子関係を否定することにつながりかねない。これは日本の場合で言えば，従来の非嫡出子に対する差別的な扱いと類似の問題が起こる可能性があることを意味している。ただ，ブラジルでは普通養子縁組に相当する制度が厳格な制度になっているのに対し，日本では普通養子縁組によって相続権等を付与することが可能になっている。そのため，ブラジルに比べると，日本ではこれによって生じうる問題はそれほど深刻なものにならないだろう。

(613) 大島［梨］（2007・2）322-324頁を参照。

結　語

　以上から，判例による法生成と家族概念の転換に関するブラジル法からの示唆は次にまとめることができる。

　ブラジル法の経験に照らしてみると，日本法においても問題ごとの判断を蓄積することによって，同性カップルを法的に保護していく可能性があり，そのために財産法法理から家族法法理へというステップを踏むことが必ずしも必要でないことは日本法において判例による法生成を考える場合の大きなメリットである。そして，同性カップルの家族法への包摂によって婚姻の唯一性・絶対性がさらに後退して家族法の理解が変容していく可能性もある。また，このようなステップを踏む必要があるとしても，そのための家族法理論はすでに日本法に潜在している可能性があるだけでなく，この理論及びこれに基づく判例による法生成の比較法的な「異常」性は，ブラジル法の考察によって相対化されたといえまいか。このように理解した場合，この点についての転換自体が日本家族法の理解の大きな展開を意味するだろう。

　冒頭で述べた筆者の関心と関連する示唆は以上である。これらの点についても多くの課題が残されているが，より立ち入った検討は今後の研究に譲ることとし，ひとまず本書を終えることとしたい。

　補記　同性カップルの承認のポテンシャル

　本書本論で考察してきた通り，同性カップルの法的承認の問題は現代社会の家族の実態と法律上の家族の概念との間にひろがってきた溝を埋めるきっかけとなるポテンシャルを有している。しかし，単に同性カップルのための特別法

図7　「婚姻の法」による同性カップルの包摂

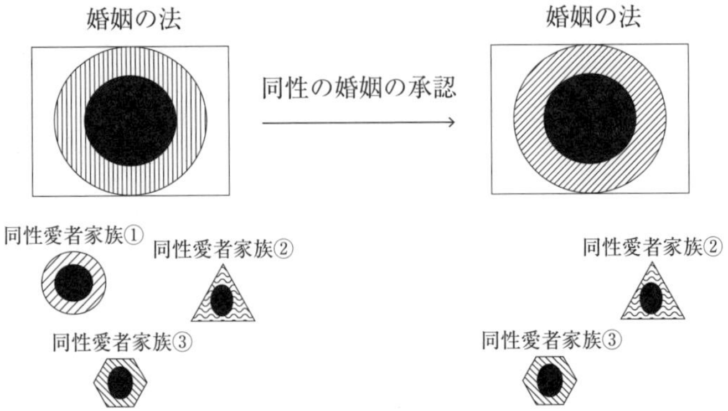

補記　同性カップルの承認のポテンシャル

が設けられたとしても，または，従来の婚姻法から「性別」という要素を取り除き，同性間の「婚姻」が認められたとしても，従来の「家族法」の理解が必ずしも変わるとは限らないことに注意が必要である。同性間の"婚姻"の承認は，直ちには「婚姻の法」から「家族の法」へという転換を意味しない。なぜなら，同性間の婚姻が認められたとしても，婚姻が制度として保護され，「人」よりも「財」または「婚姻制度」が重要視されうる状況は残存しうるからである。婚姻家族の同居義務や貞操義務などに関心をもたない家族団体は依然として「婚姻」ではないとされて，家族法の規律対象から排除される可能性が高いのである。

上記の図7でみると，婚姻から性別要件だけを取り除けば，婚姻と類似の家族の形態を形成している同性カップルは，「婚姻」に包摂されて家族法の対象となるが（①のケース），それ以外の関係は家族法から排除されたままである（②，③のケース）。すなわち，同性カップルが家族として承認されるためには，できるだけ異性間の「婚姻」に近づかなければならないことを意味する。これは，家族法の根本的な変化というよりも「同性カップル」の側の"適応"にほかなるまい。換言すれば，これは多元性の承認ではなく，一元的なモデルの微細な修正にすぎないのである。このモデルは確かに同性間の「結婚」を家族法に包摂してはいるが，現代社会の家族の特殊性である非打算性の強調という特徴を余すところなく捉えているといえるだろうか[614]。

また，日本では，1と2で述べた点と関わって，同性カップルの承認にあたっては，特別法による制度の導入および婚姻法の修正のほかに，同性カップルに対する内縁保護法理の拡張適用の可能性もあると思われる。しかしながらやはり，この包摂の方法にも「婚姻の法」としての家族法には変化が生じない可能性があることに注意が必要である。従来の内縁保護法理は身分関係の特殊性ではなく，典型的な夫婦共同生活モデル（同居，生計同一，一対の男女，排他的性関係の存在，子どもの存在等）の存否を判断基準としている[615]。とすれば，これもまた結局は一元的なモデルといえるからである。このような婚姻家族のモデルに該当しない，あるいは，それに準じない関係を家族法の対象外とし，

---

(614)　現代家族の新たな家族形態を無理やり婚姻に当てはめようとすることの不都合という観点から当初の安定的結合制度の「事実上の婚姻」としての理解を批判しているものとして BARROS（2002）10 頁を参照。
(615)　大島［梨］（2007・2）200 頁を参照。

結　語

または，単なる財産法上の関係として扱ってもよいのだろうか。

　確かに，同性カップルの法的承認の問題は現代家族の実態から家族法を再検討するきっかけとなるポテンシャルを有している。しかし，従来の家族法制度への"単純な"包摂による同性カップルの法的承認は，このポテンシャルを最小限にとどめてしまうおそれがあることを忘れてはならないのである[616]。

---

(616)　単純な同性間の婚姻によりもたされる不都合についてマサキチトセ（2015）75-85頁を参照されたい。

添 付 資 料

1. 判 例 法
1.1. 2011 年連邦最高裁判所判決要約文（ADPF 第 132 号／ADI 第 4277 号）

1. 基礎規定不履行争訟（ADPF）。訴えの利益の一部の消滅。残部において違憲直接訴訟（ADI）として受理。同愛的結合およびその法制の承認。二つの抽象審査手続の審査対象の同一性。手続の併合。民法典第 1723 条の「憲法適合解釈」の付与を目的とする ADI 第 4277 号 DF による ADPF 第 132 号 RJ の包摂。訴訟要件の充足。2. 男女という二分法の次元においても男女それぞれの性的指向の次元においても性を理由とする差別の禁止。友愛的憲法主義の一環としての偏見〔差別〕の禁止。社会的・政治的・文化的な価値としての多元主義の称賛。基本的人権の類型に含まれ，自由意志の表現である，自らの性の処分の自由。親密圏およびプライバシーへの権利。変更不可能条項。何人の性も，明示または黙示の憲法規定がある場合を除き，これを法的扱いの区別の理由としてはならない。「万人の幸福を促進する」憲法の目的と衝突するため，憲法第 3 条 IV に照らして偏見〔差別〕が禁止される。個人によるその性の具体的な使い方に関する憲法の規範的な沈黙を，「法的に禁止されず，または，義務化されていないものは，法的に認められている」とするケルゼン的な「消極的一般規範」として理解。「個人の尊厳」の原理から直接派生するものとしての性的嗜好〔ママ〕の権利の承認：個人の精神面の頂点としての自尊心への権利。幸福を追求する権利。偏見〔差別〕の禁止から性的自由の権利の宣言への規範的な飛躍。性の具体的な用途は自然人の自由意志に属する。憲法によって保護されている親密またはプライベートな領域における性の実践。自由意志。変更不可能条項。3. 憲法による家族の制度の扱い。連邦憲法が「家族」という名詞にいかなる伝統的または法技術固有のいかなる意味を付与していないことの承認。精神的な原理および社会文化的な類型としての家族。主観的な権利としての家族形成権。非縮小解釈。第 226 条の柱書きは社会の基盤である家族に対して国家の特別の保護を与えている。憲法による家族の制度の強調。正式に構成されたか，略式に構成されたかを問わず，または，異愛的〔ママ〕カップルにより構成されるか，同愛的カップルにより構成されるかを問わず，家庭の核心を指す日常用語としての家族の意味。1988 年憲法は「家族」という表現を用いるとき，その形成を異愛的カップル，または，民事身分登記所の手続，あるいは，民事上の儀式や宗教上の儀式などに限定していない。私的組織としての家族は，成人同士の自由な意思により形成され，国家および市民社会との間に必要的な三者関係を有している。家庭〔の核心〕は憲法が「親密およびプライバシーの権利」（第 5 条 X）と称している基本権の中心的な具現化の場である。自律的な家族の形成への平等な権利につながる場合にのみ完全たりうる異愛的な夫婦と同愛的なカップルの平等。その他すべてのものが中身にすぎず，受け皿または主役としての家族。民事婚以外の方法でも形成されうる組織としての家族概念の非

添 付 資 料

縮小解釈の不可欠性。慣習の次元における 1988 年連邦憲法の進歩。社会的・政治的・文化的な類型としての多元主義への歩み。人の性的指向に対する差別の撤廃によって憲法が要する根本的な整合性を解釈によって維持する連邦最高裁判所の権限。 4. 安定的結合。憲法規定は男女にしか言及していないが，後者〔女性〕の特別の保護のためにすぎない。憲法の中心的な目的は水平的な関係，または，人間の二分法によるヒエラルキーのない関係を確立させること。「家族団体〔entidade familiar〕」と「家族〔família〕」の概念の憲法上の同一性。憲法は第 226 条 §3 において男女に言及しているのは，家庭における水平的な関係，または，ヒエラルキーなき関係を推進する機会を逃さない意図によるもの。ブラジルにおける根強い家父長制的慣習への有効な対策としての規範的な補強。憲法の文言を利用して 1967／1969 年憲法第 175 条を蘇らせることの不可能性。第 226 条の首〔柱書き〕を第三段落目〔§3〕という処刑台において切らせることができない。本条項には「家族団体」という用語を用いることによって，「家族」と区別する意図がない。新たな自律的な家庭〔の核心〕の二つの形成方法の間に法的性質またはヒエラルキーが存在しない。家族と完全たる同義語としての「家族団体」という言い回しの使用。憲法は同性間による家族の形成を禁じていない。本件において認められない，他者の正当の利益，または，社会全体の正当の利益の保護あるいは権利がある場合を除き，何人に対してもいかなることも禁止されないとする判断の確認。異愛的な者には同愛的な者と法的に同じく扱われない権利が存在しない。憲法において列挙されていないその他の権利および保障が「憲法によって採用された制度および原理」によって発生することを明らかにしている連邦憲法第 5 条 §2 の適用：「本憲法において明示されている権利および保障は，本憲法によって採用された制度および原理によって発生する権利および保障，または，ブラジル連邦共和国が締約国となっている国際条約によって発生する権利および保障を妨げるものではない」。5. 合議体判決の傍論的な対立。レワンドウィスキ裁判官，メンデス裁判官，および，ペルゾ裁判官は憲法によって定められた家族類型に同愛的結合を当てはめることが不可能であるという見解で一致していることの付言。しかし，彼らは同性間のパートナーを新たな家族団体として承認している。この問題に関して立法権による解決が可能であるが，これは直ちに憲法の直接適用を妨げるものではない。6. 憲法に適合するように民法典第 1723 条を解釈（「適合解釈」の技術）。同愛的結合の家族としての承認。各請求の認容。民法典第 1723 条によって差別または偏見を帯びた解釈の可能性があり，民法典自体によってこの問題の解決が導かれるものではないため，「憲法適合解釈」の方法を用いる必要がある。これは，本条項から継続的・公開的・永続的な家族としての同性間の結合の承認を妨げる，いかなる意味合いも排除するために必要である。承認は異性間の安定的結合と同じルールおよび同じ効果によって行われるものとする。

［原文］

ADPF132／ADI4277

添付資料

1. ARGUIÇÃO DE DESCUMPRIMENTO DE PRECEITO FUNDAMENTAL (ADPF). PERDA PARCIAL DE OBJETO. RECEBIMENTO, NA PARTE REMANESCENTE, COMO AÇÃO DIRETA DE INCONSTITUCIONALIDADE. UNIÃO HOMOAFETIVA E SEU RECONHECIMENTO COMO INSTITUTO JURÍDICO. CONVERGÊNCIA DE OBJETOS ENTRE AÇÕES DE NATUREZA ABSTRATA. JULGAMENTO CONJUNTO. Encampação dos fundamentos da ADPF nº 132-RJ pela ADI nº 4.277-DF, com a finalidade de conferir "interpretação conforme à Constituição" ao art. 1.723 do Código Civil. Atendimento das condições da ação. 2. PROIBIÇÃO DE DISCRIMINAÇÃO DAS PESSOAS EM RAZÃO DO SEXO, SEJA NO PLANO DA DICOTOMIA HOMEM/MULHER (GÊNERO), SEJA NO PLANO DA ORIENTAÇÃO SEXUAL DE CADA QUAL DELES. A PROIBIÇÃO DO PRECONCEITO COMO CAPÍTULO DO CONSTITUCIONALISMO FRATERNAL. HOMENAGEM AO PLURALISMO COMO VALOR SÓCIO-POLÍTICO-CULTURAL. LIBERDADE PARA DISPOR DA PRÓPRIA SEXUALIDADE, INSERIDA NA CATEGORIA DOS DIREITOS FUNDAMENTAIS DO INDIVÍDUO, EXPRESSÃO QUE É DA AUTONOMIA DE VONTADE. DIREITO À INTIMIDADE E À VIDA PRIVADA. CLÁUSULA PÉTREA. O sexo das pessoas, salvo disposição constitucional expressa ou implícita em sentido contrário, não se presta como fator de desigualação jurídica. Proibição de preconceito, à luz do inciso IV do art. 3º da Constituição Federal, por colidir frontalmente com o objetivo constitucional de "promover o bem de todos". Silêncio normativo da Carta Magna a respeito do concreto uso do sexo dos indivíduos como saque da kelseniana "norma geral negativa", segundo a qual "o que não estiver juridicamente proibido, ou obrigado, está juridicamente permitido". Reconhecimento do direito à preferência sexual como direta emanação do princípio da "dignidade da pessoa humana": direito a auto-estima no mais elevado ponto da consciência do indivíduo. Direito à busca da felicidade. Salto normativo da proibição do preconceito para a proclamação do direito à liberdade sexual. O concreto uso da sexualidade faz parte da autonomia da vontade das pessoas naturais. Empírico uso da sexualidade nos planos da intimidade e da privacidade constitucionalmente tuteladas. Autonomia da vontade. Cláusula pétrea. 3. TRATAMENTO CONSTITUCIONAL DA INSTITUIÇÃO DA FAMÍLIA. RECONHECIMENTO DE QUE A CONSTITUIÇÃO FEDERAL NÃO EMPRESTA AO SUBSTANTIVO "FAMÍLIA" NENHUM SIGNIFICADO ORTODOXO OU DA PRÓPRIA TÉCNICA JURÍDICA. A FAMÍLIA COMO CATEGORIA SÓCIO-CULTURAL E PRINCÍPIO ESPIRITUAL. DIREITO SUBJETIVO DE CONSTITUIR FAMÍLIA. INTERPRETAÇÃO NÃO-REDUCIONISTA. O caput do art. 226 confere à família, base da sociedade, especial proteção do Estado. Ênfase constitucional à instituição da família. Família em seu coloquial ou proverbial significado de núcleo doméstico,

pouco importando se formal ou informalmente constituída, ou se integrada por casais heteroafetivos ou por pares homoafetivos. A Constituição de 1988, ao utilizar-se da expressão "família", não limita sua formação a casais heteroafetivos nem a formalidade cartorária, celebração civil ou liturgia religiosa. Família como instituição privada que, voluntariamente constituída entre pessoas adultas, mantém com o Estado e a sociedade civil uma necessária relação tricotômica. Núcleo familiar que é o principal lócus institucional de concreção dos direitos fundamentais que a própria Constituição designa por "intimidade e vida privada" (inciso X do art. 5º). Isonomia entre casais heteroafetivos e pares homoafetivos que somente ganha plenitude de sentido se desembocar no igual direito subjetivo à formação de uma autonomizada família. Família como figura central ou continente, de que tudo o mais é conteúdo. Imperiosidade da interpretação não-reducionista do conceito de família como instituição que também se forma por vias distintas do casamento civil. Avanço da Constituição Federal de 1988 no plano dos costumes. Caminhada na direção do pluralismo como categoria sócio-político-cultural. Competência do Supremo Tribunal Federal para manter, interpretativamente, o Texto Magno na posse do seu fundamental atributo da coerência, o que passa pela eliminação de preconceito quanto à orientação sexual das pessoas. 4. UNIÃO ESTÁVEL. NORMAÇÃO CONSTITUCIONAL REFERIDA A HOMEM E MULHER, MAS APENAS PARA ESPECIAL PROTEÇÃO DESTA ÚLTIMA. FOCADO PROPÓSITO CONSTITUCIONAL DE ESTABELECER RELAÇÕES JURÍDICAS HORIZONTAIS OU SEM HIERARQUIA ENTRE AS DUAS TIPOLOGIAS DO GÊNERO HUMANO. IDENTIDADE CONSTITUCIONAL DOS CONCEITOS DE "ENTIDADE FAMILIAR" E "FAMÍLIA". A referência constitucional à dualidade básica homem/mulher, no § 3º do seu art. 226, deve-se ao centrado intuito de não se perder a menor oportunidade para favorecer relações jurídicas horizontais ou sem hierarquia no âmbito das sociedades domésticas. Reforço normativo a um mais eficiente combate à renitência patriarcal dos costumes brasileiros. Impossibilidade de uso da letra da Constituição para ressuscitar o art. 175 da Carta de 1967/1969. Não há como fazer rolar a cabeça do art. 226 no patíbulo do seu parágrafo terceiro. Dispositivo que, ao utilizar da terminologia "entidade familiar", não pretendeu diferenciá-la da "família". Inexistência de hierarquia ou diferença de qualidade jurídica entre as duas formas de constituição de um novo e autonomizado núcleo doméstico. Emprego do fraseado "entidade familiar" como sinônimo perfeito de família. A Constituição não interdita a formação de família por pessoas do mesmo sexo. Consagração do juízo de que não se proíbe nada a ninguém senão em face de um direito ou de proteção de um legítimo interesse de outrem, ou de toda a sociedade, o que não se dá na hipótese sub judice. Inexistência do direito dos indivíduos heteroafetivos à sua não-equiparação jurídica com os indivíduos homoafetivos. Aplicabilidade do § 2º do art. 5º da Constituição Federal, a evidenciar que outros direitos e garantias, não expressamente listados na Constituição, emergem "do regime e dos princípios por ela adotados", verbis: "Os direitos e garantias expressos nesta Constituição não excluem outros decorrentes do regime e dos princípios por ela adotados, ou dos tratados internacionais em que a República Federativa do Brasil seja parte". 5. DIVERGÊNCIAS LATERAIS QUANTO À FUNDAMENTAÇÃO DO ACÓRDÃO. Anotação de que os Ministros Ricardo Lewandowski, Gilmar Mendes e Cezar Peluso convergiram no particular entendimento da impossibilidade de ortodoxo enquadramento da união homoafetiva nas espécies de família constitucionalmente estabelecidas. Sem embargo, reconheceram a união entre parceiros do mesmo sexo como uma nova forma de entidade familiar. Matéria aberta à conformação legislativa, sem prejuízo do reconhecimento da imediata auto-aplicabilidade da Constituição. 6. INTERPRETAÇÃO DO ART. 1.723 DO CÓDIGO CIVIL EM CONFORMIDADE COM A CONSTITUIÇÃO FEDERAL (TÉCNICA DA "INTERPRETAÇÃO CONFORME"). RECONHECIMENTO DA UNIÃO HOMOAFETIVA COMO FAMÍLIA. PROCEDÊNCIA DAS AÇÕES. Ante a possibilidade de interpretação em sentido preconceituoso ou discriminatório do art. 1.723 do Código Civil, não resolúvel à luz dele próprio, faz-se necessária a utilização da técnica de "interpretação conforme à Constituição". Isso para excluir do dispositivo em causa qualquer significado que impeça o reconhecimento da união contínua, pública e duradoura entre pessoas do mesmo sexo como família. Reconhecimento que é de ser feito segundo as mesmas regras e com as mesmas consequências da união estável heteroafetiva.

1.2. 2011年STJ判決要約文

［和訳］
家族法。同性間の民事婚（同愛的）。2002年民法典第1514条，1521条，1523条，1535条，1565条の解釈。同性同士が婚姻許可手続を行うことに対する明示の禁止が不存在。黙示の禁止は憲法から許容されない。ADPF第132号およびADI第4277号のSTF判決により示された原則論の方向性。1．連邦高等裁判所が憲法により下位立法の門番として設置されたが，民法の憲法化という歴史過程に照らして，連邦高等裁判所が憲法を「背にして」民法の争点を分析することは，憲法に根拠のない時代遅れの法を適用する裁判管轄に陥る危険があるため，もはや不可能である。すなわち，連邦高等裁判所は連邦法の解釈をするに際して，憲法に適合しない解釈をもって統一することが許されない。2．連邦最高裁判所はADPF第132号およびADI第4277号の併合判決において2002年民法第1723条について同条から継続的・公開的・永続的な同性間の結合を，家族と完全に同義である，家族団体として承認

することを妨げる意味合いを排除する憲法適合解釈を展開。3. 1988年憲法は多角的な団体に「家族」とよばれる家庭単位を形成する資格を平等に与え，これに「国家の特別の保護を付与する」とする明示の家族的ポリフォームズミに依拠して家族法，従って婚姻，を新たな時代に突入させた。1988年憲法には，家族の唯一の形成方法として観念され，しばしば平等原則および個人の尊厳の没却の場となった歴史的な婚姻概念との断絶があった。克服された歴代憲法と異なって，現行憲法の婚姻概念は，家族が多元的なものであるゆえに，必然的に多元的なものとして捉えられるべきである。さらには，婚姻そのものは国家の保護の対象ではなく，国家が人間およびその不可侵の尊厳を保護するための単なる媒体にすぎない。4. 憲法に保障される（と本裁判所およびSTFによってすでに承認された）多元的家族の原則から同愛的なカップルにより形成される家族が伝統に基づいて異性間のカップルにより形成される家族ほど国家の保護に値しないとすることが許されない。5. 1988年憲法の下で現に重要なことはこれらの多様な形態を有する家族が「国家の特別の保護」を実効的に受けることであり，憲法制定者が婚姻により「家族」とよばれるこの家庭単位をより厚く保護できることを意識しており，そのためにこそ法律が安定的結合の婚姻への転換を容易ならしめるべきであるとされている。6. 国家が家族をもっとも厚く保護できる手段が民事婚であるならば，かつ，憲法により承認されている家族が多元的なものであるならば，この方法を選択したいかなる家族についても当事者の性的指向をとわずその方法を否定することは許されない。なぜならば，同愛的なカップルにより形成された家族の中心的な意味内容が異性カップルにより形成された家族のそれと同じだからである。すなわち，その構成員の個人の尊厳と情愛である。7. 平等ないし平等な扱いは差異への権利，自尊心への権利，伝統と正統的なものから離れた人生計画への権利を前提とするものである。一言で言えば，平等権は差異へ権利が保障されてはじめて完全に実現されるものである。これと異なる結論は家族計画の自由（憲法第226条§7）が保障される憲法体系とは相容れないものである。ここでは，家族計画は二人の人が家族を形成するために結合することを決定するときから始まり，憲法はそのときから当該結合がどのような形態を有するものであるかについて幅広い選択の自由を保障している。8. 2002年民法典第1.514条，1.521条，1.523条，1.535条，および1.565条はすべて明文をもって同性間の婚姻を禁止するものではなく，平等原則，差別の禁止，個人の尊厳，多元的家族，および家族計画の自由などの憲法原則に反しないよう，そこに黙示の禁止を見出してはならない。9. この問題について立法不作為があるが，多数者がその代表者を通じて〔多数者が〕なんらかの嫌悪感を有している少数者の市民権の喪失を「民主主義的に」宣言することが許されない。この状況の下できわめて重要な反マジョリティ的な役割を果たして〔少数者を〕保護するのは立法府ではなく，投票する多数者と距離をおいて法律と憲法によってのみ拘束され，多数者であるかどうかをとわず，何人もの基本的人権を保障するように努める裁判所である。従って，反対論者が思っているのとは異なり，民主主義は偶発的な多数者の支配ではなく全員の支配であることが再確認されることにより強化されるものである。10. ブラジルの場合，連邦

議会が社会的に脆弱な者の保護という憲法上の要請に応える役割を果たさない限り，司法権は，「民主主義」が形式的にすぎない国家を黙認して，市民権の普遍化のための最低限の分析をせずその役割を果たさないことは許されない。11．特別上告の認容。

[原文]
DIREITO DE FAMÍLIA. CASAMENTO CIVIL ENTRE PESSOAS DO MESMO SEXO (HOMOAFETIVO). INTERPRETAÇÃO DOS ARTS. 1.514, 1.521, 1.523, 1.535 e1.565 DO CÓDIGO CIVIL DE 2002. INEXISTÊNCIA DE VEDAÇÃO EXPRESSA A QUE SE HABILITEM PARA O CASAMENTO PESSOAS DO MESMO SEXO. VEDAÇÃO IMPLÍCITA CONSTITUCIONALMENTE INACEITÁVEL. ORIENTAÇÃO PRINCIPIOLÓGICA CONFERIDA PELO STF NO JULGAMENTO DA ADPF N. 132/RJ EDA ADI N. 4.277/DF. 1. Embora criado pela Constituição Federal como guardião do direito infraconstitucional, no estado atual em que se encontra a evoluçãodo direito privado, vigorante a fase histórica daconstitucionalização do direito civil, não é possível ao STJ analisar as celeumas que lhe aportam "de costas" para a ConstituiçãoFederal, sob pena de ser entregue ao jurisdicionado um direito desatualizado e sem lastro na Lei Maior. Vale dizer, o SuperiorTribunal de Justiça, cumprindo sua missão de uniformizar o direito infraconstitucional, não pode conferir à lei uma interpretação que não seja constitucionalmente aceita. 2. O Supremo Tribunal Federal, no julgamento conjunto da ADPF n.132/RJ e da ADI n. 4.277/DF, conferiu ao art. 1.723 do Código Civil de 2002 interpretação conforme à Constituição para dele excluir todo significado que impeça o reconhecimento da união contínua, pública e duradoura entre pessoas do mesmo sexo como entidade familiar, entendida esta como sinônimo perfeito de família. 3. Inaugura-se com a Constituição Federal de 1988 uma nova fase do direito de família e, consequentemente, do casamento, baseada na adoção de um explícito poliformismo familiar em que arranjos multifacetados são igualmente aptos a constituir esse núcleo doméstico chamado "família", recebendo todos eles a "especial proteção do Estado". Assim, é bem de ver que, em 1988, não houve uma recepção constitucional do conceito histórico de casamento, sempre considerado como via única para a constituição de família e, por vezes, um ambiente de subversão dos ora consagrados princípios da igualdade e da dignidade da pessoa humana. Agora, a concepção constitucional do casamento – diferentemente do que ocorria com os diplomas superados – deve ser necessariamente plural, porque plurais também são as famílias e, ademais, não é ele, o casamento, o destinatário final da proteção do Estado, mas apenas o intermediário de um propósito maior, que é a proteção da pessoa humana em sua inalienável dignidade. 4. O pluralismo familiar engendrado pela Constituição -explicitamente reconhecido em precedentes tanto desta Corte

quantodo STF – impede se pretenda afirmar que as famílias formadas por pares homoafetivos sejam menos dignas de proteção do Estado, se comparadas com aquelas apoiadas na tradição e formadas por casais heteroafetivos. 5. O que importa agora, sob a égide da Carta de 1988, é que essas famílias multiformes recebam efetivamente a "especial proteção do Estado", e é tão somente em razão desse desígnio de especial proteção que a lei deve facilitar a conversão da união estável em casamento, ciente o constituinte que, pelo casamento, o Estado melhor protege esse núcleo doméstico chamado família. 6. Com efeito, se é verdade que o casamento civil é a forma pela qual o Estado melhor protege a família, e sendo múltiplos os "arranjos" familiares reconhecidos pela Carta Magna, não há de ser negada essa via a nenhuma família que por ela optar, independentemente de orientação sexual dos partícipes, uma vez que as famílias constituídas por pares homoafetivos possuem os mesmos núcleos axiológicos daquelas constituídas por casais heteroafetivos, quais sejam, a dignidade das pessoas de seus membros e o afeto. 7. A igualdade e o tratamento isonômico supõem o direito a ser diferente, o direito à auto-afirmação e a um projeto de vida independente de tradições e ortodoxias. Em uma palavra: o direito à igualdade somente se realiza com plenitude se é garantido o direito à diferença. Conclusão diversa também não se mostra consentânea com um ordenamento constitucional que prevê o princípio do livre planejamento familiar (§ 7º do art. 226). E é importante ressaltar, nesse ponto, que o planejamento familiar se faz presente tão logo haja a decisão de duas pessoas em se unir, com escopo de constituir família, e desde esse momento a Constituição lhes franqueia ampla liberdade de escolha pela forma em que se dará a união. 8. Os arts. 1.514, 1.521, 1.523, 1.535 e 1.565, todos do CódigoCivil de 2002, não vedam expressamente o casamento entre pessoas domesmo sexo, e não há como se enxergar uma vedação implícita ao casamento homoafetivo sem afronta a caros princípios constitucionais, como o da igualdade, o da não discriminação, o da dignidade da pessoa humana e os do pluralismo e livre planejamento familiar. 9. Não obstante a omissão legislativa sobre o tema, a maioria, mediante seus representantes eleitos, não poderia mesmo "democraticamente" decretar a perda de direitos civis da minoria pela qual eventualmente nutre alguma aversão. Nesse cenário, em regra é o Poder Judiciário – e não o Legislativo – que exerce umpapel contramajoritário e protetivo de especialíssima importância, exatamente por não ser compromissado com as maiorias votantes, mas apenas com a lei e com a Constituição, sempre em vista a proteção dos direitos humanos fundamentais, sejam eles das minorias, sejam das maiorias. Dessa forma, ao contrário do que pensam os críticos, a democracia se fortalece, porquanto esta se reafirma como forma de governo, não das maiorias ocasionais, mas de todos. 10. Enquanto o Congresso Nacional, no caso brasileiro, não assume, explicitamente, sua coparticipação nesse processo constitucional de defesa e proteção dos socialmente vulneráveis, não pode o Poder Judiciário demitir-se desse mister, sob pena de aceitação tácita de um Estado que somente é "democrático" formalmente, sem que tal predicativo resista a uma mínima investigação acerca da universalização dos direitos civis. 11. Recurso especial provido.

1.3. STF 判例要旨第 380 号

［和訳］
1964 年 4 月 3 日 STF 判例要旨第 380 号
「コンクビナト配偶者間の事実上の組合の存在が立証された場合，共通の努力により取得された財産の分与を伴う司法的解消が可能である」

［原文］
Súmula do STF n.º 380, 3 de abril de 1964
Comprovada a existência de sociedade de fato entre os concubinos, é cabível a sua dissolução judicial, com a partilha do patrimônio adquirido pelo esforço em comum.

2. 2013 年 5 月 14 日国家司法審議会決議第 175 号

［和訳］
CNJ 第 175 決議・2013 年 5 月 14 日
　同性間の婚姻許可手続，民事婚，または安定的結合への転換について定めるものである。
　国家司法審議会議長は，憲法および規則上の権限を行使して，
　2013 年 5 月 14 日に行われた第 169 通常会議における規則制定行為第 0002626-65.2013.2.00.0000 号の審議に係る国家司法審議会の議決を考慮し，
　連邦最高裁判所が ADPF 第 132 号および ADI 第 4277 号による合議体判決において同性間で構成される安定的結合に対する区別した扱いの違憲性を承認したことを考慮し，
　当該判決が行政権およびその他の司法権の組織に対して拘束的な効力をもって下されたことを考慮し，
　連邦高等裁判所が特別抗告第 1.183.378 号において同性間の婚姻に対する法的な障害がないと判示したことを考慮し，
　1988 年連邦憲法第 103 条の B に規定されている国家司法審議会の権限を考慮し，
　以下のように決する。
第 1 条　権限を有している当局には婚姻許可，民事婚の儀式，および安定的結合の婚姻への転換の拒否はこれを認めない。
第 2 条　第 1 条で規定されている拒否は，適切な処分のために，職業監督裁判官に直ちに報告されなければならない。

添付資料

第3条　本決議は公布の日から効力を生ずる。
ジョアキン・バルボザ裁判官
議長

［原文］
RESOLUÇÃO Nº 175, DE 14 DE MAIO DE 2013

　Dispõe sobre a habilitação, celebração de casamento civil, ou conversão de união estável em casamento, entre pessoas do mesmo sexo.

　O PRESIDENTE DO CONSELHO NACIONAL DE JUSTIÇA, no uso de suas atribuições constitucionais e regimentais,

　CONSIDERANDO a decisão do plenário do Conselho Nacional de Justiça, tomada do julgamento do Ato Normativo No 0002626-65.2013.2.00.0000, na 169ª Sessão Ordinária, realizada em 14 de maio de 2013;

　CONSIDERANDO que o Supremo Tribunal Federal, nos acórdãos prolatados em julgamento da ADPF 132/RJ e da ADI 4277/DF reconheceu a inconstitucionalidade de distinção de tratamento legal às uniões estáveis constituídas por pessoas de mesmo sexo;

　CONSIDERANDO que as referidas decisões foram proferidas com eficácia vinculante à administração pública e aos demais órgãos do Poder Judiciário;

　CONSIDERANDO que o Superior Tribunal de Justiça, em julgamento do RESP 1.183.378/RS, decidiu inexistir óbices legais à celebração de casamento entre pessoas de mesmo sexo;

　CONSIDERANDO a competência do Conselho Nacional de Justiça, prevista no art. 103-B, da Constituição Federal de 1988;

　RESOLVE:

　Art.1º É vedada às autoridades competentes a recusa de habilitação, celebração de casamento civil ou de conversão de união estável em casamento entre pessoas de mesmo sexo.

　Art. 2º A recusa prevista no artigo 1º implicará a imediata comunicação ao respectivo juiz corregedor para as providências cabíveis.

　Art. 3º Esta resolução entra em vigor na data de sua publicação.

　　　　　　　　　　　　　Ministro Joaquim Barbosa
　　　　　　　　　　　　　　　　Presidente

3.　制定法の関連規定の抜粋
3.1.　1988年憲法の抜粋
　　［和訳］
第Ⅶ章　家族，児童，青年および老人について
第226条　家族は社会の基礎であり，国家から特別の保護を受ける。

添 付 資 料

§1　婚姻は民事であり，かつ挙式は無償とする。
§2　宗教婚は，法律の規定に従い，民事の効力を有する。
§3　国家の保護の効力に関して，男女の安定した結合は家族団体として認められ，法律はその婚姻への転換に便宜を与えなければならない。
§4　両親のいずれかとその卑属をもって形成する共同体も，家族団体とみなされる。
§5　夫婦共同体に関連する権利および義務は，男および女により平等に行使される。
§6　民事婚は，法律に明示する場合において，1年以上の裁判上の別居の後，または2年以上の事実上の別居が証明された後，離婚により取り消すことができる。
※2010年憲法修正第66号以降の規定：
「民事婚は離婚により解消することができる」
§7　人間の尊厳および責任ある親権の原則に基づいて，家族計画は，夫婦の自由な決定によるものとし，国家にこの権利行使のための教育的および科学的施策を供与する権限が属し，かつ公的または私的機関の側におけるいかなる強制も禁止される。
§8　国家は，家族を構成する各人の人格に対し家族援助を保障し，家族関係の中での暴力を抑制する機構を設ける。
第227条　児童および青年に対し，絶対的な優位性をもって，生活，健康，食物，教育，余暇，職業教育，文化，尊厳，尊敬，自由および家族と社会での共同生活を保障し，また全ての形態の無視，差別，搾取，暴力，残酷な扱いおよび抑圧からこれらの者を保護することは，家族，社会および国家の義務である。(2010年憲法修正第10号の文言[617])
§1　国家は，非政府団体の参加が認められ，かつ次の基準に従う，児童，少年および青年に対する健康の総合的な特定の援助計画を促進する：(2010年憲法修正第10号の文言)
　Ⅰ-　母子の保健援護に対する公的資金割合の充当；
　Ⅱ-　身体，感覚および精神の障害者に対する専門施設および特別予防看護計画，および職業と共同生活のための訓練による障害保持少年および青年の社会的統合計画の創設，ならびに差別および建造物の障害の除去による公共施設および役務に対する利用促進。
§2　法律は，障害者に対して適切な利用を保証するため，公共用の敷地および建造物の構成ならびに公共輸送手段の製造の規範に定める；
§3　特別保護に対する権利は，下記の観点を含む；
　Ⅰ-　第7条のXXXIIIの規定に従う14歳の就労最低年齢；
　Ⅱ-　社会保障および労働権の保障；
　Ⅲ-　少年および青年労働者の就学機会の保障；(2010年憲法修正第10号の文言)

---

(617)　かつては「criança（児童）」と「adolescente（思春期の少年）」についてしか言及されていなかったが，2010年憲法修正第10号によりさらに「jovem（青年）」が追加された。矢谷(1991)は「adolescente」を「青年」と訳しているが，筆者は「児童＜少年＜青年」と使い分けているため，矢谷訳の「青年」は筆者訳の「少年」に相当する。

添付資料

Ⅳ - 法律で定める特別後見人の規定に従い,違法行為の帰属に関する完全かつ正式な審理,訴訟関係における平等性および有資格の専門家の専門的弁護の保障；

Ⅴ - 自由剥奪のなんらかの措置が適用されるとき,短期,例外および未発育者に対する特殊条件の尊重の原則；

Ⅵ - 法律の規定に従い,監護の形式における,孤児および遺棄された児童または青年の庇護に対する法律扶助,税制優遇および補助金による公権力の助成；

Ⅶ - 麻薬または類似の薬品に依存する児童,少年および青年に対する特別予防看護計画。(2010年憲法修正第10号の文言)

§4 法律は,児童および青年に対する性的乱暴,暴力および搾取を厳重に処罰する。

§5 養子縁組は,法律の形式に従い,公権力が参加するものとし,法律は,外国人によるその実行の場合と条件について定める。

§6 子は,婚姻による嫡出であると否とにかかわりなく,または養子縁組による者であっても,同じ権利と資格を有し,親子関係の一切の差別的呼称は廃止される。

§7 18歳未満の者は,刑事上,責任無能力であって,特別法の規範に従う。

§8 次にかかげる事項は法律の定めるところに従う：(2010年憲法修正第65号により導入)

Ⅰ - 青年の権利を規律するための青年の権利憲章；

Ⅱ - 国家政策の実現のための複数の公権力の領域の統合に向けた10年間ごとの全国青年計画；

第228条 18歳未満の者は,刑事上,責任無能力であって,特別法の規範に従う。

第229条 両親は未成年の子と同居し,扶養し,かつ教育する義務を有し,また,成年の子は,老齢,困窮または病弱の両親を援助し,かつ庇護する義務を有する。

第230条 家族,社会および国家は,老年者を庇護する義務があり,その社会参加を保障し,その尊厳と福祉を擁護し,かつ生存権を保障する。

§1 老人に対する庇護計画は,その家庭において優先的に実施される。

§2 65歳以上の者には,都市公共輸送の無料利用が保障される。

[原文]

Art. 226. A família, base da sociedade, tem especial proteção do Estado.

§ 1º O casamento é civil e gratuita a celebração.

§ 2º O casamento religioso tem efeito civil, nos termos da lei.

§ 3º Para efeito da proteção do Estado, é reconhecida a união estável entre o homem e a mulher como entidade familiar, devendo a lei facilitar sua conversão em casamento. (Regulamento)

§ 4º Entende-se, também, como entidade familiar a comunidade formada por qualquer dos pais e seus descendentes.

§ 5º Os direitos e deveres referentes à sociedade conjugal são exercidos igualmente pelo homem e pela mulher.

§ 6º O casamento civil pode ser dissolvido pelo divórcio, após prévia separação judicial por mais de um ano nos casos expressos em lei, ou comprovada separação de fato por mais de dois anos.

§ 6º O casamento civil pode ser dissolvido pelo divórcio. (Redação dada Pela Emenda Constitucional nº 66, de 2010)

§ 7º Fundado nos princípios da dignidade da pessoa humana e da paternidade responsável, o planejamento familiar é livre decisão do casal, competindo ao Estado propiciar recursos educacionais e científicos para o exercício desse direito, vedada qualquer forma coercitiva por parte de instituições oficiais ou privadas. Regulamento

§ 8º O Estado assegurará a assistência à família na pessoa de cada um dos que a integram, criando mecanismos para coibir a violência no âmbito de suas relações.

Art. 227. É dever da família, da sociedade e do Estado assugurar à criança, ao adolescente e ao jovem, com absoluta prioridade, o direito à vida, à saúde, à alimentação, à educação, ao lazer, à profissionalização, à cultura, à dignidade, ao respeito, à liberdade e à convivência familiar e comunitária, além de colocá-los a salvo de toda forma de negligência, discriminação, exploração, violência, crueldade e opressão. (Redação dada pela Emenda Constitucional nº 65, de 2010).

§ 1º O Estado promoverá programas de assistência integral à saúde da criança, do adolescente e do jovem, admitida a participação de entidades não governamentais, mediante políticas específicas e obedecendo aos seguintes preceitos: (Redação dada pela Emenda Constitucional nº 65, de 2010)

I- aplicação de percentual dos recursos públicos destinados à saúde na assistência materno-infantil;

II- criação de programas de prevenção e atendimento especializado para as pessoas portadoras de deficiência física, sensorial ou mental, bem como de integração social do adolescente e do jovem portador de deficiência, mediante o treinamento para o trabalho e a convivência, e a facilitaçnao do acesso aos bens e serviços coletivos, com a eliminação de obstáculos arquitetônicos e de todas as formas de discriminação. (Redação dada Pela Emenda Constitucional nº 65, de 2010)

§ 2º A lei disporá sobre normas de construção dos logradouros e dos edifícios de uso público e de fabricação de veículos de transporte coletivo, a fim de garantir acesso adequado às pessoas portadoras de deficiência.

§ 3º O direito a proteção especial abrangerá os seguintes aspectos:

I- idade mínima de quatorze anos para admissão ao trabalho, observando o disposto no art. 7º, XXXIII;

II- garantia de direitos previdenciários e trabalhistas;

III- garantia de acesso do trabalhador adolescente e jovem à escola; (Redação

dada Pela Emenda Constitucional nº 65, de 2010)
IV- garantia de pleno e formal conhecimento da atribuiçnao de ato infracional, igualdade na relação processual e defesa técnica por profissional habilitado, segundo dispuser a legislação tutelar específica
V- obediência aos princípios de brevidade, excepcionalidade e respeito à condição peculiar de pessoa em desenvolvimento, quando da aplicaçnao de qualquer medida privativa da liberdade;
VI- estímulo do Poder Público, através de assitência jurídica, incentivos fiscais e subsídios, nos termos da lei, ao acolhimento, sob a forma de guarda, de criança ou adolescente órfão ou abandonado;
VII- programas de prevenção e atendimento especializado à criança, ao adolescente e ao jovem dependente de entorpecentes e drogas afins.
(Redaçnao dada Pela Emenda Constitucional nº 65, de 2010)
§ 4º A lei punirá severamente o abuso, a violência e a exploração sexual da criança e do adolescente.
§ 5º A adoção será assistida pelo Poder Público, na forma da lei, que estabelecerá casos de condições de sua efetivação por parte de estrangeiros.
§ 6º Os filhos, havidos ou não da relação do casamento, ou por adoção, terão os mesmo direitos e qualificações, proibidas quaisquer designações discriminatórias relativas à filiação.
§ 7º No atendimento dos direitos da criança e do adolescente levar-se-á em consideração o disposto no art.204.
§ 8º A lei estabelecerá: (Incluído pela Emenda Constitucional nº 65, de 2010)
I- o estatuto da juventude, destinado a regular os direitos dos jovens;
II- o plano nacional de juventude, de duração decenal, visando à articulação das várias esferas do poder público para a execução de políticas públicas.
Art. 228. São penalmente inimputáveis os menores de dezoito anos, sujeitos às normas da legislação especial.
Art. 229. Os pais têm o dever de assistir, criar e educar os filhos menores, e os filhos maiores têm o dever de ajudar a amparar os pais na velhice, carência ou enfermidade.
Art. 330. A família, a sociedade e o Estado têm o dever de amparar as pessoas idosas, assegurando sua participação na comunidade, defendendo sua dignidade e bem-estar e garantindo-lhes o direito à vida.
§ 1º Os programas de amparo aos idosos serão executados preferencialmente em seus lares.
§ 2º Aos maiores de sessenta e cinco anos é garantida a gratuidade dos transportes coletivos urbanos.

添 付 資 料

3.2. 民法典の抜粋
［和訳］
1916年民法典（現第981条）
第1363条　共通の目的を以ってお互いに資源，又は努力を組み合わせることを約する者同士は組合契約を締結する。
2002年民法典
第1596条　婚姻配偶者または安定的結合配偶者はそれぞれの親族との間で姻族となる。
§1　姻族関係は直系親族および婚姻配偶者または安定的結合配偶者の兄弟姉妹に限定される。
§2　直系親族との間では婚姻または安定的結合の解消によって姻族関係が消滅しない。
第1622条　何人も，夫と妻または安定的結合にある者たちの場合を除き，二人の者の養子になることができない。
第三章　安定的結合
第1723条　家族を構成する目的を以って公的，継続的，永続的な共同生活の形を持つ男女間における安定した結合は家族団体として認められる。
§1°　第1521条の障害がある場合においては，安定的結合は成立しない。この場合，既婚者が事実上または裁判上別居している場合の第6項の規定は適用されない。
§2°　第1523条にいう停止事由は安定的結合の成立を妨げるものではない。
第1724条　結合配偶者間の人的関係は忠節，尊敬および補助の義務と子の監護，扶養および教育義務に従うものとする。
第1725条　安定的結合において，結合配偶者に書面で締結された契約がある場合を除き，その財産関係に関しては適用できる範囲において財産一部共有制の規定が準用される。
第1726条　安定的結合は，結合当事者双方の裁判官に対する申請と民事登記所への登記により婚姻に転換することが出来る。
第1727条　婚姻障害事由がある男女間の偶発的でない関係はコンクビナトとなる。

［原文］
CC1916
Art. 1363 Celebram contrato de sociedade as pessoas que mutuamente se obrigam a combinar seus esforços ou recursos, para lograr fins comuns.
CC2002
Art. 1.595. Cada cônjuge ou companheiro é aliado aos parentes do outro pelo vínculo da afinidade.
§1° O parentesco por afinidade limita-se aos ascendentes, aos descendentes e aos irmãos do cônjuge ou companheiro.
§2° Na linha reta, a afinidade não se extingue com a dissolução do casamento ou

da união estável.
Art. 1.622. Ninguém pode ser adotado por duas pessoas, salvo se forem marido e mulher, ou se viverem em união estável.
(União Estável)
Art. 1.723. É reconhecida como entidade familiar a união estável entre o homem e a mulher, configurada na convivência pública, contínua e duradoura e estabelecida com o objetivo de constituição de família.
§ 1o A união estável não se constituirá se ocorrerem os impedimentos do art. 1.521; não se aplicando a incidência do inciso VI no caso de a pessoa casada se achar separada de fato ou judicialmente.
§ 2o As causas suspensivas do art. 1.523 não impedirão a caracterização da união estável.
Art. 1.724. As relações pessoais entre os companheiros obedecerão aos deveres de lealdade, respeito e assistência, e de guarda, sustento e educação dos filhos.
Art. 1.725. Na união estável, salvo contrato escrito entre os companheiros, aplica-se às relações patrimoniais, no que couber, o regime da comunhão parcial de bens.
Art. 1.726. A união estável poderá converter-se em casamento, mediante pedido dos companheiros ao juiz e assento no Registro Civil.
Art. 1.727. As relações não eventuais entre o homem e a mulher, impedidos de casar, constituem concubinato.

3.3. 児童青少年法典（ECA）の抜粋
［和訳］
1990年7月13日法律第8069号［児童青年法典・ECA］
第42条§2 共同養子縁組のためには，養親が民事上婚姻しており，または，家族の安定が証明された安定的結合にあることが必要不可欠である。［2009年改正法第12010号の文言］
第43条 縁組は適法な目的に基づき，かつ，養子に実質的に有利になるとされる場合に認容の決定を受ける。

［原文］
Lei nº 8.069, de 13 de julho de 1990 (Estatuto da Criança e do Adolescente - ECA)
Art. 42. §2 Para adoção conjunta, indispensável que os adotantes sejam casados civilmente ou mantenham união estável, comprovada a estabilidade da família. (Redação dada pela Lei nº 12.010, de 2009)
Art. 43. A adoção será deferida quando apresentar reais vantagens para o adotando e fundar-se em motivos legítimos.

3.4. ブラジル法規則入門法の抜粋

［和訳］

ブラジル法適用法（LINDBr［2010年12月30日法律第12376号］／旧民法適用法，LICC［1942年9月4日デクレ・レイ第4657号］）

第4条　法律がない場合には，裁判官は類推，慣習および法の一般原則に従って判決を下す。

第5条　法律の適用に際して裁判官は当該法律の社会的な目的および共通の利益の要請に応える。

［原文］

Lei de Introdução às normas do Direito Brasileiro (LINDBr [Lei nº 12.376, de 30 de dezembro de 2010] / Antiga Lei de Introdução ao Código Civil, LICC [Decreto-lei nº 4.657, de 4 de setembro de 1942])

Art. 4º Quando a lei for omissa, o juiz decidirá o caso de acordo com a analogia, os costumes e os princípios gerais de direito.

Art. 5º Na aplicação da lei, o juiz atenderá os fins sociais a que ela se dirige e às exigências do bem comum.

【参考文献表】

Ⅰ．ブラジルポルトガル語の文献

著書・論文

ABRANTES, Neusa Monique Dantas Lutfi. *União Estável: A indenização por Serviços Domésticos Prestados*, UFPE, Recife, 2004.

ALBUQUERQUE, Fabíola Santos. *O julgamento no stf da adi n.4.277 e da adpf n.132 em uma perspectiva civil-constitucional*. In: FERRAZ, Carolina Valença (Coord.). Manual do direito homoafetivo. Editora Saraiva, 2013.

ALVES, Leonardo Barreto Moreira（Coord.）. *Código das Famílias Comentado*, 2ª edição. Editora DelRey, 2011.

AMARAL, Francisco. *Direito Constitucional: A Eficácia do Código Civil Brasileiro após a Constituição Federal de 1988*. Anais do 1º Congresso Brasileiro de Direito de Família, 1999.

ASCENSÃO, José de Oliveira. *O "casamento de pessoas do mesmo sexo" em Portugal*. In: TEIXEIRA, Ana Carolina Broxado;RIBEIRO, Gustavo Pereira Leite; COLTRO, Antônio Carlos Mathias; TELLES, Marília Campos Oliveira e (Coord.). Problemas da Família no Direito. Editora Delrey, 2011.

AZEVEDO, Álvaro Villaça. *União estável: Antiga forma de casamento de fato*. Revista da Faculdade de Direito da USP, v.90, 1995.

AZEVEDO, Álvaro Villaça. *Uniões entre pessoas do mesmo sexo*. Revista da

Faculdade de Direito da USP, v.94, p.13-31, 1999.

AZEVEDO, Álvaro Villaça. *União entre pessoas do mesmo sexo*. Anais do 2º Congresso Brasileiro de Direito da Família. 2000.

AZEVEDO, Álvaro Villaça. *Estatuto da Família de Fato*. Jurídica brasileira, 2001.

BARROSO, Luis Roberto. *Neoconstitucionalismo e Constitucionalização do Direito*. Themis: Revista da ESMEC, Fortaleza, v.4, n.2, p.13-100. 2006

BARROSO, Luís Roberto. *Curso de Direito Constitucional Contemporâneo: Os conceitos fundamentais e a construção do novo modelo*, 4ª edição. 100 ANOS Saraiva, 2013.

BEVILÁQUA, Clóvis. *Direito da Família*. Faculdade de Direito de Recife, Ramiro M. Costa & Filhos Editores, Livraria Contemporânea, 1903.

BEVILÁQUA, Clóvis. *Código Civil comentado*, 1ª edição, v.2, 1954.

BONAVIDES, Paulo. *Curso de Direito Constitucional*, 25ª edição. Editora Malheiros, 2010.

CALDERÓN, Ricardo Lucas. *Princípio da Afetividade no Direito de Família*. Editora Renovar, 2013.

CARBONERA, Silvana Maria. *O Papel Jurídico do Afeto nas Relações de Família*. Anais do 1º Congresso Brasileiro de Direito de Família, 1999.

COLARES, Marcos Antônio P. *Legislando Sobre o Afeto: Questões sobre a familiaridade no Brasil*. Anais do 1º Congresso Brasileiro de Direito de Família, 1999.

CZAJKOWSKI, Rainer. *Reflexos Jurídicos das Uniões Homossexuais na Jurisprudência Brasileira*. Editora Juruá, 1995.

DA COSTA, Dilvanir José. *Aspectos do Direito de Família na Nova Constituição*. Revista da Faculdade de Direito da UFMG, n.32, p.191-201, 1989.

DEL PRIORE, Mary. *História do amor no Brasil*. Editora Contexto, 2005.

DIAS, Maria Berenice. *Efeitos Patrimonias das Relações de Afeto*. Anais do 1º Congresso Brasileiro de Direito de Família, 1999.

DIAS, Maria Berenice. *União Homossexual - Aspectos Sociais e Jurídicos*. Anais do 2º Congresso Brasileiro de Direito de Família, 2000.

DIAS, Maria Berenice; CHAVES, Marianna. *Famílias homoafetivas no Brasil e em Portugal*. In: TEIXEIRA, Ana Carolina Broxado;RIBEIRO, Gustavo Pereira Leite; COLTRO, Antônio Carlos Mathias; TELLES, Marília Campos Oliveira e (Coord.). Problemas da Família no Direito. Editora Delrey, 2011.

DIAS, Maria Berenice. *Manual de Direito das Famílias*, 9ª edição. Editora Revista dos Tribunais, 2013.

DIAS, Maria Berenice. *Homoafetividade e os Direitos LGBTI*, 6ª edição. Editora Revista dos Tribunais, 2014.

DINIZ, Maria Helena. *Curso de Direito Civil Brasileiro 5. Direito de Família*, 27ª edição. Editora Saraiva, 2012.

FACHIN, Luiz Edson. *Da Paternidade: relação biológica e afetiva*. Editora Del Rey, 1996.

FACHIN, Luiz Edson. *Aspectos jurídicos da união de pessoas do mesmo sexo*. Revista dos Tribunais, v. 85, n° 732, 1996.

FACHIN, Luiz Edson. *A nova filiação – crise e superação do estabelecimento da paternidade*. Anais do 1° Congresso Brasileiro de Direito de Família, 1999.

FACHIN, Luiz Edson. *Direito de Família*. In: Comentários sobre o projeto do código civil brasileiro, Série cadernos do CEJ, v.20, 2000.

FARIAS, Cristiano Chaves de; NELSON, Rosenvald. *Curso de Direito Civil: Famílias*. Editora JusPODIVM, 2012.

FERRAZ, Carolina Valença (Coord.). *Manual do direito homoafetivo*. Editora Saraiva, 2013.

GIORGIS, José Carlos Teixeira. *A Natureza Jurídica da Relação Homoerótica*. Anais do 3° Congresso Brasileiro de Direito de Família, 2001.

GONÇALVES, Carlos Roberto. *Direito Civil Brasileiro 6:Direito de Família*. Editora Saraiva, 2013.

HIRONAKA, Giselda Maria Fernandes Novaes. *Sobre Peixes e Afetos – Um Devaneio Acerca da Ética no Direito*. Anais do 5° Congresso Brasileiro de Direito de Família, 2006.

LANÇA, Hugo Cunha. *A questão patrimonial nas relações de união de facto (ou breve reflexão sobre a lei da união de facto: dormir com alguém, acordar com o estado)*. Revista IBDFAM – Família e Sucessões, v.2, p.116-162, 2014.

LEITE, Glauco Salomão. *Jurisdição constitucional, ativismo judicial e minorias: o supremo tribunal federal e o reconhecimento da união estável homoafetiva*. In: FERRAZ, Carolina Valença (Coord.). Manual do direito homoafetivo. Editora Saraiva, 2013.

LIRA, Ricardo César Pereira. *Breve estudo sobre as entidades familiares*. Anais do 1° Congresso Brasileiro de Direito de Família, 1999.

LÔBO, Paulo Luiz Netto. *A Repersonalização das relações de família*. In: BITTAR, Carlos Alberto (Coord.). O direito de família e a Constituição de 1988. p.53-81, 1989.

LÔBO, Paulo Luiz Netto. *A Repersonalização das relações de família*. Revista Brasileira de Direito de Família. Editora Síntese, v.24, p.136-156, 2004.

LÔBO, Paulo. *Educação: O ensido do direito de família no Brasil*. Anais do 1° Congresso Brasileiro de Direito de Família, 1999. p.325-341.

LÔBO, Paulo. *Direito Civil: Famílias*, 4ª Edição. Editora Saraiva, 2011.

LÔBO, Paulo Luiz Netto. *Constitucionalização do Direito Civil*. Revista de Informação Legislativa, Brasília, n° 138, p.99-109, 1999.

LÔBO, Paulo Luiz Netto. *Entidades Familiares Constitucionalizadas: Para além do Numerus Clausus.* Anais do 3º Congresso Brasileiro de Direito da Família, 2001.

LÔBO, Paulo Luiz Netto. *Constitucionalização do Direito Civil.* In: DE FARIAS, Cristiano Chaves (Org.). Leituras Complementares de Direito Civil, 2º edição. Editora PODIVM, 2009.

LÔBO, Paulo Luiz Netto. *Socioafetividade: o estado da arte no direito de família brasileiro.* Revista IBDFAM - Família e Sucessões, v.5, 2015.

LOREA, Roberto Arriada; KNAUTH, Daniela Riva. *Cidadania Sexual e Laicidade: Um estudo sobre a influência religiosa no Poder Judiciário do Rio Grande do Sul.* Livraria do Advogado, 2010.

LOUREIRO, Luiz Guilherme. *Registros Públicos - Teoria e Prática,* 6ª edição. Editora Método, 2014.

MALUF, Adriana Caldas do Rego Freitas Dabus. *Novas Modalidades de Família na Pós-Modernidade.* Editora Atlas, 2010.

MATOS, Ana Carla Hamartiuk. *Perspectiva Civil-Constitucional.* In: DIAS, Maria Berenice (Coord.). Diversidade Sexual e Direito Homoafetivo, 2ª Edição. Editora Revista dos Tribunais, 2014.

MENDES, Gilmar Ferreira; BRANCO, Paulo Gustavo Gonet. *Curso de Direito Constitucional,*7ª edição. Editora Saraiva, 2012.

MICHEL, Voltaire de Freitas. *Você me paga se não me amar.* Revista IBDFAM - Família e Sucessões, v.3, p.41-54, 2014.

PERROT, Michelle. *O nó e o ninho.* Reflexões para o futuro, Veja 25 anos, 1993.

MORAES, Celina Bodin. *A Caminho de um Direito Civil Constitucional.* Revista de Direito Civil, Imobiliário, Agrário e Empresarial, n.65, 1993.

MORAES, Maria Celina Bodin de. *A união entre pessoas do mesmo sexo: uma análise sob a perspectiva civil constitucional.* Revista Trimestral de Direito Civil, ano 1, v.1, 2000.

MORAN, Maria Regina Pagetti. *O princípio de igualdade entre conjuges.* Revista da Faculdade de Direito da USP, v.84/85, p.172-189, 1989-1990.

MOREIRA, Adilson José. *União Homoafetiva: A construção da igualdade na jurisprudência brasileira.* Editora Juruá, 2010.

NAHAS, Luciana Faísca. *União Homossexual: Proteção Constitucional.* Editora Juruá, 2006.

NOVAES, Regina Reyes, A Divina Política - Notas sobre as relações delicadas entre religião e política, In: REVISTA USP, São paulo, n.49, p.60-81, 2001.

NOVELINO, Marcelo. *Manual de Direito Constitucional: volume único,* 8ª edição. Editora Método, 2013.

PEREIRA, Rodrigo da Cunha. *Princípios Fundamentais e Norteadores para a Organização Jurídica da Família,* Tese de Doutorado, UFPR, 2004.

PRETES, Érika Aparecida; VIANNA, Túlio. *História da criminalização da homossexualidade no Brasil: da sodomia ao homossexualismo*. In: LOBATO, Wolney; SABINO, Cláudia; ABREU, João Francisco (Org.). Iniciação Científica: destaques 2007, vol I. Editora PUC Minas, p.313-392, 2008.

SANTIAGO, Rafael da Silva. *Tese-Mestrado (UNB): O Mito da Monogamia à Luz do Direito Civil-Constitucional: A necessidade de uma proteção normativa às relações de poliamor*. Revista IBDFAM- Família e Sucessões, v.8, p.109-136, 2015.

STRECK, Lenio Luiz; BARRETTO, Vicente de Paulo; OLIVEIRA, Rafel Tomaz. *Ulisses e o canto das sereias: sobre ativismos judiciais e os perigos da instauração de um "terceiro turno da constituinte"*. Revista de Estudos Constitucionais, Hermenêutica e Teoria do Direito (RECHTD), I(2), p.75-83, 2009.

RANGEL, Rafel Calmon. *As Uniões Homoafetivas na Visão dos Tribunais: Análise da jurisprudência dos últimos 25 anos*. In: DIAS, Maria Berenice (Coord.). Diversidade Sexual e Direito Homoafetivo, 2ª Edição. Editora Revista dos Tribunais, 2014.

REALE, Miguel. *Lições Preliminares de Direito*, 25ª edição. Editora Saraiva, 2001.

REALE, Miguel. *As diretrizes fundamentais do projeto do código civil*. In: Comentários sobre o Projeto do Código Civil Brasileiro, série de cadernos do CEJ, v.20, 2002.

ROCHA, Roberto Hilsdorf. *Família, Direitos Humanos e Homoafetividade*. Revista da Faculdade de Direito da USP, v. 102, p.715-756, 2007.

RODRIGUES, Silbio. *Breve histórico sobre o direito de família nos últimos 100 anos*. Revista da Faculdade de Direito da USP, v.88, p.239-254, 1993.

ROSENVALD, Nelson. *O ilícito omossivo parental: As três travessias*. Revista IBDFAM - Família e Sucessões, v. 4, p.43-80, 2014.

SARMENTO, Daniel. *A Normatividade da Constituição e a Constitucionalização do Direito Privado*. Revista da EMERTJ, v.6. n.23, 2003.

SIMÃO, José Fernando. *Afetividade e Responsabilidade*. Revista IBDFAM - Família e Sucessões, v.1, p.35-54, 2014.

STOLZE, Pablo Gagliano; PAMPLONA, Rodolfo Filho. *Novo Curso de Direito Civil: Volume VI- Direito de Família: As Famílias em Perspectiva Constitucional*. Editora Saraiva, 2011.

TARTUCE, Flávio. *Direito Civil, v.5: Direito de Família*, 9ª edição. Editora Forense, 2014.

TEIXEIRA, Daniele Chaves; MOREIRA, Luana Maniero. *O Conceito de Família na Lei Maria da Penha*. In: Diversidade Sexual e Direito Homoafetivo. (2014).

TEPEDINO, Gustavo. *Novas Formas de Entidades Familiares: Efeitos do Casamento e da Família não Fundada no Matrimônio*. Revista do Departamento de Ciências Jurídicas da PUC-Rio, nº 5, agosto/dezembro de 1994.

参考文献表

TEPEDINO, Gustavo. *A Disciplina Civil-Constitucional das Realções Familiares*. In: Temas de Direito Civil, Editora Renovar, 2004.

TEPEDINO, Gustavo. *Bases Teóricas Para o Novo Direito de Família*. Revista Trimestral de Direito Civil, v. 23, 2005.

VARGAS, Fábio de Oliveira. *União Homoafetiva: Direito successório e novos direitos*, 3ª edição. Editora Juruá, 2014.

VECCHIATTI, Paulo Roberto Iotti. *Manual da Homoafetivivade: Da possbilidade juridica do casamento civil, da união estável e da adoção por casais homoafetivos*, 2ª edição. Editora Método, 2013.

VECCHIATTI, Paulo Roberto Iotti. *Os Princípios Fundantes*. In: Diversidade Sexual e Direito Homoafetivo. Editora Revista dos Tribunais. p.113-170, 2014.

VERAS, Érica Verícia Canuto de Oliveira; ALMEIDA, Beatriz Ferreira de; MACHADO, Helton. *As novas perspectivas jurídicas para as uniões simultâneas: uma análise das principais consequências de seu possível reconhecimento como entidades familiares*. Revista IBDFAM -Família e Sucessões, v.2, p. 64-79, 2014.

VERAS, Érica Canuto de Oliveira; ALMEIDA, Beatriz Ferreira. *Reflexões sobre a epistemologia da monogamia*. Revista IBDFAM- Família e Sucessões, v.4, p.81-102, 2014.

VILLELA, João Baptista. *Desbiologização da Paternidade*. Revista da Faculdade de Direito da UFMG, nº12, p.400-418, 1979.

官公庁等サイト

ブラジル連邦最高裁判所サイト　http://www.sft.gov.br
ブラジル選挙高等裁判所サイト　http://www.tse.gov.br
ブラジル連邦高等裁判所サイト　http://www.stj.jus.br
リオグランデドスー州裁判所サイト　http://www.tjrs.jus.br
ブラジル連邦上院サイト　http://www.senado.gov.br
ブラジル連邦下院サイト　http://www2.camara.gov.br
ブラジル家族法研究院サイト　http://www.ibdfam.org.br
ブラジル公法協議会サイト　http://www.sbdp.org.br
ベレニセ・ジアス；ブラジル弁護士会共同サイト　http://www.direitohomoafetivo.com.br
ブラジル地理統計院サイト　http://www.ibge.gov.br
ブラジル大統領府法令データベース　http://www4.planalto.gov.br/legislacao

Ⅱ．日本語の文献
著書・論文

石川稔「新・家族法事情　同性愛者の婚姻〔その1・その2〕」法学セミナー355号90-95頁，356号56-61頁（1984）

内田貴『民法Ⅳ　親族・相続［補訂版］』東京大学出版会（2012）

大島梨沙「フランスにおける非婚カップルの法的保護(1)(2・完)」北大法学論集57巻6号370-314頁，58巻1号210-167頁（2007）。

大島梨沙「日本における『同性婚』問題」法学セミナー706号5-9頁（2013）

大村敦志「性転換・同性愛と民法（上・下）」ジュリスト1080号68-74頁，1081号61-69頁（1995）

大村敦志『家族法［第3版］』有斐閣法律学叢書（2010）

大村敦志「パクスその後――私事と公事の間の間で」水野紀子編『社会法制・家族法制における国家の介入』有斐閣（2013）

風間孝・河口和也『同性愛と異性愛』岩波新書（2010）

梶村太市「中川家族法額の今日的意義――ジェンダーの視点も加えて」水野紀子編『家族――ジェンダーと自由と法』東北大学出版会（2006）

川島武宜『日本社会の家族的構成』岩波現代文庫（2000）

河北洋介「カナダにおける「婚姻」概念の変容――カナダ憲法判例に基づいて――」GEMC journal n° 3（2011）

クリスチーヌ・サンチニ・ムリエル，マルセロ・アントニオ・ムリエル「開発過程における司法制度の改革」矢谷通朗・カズオワタナベ・二宮正人編『ブラジル開発法の諸相』経済協力シリーズ（法律）第171号（1994）

蔡秀卿「ロー・ジャーナル　台湾でアジア初の同性婚の法的保障へ：民法が同性婚を認めていないことは違憲だとする大法官第748号解釈」法学セミナー62巻10号1-5頁（2017）

齋藤純子「海外法律情報　ドイツ――同性愛者のための「人生パートナーシップ法」の制定」ジュリスト1200号200頁（2001）

佐藤信行「カナダにおける同性婚――法形成過程の視点から」中央大学法学会112巻11／12号363-389頁（2006-07）

佐藤美由紀『ブラジルにおける違憲審査制の展開』東京大学出版会（2006）

鈴木賢「判例時評　アジアで一番乗り，台湾で同性婚実現へ：台湾司法院大法官第748号解釈を読み解く」法律時報89巻9号4-6頁（2017）

高橋智子・床谷文雄・棚村政行『民法7　親族・相続［第3版］』有斐閣アルマ（2012）

棚村政行「同性愛者間の婚姻は法的に可能か」法学セミナー476号16-21頁（1994）

棚村政行『結婚の法律学［第2版］』ゆうひかく選書（2006）

谷口洋幸・齊藤笑美子・大島梨沙『性的マイノリティ判例解説』信山社（2011）

ダルモ・デ・アブレウ・ダラーリ「ブラジル国家，社会および法文化」矢谷通朗・カズオワタナベ・二宮正人編『ブラジル開発法の諸相』経済協力シリーズ（法律）第171号（1994）

菱木昭八郎「スウェーデン同性婚法」ジュリスト1056号137-140頁（1994）

中川和彦「ブラジルの新『市民法典』の成立」国際商事法務31巻2号（2003）194-196頁

中川善之助『略説身分法学』岩波書店（1930）

参考文献表

二宮周平『事実婚の現代的課題』日本評論社（1990）
二宮周平「日本民法の展開(3)判例の法形成──内縁」『民法典の百年Ⅰ全般的考察』有斐閣（1998）
二宮周平『家族法［第4版］』新世社（2014）
二宮周平「性的少数者の権利保障と法の役割」法社会学第77号88-106頁（2013）
二宮正人「ブラジル法(1)～(3)」法学教室373号45-48頁，374号41-44頁，375号41-45頁（2011）
二宮周平「家族法──同性婚への道のりと課題」三成美穂編『同性愛をめぐる歴史と法』明石書店（2015）
星野英一『家族法』放送大学（1994）
星野茂「わが国における同性愛者をめぐる家族法上の諸問題」法律論叢69巻3／4／5号237-260頁（1997）
マサキチトセ「排除と忘却に支えられたグロテスクな世間体政治としての米国主流「LGBT」運動と同性婚推進運動の欺瞞」現代思想10月号第43巻第16号（2015）
マルセロ・デ・アルカンタラ「ブラジル民法典の歴史」国際商事法務35巻12号1673-1675頁（2007）
マルセロ・デ・アウカンタラ「シンポジウム：親権をめぐる比較法的課題──日本の課題と各国の対応──ブラジル」比較法研究75号72-86頁（2013）。
三橋順子「現代日本のトランスジェンダー世界──東京新宿の女装コミュニティを中心に」矢島正見編『戦後日本女装・同性愛研究』中央大学出版部（2006）
矢谷通朗「ブラジル「開発国家」体制と立憲制度」矢谷通朗・カズオワタナベ・二宮正人編『ブラジル開発法の諸相』経済協力シリーズ（法律）第171号（1994）
山下純司「カナダにおける同性婚訴訟と法学教育」学習院大学法学会雑誌41巻2号93-121頁（2006）
力丸祥子「フランスの「すべての者のための婚姻に関する法律」：制定による同性婚合法化とその問題点」中央大学法学会121巻5-6号43-68頁（2014）
渡邉泰彦「同性カップルの法的保護」水野紀子編『家族──ジェンダーと自由と法』東北大学出版会141-175頁（2006）
渡邉泰彦「ドイツ生活パートナーシップ法の外観(1)(2・完)」東北学院法学65号，66号（2006-2007）
渡邉泰彦「同性パートナーシップの法的課題と立法モデル」家族〈社会と法〉27号34-48頁（2011）
渡邉泰彦「ヨーロッパ人権条約における同性婚と登録パートナーシップ」産大法学47巻1号51-100（2013）

ブラジルの法令等の翻訳

今井真治「ブラジル新民法①～⑦」戸籍時報550号40-46頁，552号28-36頁，553号37-43頁，554号34-41頁，560号43-49頁，561号38-44頁，563号34-39頁（2002-03）

森征一・二宮正人『ポ日法律用語集』有斐閣(2000)
矢谷通朗『ブラジル連邦共和国憲法　1988年』経済協力シリーズ(法律)第154号(1991)

あ と が き

　本書の元となった民法学の修士論文において，ブラジル法を扱うことも，同性カップルを扱うことも容易なことではなかった。ブラジル法は日本においてマイナーな分野であって民法研究で扱われることがほとんどない。同性カップルについても日本民法に関する文献が極めて少ない。このような恵まれない研究環境の下でも筆者がどうしてもこの研究をしたいと思ったのは，そもそもこのテーマを研究したくて修士課程に進学したからだったのである。筆者がブラジルでは同性間の婚姻が近い将来には認められないと思っていたところ，知らない間に認められたことが不思議でならなかったのだ。

　2013年5月，法学部4年生だった頃に，それを知らされたときのことは今も鮮明に覚えている。ブラジルの友人から「Ministro」の全員一致で同性婚法が可決されたとのメールが届いた。まさかブラジルの連邦議会で同性婚を認める法律が可決されるはずがないと。そもそもなぜ「大臣」を意味する「Ministros」で法律が可決されうるのかもわからなかった。友人は法学部出身ではなかったので，聞いてもなんら答えが出てこなかった。調べていくと「Ministro」は「大臣」ではなく，「連邦最高裁判所の裁判官」を指していることがわかり，「全員一致」だったのは友人が「同性婚法」と呼んでいた「2013年国家司法審議会決議第175号」ではなく，2011年の連邦最高裁判決（ADPF 132/RJ・ADI 4277/DF）だったのである。正直，調べれば調べるほど筆者はブラジル法で何が起きたのかだんだん分からなくなった。

　筆者はブラジル法をひとつの素材として日本民法の研究をするはずだったが，ブラジル法についてわからないことが増えるにつれて日本民法から離れてブラジル法の深みにはまっていってしまった。その結果，日本民法学の研究を目指しながら日本民法にきちんと戻ってこられなくなってしまった。これは筆者として反省すべき点であろう。ただ，「戻ってこられなかった」理由はブラジル法に呑み込まれたからだけではないことを断っておきたい。

　修士課程1年生のときは1年間かけて「戻ってくる」方法を探索したからである。同性カップルに関する裁判例がないのなら，法社会学の観点からその理由を考える必要があるため，「同性婚法」を求める複数の団体にも専門の弁護士事務所のところへも直接調査に行った。そのとき，温かく迎え入れてくだ

あとがき

さった方々にはお礼とともにその全てを研究に活かすことができなかったことを謝罪申し上げる。筆者がその貴重な体験を通して目にした「現実」をいかに「民法研究」として読み直すのか。民法研究として新たな方法論を立てる必要があったが，その作業は筆者の力量を超えてしまっていたのである。

　そのため，途中で心変わりし，論文題目の変更を何度も検討した。ただ，この問題を扱いたいと思って修士課程に進学した筆者にとっては同性カップル以外のテーマを扱うことがこの上なく不本意なことだった。その心情と「ブラジルにおける同性婚の承認」の謎を解きたいという好奇心とが筆者をこの修士論文の執筆の（無謀な）決行へと向かわせたのである。結果，筆者は民法学の研究としてこの論文を「失敗作」だと思い，『法学協会雑誌』への掲載が可能な高い評価を受けながらも，博士論文に集中して今度こそ「成功作」を書きたいとの思いで雑誌掲載を断念した。雑誌掲載の断念から本書の出版までの経緯については，大村先生が序文に書いてくださった通りである。ただ，ここで追記すべき点がある。

　筆者は自身がブラジル法の深みにはまって日本民法に十分に戻ってこられなかったために修士論文が「失敗した」と考えていた。だが，本書の出版をきっかけに改めてその研究を読み返してみると，筆者がはまったブラジル家族法の深みにこそ，この研究の面白みがあるのではなかろうか。修士論文としてはブラジル法の検討を 2011 年連邦最高裁判決と同年連邦高裁判決に限定することもできたはずである。しかし，これでは筆者の好奇心が求めていた「答え」を得ることが到底できなかっただけでなく，ブラジル家族法に関する前提の理解を欠いた状態で日本の民法学との間で有意義な対比をすることができなかっただろう。修士論文においてその対比自体が必ずしも十分なものではなかったとしても，これから筆者だけでなくこの論文を読む日本の民法学者にも十分な対比をするための下地を作れたのではなかろうか。古典的な民法学の研究からみれば「失敗作」と思われるものが次の「成功作」へと繋がるのであれば，それは民法研究として有意義なものなのではなかろうか。

　それでは，筆者は，本書の研究を土台としてどのような研究をしようとしているのか。「ブラジルにおける同性婚の承認」の謎の答えは一通りのものではなかった。本書の結論におけるのと同様に「諸家族の法」と「判例による法生成」にこれを求めることもできれば，「事実婚の法定化」にも「民法の憲法化」にも「情愛」の概念にもこれを求めることができる（そのほかには，法社

会学の問題として司法組織，司法積極主義，法文化なども考えられる）。しかし，その中でも，筆者は最もブラジル家族法を動かしたものは「情愛」論であると考えている。実際に，2017年に開催された第11回ブラジル家族法相続法大会（XI Congresso Brasileiro de Direito das Famílias e Sucessões）」のテーマは「家族，情愛と民主主義——20年間の変遷（Famílias, Afetos e Democracia: 20 anos de transformações）」であった。もっとも，筆者はこの「情愛」論は「ブラジルが情熱の国」であってそれ故のブラジル固有の法理論である，とは決して考えていない。この「あとがき」では，本書において十分に触れることができなかった「情愛」論に関して，日本または日本民法からこれをどのように捉えることができるかについて，あるいはその研究の可能性について筆者なりの考え方を記しておきたい(1)。その上で，本書からみた2016年以降のブラジル法の変化を簡潔にまとめながら若干のコメントを加える(2)。

1 現代家族法における「情愛」論の必要性

　近代以降においては，家族の「愛」を強調する考え方が強まりつつある。この現象はブラジル固有のものではなく，現代の日本社会にも夫婦関係における「恋愛結婚」から親子関係における「親子愛」に至るまで，家族における「愛情」を強調する考え方が浸透している(618)。本書の考察から，ブラジルにおける同性カップルの法的承認は「家族が愛を基礎とするものであれば，同性カップルも愛を基礎としている関係である以上，家族として家族法によって規律されるべきである」という理屈に基づいている。そして，現代日本社会においても愛を家族の基礎とする考え方が浸透しているとすれば，ブラジルにおける「情愛」論は必ずしも日本と無関係なものではなかろう。そうであるならば，問題の核心は，「ブラジルは情熱の国」といったような文化の違いではなく，日本においては現代社会における家族の「愛」を強調する考え方が法律論へと

---

(618)　上野千鶴子は恋愛思想は「結婚している女も，結婚していない女も，結婚を否定している女も，『恋愛』という言葉には弱い。むしろ恋愛が結婚に至るプロセスの一つでなくなってからというもの，恋愛は結婚前にも，結婚後にも，結婚の外にも至るところに求められる点で，『汎恋愛の時代』とでもいうべき時代がきている」と述べている（上野千鶴子『発情装置——エロスのシナリオ』筑摩書房［1988年］83頁）。もしこれが事実ならば，「情愛＝家族」という仮説を否定されるのではないかとも思われる。しかし，上野が否定しているのは「恋愛＝家族」という仮説ではなく，「恋愛＝婚姻」という仮説である。

あとがき

結びつかないことであろう。

　その点について，星野英一は「愛と法律」に関する論文を著している。その論文の冒頭に星野は「公開講座でこのテーマで話すと言うと，聞く人は皆笑う」（星野英一「愛と法律」『論集第七巻』有斐閣［1977年］199頁）と述べている[619]。星野は自主的にこの問題を扱ったわけではないようであるが，「愛と法律」の関係という問題の重要性を否定しなかったどころか，その教科書『家族法』（放送大学教材1994年）において婚姻法の理念と愛の関係を検討している（47頁以下）。そこでは，星野は，婚姻における愛を強調する近代的な考え方が進展して，

「ついには愛なき結婚の否定（離婚の自由の強調）からさらに進んで，愛さえあれば法律上の『婚姻』という形態をとる必要はないのではないか，という疑問が生じ（『愛の制度化は愛の死である』との言もみられる）……『婚姻』否定論まで現れてきた」

と述べている。この指摘から明らかなように，ブラジルにおける「情愛」論と家族法は，現代社会の現実というレベルだけでなく，日本家族法との関係においても検討に値する課題であろう。ブラジル法の考察から，「婚姻」否定論が現れたのは，「愛の制度化」が否定されているからではなく，現行家族法が「愛」のための制度ではないからである，という仮説が成り立つように思う。言葉を変えてみれば，現行家族法は「愛を殺す」制度であるから，「愛の制度化は愛の死」になる。この仮説（仮説1）をいったん横に置いておき，中川（善之助）家族法における「情愛」をもう一度振り返ってみよう。

　本書の結論に書いた通り，中川善之助は身分法と財産法とを区別し，身分法における関係が非打算的なものであるため，財産法とは異なる原理が働いているとしている。また，「結合の根本的動機となるものは何等の打算的利益にあらず寧ろ非合理的なる性情自体である」（中川善之助『略説身分法学』岩波書店（1930）103頁）とも述べている。このような記述には，すなわち婚姻法（家族

---

[619] この記述から法律と愛情は相性が悪いと思われていることがわかる。家族法においてさえ，『愛』が正面から扱われることがまれであり，婚姻が成立するために『愛』が必ずしも必要でもなければ，『愛』とは無関係に親子関係が発生することも十分にあり得る。民法典は『愛』を規律するために編纂されているわけではなく，このような家族愛を強調する考え方が定着するとき以前に構想されたものであるから，そこには，当然，『愛』という言葉が存在しない。

1　現代家族法における「情愛」論の必要性

法）の基礎が「愛」であるとされているとはいわないまでも，家族法の特殊性を家族関係の非打算性に求める中川の考え方には，ブラジル法における「情愛」論と相通じるものがあるように思われる。中川が家族法における「愛情」の重要性を認識していたと思わせるもう一例として「愛情の自由と責任――三角関係と法規制」（判例時報312号［判例評論第52号］1962年1-5頁）という判例研究がある。

　判例研究の対象となっているのは妻と子が夫の不倫相手の女に対して慰謝料を請求した事案であって，裁判所が妻からの請求を認容して子からの請求を棄却したものである。中川によれば，これでは貞操義務違反は不法行為となるが，身上監護義務違反は不法行為とならない。そして，身上監護義務違反について不法行為責任を認めるべき理由について，「身上監護というのは，何も生活費を送るだけのことではなかろう。むしろそれは愛護とでもいうべき性質をもっているものと思う」と述べている。この問題意識はブラジル法において「情愛」論が進んだ結果として現れた親による子の「情愛的遺棄（abandono afetivo）」における問題意識と同じである。さらには中川は，貞操義務違反による不法行為の成立について，「十の法令も，百の説教も，（愛の）その勢いを差止めることは困難」であるとしながら，「自由は責任を伴うといわれる。愛情もまたそれが自由であればあるだけ，十分の責任を伴わなければならないはずである」と述べている。これに対してブラジル民法において不倫相手に対する慰謝料請求が認められるかどうかという議論は「情愛の法的な価値」という情愛論の一つの形をとっている。

　このようにみていくと，日本家族法において「愛情（情愛）」と法の問題が正面から扱われていなくても，ブラジルにおける「情愛」論は日本家族法においても潜在的なレベルにおいて存在していると仮説することができよう（仮説2）。それでは，「情愛」論が潜在的に存在しているのであれば，現行日本家族法は「愛」のための制度ではない（仮説1）とはいえないのではないか。つまり仮説1と仮説2の関係性を考察する必要性が生じる。これらの仮説を調和させるためには，「情愛」論が日本家族法に潜在しているが，現行家族法は「愛」のための制度ではないため，「情愛」論がその家族法と緊張関係にあると言う必要がある。そして，その緊張関係が，ブラジル家族法と同じように，日本家族法にいくつかの変化をもたらしていると仮説することになろう（仮説3）。そうであるならば，ブラジル家族法における「情愛」の概念は，近代以降の日

279

あとがき

本家族法の特質性を説明し，また近現代における日本家族法の変化を体系的に説明するための鍵となる可能性を秘めているのではなかろうか。そして日本家族法における「情愛」を顕在化させることは，ブラジルにおける同性カップルの法的承認と同じように，「愛」のための制度としての家族法を再構成する新たな変化のための踏み台にもなる。

最後に，この点について，「イデオロギー」としての側面にも目を向けてみたい。ブラジル家族法学において必ずしも自覚されていることではないが，ブラジルでは「情愛」論が一種のイデオロギーとして機能している。このような傾向を捉えたブラジルの法律文献に，憲法学者レゼンデ・デ・バホス（Sérgio Resende de Barros）の論文「情愛のイデオロギー（A ideologia do afeto）」（BARROS, Sérgio Resende de. *Ideologia do afeto*. Revista brasileira de direito de família, Síntese, v.4, n.14, p.5-10, 2002. 5-10頁）があるが，そこにおける「イデオロギー」概念の再検討が以下のように示唆的である。

バホスによれば，「イデオロギー」という概念は1796年にフランスの哲学者デステュット・ド・トラシー（Antoine Destutt de Tracy）によって「アイデアの科学」という意味で提唱された。ド・トラシーは，フランス革命を背景として政治的な革命だけではなく，科学による「アイデアの革命」の推進を目指していた。ド・トラシーらは当初「アイデアの科学者」を意味する「イデオロジスト（仏：idéologiste；葡：ideologista）」と呼ばれたが，ド・トラシーらに政治体制を非難されたナポレオンによって揶揄的に「イデオローグ（仏：idéologue；葡：ideólogo）」と呼ばれるようになった。これをきっかけに，「イデオロギー」という概念が否定的な意味（すなわち，政治的な関心を科学によって覆い隠そうとすること）をもつようになった。さらに，カール・マルクス（Karl Marx）によって，社会階級の利益が神聖性または合理性を基礎とするイデオロギーによって覆い隠されていることが暴露された。ところが，社会心理学の発展によってイデオロギーは必然的に悪いものでも良いものでもないこと，また，国家のみならずいかなる社会的な環境においても存在するものであることが明らかになったという。そこでバホスはもともとの「アイデアの科学」としてのイデオロギーの意味を取り戻して，ナポレオン民法典の背景にあった「家父長制的家族」・「（過剰な）個人自由主義」のイデオロギーを克服するため，新しくポジティブなイデオロギーを導入する必要性を主張している。バホスによれば，この新たなイデオロギーは「情愛」のそれである。

この議論との関連では日本家族法についても川島武宜によって「イデオロギーとしての『家族制度』」また「イデオロギーとしての『孝』」が日本家族制度の封建的な性格の温存の原因となっていることが指摘された。その上で，これにとって代わるイデオロギーは，個人を尊重する「個人主義・自由主義」であると理解されることが少なくない（川島武宜『日本社会の家族的構成』岩波現代文庫（2000）87頁以下）。しかしこれらは財産法を中心とする近代国家の民法典にとって重要なイデオロギーではあっても，連帯を基礎とする「家族」のイデオロギーとしては果たして十分なものであろうか。それらが現代家族にとって不十分であるからこそ，新たな家族団体の包摂による「家族の消滅」が危惧されているのではなかろうか（大村敦志『家族法［第3版］』有斐閣法律学叢書（2010）285-291頁）。「家族」の概念を相対化させつつ，家族または家族法の消滅を避けるためには，否定的なものとして捉えられるようになった「家制度イデオロギー」に代えて，連帯を基礎とした多元的な現代家族に適した「イデオロギー」を模索する必要があろう。そしてその際に家族における「愛情」を強調する考え方が重要な手掛かりとなることが，ブラジル法における同性カップルの法的承認の考察から示唆されているといえよう。なお，ここでいわれている「イデオロギーとしての情愛」は「愛情至上主義」（そして，これに付随する「母性愛」や「親子愛」のイデオロギー的神話）を意味するのではなく，筆者はこれらの問題を十分に認識していることを断っておきたい。ことばを換えていえば，「イデオロギーとしての情愛」はこれらのイデオロギー的神話を法制度として追認するものではなく，むしろ情愛とは無関係なイデオロギーによって支えられているこれらの「神話」を克服するものでなければならないのである。
　以上から，今後の研究において筆者が問題にしたいのは，現代日本社会において重要性を増しつつある『愛』という価値と，日本民法とがどのように関わっているのか，またはどのように関わっていくべきなのかという大きな問題である。本書の研究から得られたブラジル法のこのような示唆を活かし，本書におけるブラジル法に関する資料を土台として博士課程においてこの問題に取り組みたいのである。

2　2016年以降のブラジル法の変化

　筆者が修士論文を提出した時（2015年12月22日）からすでに2年間の月日が経過している。その間にブラジルにおける同性カップルの状況について大き

あとがき

な変化は見られなかった(620)。ただ，少し視野を広げて性的マイノリティー全体，又はブラジル家族法全体の変化に目を向けると，注目に価するいくつかの点がある。

前者について，トランスジェンダー（「トランスジェンダー」とは，広義には，性同一性障害者に限らず，従来の性別の概念にあてはまらない人を指し，狭義には，身体的な性が不一致であるが，性別適合手術を望まない人を指す（大島俊之『性同一性障害と法』日本評論社（2002）13頁）が，ここでは，性別適合手術を望むかどうかをとわず，広義の意味で用いる）の氏名の変更を認めないことを違憲とした直接違憲訴訟第4275号（ADI4275）がある（⇒(1)）。

また，後者について，本書は2011年連邦最高裁判決を単に同性カップルの法的承認を実現した判決としてではなく，「（諸）家族の法」を採用した判決として位置付けている。そうであるならば，さらに視野を広げて当該判決における家族法論を基礎とするその他のブラジル家族法の変化に目を向けることも重要であろう。中でも，特筆すべき点として婚姻と安定的結合における相続権に関する判例変更（⇒(2)），及び社会情愛上の親に関する連邦最高裁判所のリーディングケースの出現（⇒(3)）がある。以下では，これらの点について本書の視点から簡潔にまとめる。

(1) トランスジェンダーの氏名の変更に関する判例変更

ブラジルにおいてトランスジェンダーに関する法律が存在しない。その法的規律は，同性カップルの問題と同様に，いくつかの行政上の行為（通達等）と数多くの裁判例に基づいて行われている。2009年に連邦高等裁判所において性別適合手術を受けたトランスジェンダーについて氏名及び性別の記載を変更した新たな出生届の発行を認める判決が下された（REep 1008398/SP‐Min. Nancy Andrighi, 18/11/2009）。この判決によって性同一性障害者の性別の取扱いの特例に関する法律（平成十五年法律第百十一号。以下では「性同一性障害者特例法」という。）を有する日本と類似の状況が実現した。ただし，これは判例法にとどまり，同性カップルのように取扱いを統一する国家司法審議会の決議を伴わなかったため，身分登記の訂正や訂正後の家族法の適用が裁判官や検察官の個別の判断に依存している。そこで，2011年連邦最高裁判決，2011年連邦高等裁判所判決及び2013年国家司法審議会決議第175号は，同性カップルだ

---

(620) 同性カップルに関する判例法を追認する法律案も覆す法律案も，筆者が修士論文を提出する直前の2015年11月中旬以降なんらのの動きを見せず事実上葬られている。

けではなく（性別適合手術の有無を問わず）トランスジェンダーを構成員とするカップルをも法的な承認の対象とした。

　上記の状況を背景に，判例による法生成として残っていた課題は，性別適合手術の有無を問わずに身分登記における性別記載の訂正が可能であるかであった。その点に関して，2014年に国家司法審議会は身分登記上の氏名と性別を訂正するために性別適合手術が不要であるとする見解を示している（Enunciados do CNJ n.42 e 43）。しかし，これは単なる法解釈に関する見解であってなんら拘束力を有するものではない。その中，2017年5月9日に連邦高等裁判所が性別適合手術を含む不妊をもたらすいかなる治療をも身分登記訂正のための条件とすることは認められないとして，身分登記訂正のために性別適合手術を不要とする判決を下している。ただ，この判決と同時に違憲抽象審査において同じ問題を問うている直接違憲訴訟第4275号（ADI 4275）が審議されており，現時点に至っても係争中である（脱稿後2017年3月1日に連邦最高裁が性別変更のために，手術も，医者の鑑定書も，司法権による審判も不要であると判示して請求を認容した［AD14275-DF, Min. Relator: Marco Aurélio, d. j.: 1/3/2018］）。連邦高裁判決には一般的な拘束力がないのに対し，連邦最高裁の直接違憲訴訟の判決には対世的効力があるため，この点に関しては直接違憲訴訟第4275号における連邦最高裁の判断を待たなければならない。

　以上の状況は同性カップルの法的承認とどのように関係しているのだろうか。前記のとおり，同性カップルの安定的結合と婚姻の承認は家族形成のために「異性であること」を要件から取り除いたものであると考えることができる。そして，身分登記上の性別の訂正について大きな問題となっていたのは家族法の適用であるといえる。この問題との連動性が断たれると，すなわち性別のいかんにかかわらずカップルに家族法が等しく適用されることになると，身分登記上の性別記載の意義は個人特定機能に限定される。また，そもそも性やジェンダーが多様化している現代社会において「性別」に個人を特定する機能を求めることが適切かが疑わしくなる。いずれにせよ，ここで留意すべき点は同性間の婚姻の法的承認と性別適合手術の要件が連動している可能性が高いことである。そうであるならば，性同一性障害者特例法における性別適合手術の要件も日本家族法における同性カップルの家族法からの排除という観点から理解することができるのではなかろうか。

あとがき

(2) 婚姻配偶者と安定的結合配偶者の相続権に関する判例変更

　本書において2011年連邦最高裁判決と2011年連邦高裁判決との間に若干のずれがあることを示した。2011年連邦最高裁判決が採用した「（諸）家族の法」という理解からは「婚姻家族」と「安定的結合家族」と並んで「同愛的結合家族」が存在し，後者の婚姻への転換は想定されていなかった。にもかかわらず，2011年連邦最高裁判決は安定的結合の婚姻への転換に関する規定の類推適用の余地をあえて残した。これに対して，2011年連邦高裁判決は制定法上の「婚姻」と「安定的結合」は単なる「道具」であって家族の類型ではないという理解に基づいて，同愛的家族による婚姻制度の利用を認めた。この時点での理解では，「婚姻」と「安定的結合」とは異なる制度であって家族を形成するカップルの性別を問わず利用可能なものであるということになる。この理解に基づけば，それぞれの制度の間にヒエラルヒーがないが，制度の相違に応じて，不当な区別でなければ，取扱いが異なっても良いはずである。

　上記状況を背景に，2016年5月10日に連邦最高裁判所は安定的結合配偶者と婚姻配偶者の相続権を区別する民法第1790条が違憲であって安定的結合配偶者についても婚姻配偶者の相続権に関する民法第1829条が適用されるべきであるとする二つの判決を下した（特殊上告第646721号，特殊上告第878694号。この判例変更については，Revista Informativa do IBDFAM "Cônjuge e Companheiro: Igualdade de Direitos", n. 28, 2016を参照）。2011年連邦最高裁判決において婚姻と安定的結合とが異なる「道具」であるからこそ，より国家の保護が厚い婚姻の利用を認めるべきであるとされていたところ，2017年連邦最高裁判決がその「道具」の相違を否定したのではないかが問題となる。そのため，本件判決においてはいわば2011年連邦最高裁判決と2011年連邦高裁判決における理解の調整が求められたといえる。

　特殊上告第646721号の報告担当裁判官は2011年連邦高裁判決の理解を前提として相続権について婚姻と安定的結合とを同一視してしまえば，安定的結合制度を選択したカップルの意思に反する結果をもたらすおそれがあると述べて反対意見を示している。それでは，賛成意見が2011年連邦高裁判決の理解を否定したかといえば，そうではない。特殊上告第878694号の報告担当裁判官は婚姻と安定的結合とが異なる「道具」であるという理解に依拠しながら，前者は身分登記があって法的安定性（segurança jurídica）が高いのに対し，後者はさまざまな証拠によって立証されなければならない安定性の低い制度である

と述べている。

　以上から，反対意見は本書の結論で述べている「家族の法①」（法制度上の家族形態が二種類観念される）に近いものであるのに対し，賛成意見は「家族の法②」（法制度上の家族が一種観念される）に近いものであるといえる。なぜなら，反対意見は実体法上の効果が異なる二つの家族の形態（婚姻と安定的結合）を観念しているのに対し，賛成意見は実体法上の効果が同じである一つの家族の形態（婚姻＝安定的結合）を観念しており，法律上の相違を手続法上の効果に限定しているからである。この理解は，本書の結論に書いたとおり，家族形態の多元性に着目した「（諸）家族の法」の理解とは大きく異なっているものである。そこで，この理解に基づいて社会的現実として存在する多元的な家族を承認していくためには特定の家族形態に関する実体法上の効果（例．貞操義務や同居義務）を検討し直していく必要があるように思われる。この点についてブラジル家族法がどのように展開していくかはまだ残された課題である。ただ，本書の結論における「家族の法①」の理解を採用するか，「家族の法②」の理解を採用するかについて，本件判決は連邦最高裁判決として後者の方向を採用した重要な判例であるといえる。

(3)　社会情愛上の親に関する連邦最高裁判所のリーディングケース

　本書において，ブラジルにおける「情愛」論は「社会情愛的親子関係」を出発点としており，ブラジル家族法において「プルリパランタリテ」（複数の「父」若しくは「母」，又は二人以上の「親」の存在可能性に関する問題）が議論され，下級審裁判例で複数の「父」や「母」の親子関係が認定されていたと述べた。この点について，2016年後半からブラジル法に大きな変動がみられた。2016年9月11日に連邦最高裁は一気に①身分登記のない社会情愛的親子関係を承認し，②生物学上の親子関係に対して社会情愛的親子関係が劣らないことを確認し，③「プルリパランタリテ」へのブラジル法の扉を開放したのである（「社会情愛的父子関係は，身分登記の有無を問わず，並存する生物学上の親子関係の認定及びその独自の法律効果の発生を妨げるものではない」［ポ：A paternidade socioafetiva, declarada ou não em registro público, não impede o reconhecimento do vínculo de filiação concomitante baseado na origem biológica, com os efeitos jurídicos próprios］2016年9月11日特殊上告第898060号（Repercussão Geral 622, Rel. Min. Luiz Fux））。

　それでは本書で指摘した二人以上の「父」または「母」の存在を完全に認め

あとがき

たかといえば，必ずしもそうではない（LÔBO, Paulo. Quais os limites e a extensão da tese de repercussão geral do STF sobre socioafetividade e multiparentalidade? Revista do IBDFAM Famílias e Sucessões, n. 22, 2017, p.11-28）。なぜなら，連邦最高裁はこの判断において生物学上の「父」と社会情愛上の「父」の並存を一人ずつ認めたにすぎないからである。すなわち，同じ原因に基づく「父」や「母」の並存を認めたわけではなく，それぞれの原因（生物学と社会情愛）における「親」の並存が認められただけである。そこで，例えば，直ちに二人以上の社会情愛上の父が認められるとは限らない。

その後，この判断を受けて国家司法審議会は2017年11月14日通達第63号（Provimento Nº 63 de 14/11/2017 do CNJ）において，民事身分登記に係る手続を統一するための規則を打ち出した。この規則は手続が不明確であった社会情愛上の親に関する身分登記手続に関する規則を設けた（通達第10～15条）。そして，その通達の根拠として前記特殊上告第898060号を掲げるとともに，2011年連邦最高裁判決を掲げ，同性カップルについてもそれぞれの規定が適用されることを前提とする規定を設けている（通達第16条§2）。2011年連邦最高裁判決における「情愛」論の採用は「情愛」論の起源であった「社会情愛的親子関係」論を推し進めるきっかけとなったとともに，2016年連邦最高裁判決は同性カップルによる家族における親子関係の身分登記に関する規則につながったのである。

　修士論文の作成及び本書の刊行にあたりお世話になった方々は実に多い。まず，修士論文の作成にあたり，指導教授の大村敦志先生（東京大学法学部教授）から丁寧かつ熱心なご指導を賜ったとともに，本書を刊行する貴重な機会を頂いた。そのご指導・ご助力なしに修士論文の完成も本書の刊行も不可能であった。次に道垣内弘人先生（東京大学法学部教授）には，修士論文審査を行って頂き，その際に貴重なご指導・ご助言を賜った。さらに森田修先生（東京大学法学部教授）には，演習を通じて，様々な知見と知的な刺激をいただいた。荒川英央氏（前日本橋学館大学講師）にはご丁寧な推敲を頂戴した。形式面のみならず内容を理解するために拙稿を繰り返し精読して頂いた上に，長時間にわたる複数回の打ち合わせのために遠方からご足労頂いた。そして，袖山貴・稲葉文子両氏（信山社）には修士論文，しかも外国人留学生によって執筆されたものであるにもかかわらず，本書の刊行につきご快諾いただいた。その

ご尽力なしに本書の刊行はあり得なかった。二宮正人先生（サンパウロ大学法学部教授・弁護士）は日本においてブラジル法研究開拓の最大の功労者であるが，先生の姿勢と研究成果が本書の大きな支えとなった。ブラジル法の会の皆様，とくにナベシマ・ユリ氏（サンパウロ大学国際法修士・弁護士）から，ブラジル法に関するすべての疑問について常に丁寧な解説を頂戴した。そして同性カップルの法制化のために尽力なさっている関係者の皆様，とくに特別配偶者法全国ネットワーク，EMA日本と永野靖弁護士・山下敏雅弁護士（永野・山下法律事務所）はインタビュー等のために温かく迎え入れていただいた。さらに経済面についてほかの多くの方々からご支援をいただいた。修士課程において国費留学生として採用してくださった文部科学省，博士課程において奨学生として採用してくださったロータリー米山記念賞学会，奨学金の受給期間外にフレキシブルな勤務形態で採用していただいた吉川美鈴社長（エァクレーレン株式会社代表取締役）のご支援なしには修士論文も本書もあり得なかった。これらの皆様に対して改めて感謝の意を表するとともに，最後になるが，精神面でのサポートをいただいた家族，友人や同期の方々にも，この場を借りて御礼を申し上げる。

2018年1月

東京大学法学政治学研究科博士課程

マシャド・ダニエル

事項索引

あ 行

愛・愛情（amor） 165
INSS 通達第 25 号 185
愛　情 71
悪影響 197
アゼヴェド説 159
アフォンソ法典（Ordenações Afonsinas）
　　　　　　　　　　　　　　 122
アミカス・キュリエ 52
　　――の参加 60
新たな家族団体 75, 77
新たな民法学者（"novos civilistas"） 169
アルダ意見書（Parecer Vicente Arruda）
　　　　　　　　　　　　　　 176
安定した結合 12, 110
安定した同性愛の関係（relação estável homossexual） 187
安定性（estabilidade） 44, 142
安定的結合（união estável） 42, 112, 161
安定的結合証明書（Certidão de União Estável） 45
安定的結合制度 43
　　――の利用 75
違憲審査制 32
違憲審査の権限 92
違憲宣言 93
違憲直接訴訟 52
　　――第 3300 号 58
　　――第 4277 号 55
意見表明 53
異性愛主義 96
異性間であること 150
遺族年金 184
　　――の受給権 185
一元的なモデル 247
一般法 245

一般包括的規範（cláusula geral de inclusão） 170
インセスト 81
引用方法 30
ADPF132/ADI4.277 49
エデゥアルド・バンクス協会（Associação Eduardo Banks，以下「バンクス協会」）
　　　　　　　　　　　　　　 61
縁故主義の防止 238
応急的措置法 200
同じ情愛による結合 175
親子関係 116, 195
　　――の社会学的事実（verdade sociológica da filiação） 208
　　――の脱生物学化（desbiologização da paternidade） 206
親子関係不存在の確認訴訟 209
親になる権利 118

か 行

解釈学説 6
解釈の使い分け 172
概念の分離 226
外部統制機能 101
外部評価機関 100
学説（doutrina） 34
家事（serviços domésticos） 137, 145
家事部 178
　　――の裁判管轄 189
過剰な方式主義 150
家　族 43, 157
　　――としての同性カップル 163
　　――としての特殊性 222
　　――に関する法律（Estatuto da Familia） 107
　　――の「限界」 82
　　――の意味 70

事項索引

──の形態 *110, 155*
──の限界 *230*
──の定義 *226*
──の法 *119*
──の崩壊 *149*
──の法の承認 *229*
家族概念 *130*
──の転換 *235*
家族関係の再人格化（repersonalização das relações familiares） *201, 223*
家族共同体 *155*
家族計画の自由 *95*
家族形成の方法 *203*
家族財産（bem de família） *111*
──の保護における「家族」概念 *172*
家族政策 *107*
家族性の承認 *184*
家族多元主義（pluralismo familiar） *95*
家族多元性の原則 *175*
家族団体（entidade familiar） *13, 67, 95, 110, 157, 168*
──の類型 *218*
──を形成する方法 *217*
家族団体間のヒエラルヒー *68*
家族的情愛 *227*
家族認識 *154*
家族否定説 *173*
家族文化 *160*
家族法 *35*
──の基本法典 *223*
──の憲法化 *72, 223*
──の憲法原則 *171*
──の分岐点 *156*
──の類推適用 *237*
家族法上の「家族」 *167, 226*
家族法上の権利義務 *143*
家族法典 *214*
家族保護の目的 *170*
片親引き離し症に関する法律（Lei nº 12.318/10） *206*
価値体系としての情愛論 *210*

価値のヒエラルヒー（hierarquia axiológica） *168*
カップル *43*
──の特殊性 *221, 245*
寡頭支配（oligarquia）の防止 *187*
カトリック教徒 *62*
カナダ法 *7*
家父長制（patriarcado） *131*
簡易裁判官（juiz de paz） *102*
関係の性質 *162*
関係の特殊性 *244*
完全ソドミー（sodomia perfeita） *122*
観念レベル *16*
既婚女性法典（1960） *156*
既成事実の存在（situação fática existente） *198*
規則制定行為 *84, 104*
既存の「法理」 *243*
規定の憲法適合性 *200*
規定の配置 *46*
規範の射程 *238*
基本規定不履行争訟 *52*
──第132号 *53*
──第178号 *55*
基本法（lei fundamental） *199*
却下 *179*
却下判決 *190*
教会法 *129*
強行規定（"norma pública"） *174*
強制的法定別居期間 *159*
強制的民事婚 *129*
共同縁組 *118*
共同生活契約（contrato de convivência） *44*
共同生活の実態 *237*
共同の努力 *162*
共同養子縁組 *195*
共和国検事総長（Procuradora-Geral da República） *50*
キリスト教社会党（Partido Social Cristão - PSC） *104*

事 項 索 引

近親婚……………………………………… *82*
苦情申立（reclamação）……………… *86*
組合契約………………………………… *138*
　　――の類推適用…………………… *219*
組合財産の分割請求…………………… *139*
組合的な感情（affectio societatis）… *196*
ゲイ・パートナーシップ（parceria-gay）
　法案（PL1.151/95）………………… *147*
ゲイ解放運動…………………………………… *7*
形式主義………………………………… *160*
継続性（continuidade）………… *44, 142*
ゲイ治療法案（projeto de lei "cura-gay"）
　………………………………………… *84*
契　約……………………………… *44, 133*
契約法…………………………………… *139*
欠格事由………………………………… *187*
決　議……………………………………… *34*
血統団体（comunidade de sangue）… *209*
欠缺（lacuna）………………………… *166*
現象レベル……………………………… *16*
現代家族の基礎………………………… *225*
限定列挙…………………………… *111, 168*
限定列挙説……………………………… *169*
憲　法……………………………………… *22*
憲法「原則」…………………………… *170*
憲法化（constitucionalização）……… *134*
憲法学説………………………………… *165*
憲法規定の法規範性…………………… *201*
憲法原則論（principiologia constitucional）
　………………………………………… *204, 224*
憲法修正第 9 号………………………… *158*
憲法上の「安定した結合」…………… *112*
憲法上の家族…………………………… *36*
　　――と民法上の家族の整合性…… *200*
憲法上の価値…………………………… *171*
憲法上の平等原則……………………… *186*
憲法制定議会…………………………… *71*
憲法制定者の意思……………………… *176*
憲法適合解釈（interpretação conforme）
　………………………………………… *53, 79*
権利保障令（mandado de segurança）… *86*

　　――第 32077 号…………………… *104*
権力分立の原則………………………… *105*
行為能力者間の事実上の結合（uniões
　fáticas de pessoas capazes）……… *175*
公開性（publicidade）………………… *44*
効果付加的操作判決（decisões
　manipulativas de efeitos aditivos）… *79*
合憲確認訴訟第 12 号…………………… *105*
公序良俗違反…………………………… *225*
公正証書発行所（Cartório de Notas）… *45*
公然猥褻罪……………………………… *124*
拘束力付き判例要旨（súmula vinculante）
　………………………………………… *29*
公的登記法（Lei de Registros Públicos）… *39*
高等裁判所……………………………… *31*
口頭弁論（sustentação oral）………… *53*
公法・私法二分論……………………… *134*
公法化（publicização）………………… *134*
公法上の「家族」……………………… *134*
公法上の「家族」性…………………… *226*
子および青年に関する法典［Estatuto da
　Criança e do Adolescente - ECA］… *197*
国民参加………………………………… *154*
個人の尊厳………………………… *96, 202*
個人の保護の「道具」としての家族… *202*
国家司法審議会（Conselho Nacional de
　Justiça）……………………………… *33*
国家司法審議会決議第 175 号………… *99*
国家社会保障院（Instituto Nacional do
　Seguro Social - INSS）……………… *184*
国家の特別の保護………… *95, 111, 157*
古典学派…………………………… *38, 204*
子の福祉…………………………… *118, 196*
子の身分の占有（posse do estado de filho）
　………………………………………… *208*
子への悪影響…………………………… *198*
固有の「家族団体」…………………… *217*
婚　姻…………………………………… *170*
　　――との区別……………………… *149*
　　――との類似性を基準とする判例法理… *220*
　　――の法……………………………… *119*

291

事項索引

──の法的効果の限定維持……… 233
──の法的効果の縮小……… 233
──の法典……… 130
──の法の基礎……… 242
──の前段階……… 212
──の民主化……… 87
──の唯一性・絶対性……… 240
──への転換……… 45, 76, 87
婚姻概念の変遷……… 96
婚姻家族……… 130, 216
婚姻関係との類似性……… 140
婚姻共同体（sociedade conjugal）…… 135
婚姻許可……… 90
婚姻許可手続（habilitação para o casamento）……… 90
婚姻障害事由……… 47
婚姻不存在事由説……… 125
婚姻法の類推適用……… 241
婚姻モデル……… 130
婚姻類似……… 146
　──の共同生活性（convivência more uxorio）……… 153
コンキュビナージュ……… 47
コンキュビナージュ保護法理……… 220
コンクビナト（concubinato）… 40, 47, 135, 136
コンクビナト保護法理……… 142, 220

さ　行

財産形成への寄与……… 140
財産三分（triação）……… 230
財産分与の規定の類推適用……… 180
財産法上の効果……… 145
財産法上の事実上の組合……… 167
財産法上の法理……… 219
最善の家族……… 131
財に関する法……… 202
裁判管轄……… 178
裁判官の関与……… 88
再犯罪化……… 124
裁判不能（non liquet）……… 166
差別の禁止……… 71

ジアス説……… 164
事　実……… 44
事実婚（casamento de fato）……… 42
事実婚の承認……… 154
事実上の組合（sociedade de fato）… 137
　──による財産法上の効果……… 151
　──の承認……… 152
　──の法理……… 145
　──の法理への後退……… 221
事実上の組合説……… 180
事実上の拘束力……… 90, 97, 188
事実上の「婚姻」（casamento de fato）
　……… 142, 160
事実上の抵抗……… 114
事実上の判例変更……… 194
事実の先行性……… 244
自然法……… 204
思想の切り札……… 211
実体法上の禁止……… 192
実定法上の利益……… 197
実　務……… 34
死　別……… 239
司法委員会（Conselho de Magistratura）… 100
司法行政の措置……… 98
司法権……… 24
　──の独立……… 101
　──の暴走……… 101
司法審……… 33
　──の違憲性……… 101
　──の権限……… 101, 103
司法積極主義（ativismo judicial）…… 78, 229
司法組織……… 24
司法へのアクセスの権利……… 192
社会学的事実（verdade sociológica）…… 208
社会後退禁止の原則（princípio da vedação de retrocesso social）……… 213
社会情愛的親子関係（filiação socioafetiva）
　……… 196
社会情愛的親子関係（Paternidade socioafetiva）……… 224
社会的現実……… 198

事項索引

社会的な事実としての「情愛」……… 210
社会的な重要性（repercurssão geral）…… 231
社会保障上の権利……… 148
社会民主党（Partido Social Democrático - PSD）……… 106
宗教婚……… 135
宗教裁判所……… 122
州検察庁（Ministério Público Estadual）… 189
重婚の関係……… 222
重婚的内縁……… 82
州裁判所……… 25, 31
　　──の独立……… 98
自由主義……… 133
州　法……… 23
州法間の不統一……… 89
重要な類似性（semelhança relevante）… 166
手段論的保護……… 202
出生証明書……… 116
出自を問わない子の平等……… 156
出張裁判官（Ministro Convocado）……… 194
準　婚……… 237
純コンクビナト（concubinato puro）……… 41
準婚理論……… 242
純粋なコンクビナト（concubinato puro）157
（諸）家族の（ための）法……… 119, 199
情愛（afeto）……… 14
　　──の原則……… 175
　　──を基礎とする家族……… 207
情愛性の原則（princípio da afetividade）……… 224
情愛団体（comunidade de afeto）……… 209
情愛的関係（relação de afeto）……… 183
情愛的な組合（sociedade de afeto）……… 221
情愛的放棄（abandono afetivo）……… 14
情愛論……… 74, 205, 224
上位概念……… 239
消極的立法者（legislador negativo）……… 79
少数意見……… 65
小児性愛……… 82
小法廷……… 94
諸家族法典（Estatuto das Famílias）… 38, 214

職務命令違反行為……… 102
女性間のソドミー（sodomia foeminarum）……… 122
人格化……… 201
人格的な権利の実現の場……… 202
進化論……… 131
審級制……… 26
審査対象……… 97
新相続法……… 239
親族関係……… 216
親族的家族……… 216
推定婚（casamento putavivo）……… 126
ストーン・ウォール騒動……… 124
生活共同体……… 155
生活パートナーシップ法……… 7
請求の法的可能性（possibilidade jurídica do pedido）……… 178
請求の法的不可能性……… 190
政教分離の原則……… 61, 135
制憲議会の記録……… 76
制定法主義（成文法主義）……… 21
性的指向に基づく差別……… 67, 69
正統化機能……… 241
正統性に基づく保護の区別……… 240
正統的な婚姻観念……… 237
正統な家族……… 241
制度の創設……… 78
生物学上の父……… 207
世帯見本調査（Pesquisa Nacional por Amostragem de Domicílios - PNAD）… 155
積極的立法者（legislador positivo）……… 79
全員一致の合議判決（decisão unânime）… 65
選挙裁判所（Tribunal Superior Eleitoral - TSE）……… 186
選択的民事婚（casamento civil facultativo）……… 129
訴訟要件……… 51, 178
ソドミー（sodomia）……… 121
ソドミー罪……… 123
　　──の廃止……… 123

293

事項索引

た 行

多愛家族（família poliafetiva） 81, 230
第一審 26
第二審 26
第三審 26
第一審裁判官 26
体系的な理解 172
対審性 51
対世効（efeito erga omnes） 33
大統領令（Decreto-lei） 23
大法廷 94
対世的効力（eficácia erga omnes） 86
代理母 117
多形態的な家族主義（poliformismo familiar） 95
多元化 212
多元的な制度 232
多数意見 65, 94
ダブル父子関係（dupla paternidade） 117
ダブル母子関係（dupla maternidade） 118
多様なライフ・スタイル 243
男女間の（entre o homem e a mulher） 67, 77
男女の安定した結合 41
男女の非婚カップルの制度化 220
男女平等 68
嫡出子の法定相続分 241
嫡出性 116
抽象審査制 33
抽象審査手続 50
抽象度の高い規範 205
直接の婚姻 90
通常裁判管轄（justiça comum） 25
通達 99
通報制度（dispositivo da delação） 123
付き合い契約（Contrato de Namoro） 45
提訴権 50
デクレト第181号 129
手続法上の「家族」の効果 177
手続法上の禁止 192

手続法上の効果 178
転換手続 114
同愛（homoafetividade） 167
同愛（homoafetivo (a)） 69
同愛（homoafetivo） 14
同愛的家族 217
同愛的結合（união homofetiva） 75
同愛的結合法理 183, 221
同愛的婚姻 232
同居 142
同居期間 161
同性愛 5
同性愛者（homossexual） 4, 123
　――と同等に扱われない権利 68
　――の「家族」 10
同性愛者嫌悪 72, 125
同性愛的結合（união homossexual） 181
同性「カップル」 10
　――に関する訴訟 162
　――に関する判例法理の変遷 219
　――の"適応" 247
　――の法的保護 236
同性間の「婚姻」 10, 216
　――の承認 232
　――の手続 102
同性間の事実上の組合 72
同性的結合の制度 109
同性的結合の登録制度 218
同性の親 117
同性パートナーシップ条例 4
同等の権利義務 110
登録パートナーシップ 150
登録パートナーシップ制度 7, 108
独自の家族 228
特殊上告（recurso extraordinário - RE） 26
特別寄与料 239
特別裁判管轄（justiça especializada） 25
特別上告（recurso especial - REsp） 26
　――の適法性 92
特別法 37
トランスジェンダー 127

事項索引

な 行

内縁保護法理·················· 237
内縁問題························ 135
二級市民························ 72
ヌメルス・クラウズス········ 168

は 行

配偶者的な感情（affectio conjugalis）······· 196
配偶者の相続権·················· 238
破毀院························· 220
パックス法····················· 42
判決要約文（ementa）··········· 29
半事実婚主義···················· 108
反射的効力（reflexo）········· 187
反対意見························ 92
──のある合議判決に対する不服申し立て（embargos infringentes）······· 182
反対説························· 173
判例による法生成················ 235
判例変更······················ 194
判例法························· 28
判例法理のカスケード············ 222
判例要旨（súmula）············· 28
──第380号（Súmula 380）··· 28, 152, 138
ヒエラルヒー··················· 203
比較家族法····················· 9
比較法研究····················· 6
非公開（segredo de justiça）··· 177
非婚家族に対する差別············ 170
非婚カップル··················· 39, 136
──の関係の特殊性············ 219
──の保護··················· 41
──に関する判例法理············ 218
ビスタ意見（voto-vista）······ 191
非嫡出子差別··················· 198
人に関する法··················· 202
非配偶者間人工授精············· 116
被扶養者（dependente）········· 185
夫婦の共同親権················· 238
不完全ソドミー（sodomia imperfeita）···· 122

福音主義者······················ 62
福音主義派（bancada evangélica）·········· 62
福祉国家······················ 133
複数の家族の法（direito "das famílias"）
····················· 72, 119
不敬罪（crime de lesa-majestade）········· 122
不純なコンクビナト（concubinato impuro）·············· 41, 157
付随審査制····················· 32
父性の推定···················· 116
不存在························ 126
──の法律行為論（teoria dos atos jurídicos inexistentes）······ 126
不存在事由··················· 126, 150
二つの家族法の可能性············ 233
物理的な憲法化················ 223
不当利得防止の原則············· 166
不特定の「家族」概念··········· 170
扶養料請求権·················· 179
ブラジル家族法学会（Instituto Brasileiro de Direito de Família - IBDFAM）··· 38, 63
ブラジル家族法の転換············ 228
ブラジル家族法の変化············ 218
ブラジル公法協会（Sociedade Brasileira de Direito Público - SBDP）······ 63
ブラジル全国司教協議会（Conferência Nacional de Bispos do Brasil - CNBB、以下「司教協」）··············· 61
ブラジル法体系全体における家族概念··· 172
プログラム規定················ 156
平行家族······················ 229
並立審査制（sistema misto）····· 32
ベヴィラクア民法典············· 131
偏見························· 151
法解釈レベルの憲法化··········· 223
報告担当裁判官（ministro relator）········ 64
法実証主義（positivismo）····· 204
法定別居（desquite）············ 135
法定別居期間··················· 158
法的承認······················ 228
法的な価値···················· 225

295

事項索引

――としての情愛……………………… 74
法の一般原則……………………………… 204
法の欠缺………………………………… 70, 189
法は事実から生ずる（ex facto oritur jus）
　………………………………………… 224
法律構成………………………………… 181
法律の口（bouche de la loi）………… 77
補充性の原則……………………………… 56
ポスト法実証主義（pós-positivismo）… 204
母　法……………………………………… 21
ホモフォビア防止教材（kit anti-homofobia）
　………………………………………… 85
ポリガミー………………………………… 81
ポルトガル法……………………………… 20

ま　行

マイナーな比較法分野…………………… 19
マイノリティ……………………………… 74
マルチパランタリテ（multiparentalidade）
　………………………………………… 118
ミナスジェライス州裁判所……………… 152
身分関係の非打算性……………………… 244
身分占有論………………………………… 208
身分登記所………………………………… 39
身分法……………………………………… 243
民憲法学派（direito civil constitucional）… 38,
　　　　　　　　　　　　　　　201, 204
民事婚の法………………………………… 154
民事的結合………………………………… 148
民事パートナーシップ（parceria civil）… 148
民事身分…………………………………… 149
民主的正統性……………………………… 61
民事連帯契約（Pacte civil de solidarité,
　PACS）………………………………… 7
民法上の「安定的結合」………………… 112
民法上の「家族」………………………… 134
民法典……………………………………… 35
　――の空洞化…………………………… 37
　――の編纂……………………………… 129
民法の基本原則…………………………… 199
民法の憲法化（constitucionalização do
　direito civil）…………………… 93, 199
昔の民法学者（"antigos civilistas"）……… 169
明示の禁止…………………………… 78, 192
命令処分（liminar）……………………… 185
黙示の禁止………………………………… 193
黙示の組合契約…………………………… 146
目的論的保護……………………………… 202
モラル……………………………………… 147
文言なき無効なし（pas de nullité sans
　texte）………………………………… 126

や　行

養子制度の社会的背景…………………… 198
予備的請求（pedido subsidiário）……… 57

ら　行

ラテンアメリカ…………………………… 9
リーディングケース……………………… 90
リオグランデドスー州（Estado do Rio
　Grande do Sul）……………………… 31
リオグランデドスー州裁判所（Tribunal de
　Justiça do Rio Grande do Sul - TJRS）… 177
離婚制度……………………………… 40, 158
離婚法（Lei do Divórcio）……………… 158
立証方法…………………………………… 139
立法者意思………………………………… 174
立法的デクレト（Decreto Legislativo-DL）
　…………………………………… 83, 106
立法不作為訴訟…………………………… 56
立法府の怠慢……………………………… 95
類推適用…………………………………… 164
　――の可能性…………………………… 181
類推適用説………………………………… 164
例示列挙…………………………………… 111
歴代憲法…………………………………… 22
連邦医学委員会（Conselho Federal de
　Medicina）…………………………… 124
連邦議会の権限の侵害…………………… 104
連邦高裁の権限…………………………… 93
連邦最高裁判所（Supremo Tribunal
　Federal, STJ）……………………… 3, 27

連邦最高裁判例要旨第 380 号················ 140
連邦裁判所·················· 25
連邦心理学委員会（Conselho Federal de
　Psicologia）·················· 84, 124
連邦制·················· 22
連邦総弁護庁（Advocacia Geral da União
　- AGU）·················· 51
連邦法·················· 23
労働提供に基づく賠償請求（indenização
　por serviços prestados）·················· 136
労働の提供·················· 137

1824 年帝国憲法·················· 128
1861 年法律第 1144 号·················· 129
1916 年民法典·················· 131
1963 年判例要旨第 35 号·················· 141
1977 年法律第 6515 号·················· 158
1988 年憲法·················· 22
1994 年法律第 1971 号·················· 41

1994 年法律第 8971 号·················· 160
1996 年法律第 9278 号·················· 41, 161
1998 年連邦高裁判決·················· 151
2002 年民法典·················· 35, 211
2002 年民法典の草案·················· 212
2003 年の連邦最高裁決定·················· 186
2004 年憲法改正 45 号·················· 100
2004 年選挙高等裁判所（TSE）判決·················· 186
2006 年違憲直接訴訟第 3300 号·················· 193
2007 年に法律案第 2285 号（Projeto de
　Lei 2.285/2007）·················· 214
2010 年特別上告第 1026981 号事件·················· 194
2011 年法律案第 224 号·················· 83
2011 年連邦高裁判決·················· 90
2011 年連邦最高裁判決·················· 3, 49
2013 年法律案第 6583 号（PL 6583/2013）
　·················· 107
2013 年法律案第 871 号（PDC 871/2013）·· 106

人名索引

あ行

アウレリオ裁判官（Min. Marco Aurélio）
　·················· 66, 72
アゼヴェド（Álvaro Villaça de Azevedo）
　·················· 149, 160
アラウジョ裁判官（Min. Raul Araújo）······ 92
ヴィレラ（João Baptista Villela）·················· 206
ヴェキアッチ（Paulo Roberto Iotti
　Vecchiatti）·················· 97
ウエダ裁判官（Min. Massami Uyeda）···· 191
オブリ＝ロー（Charles Aubry et Charles
　Rau）·················· 126
オリヴェイラ（Guilherme de Oliveira）···· 207

か行

ガロッチ裁判官（Min. Maria Isabel
　Gallotti）·················· 92, 96
カンポス下院議員（João Campos）·················· 83
キザジコウィスキ（Rainer Czajkowski）·· 147
ギンレ（Jorge Eduardo Guinle）·················· 144
ケルゼン，ハンス（Hans Kelsen）·················· 225
ゴンサルベス裁判官（Min. Fernando
　Gonçalves）·················· 191

さ行

サレイユ（Raymond Saleilles）·················· 126
サロマウン裁判官（Min. Luis Felipe
　Salomão）·················· 191
サロマウン報告担当裁判官（Min. Luis
　Felipe Salomão）·················· 92, 96
ジアス（Maria Berenice Dias）·· 30, 34, 63, 64,
　69, 81, 87,
　163, 197
ジアス元州裁判官·················· 151
ジェフェルソン元下院議員（Roberto

297

人名索引

Jefferson) ················· 148
ジェルバセ（Ana Brusolo Gerbase）········ 88
ジオルジス裁判官（José Carlos Teixeira Giorgis）················· 180
ジニス（Maria Helena Diniz）········ 97, 173
スピリシ議員（Marta Suplicy）········ 84
スピリシ元連邦下院議員 ················· 147

た 行

ツァハリエ（Zachariae von Lingenthal）·· 126
テペジノ（Gustavo Tepedino）········ 164, 202
ドン・ペドロ2世（D. Pedoro II）········ 129

は 行

バカート，カルロイ・マリア（Karl-Mana Benkert）················· 123
パサリンニョ裁判官（Min. Aldir Passarinho Junior）················· 191
バハジアン裁判官（Juiz José Bahadian）················· 144
バハダス（Sérgio Barradas）下院議員 ···· 214
バルボサ裁判官（Min. Hélio Quaglia Barbosa）················· 71, 191
バルボサ裁判官（Min. Joaquim Barbosa）·· 66
バロソ（Luís Roberto Barroso）········ 64, 201
ヒロナカ（Giselda Hironaka）········ 210
ファキン（Luiz Edson Fachin）···· 149, 164, 208
ブージ裁判官（Min. Marco Buzzi）········ 92
フェレイラ裁判官（Min. Antônio Carlos Ferreira）················· 92
フックス裁判官（Min. Luiz Fux）·· 66, 70, 104
プラニヨル（Marcel Planiol）········ 126
ブリット裁判官（Min. Ayres Britto）········ 66
ベヴィラクア（Clóvis Beviláqua）········ 131
ペルゾ裁判官（Min. Cezar Peluso）·· 66, 74, 81
ペロー，ミシェル（Michelle Perrot）······ 167
ボアス，ヴィラス（Jeronymo Pedro Villas Boas）················· 88
ボッビオ（Noberto Bobbio）········ 166

ま 行

ミランダ（Pontes de Miranda）········ 126
メロ裁判官（Min. Celso de Mello）·· 61, 66, 73
メンデス裁判官（Min. Gilmar Mendes）···· 66, 74, 78, 187

ら 行

リベイロ裁判官（Min. Antônio de Pádua Ribeiro）················· 191
リペール（Georges Ripert）········ 126
ルシア裁判官（Min. Cármen Lúcia）·· 66, 71
ルセフ（Dilma Rousseff）········ 3
レアレ（Miguel Reale - 1910-2006）········ 38, 202, 211
レワンドウィスキ裁判官（Min. Ricardo Lewandowski）········ 66, 74, 76
ローボ ················· 81, 156, 168, 201

〈著者紹介〉

マシャド・ダニエル（Daniel Machado）

〈略　歴〉
1988 年　ブラジル・ミナスジェライス州生まれ
2010 年　大阪大学日本語日本文化教育センター卒業
2014 年　東京大学法学部卒業
2016 年　同大学大学院法学政治学研究科修士号取得
現在，同大学同研究科博士課程在籍中

〈主要著書・共著〉
「日本法がブラジル法と出会うとき」二宮正人先生古稀記念論文集〔大村敦志と共著〕（信山社，2018 年刊行予定）

学術選書
175
家族法

❁ ❊ ❁

ブラジルの同性婚法
──判例による法生成と家族概念の転換──

（Same-Sex Marriage in Brazil: Judicial Law-Making and
the Shifting Concept of Family）

2018 年（平成 30 年）5 月 25 日　第 1 版第 1 刷発行
6775-4：P312 ¥6800E 012-035-005

著　者　マシャド・ダニエル
発行者　今井 貴 稲葉文子
発行所　株式会社 信 山 社
〒113-0033　東京都文京区本郷 6-2-9-102
Tel 03-3818-1019　Fax 03-3818-0344
henshu@shinzansha.co.jp
笠間才木支店　〒309-1611　茨城県笠間市笠間 515-3
Tel 0296-71-9081　Fax 0296-71-9082
笠間来栖支店　〒309-1625　茨城県笠間市来栖 2345-1
Tel 0296-71-0215　Fax 0296-72-5410
出版契約 2018-6775-4-01011　Printed in Japan

Ⓒマシャド・ダニエル, 2018　印刷・製本／ワイズ書籍(M)・牧製本
ISBN978-4-7972-6775-4 C3332 分類324.600 家族法

JCOPY　〈(社)出版者著作権管理機構 委託出版物〉
本書の無断複写は著作権法上での例外を除き禁じられています。複写される場合は，そのつど事前に，(社)出版者著作権管理機構（電話03-3513-6969, FAX03-3513-6979, e-mail: info@jcopy.or.jp）の許諾を得てください。

◆ 学術世界の未来を拓く研究雑誌 ◆

民法研究　第2集　　大村敦志 責任編集

民法研究　　広中俊雄 責任編集

消費者法研究　　河上正二 責任編集

環境法研究　　大塚 直 責任編集

法と哲学　　井上達夫 責任編集

憲法研究　　辻村みよ子 責任編集
〔編集委員〕山元一／只野雅人／愛敬浩二／毛利透

行政法研究　　宇賀克也 責任編集

社会保障法研究　　岩村正彦・菊池馨実 責任編集

医事法研究　　甲斐克則 責任編集　（近刊）

法と社会研究　　太田勝造・佐藤岩夫 責任編集

国際法研究　　岩沢雄司・中谷和弘 責任編集

ジェンダー法研究　　浅倉むつ子 責任編集

EU法研究　　中西優美子 責任編集

法と経営研究　　加賀山茂・金城亜紀 責任編集

フランス民法　大村敦志
ブラジル知的財産法概説　ヒサオ・アリタ／二宮正人
国際取引の現代的課題と法　澤田壽夫先生追悼
柏木昇・杉浦保友・森下哲朗・平野温郎・河村寛治・阿部博友 編
法学六法
池田眞朗・宮島司・安冨潔・三上威彦・三木浩一・小山剛・北澤安紀 編集代表
JSB英文六法【I 会社法・商法編】　柏木 昇 監修
Japanese Statute Book, Vol.1 Part 1. Companies Act; Commmercial Law

---

信山社